U0362532

教育伦理研究

第三辑

主　编：王正平

本辑主编：王国聘

华东师范大学出版社

目录

核心价值观与教育伦理研究

教师道德理论研究

师德建设理论研究

师德建设实践研究

师生关系与师德评价研究

中国教育伦理研究

国外教育伦理思想研究

教育伦理研究综述

编者的话

当代中国,随着经济、政治、文化和社会的深刻变革,与社会教育活动密切相关的伦理问题,日益引起人们的普遍关注。无论是宏观层面的涉及整个社会教育资源分配的公平正义问题、教育制度和教育目的善的问题,中观层面的涉及教育职业劳动过程中的教师职业道德问题、学校教育管理道德问题,还是微观层面的教师及教育工作管理者个体道德人格修养问题、道德境界追求问题,都已经成为教师和社会公众关心的热点。正是这种社会实践对教育伦理真理性的探讨的需求,促进着我国教育伦理研究逐步走向深层。

马克思曾经说过:"正确理解的利益是整个道德的基础。"当代中国的教育伦理问题研究,从本质上看,都是围绕着与教育有关的社会利益、教师利益、学生利益展开的。其深刻意义是在社会环境迅速变化、教育利益多元、价值观念多样的时代背景下,合理认识与调节三者利益关系,重新建构能够为人们普遍接受的、适宜的、有生命力的教育伦理理念、教育伦理原则、教育伦理规范及其实践体系,以此作为"精神—实践"的凭借,重新建构教育活动的行为秩序与精神秩序,充分发挥道德智慧的独特作用,推动我国现代教育事业的健康发展。

本书是《教育伦理研究》的第三辑,收入的学术论文涉及教育伦理研究的广泛领域。有的关注教育伦理前沿问题研究,如,探讨如何追求教育目的本身的善;分析知识与道德责任;研究教育伦理学视域中的教育分寸。有的关注教育伦理理论研究,如,探讨教育中的敬畏;分析教师教化权力的道德边界;研究教师的职业幸福和教师道德的高尚性。有的关注社会主义核心价值观与教育伦理理念的内在关系研究,如,探讨社会主义核心价值观在教育伦理领域的实现路径;分析作为当代伦理生活价值基础的正确义利观；研究高校核心价值观培育的基本维度。有的关注教师道德的理论研究，如，探讨教师职业道德的专业性、师德的先进性；分析教师道德失范的伦理原因；研究教师的职业道德尊严。

教育伦理学是一门面向教育领域中道德实践的科学理论。它的理论生命力来自于实践，又应用于实践，以促进教育事业合理目标的实现和教师、学生人格的完善。本辑收录的论文有一个鲜明的特点，就是关注师德建设的理论研究与师德建设的实践研究。其中，有的探讨了教育评价和师德评价的伦理原则，有的提出应当把激发与传递感染力作为师德培训的核心原则，有的探讨新形势下的高校师德建设的具体路径，有的结合高等教育和基础教育的具体实践概括了师德建设的成功经验。在这些文章中，福建师范大学建立教师伦理委员会来领导和推进全校的师德建设工作，可以给人们很好的启示。从根本上说，加强师德建设、提高教师个体的职业道德修养，应当是自律与他律的统一。但是，其根本的道德动力应当是来自教师职业团体内部，来自教师的职业道德进取的主体积极性。福建师范大学尊重教师、依靠教师，以建立教师伦理委员会的创新方式推动师德建设，具有重要的普遍意义。

我国当代教育伦理学的理论发展动力来自于生机勃勃的教育事业发展。同时又应当批判地继承我国几千年来的优秀教育伦理传统，积极吸取国外教育伦理研究的合理智慧。本书的有关中国教育伦理研究和国外教育伦理研究的论文，可以给人以有益的启迪。

本辑收录的论文，是以 2015 年 10 月在南京晓庄学院召开的以"核心价值、教育伦理与师德实践"为主题的第三届全国教育伦理学术研讨会论文集为基础的。该会议由中国伦理学会教育伦理专业委员会（简称"中国教育伦理学会"）主办，南京晓庄学院、上海师范大学跨学科研究中心承办。来自上海师范大学、北京师范大学、中山大学、华东师范大学、湖南师范大学、东北大学、东南大学、湖北大学、南京师范大学等全国 16

个省市、70多所高校与科研院所的教育学和伦理学等相关专业专家学者和基础教育工作第一线代表共计120多人出席,收到会议论文60多篇。我国教育界、学术界对教育伦理问题的普遍关注,正呼唤着我们的教育伦理研究应当在理论升华和实践拓展方面做出扎扎实实的努力。

《教育伦理研究》第三辑的出版,得到上海师范大学跨学科研究中心"上海市高峰高原学科建设哲学项目"、南京晓庄学院马克思主义学院的经费资助。在本书的编辑过程中,钱焕琦、何云峰、姚群民等教授参加了评审工作;华东师范大学出版社总编辑阮光页、责任编辑金勇给予了积极支持;范琦、朱丹、李爽等多人担任了联系和校对工作。谨此一并表示由衷的感谢!

《教育伦理研究》是开放性的专业学术集刊,已经进入中国学术期刊网CNKI引文数据库。热忱欢迎广大作者和读者来稿、来信,保持双向交流,共同努力,不断提高刊物的学术质量。

编辑部邮箱:jiaoyulunli@163.com。

编者

2016年6月26日

教育伦理前沿问题研究

从"成功"到"成其为人":建构教育目标的自觉转向

林　滨　郑　丹

（中山大学　马克思主义学院）

现实的教育活动往往因服膺于社会、政治、经济等外在的目的,而日趋功利和短视,人们也常常随波逐流被外在目标所裹挟,导致教育内在的目的和价值不断被消解,离教育的本真渐行渐远。对现实教育进行反思,必须找回教育的初心和开启生命的本真,从目标、内容和方法三个维度,建构教育理路的自觉转向。

一、 教育目标：从"成功"到"成其为人"，发现生命的内在价值

当"不让孩子输在起跑线"成为家长、教师和学校共同的想法和目标时,现实教育实际上受其"成功学"主宰变得毋庸置疑。可以确定地说,今日的世界虽是一个价值多元的时代,但在众多的价值取向上,"成功"已然成为生活世界中强大的意识形态话语,成为社会中趋同的人生价值取向。对"成功学"现象的出现和流行,有许多诠释,可以

基金项目:2014年教育部人文社会科学重点研究基地重大项目"全面深化改革阶段社会意识整合"(14JJD720020)

作者简介:林滨,中山大学马克思主义学院教授,博士生导师;郑丹,中山大学马克思主义学院在职博士生;主要从事教育研究。

E-mail:rouyue@126.com;zhengdan27@hotmail.com

说是多种因素综合作用的结果,既有社会环境竞争激烈的倒逼,也有心理上对急功近利的需求,充斥市场的各种有关成功学的理论书籍的畅销也起了功不可没的作用。

"成功学"背后受"物竞天择、适者生存"的社会达尔文主义、工具理性主义所宰制,但以今日之视角,还需看到"成功"的价值也颇受人类行动深受未来目标所激发、个体的认同诉求和平等主义理念所影响。可以说,无视这些方面,我们便难于洞悉"成功"成为社会大众趋同价值的人性基础;但看不到一味追求"成功"目标对社会与人发展的弊端,教育也必将丧失引领社会的使命与"成其为人"的担当。

"成功至上"的价值观催生了精致利己主义的产生,导致个体间彼此信任的匮乏和社会责任的落寞。在理想主义逐渐远去的"小时代",大多数年轻人被成功学的价值观所主导,学校的竞争氛围很浓,为了名列前茅或奖学金等,同学间的防范心很重,当自身预期成功目标没有达成之时,往往心生对别人的嫉妒和怨恨。彼此间的信任感很难建立。同时,"以自我为中心"、"自恋"与"自私",不可避免地削弱了个体对社会的责任和服务他人的意识。哈佛大学校长德鲁•福斯特在 2015 年哈佛毕业典礼发表的主题为"在这个利己主义的时代,别忘了我们对他人的责任和依赖"演讲中指出:"利己主义除了削弱了我们的服务意识,还有一种后果也是我们应当注意的。过度的自我关注掩盖的不仅是我们对于他人的责任,还有我们对于他人的依赖。对于哈佛大学、对于高等教育、对于各种社会基础机构,这很是令人困扰。我们遗忘了高校和机构存在的目的和必要性,使我们自己处在危险的境地。"[1]

不仅如此,对"成功"的不懈追求,也使个体易于走向完美主义,对失败和平凡的人生心生恐惧。当今社会对个体成功的理解往往是以房子、车子、票子、地位等为评判尺子加以衡量,无法拥有这些的人在大众眼中乃是失败和无能的。对此,作家梁晓声犀利指出:"这一种文化理念的反复宣扬,折射着一种耐人寻味的逻辑——谁终于摆脱平凡了,谁理所当然地是当代英雄;谁依然平凡着甚至注定一生平凡,谁是狗熊。"[2]人生本没有一直的成功,成功与失败总是形影相随;人生也没有完美,"完美是一个无法达成的目标。而且,完美主义更多的是一种认知——我们希望别人觉得我们是完美的。"[3]以成功与否来论人生,实际上是对人生不可完美真相的遮蔽,也是对平凡的生命在社会发展中作用的蔑视,甚至是恶意将"平凡"等同于"毫无意义"。

如果人生只准成功不能失败,这样的价值观极易形成个体生命对"自我"的怀疑主义,导致个体生命内在价值的放弃和自身认同的焦虑。个体的认同来自自我和社会,以当今社会流行的所谓成功标准来论人生,容易产生认同的外在化和认同的焦虑。当身边的朋友、同龄人、同事,加薪、升职、创业、发财时,个体往往会担心别人眼中的自我是否不那么成功或是失败,自我的肯定与信心极易受此影响,认同的焦虑也就随之产生。认同的焦虑是缘自我们仅仅通过名声和财富这些社会认可的程度来衡量自我的价值,放弃了自我的认同和生命内在价值的发掘,不可抑制的攀比欲望也就自然成为追逐成功的主要动力。"我们攀比的目的是为了显示自己最优秀或在一个群体中比别人更胜一筹。"[4]攀比往往偷走了人的自信和幸福,这种心理无法造就自我接纳、归属感和真实表达的品质,相反往往会让生命产生羞愧、无力和脆弱感,严重时甚至走向悲观主义,走向生命的自我放弃。

教育应以人本身为目的,是当代教育目的论的澄清与复归。"康德在其名著《论教育学》中开宗明义地指出:在世间万物中,'人是唯一需要教育的一种存在'。按康德的看法,人之外的动物只需以本能的方式来运用他的天性,无需像人那样经受教育的过程。在此意义上,也可以说,教育以'使人成其为人'作为它的内在指向,它的使命就是'人的完成'。"[5]叶圣陶先生也说过,"受教育的意义和目的是做人"。[6]使成其为人,是教育的初心,也是教育的本真目的。

教育应以生命成长为过程。杜威在《民主主义与教育》中认为教育既不是一种准备的过程或正在准备的过程,也不是向潜在目标的展现,教育是生命的成长。因为"生命就是发展;不断发展,不断成长,就是生命"。生命的本义就是不断发展,不断成长的过程;生命有其内在的特质,具有丰富的多样性和无限的可能性,而教育的使命就在于发展这些特质,展现这些多样性和可能性。生命的成长缘自教育就是经验的重构或重组,这种经验重构或重组既能增强经验的意义,又能提升指导后续经验进程的能力。[7]成长是一个不断累积经验的过程,前一个阶段的成长可以为下一个阶段的成长累积能力和经验,不管是成功还是失败,不管是快乐还是痛苦,都是成长过程的宝贵财富,通过反思为未来的人生源源不断地注入螺旋式上升的动力。

教育应以自我发现为旨归。马丁·布伯在《我与你》中指出:"教育的目的不是告知后人存在什么或必会存在什么,而是晓谕他们如何让精神充盈人生,如何与'你'相遇。"[8]虽然渴求社会的认同是个体生命存在和发展的本能,"归属感是人类与生俱来的欲望,即渴望成为比自己更强大的事物的一部分。出于本能,我们常常通过适应环境和追求别人的认可来获得归属感,但适应和认可都不能取代归属感,反而会成为真正获得归属感的阻碍。只有当我们展露真实的、不完美的自我时，我们才能获得归属感，自我接纳比归属感更加重要"。[9]教育是不断地发现深藏于自身的自己，接纳真实和不完美，用爱、勇气和努力，帮助自我不断进步和超越，从而变成更好的"我"。

二、 教育内容：从"知识"传授到"文化"育人，促成个体的精神发育

亚里斯多德在《尼各马可伦理学》中提出，灵魂通过肯定或否定的方式获取真理有五种方式："技艺、知识、明智、智慧和理解"，"知识"是"关于普遍、必然的事物的概念"，主要是指科学，其对象是永恒的；"技艺"是"一种与真实的制作相关的、合乎理性的品质"，可以通过把科学知识应用到生产中而获得；"明智"是"善于考虑对他自身是善的和有益的事情"；"理解"是关于始点的；"智慧"则是"知识和理解的结合"，"对象"是"那些本质上最高等的事物"。[10]从亚里士多德对这五种方式的论述中可以看出，"知识"（科学）和"技艺"都是知识的范畴，是可以通过学习、传授而获得，体现的是以物为本，具有科学性、客观性、专业性等特点；而"明智"、"智慧"和"理解"则是人类在生产生活中思考、获得经验和智慧的结晶，属于文化的范畴，体现的是以人为本，具有社会性、经验性、历史性等特点。古希腊时代是注重智慧、美德、公正与节制的教育。

但近代以来，自然科学的兴起和技术的迅猛发展，以不可抗拒的力量和速度改变着传统的生产方式、生活方式、思维方式及行为模式，成为推动经济发展和社会进步的强大动力，大大改善和造福了人类的生活。与之相伴随，科学主义兴起，"知识就是力量"的口号深入人心，"知识为本"的教育开始成为主导，并且逐渐演变成一种"狭智教育"："一方面将教育偏于知识教育；另一方面，又在知识教育中，疏略人文知识教育。"[11]这种由科学主义主导的价值观对帮助人们获得对客观世界的理性认识、发现客观世界的规律和促进科学技术的发展，以生产力的发展推动社会进步起了巨大的作用，但也因其内含对人文知识和精神忽视的缺陷，也从一个向度导致了欧洲近代人性的危机。哲学家胡塞尔在其后期哲学的代表作《欧洲科学危机和超验现象学》一书中提出了回到"生活世界"的思想，这是对欧洲近代文化与人的存在危机的反思。"欧洲人性危机的根源在于它过分着迷于实证主义的科学理论，从而遗忘了或掩盖了人生存于其中的'生活世界'。"[12]在胡塞尔之后，海德格尔的"日常共在世界"、赫斯的"日常生活世界"、伽达默尔及哈贝马斯的"生活世界"的提出，表明回到被近代科学所掩盖的

人的生活世界,成为学界拯救人的存在发展和促使欧洲文化再生的必由之路。

"生活世界"是"人们在其中生活着的、可直接经验到的、主体间的文化世界"。[13] 科学世界是客观化的世界,真理是存在于客观世界中,人们只是去发现它,它关乎真,却无关意义。与科学世界不同,生活世界是非客观化的世界,具有主体性,"现存生活世界的存有意义是主体的构造,是经验的、前科学的生活的成果。世界的意义和世界存有的认定是在这种生活中自我形成的"。[14] 陶行知先生提出的"生活即教育"的理论,就是基于生活与教育的密不可分,他认为,生活教育就是"以生活为中心之教育"、"是生活所原有,生活所自营,生活所必须的教育。教育的根本意义是生活之变化。生活无时不变,即生活无时不含有教育的意义"。[15] 教育既是以人为目的,它必须克服唯科学和唯知识的教育理路,从注重知识传授转向强调文化育人。因为"教育即文化,教育的本质是人与文化之间的双向建构"。[16]

文化是个体生命存在和发展的第二母体,"文化的主体就是人的生命过程,否则文化便难以被理解和规定"。[17] 正如亨廷顿认为,文化是指人类生产或创造的,而后传给其他人,特别是传给下一代人的每一件物品、习惯、观念、制度、思维模式和行为模式。不仅如此,"文化本身是为人类生命过程提供解释系统,帮助他们对付生存困境的一种努力"。[18] 生命过程之所以需要文化,是因为它面临着诸多的生存困境,每一种文化都在揭示着一种生存困境,也都在引领人们走出生存困境。中国人虽没有西方予人以人生信仰支撑的基督教,但儒家的"修身、齐家、治国、平天下"的积极入世机制,道家的"明哲保身"的撤退机制和佛家的"四大皆空、涅槃成佛"的超越机制,长期以来共同支撑着一代又一代中国人青年、中年和晚年的生命历程。当代中国人在社会转型、价值冲突和信仰迷茫的时代,亟待教育通过文化帮助个体生命的精神发育,建构自己的精神世界,发现自身生命的意义和价值,找到应对生命困境的精神支撑,形成平衡现实和理想的内在张力。

文化的灵魂在于人文精神,它指向人的意义世界,注重对人心灵的滋养,强调完善人格的培育。其中,重要的是要唤醒和激发学生尊重生命的良知,促使人性向善;要培养学生的教养、责任和自由。"教养意味着每一个人要有精神的追求和品质的追求;责任是要担当,承担起公共责任;而只有,不仅要追求不受强制的权利,而且要有政治参与的自由和内心的自由。"[19] 一个有文化的人应有根植于内心的修养,无需提醒的自觉,以约束为前提的自由和为别人着想的善良。

要实现这一目标,教育需要以通识教育和人文教育为基点,以文学、哲学、历史、心理学、法学和艺术等学科为主要介质,融合智育、德育、体育与美育的整体方式,做到"春风化雨"和"润物无声"。智育侧重的是理性审思与理性能力的培养,形成对客观世界的知识与理解,对自己心灵的认识与养成反省的能力;德育侧重的是德性和善行的培养,形成判断善恶的是非标准,具有帮助他人和服务社会的责任与担当;体育侧重的是健康体魄的锻炼和勇敢精神的培养,具有健康的生活方式和坚毅性格;美育侧重的是学生具有审美意识和美好生活向往的培养,通过音乐、绘画、舞蹈和摄影等,让学生具有善于发现自然之美、人性之美和生命之美的眼睛,具有人诗意地栖居于大地上的人生境界。唯此,教育才有可能担当发现人、培养人和完善人的使命。

三、 教育方法:从"给定"到"生成",形成自我的独立思考

著名教育家约翰·纽曼在《大学的理念》中指出:"教育使人能够有意识地看清自己的观点和判断,给人以发展自己观点和判断的真理,表达自己观点和判断的口才和强调自己观点和判断的力量。这种教育教会人实事求是地对待事物,直截了当地切中要害,干净利索地理清纷繁的思绪,明辨诡辩的成分,扬弃无关的东西。"[20]为此,真正良好的教育,应该在方法上,从"给定"到"生成",即从给现成的结论到给批判的武器。

教育不是灌输。众所周知,灌输一直是教育的痼疾。西方教育界一直对此批评声音不绝,最早进行批判的是法国思想家蒙田。他认为灌输式教育忽视了儿童的特点:"有些人在他们学生的耳边喋喋不休,学生好像向漏斗里灌输东西似地听他们讲课,而且,学生的任务仅仅在于复述他所学过的东西。"[21]这种模式中,学生成了被动的容器。何为灌输?杜威作为灌输教育最彻底、最系统的批判者,其观点比较有代表性,他把灌输理解为"系统地运用一切可能的方法使用学生铭记一套特定的政治和经济观点,排除一切其他观点。这个意义是从'反复灌输'这个词来的,本义是'用脚跟压印'。这个意思不能完全按照字面来理解,但是,这个概念包含有压印的意思,偶尔的确包括物质的措施"[22]。灌输的方式具有封闭性、强制性、服从性,把老师和学生的关系看作主体和客体二元对立的关系,当学生成了被动接收的容器,其主体性也就消解了,其弊端是显而易见的。"它把成人的标准、教材和方法强加给只是在逐渐成长而趋于成熟的儿童。差距是如此之大,所规定的教材、学习和行动的方法,对于儿童现有的能力来

说，都是没有关联的。"[23]它试图要改变接受者的思想、观点，但他能改变的最多只有行为，而且只能是一定程度的行为，而且这种"在外力胁迫下作出的近乎条件反射的习惯性的服从行为因毫无主体的自觉性和责任感往往并不具有道德上的意义"[24]。况且，"没有哪种思想和观念可以以观念的形式从一个人传递给另一个人。当一个人把一个观念告诉他人时，对于听到的人而言，它已不再是观念，而是一个已知的事实。这种思想交流可能激发他人去认清自己的问题所在，然后想出一个类似的观点；也可能使听到的人的理智兴趣受到压抑，抑制他在思维上的努力。但他直接得到的绝不会是一个观念。只有当他亲自考虑问题的种种状况并寻求解决问题的方法时，他才算是真正地在思考……如果他不能自己谋划（自然不是与老师和同学隔绝开来，而是与他们保持联系）并找到解决办法，那么他就什么也学不到；就算他能背出一些正确的答案，而且答案百分之百正确，他还是没学到什么东西"。[25]

教育也不是规训。"规训"是法国后结构主义代表人物福柯最早提出来的概念。按照他的理解，规训是指"近代产生的一种特殊的权力技术，既是权力干预、训练和监视肉体的技术，又是制造知识的手段……它通过一种持久的运作机制，对人体进行解剖、分配、组合与编排，达到对人体的位置、姿势、形态及行为方式的精心操纵，以此造就一群驯服的肉体"[26]。他认为，现代学校是典型的规训场所，教育活动经过严密的组织和运作，成为标准化、工具化的规训教育。规训教育是近代工业化发展的产物，考试可以看作是最明显的规训手段。考试使人们进入一种较量，但不是个体与个体之间的较量，而是个体与全体之间的较量，其结果会使个人在与全体的比较中得到度量和判断。[27]考试成绩的好坏成为衡量学生能力高低的标准，社会也据此对学生进行区别和筛选。在考试这一机制面前，教师、学生、家长都成了对象和客体，一起参与到这场有着严密规范的流程中来，学生的身体、行为和思想都围绕着考试这个机器在转，时间、精力、心力都受到了控制，最后的结果是抽象成为一组组的数字，而具体的个性、情感则湮没其中。"教育成为一种事先谋好的、科学或艺术地控制人们心智的技术，成为一种人们必须服从的机制。从一个人幼年的时候被强制地送到教育的工厂中开始，教育的规训就以一种权力的眼睛监视人的一言一行，就以一种考试的技术算度人的现实和未来，就用一种势利的身份诱惑方式生产着人的野心，就用一种奖惩的技术迅速地培养着虚伪的道德。"[28]考试作为一种知识权力行使的机制和手段，从身体上、思想上对学生进行知识的判断和控制，从而实现社会控制的目的。

教育更不是洗脑。灌输把学生当作容器,规训给学生一种外在的强制,洗脑则是思想的扼杀。洗脑是一种比喻的说法,顾名思义,就是通过有意识的强制性灌输,彻底改变受众原有的思维模式、价值观念,目的是为其建立起一套新的价值论述,从而影响其行为模式。洗脑者通常比较善于抓住受众的弱点,或威逼或利诱,控制其思想,只准许其建立一种价值观或信仰,而排斥其他的价值观或信仰。灌输、规训和洗脑三种方法形式上存有差异,但本质实则相同,剥夺了学生思考的权利,用同质化消灭了学生思想的独特性、多样性和创造性。

教育恰是生成。雅斯贝尔斯在《什么是教育》一书中明确提出这一理念,指出:"所谓教育,不过是人对人的主体间灵肉交流活动(尤其是老一代对年轻一代),包括知识内容的传授、生命内涵的领悟、意志行为的规范,并通过文化传递功能,将文化遗产教给年轻一代,使他们自由地生成,并启迪其自由天性。"[29] 在他看来,教育就是生成,是通过主体间的精神交流,尤其是年长者对年青一代的文化传递,使受教育者最大限度地发掘自己的潜力,发现潜藏的可能性,并不断超越,从而获得自由的生长。教师与学生的关系不再是主客体的关系,而是"你—我"的平等主体,教师是学生人生路上的同行者,是要把学生引到有光亮的地方,教育是生命与生命的碰撞与交流。

"独立之精神,自由之思想"的培养,是教育的生成性的内在诉求。在一个快速变化的后喻时代,老师不再是高高在上的知识的拥有者和权威,学生也不是白纸和容器,只是被动地等待着老师"给予"。老师的作用重在引导、激发学生潜能,特别是培养学生批判性独立思考的能力,并为终身学习打下基础。教育不改变生活环境,但却能改变人的思维方式,让学生在直面人生和现实时,能够保持清醒的自我意识,通过判断、反思和总结,具有了解世界、拥有应付复杂生活的本领和实现自我价值的人生信念,才能促进生命的不断成长和自我的丰富完善。

教育的生成性,还要求教师尊重学生的个体差异和特点,因材施教和因人而异。世界是丰富和多元的,就像没有两片相同的树叶一样,"每一个个体在智力、兴趣、社会背景、能力等方面都会呈现出各种各样的差异,在这个世界中,没有两个人是完全相同的。在教育过程中,对现实存在的差异要给予高度的重视。如果完全无视教育对象的差异,那么教育的效果就会受到很大的影响"[30] 教育必须注重个体差异和个性特点,引导学生发现自己的兴趣和才华,才能促进每个学生身心的健康发展、独立人格的形成和丰富多彩的人生。

　　"真正的教育，是自由的精神、公民的责任、远大的志向，是批判性的独立思考、时时刻刻的自我觉知、终身学习的基础、获得幸福的能力。"[31]这才是判断一个人是否受过教育的标准。

参考文献：

[1] 德鲁·福斯特.哈佛校长 2015 毕业演讲：在这个利己主义的时代，别忘了我们对他人的责任和依赖[OL].http://www.vccoo.com/v/8fd8b8.

[2] 梁晓声.郁闷的中国人[M].北京：光明日报出版社，2012：176.

[3][4][9] 布琳布朗.脆弱的力量[M].覃薇薇，译.杭州：浙江人民出版社，2014：143，143，39.

[5][30] 杨国荣.教育的使命[N].解放日报，2011-09-18.

[6] 叶至善，叶至诚.叶圣陶散文乙集[M].北京：生活·读书·新知三联书店，1984：665.

[7][25] 约翰·杜威.民主主义与教育[M].陶志琼，译.北京：中国轻工业出版社，2015：77，42.

[8] 马丁·布伯.我与你[M].北京：三联书店，1987：7.

[10] 亚里士多德.尼各马可伦理学[M].北京：中国社会科学出版社，2007：243，249，246—247，253.

[11] 张楚廷.素质教育是通识教育的灵魂[J].高等教育研究，2008，(7).

[12] 张廷国.胡塞尔的"生活世界"理论及其意义[J].华中科技大学学报，2002，(2).

[13] 李文阁.回归现实生活世界[M].北京：中国社会科学出版社，2002：98.

[14] 埃德蒙德·胡塞尔.欧洲科学危机和超验现象学[M].上海：上海译文出版社，1988：81.

[15] 陶行知全集(第二卷)[M].长沙：湖南教育出版社，1985：180.

[16] 刘献君.论文化育人[J].高等教育研究，2013，(1).

[17] 樊浩：樊浩自选集[M].南京：凤凰出版社，2010：513.

[18] 丹尼尔·贝尔.资本主义文化矛盾[M].北京：北京三联书店，1992：24.

[19] 许纪霖.平民时代的贵族精神[N].南方都市报，2008-12-21.

[20] 约翰·纽曼.大学的理念.高师宁，等译[M].贵阳：贵州教育出版社，2006：161.

[21] 蒙田.论儿童的教育.西方古代教育论著选读[M].北京：人民教育出版社，2001：375.

[22][23] 杜威.杜威教育论著选[M].上海：华东师范大学出版社，1981：341，346.

[24] 鲁洁.德育新论[M].南京：江苏教育出版社，2000：619.

[25][26][27] 米歇尔·福柯.规训与惩罚[M].刘北成,杨远婴,译.北京:生活·读书·新知三联书店,1999:375,145,21.

[28] 金生鈜.规训与教化[M].北京:教育科学出版社,2004:31.

[29][30] 雅斯贝尔斯.什么是教育[M].邹进译.上海:三联书店,1991:3.

[31] 教育可以令人获得[OL].http://epaper. qingdaonews. com/html/qdwb/20150701/qdwb 881683. html.

走向"知识就是责任"新时代

靖国平

（湖北大学　教育学院）

人类文化赓续、文明演化的根基和依托,在于知识的演变与进化。知识的演变与进化(尤其是科学和技术的进步)不断影响、推动着人的发展,而人的发展又反过来促进知识的增长,两者相辅相成、动态共生。就知识的进化与人的发展而言,不同历史发展阶段所形成的具有标志性的知识观念,不仅从根本上引领、推动着知识的进步,而且对人的发展带来了先导性、革命性的影响。本文主要分析人类历史进程中三个具有里程碑意义的知识观念是如何对人的发展产生先导性、革命性的影响的。

一、 "知识就是力量"——化知识为科技实力

人类很早就认识到"知识具有力量"以及人掌握了知识,就会有力量。例如,我国东汉时期的王充在其名著《论衡》中提出了"知为力"的重要思想,意思是人有了知识,

基金项目:国家社会科学基金"十二五"规划 2013 年度教育学一般课题"化知识为智慧:素质教育实践中的转化机制研究"(BHA130050)

作者简介:靖国平,湖北黄冈人,湖北大学教育学院教授。主要从事教育学原理、教育伦理学研究。

Email:jinggp2892@126.com

便有了力量。在西方,17世纪英国文艺复兴时期著名哲学家培根的一句名言"知识就是力量(knowledge is power)",影响了人类数百年。培根在《新工具》中,首次提出了"人的知识和人的力量合而为一"的命题。数百年后,知识与力量的关系不断发生重大改变,持续改善人的心智模式,提升人的能力水平。"知识与力量之间存在着密切的动力学关系。信息时代之前的旧方程式是'知识=力量——所以保存它'。新的知识方程是'知识=能力——所以共享它并使它倍增'。"[1]

人们为什么会相信"知识就是力量"呢? 或者说,什么样的知识形态与样式能够真正转化为强大的力量并让人们为之震撼、兴奋和鼓舞? 这主要是发生在19世纪及以后的事。进入近代工业化时期,人类系统掌握了先进的航海、航空、铁路、桥梁、电子通讯、生产制造等各个方面的科学知识和技术,极大地解放了生产力,缩短了人的劳动时间,提高了人的劳动效率,同时开拓了人的生活空间、认识视野和思想境界。人们有理由相信,科学知识和技术具有无限强大的力量,它是我们认识世界和改造世界以及造福人类自身的重要工具和武器。毛泽东的著名诗句"可上九天揽月,可下五洋捉鳖",表达出人类依靠科学知识和技术征服自然的强大信心和勇气。

在此意义上,"知识就是力量"是相对于、侧重于人类认识、改造自然世界和生活世界而言的。自然科学知识和技术是现代知识谱系的主流,知识的力量主要表征为自然科学和技术力量。科学和技术被视为第一生产力,是社会发展进步的永恒动力,也是人类知识力、创造力和竞争力的根本标志。彼得·德鲁克经过长期深入地研究,认为知识的社会目的可以分为三个历史阶段。第一个阶段是在工业革命之前,人类对知识的探求纯粹是为了知识、启迪、智慧本身;第二阶段大约从公元1700年开始,随着技术的发明,知识开始指有组织、有体系、有目的的知识,这就是我们所说的应用知识;第三个阶段在1881年前后,将知识应用于知识本身,利用知识来找出如何把现有知识最大限度地转化为生产力。[2]

同时,科学知识也是保全、维系人类自身永续发展的根本保障。19世纪英国著名教育家斯宾塞基于社会达尔文主义的立场,在《教育论》一书中提出:"什么知识最有价值? 一致的答案是科学。"主张唯有科学的知识,才能保全人的生命、健康、生存以及公民权利。在人类历史上,"知识就是力量"是对人的发展产生了重大影响的知识观念。在这一观念的主导下,人们普遍相信:通过知识可以改变命运,通过知识可以获得解放,通过知识可以到达自由,并且坚持理性主义精神和技术乐观主义的态度。英国哲学家罗素在谈到科学世界时，分别从天文学的宇宙、物理学的世界、生物界的演化、感觉和意愿的生理学、心理的科学等方面论述了科学的进步对人的发展的影响，并指出"科学知识的目的在于去掉一切个人的因素，说出人类集体智慧的发现"。[3]

恩格斯曾说过，劳动工具的发明和使用是人的双手的延伸。显然，20世纪电脑的发明和使用则是人的大脑的延伸，而机器人的发明和使用则是人的替身。所谓知识改变了世界和人类自身，也就是人类生产、制造的工具改变了世界和人类自身。2300多年前亚里士多德宣称"人是理性的动物"，以及王充的著名思想"知为力"等，让知识插上了想象力的翅膀，让人的创造力无穷无尽，让人的生命意义从短暂走向永恒。当知识不断变身新的科学和技术，人类的生产、生活以及发展方式不断被改变，机器人可以代替人的多种劳动，人类从简单的、机械的、繁重的、危险的劳动中解放出来。机器变为人的骨骼，网络变为人的血脉，电脑变为大脑，人的功能和价值被百倍、千倍、万倍地放大。在这个日新月异的新时代，我们必须感叹和感谢技术的不断进步！人类每一次新的劳动工具的发明和使用，都是对人的双手、双腿、双眼、双耳和大脑的解放，也是对人的时间、空间和生存环境的解放。

进入20世纪以来，知识科技化、知识工具化、知识价值化、知识工业化、知识物质化、知识市场化、知识商品化、知识信息化等一系列重大而深刻的变化，进一步从根本上影响、改变了人类社会的发展模式和存在样式，极大地强化了"知识就是力量"、"知识创造财富"、"知识改变命运"、"知识决定未来"的公共意识和集体信念。例如39年前我国刚刚恢复高考制度时期，"学好数理化，走遍天下都不怕"，几乎成为当时莘莘学子的共同信念和追求。21世纪要求人们在信息化环境中学会学习、不断学习和终身学习，而知识信息化的深处是知识的瞬息万变，是知识的创新，是人的智慧力量觉醒和扩张。当代社会由"知本化"向"智能化"方向发展，总体上要求人由"知识型生存"转向"智慧型生存"、由"技术性生存"转向"艺术性生存"。

二、"知识就是权力"时代——化知识为社会资本

毫无疑问，人类社会已经跨越了"贵族权力"时代，即将度过"资本权力"时代，正在经历"知识权力"时代，即一个愈演愈烈的争夺知识的生存权、发展权、所有权和话语权的时代。知识的"权力化标识"、"权力化运作"、"权力化生存"已然成为了一种主导的、

流行的社会发展模式。这种社会发展模式使人的发展方式产生了重大而深刻的改变，谁掌握了与时俱进的、被当前社会高度认同与接纳的知识体系，并且善于对这种知识体系进行公共化、制度化、利益化和权力化运作，谁就可能获得更多的社会资源、更大的发展空间和更高的社会地位。

"知识就是权力"是相对于、侧重于人类认识生产关系、社会关系以及参与公共生活而言的。在此意义上，知识就是社会权力资本，知识的掌握、更新和运用，便是知识社会权力化的积累、增值和表达，知识权力化成为人们改变身份、向上流动、获取社会权力资本的利器。知识的合法化运作、权力化运行、利益化运转已然成为一种社会游戏规则，乃至一种社会习惯、时尚与风气。各类学校、教育机构、文凭、证书都被赋予不同的社会等级代码和凭证，名目繁杂的社会等级代码和凭证，与进入社会的各个阶层、各类角色、各种岗位相对应。早期社会人们从知识保全生命、改善自我、愉悦身心、健全人格的价值取向，即博雅教育或自由教育的价值取向，以及近代社会人们通过知识认识与改造世界、创造物质与精神财富的价值取向，逐渐被通过知识获取更多的社会资源与利益、占有更好的社会位置所取代。而那些健全人格、陶冶情操、愉悦心灵、发展个性的知识，如各种道德的、审美的、艺术的、地方的、民间的、信仰的知识纷纷落败，甘拜下风。

"知识就是权力"意味着现代人要借助那些法定的、权威的、显学的、时髦的知识装饰自己，出人头地，谋取利益。它引导着越来越多的投机主义、利己主义学习者在更多地占有社会权力资本与物质财富的时候，得到更大的赞美、荣耀和内心满足。知识分子在良知与诱惑、正义与私利、责任与权势、美德与伪善面前，更多地选择后者而不是前者。对此，美国著名人文学者丹尼尔·科顿姆指出，"从文艺复兴时期一直到如今的人文主义者们并不是真正的向人们灌输学问或知识，而是在繁衍社会差别。教育服务于精英阶层，而非真理。当代学生对名利的追求，大学转而成为'知识工厂'……教育是权力的伪装，权力的机构，也是掌握权力的方式"。[4]

后现代主义者认为，"知识是权力的眼睛"。也就是说，以权力的眼界观照知识，除了权力还是权力。对此，法国著名思想家米歇尔·福柯（Foucault. M.）指出，知识与权力是一体的，纠结并存的，其联盟不尽由意识形态撮合而成。没有任何知识能够单独形成，它必须依赖一个交流、记录、积累和转移的系统，而这个系统本身就是一种权力形式。反过来说，任何权利的行使，都离不开知识的提取、占有、分配与保留。在此水平上,并不存在知识同社会的对立,只有一种知识—权力的焊接方式。[5]美国著名学者阿普尔(Apple. M.)从社会经济的角度,分析了传统的知识及其组织形式。他认为,统治阶级总是力图传播自己的文化,从而形成一种"文化霸权"(culture hegemeny),其核心是意识形态。拥有某些知识的人便成为了社会上有权势的人,缺少这些知识的人则受人支配。学校不仅加工学生,还加工知识。而其背后,则是受经济驱动的。[6]

知识是人类文明的象征和人类进步的阶梯,也是规范社会结构与秩序的重要保障,还是社会分层、劳动分工、人群分流的有力杠杆。人类社会持续的发展变化,不断给人的发展提供越来越多的学习机会及制度保障,越来越多的人通过正规、正式、系统的学校教育获得被社会筛选出来的、确认的、公证的知识,这些知识最终以学历、文凭、证书等形式固定下来。"一个社会如何选择、分类、分配、传递和评价它认为具有公共性的知识,反映了权力的分配和社会控制的原则。"[7]通常,这些学校知识或国家教育知识需要通过课程、教学和评价三个基本方面来实现,课程保证知识的社会标准,教学保证知识的代际传承和同辈交往,评价保证合法知识的一致性,而这正是社会权力分配和控制的有效方式。

三、 "知识就是责任"时代——化知识为公民责任

21世纪,人类社会迎来了一场前所未有的变革浪潮——"第三次工业革命"。2012年4月,英国《经济学人》杂志著名编辑保罗·麦基里提出,第三次工业革命的核心是数字化革命,标志是3D(三维)打印技术,关注点是数字化制造和新能源、新材料的应用。美国著名学者杰里米·里夫金在《第三次工业革命——新经济模式如何改变世界》一书中提出,第三次工业革命的标志是"互联网技术与可再生能源相融合"。以可再生能源的转变、分散式生产、储存(以氢的形式)、通过能源互联网实现分配和零排放的交通方式,构成新经济模式的五大支柱。相比19世纪的第一次工业革命(以煤和蒸汽为动力标志)和20世纪的第二次工业革命(以石油和汽车生产为标志),21世纪的第三次工业革命将从根本上改变人们生活和工作的方方面面。

21世纪的知识形态呈现许多新的特点:如知识数量的无极限增长,知识门类的不断细分与融合,知识形式的信息化、智能化和工具化,知识结构的耗散性、差序性和多元化,知识品质的开放性、复杂性和智慧化,等等。这些新的知识形态正在产生一些

面向未来的知识观念：如新知识推动人类社会的可持续发展、人类文明的承续与创新、人与生存环境的和谐与友好、人的终身学习与自我完善。杰里米·里夫金根据"生物圈"理论提出，人们通过学习认识自己是有人性的，是社会的一份子，是"具有怜悯心的生物"，并且是自然、社会也是整个"生物圈"的一部分。因此，今天的学习者需要沉浸在自然环境中，沉浸在四季轮回的自然节奏之中。新的人性观提出，人类富有爱心、热爱交际、合作性强而且相互依赖。人类不再是"智人"，而是"同感人"，即具有"同理心"的人。"同理心"使人类更加亲密、团结、合作和友善。学习的深刻意义在于获得"同情心"、"同理心"，人们通过互助合作学习改善自我与环境的关系。基于"人类共同生物圈"的理论，21世纪的知识观念需要超越"知识即科技实力"和"知识即权力资本"，走向"知识即公民责任"。

对比"知识就是力量"和"知识就是权力"，"知识就是责任"是相对于、侧重于人类认识自身以及更好地与自然、社会、他人和谐共生而言的。如果说，"知识就是力量"是第一次工业革命的信条、"知识就是权力"是第二次工业革命的信条的话，那么，在第三次工业革命的进程中，人类则需要树立"知识就是公民责任"的集体观念与信念。"知识就是公民责任"意味着知识拥有者具有明确的社群意识、公民义务和公共服务精神，不断超越狭义的专业主义、精英主义、实用主义和利己主义，走向利他主义、美德主义、共生主义和幸福主义。任何一个受过良好教育的人，在掌握先进的专业知识和技术，以及获得相应的社会资本和地位的同时，不仅需要有社会公平感、正义感和责任感，更需要具有将自身的学识、才华和权力转化为服务公共事务的责任意识、勇气和本领。

当然，知识的外显力量和权力表征依然存在，它们是"知识就是责任"的重要基础和前提，一个人不具有将所学知识转化为现实力量和社会权力的能力，那么他就难以担当重要的社会责任，这一点已经得到了足够的证明。但是，这仅仅是一个方面。如果一个人拥有的知识仅仅停留在现实力量和社会权力层面，不能将其转化为自省、同情、关心、友爱、服务、责任、美德等重要品质，个人自我价值定位与导向缺乏社会归属感和人类同理心，缺乏群体互助性、兼容性和共生性，那么"知识的力量"有可能走向狡猾乃至邪恶，"知识的权力"有可能走向私欲乃至残暴。

针对第三次工业革命的到来，杰里米·里夫金指出，虽然人们就业的领域有市场、政府、非正规经济和公民社会，但前三类的就业机会将持续减少，而公民社会的就业机会将显著增长。"人们在公民社会创造社会资本。公民社会由各种社会利益组成——宗教和文化组织、教育、研究、医疗保健、社会服务、体育运动、环境团体、休闲娱乐活动和许多致力于创造社会纽带的倡议组织。"[8]"市场环境下的人际关系,主要是一种相互利用的关系,是实现自身物质利益最大化的手段,而在第三部门人际交往的目的就是其本身,因此体现了人的内在价值,而不仅仅是实用价值。"[9]现在有越来越多的国家和地区将"服务性学习"项目引入学校课程体系,将学习的重心转向服务人类自身,"学会关心"、"学会服务"、"学会担当"、"学会合作"、"学会共同生活"将作为儿童、青少年和成人学习的重要内容。这是一种极具"同理心"的教学制度和组织安排。这种课程旨在发起实际的行动,引导、号召学习者积极加入各种社会公益组织,从事志愿者服务工作,帮助那些真正需要帮助的人们,或者在保护生态环境等有益的社会活动中,获得自我的改进、完善和升华。

正如杰里米·里夫金所强调的那样,"把教育转变成同理心体验和分散式合作的学习过程,并把这个过程延伸到整个生物圈。这样,我们就能培养与第三次工业革命相配套的判断力和意识"。[10]"如果这一代及其后代总是轻易地被信号、图像和数据流转移注意力,不能立即处理问题,那我们怎么能期待他们接手长期管理生物圈的任务?这个任务需要集中的注意力和愿意服务一生的耐心。"[11]

总而言之,在社会生产方式、组织结构、管理模式愈来愈"分散化"、"扁平化"、"个性化"、"多元化"的新时代,在"数字化学习"、"网络化生存"、"全球化浪潮"的环境之中,知识分子的服务精神和社会担当显得格外重要。不论知识有多少种价值和功能,尽可能减少、消除他人痛苦,减少、防止社会危害,造福公民社会和人民生活,应该是知识的根本价值或终极价值,也应该是知识分子的核心素养和关键能力。

参考文献:

[1][2] 维娜·艾莉.知识的进化[M].刘民慧,译.珠海:珠海出版社,1998:26—27,21.

[3] 伯特兰·罗素.人类的知识[M].张金言,译.北京:商务印书馆,1983:9.

[4] 丹尼尔·科顿姆.教育为何是无用的[M].仇蓓玲,等译.南京:江苏人民出版社,2005:3—4.

[5] 陆有铨.躁动的百年——20世纪的教育历程[M].济南:山东教育出版社,1997:155.

[6] 施良方.课程理论[M].北京:教育科学出版社,1996:53.

［7］麦克·F·D·杨.知识与控制——教育社会学新探[M].谢维和,等译.上海:华东师范大学出版社,2002:61.

［8］［9］［10］［11］杰里米·里夫金.第三次工业革命——新经济模式如何改变世界[M].张体伟,译.北京:中信出版社,2012:280,282,270,266.

教育伦理学视域中的教育分寸

王正平　朱　丹

（上海师范大学　哲学与法政学院）

　　教育的不断发展,导致教育内部各要素之间以及不同教育观念和行为产生的矛盾冲突愈演愈烈,对于教育道德、教育行为善恶观念的理解众说纷纭、莫衷一是,亟需重新确立教育行为的教育分寸和尺度。从理论层面上看,应科学理性地认识教育活动这一从道德意识向道德实践转化的过程,阐述和理解把握教育分寸的合理性和重要性;从实践层面上看,具体到教学方式和作用途径上,则应力求让教育分寸这一形式发挥教育道德的职能,从而更好地实现教育道德,保障教育的成效。

　　笔者发现,一方面,我国学者对于教育分寸这一重要问题关注较少,缺少系统而专门的理论研究;另一方面,在之前有些关于教育分寸的文章大多从教育学或者心理学的视角来探究,很少有从教育伦理学的视域加以深入地研究。掌握教育分寸具有重要的教育伦理价值,直接关乎教育质量,关乎人才培养和社会文明进步。笔者认为,教育分寸是教育道德的一个重要范畴,教育伦理学是教育道德理论的系统化。如今,教育伦理学正是在教育事业不断发展、教育理念不断转型的大背景下丰富和发展,本文拟

基金项目:上海市高峰高原学科建设上海师范大学哲学项目

作者简介:王正平,浙江海宁人,上海师范大学跨学科研究中心教授,博士生导师,主要从事应用伦理学研究;朱丹,江苏常熟人,上海师范大学哲学学院硕士生,主要从事教育伦理学研究。

Email: wangzhpj@shnu. edu. com;594556050@qq.com

从教育伦理学的研究视角,对教育分寸进行专门探讨。

一、 教育分寸的哲学基础和道德价值

什么是教育分寸？由王正平教授主编的我国第一本《教育伦理学》中指出:"所谓教育分寸,就是要注意教育方法、态度上的适度和恰到好处。这个'适度、恰到好处'就是教育分寸。"[1]B•H•契尔那葛卓娃和契尔那葛卓夫所著的《教师道德》一书进一步指出,"'分寸'是一种道德行为,它包括对行为的全部客观后果及其主观理解的预见;包括对人要有仁爱、同情和关心的要求;包括了在任何情况下都能建立良好关系的方法。"[2]简言之,最恰当地顾及行为的环境条件和它的社会教育后果的那种特殊的行为方式就是教育分寸。[2]教育分寸是教育道德的形式之一,它是在独特的教育过程的条件下实现教育道德的一种方式。在教育活动中,教育分寸具有自己的哲学基础和道德价值。

以哲学的观点看,"教育分寸"实际上是指在教育和教学活动中对行为和要求的"度"的把握。"度"是事物保持自己质的稳定性的数量界限,或某种质所能容量的量的活动范围,表现的是质和量的统一。德国哲学家黑格尔第一次对"度"做了系统的研究,并把它定义为:尺度是有质的定量,认为尺度是质与量的统一,因而也是完成了的存在。辩证唯物主义认为,度是从与其他事物发生关系的系统中分出来的某事物的规定,任何事物都有自身的度。在这个限度内,量的增减不会改变事物的质,但是一旦超过这个度,量变就会引起质变,破坏原来的度建立新的度,并形成体现于新度中的新的质量统一体。所以,教师在日常教育和教学活动中,掌握好质和量的相互制约的关系,恰当地把握教育和教学工作中的"度"即"分寸"具有重要的意义。为了实现良好的教育目标,保持特定的质,就要把教育和教学的量控制在合乎教育规律和青少年学生成长规律的一定限度内。如果教师在教育实践中不注意对于"度"即"分寸"的恰当把握,过度、不足、失去分寸,即使是"为了学生好",也会适得其反,无法达到理想的教育效果。

从道德价值层面来看,教育分寸实际上也是要求教师把握教育工作中的"中道"。"中道"即"中行"是儒家的重要伦理思想,指能行中正之道,与"中庸"意相近。《论语•子路》:"不得中行而与之,必也狂狷乎。"《孟子•尽心下》引为:"孔子:'不得中道而与

之，必也狂狷乎！狂者进取，狷者有所不为也。'孔子岂不欲中道哉？"《荀子·子道》："上顺下笃，人之中行也。"东汉赵岐《孟子注疏》："中道，中正之大道也。"南宋朱熹认为："所谓中之道者，乃即事即物都有个恰好的道理，不偏不倚，无过不及。""中庸"则是儒家倡导的一种宇宙观、方法论和道德境界。其中"中"有中正、中和、不偏不倚等义；"庸"有平常、常道、用等意。《论文·雍也》中写道："中庸之为德也，其至矣乎！"以"中庸"为最高的美德。要求"事举而中"，反对"过"和"不及"。柏拉图把均衡概念引入伦理学中。在此基础上，亚里士多德则是把中庸和节制联系在一起，认为中庸有两种，自然界的中庸是绝对的，人事的中庸是相对的。从道德层面来看，人的行为可以分为"过度"、"不及"和"适度"三种状态，"过度"和"不及"都是恶行，只有中庸和适度是美德，因此，美德是一种适中，正如契尔那葛卓娃所认为的教育分寸是一种道德行为，在这里找到了契合点。

掌握教育分寸是一种道德行为，那行为的道德价值标准何在？亚里士多德作了如下讨论，他认为，道德价值的标准就要符合"中道"，"中道"表现为一种恰当和合宜。大家公认做得好的人的行为或产品作为标准，实际上是一个"典型"，让人们都能向他们学习。一位教师楷模，并不只是知识和智力较高的人，还应该是在教育教学活动中掌握很恰当的"教育分寸"的人，这种"教育分寸"不仅表现在教师与学生关系中、教师与集体关系中、教师与家长关系中，还表现在教师自身道德个性的自我完善、教师教育行为的选择，以及教师在教学活动中的教学艺术等等。一个具有高尚动机的教育工作者，通过较长期的道德实践，并且合乎"中道"即掌握好"教育分寸"，才能成为一个有德性的人和道德楷模。因此，教育工作中的"中道"是以恰当的方式，对应该的人，用合适的数量，在恰当的时候，采取合适的教育行为。

从根本上说，教育分寸之所以具有道德价值，是因为教师是否恰当地掌握教育分寸，与教育和教学效果、学生利益、教师利益、教育事业和整个社会的利益密切相关。马克思指出："正确理解的利益是整个道德的基础。"[3] 教育职业活动中的利益是教育道德或教师道德的物质基础。重视把握合乎教育规律的教育分寸，能对学生的知识掌握、能力培养和品德成长带来裨益；反之，违背教育规律的任性行为，只会对学生和教育事业利益造成明显的损害。

二、 教育分寸的实质及其特点

关于教育分寸的实质,大多数的教育家或学者是从教育学和心理学方面来进行探讨的。其一,把教育分寸看作是一种施加心理影响的手段。例如,乌申斯基说:"分寸不是什么别的东西,它只是对我们本身所感受到的各种心理学活动的回忆所作的多少是模糊的和半意识的一种汇聚。"[2]其二,把教育分寸看作是一种教育或教学技巧。其三,把教育分寸看作是礼貌待人或尊重学生。其四,把教育分寸理解为教师的一种高度自觉的活动。显然,这些对于教育分寸实质的探讨,有益于我们进行多视角的考察和认识,但却没有抓住教育分寸最核心的实质问题,即揭示教育分寸的道德实质。

契尔那葛卓娃和契尔那葛卓夫在《教师道德》一书中这样阐述教育分寸的实质:"教育分寸是从道德方面来调节教育过程的,也就是在人的关系的范围中起调节作用的。"[2]教育分寸属于道德范畴。笔者认为,上述观点恰当地揭示了教育分寸的实质。一方面,它强调了教育分寸是教育活动中的一种道德行为或要求,要从教育伦理的高度来认识教育分寸;另一方面,与现代教育"以人为本"的宗旨相对接,表明教育分寸是在与人的关系中起调节作用。因为只有在人与人的相互关系中才能表现道德与分寸的重要性,而在人与物或者对于其他对象的关系中则没有这种必要。所以,教育分寸是在教育活动这一过程中,具有良好道德操守的人进行的一种特殊的道德创造的行为。例如:在学校的教育教学环境中,教师有权批评学生的不正确行为并提出建议,这体现了教育公正原则的要求,但是在批评的过程中,在其他人心目中存在着认为贬低了学生的尊严的可能性。既要坚持教育公正原则,同时又要尊重人,选择何种批评的方式、内容和口吻显得至关重要。掌握教育分寸的目的就是为了把矛盾双方的动机和利益结合起来,从而建立良好和谐的关系。

教育分寸的实质决定了教育分寸的特点,作为道德生活现象的教育分寸具有以下特点:

第一,体现在道德关系中对象的特殊性。在这种道德关系中,学生是一个特殊的道德对象。教师与学生具有共同的目标,应当互相尊重、互相理解、互相信任、教学相长。但是,在教育和教学过程中,教师与学生所处地位的不同,在知识、社会经验、人生观和世界观方面存在差异,学生有时不能正确地理解和评价教师的行为,这就对教师们选择对待学生的合适行动造成了特殊的困难。

第二,体现在教育教学过程中,教师既是参与者又是组织者。教师们不仅参与整个教学活动,同时又必须恰到好处地创造好教学活动的条件并调节好这一过程中产生的诸种矛盾,保持良好的教学环境和师生关系。在教师和学生的关系中,教师占主导和主要方面,教师的道德观念和道德行为对师生间的道德关系状况起着重要的导向作用。因此教师在参与教育过程中掌握教育分寸,恰当地组织和调节好种种矛盾冲突,显得十分必要。

第三,教师要预见教育效果或者为这种教育效果的发生预先创造好条件。教师应该在教育活动过程中自觉地、有意识地预见自己的行为对于该学生和整个班级所造成的效果,从而把握好教育分寸。例如,在做独立书面测试时,教师用责备的眼光批评了一个试图抄袭邻座同学作业的学生。这个看起来似乎无足轻重的教育事例,却表现出了一系列关系:即教师监督学生的作业,看他们是否在独立完成,在对学生提出批评时又做到了只让那个受批评的学生接受它,而不影响其他学生做作业;同时,他又教导了学生要学会独立运用知识的能力,不允许学生欺骗。因此,教师应该以关心关爱每一个学生为基础,教育行为以建立友好关系、创造和谐氛围为前提,在被集体中的每个成员所接受的同时又不失行动的公正性,又不致引起新的矛盾。

三、 掌握教育分寸的必要性和具体道德要求

从教育教学活动产生起,教育分寸就成为教育道德的一个不可分割的部分,在理论与实践中起着至关重要的作用。由于教育分寸在教育教学活动中彰显的作用越来越突出,因而进一步认识掌握教育分寸的必要性和它在实践中的具体要求,具有重要的意义。

应当看到,教育分寸的必要性只是在教师和其他人的关系上调节一个人的行为时才显示出来,当道德态度的对象能够承受和评价行为并能以相应的方式对行为作出反应和回答时,分寸才有必要。在实际的教育教学活动中存在着许多复杂的情况,理论规范、原则向实际运用的转化过程中,并不是简单地遵守传统和范例就可以,而是与教育中十分重要的创造性活动息息相关,这就要求教师不断地去解决产生着的矛盾,而这些矛盾在他们的调节过程中又会造成新的矛盾,在面对复杂多变的矛盾时,教师应灵活地、创造性地独立做出决定。

在我国，倡导教师掌握教育分寸具有现实的必要性。近几年，关于教师的负面报道不断出现，使我们越来越关注教师道德。笼统地看，似乎都与教师个人的道德修养有关，但具体地看，在教育和教学过程中许多教师与学生的矛盾激化、教师工作的效果事与愿违等等情况出现，究其原因都与教育分寸的把握相关联。例如，现在的青少年学生，大多是独生子女，在家一直是被宠爱的对象，主体意识很强，容易养成任性、自私的倾向，就如温室里培育出的花朵，常常经不起严寒酷暑的考验。如果教师不去研究和掌握当前学生的个性特征，不能在教育言行上做到因材施教，就不可能收到好的教学效果。又如，有个别学生在课堂上不遵守纪律，会直接影响教师和班级里其他学生的情绪，如果教师对此听之任之，则会影响教师的威信和教学效果。如果老师当着众多学生的面粗暴批评，有可能过度伤害学生的自尊心，造成学生的内心抵触。而如果教师能够根据特定的教育情境，以一个讲课停顿，一个提示的眼神，一个小小的提醒动作告诫学生，就能取得良好的教育效果。因为教育分寸，一方面表现为在对学生思想品德教育和养成上善于对缺点持原则的不妥协态度，而同时又保持着彼此之间良好的关系，另一方面表现为对学生知识和能力教学和培养上遵循教育规律，善于恰当地掌握教学艺术和难易程度，准确预见到所有会导致不良后果的情况，调节并消除这些矛盾的产生，以求达到最好的效果。

大量的教育实践表明，教师仅仅遵守一般的教育道德要求是不够的，还必须以高度的教育工作责任心探索和掌握教育分寸的具体要求，使自己具备更高层次的道德心理品质和教育艺术，以更好的方式来实现道德要求，帮助教师在复杂多变的情境中做到有分寸，恰当地处理在教育教学过程中碰到的突出问题。教育分寸也为教师道德个性的发展提供了有益的探索途径。掌握教育分寸的具体道德要求包括以下几个方面：

第一，要掌握教育分寸，就要尽可能全面地掌握与教育和教学工作直接有关的"情报"，选择最恰当的教育行为。教师在选择自己教育行为时，要注意"情报"的不完全性和不准确性，不可主观臆断，偏听偏信。教师要对获得的多方面"情报"进行认真分析、核实和调查研究。不能在全面了解情况之前就轻易对某位学生的行为动机或某件事下结论，产生偏见。在苏霍姆林斯基《给教师的一百条建议》一书中记录了这样一个生动的例子：有一天，有人向苏霍姆林斯基报告，校园花圃里有一朵开得最美的鲜花被一位名叫季娜的一年级小女生摘走了。有人向作为校长的苏霍姆林斯基提议，应该马上对这位损坏公物的季娜进行严肃的批评处理，否则别的学生会效仿。听了别人的"告状",苏霍姆林斯基没有马上表态,而是和蔼地找来季娜谈话,问她昨天为什么想到要采校园里的花。季娜含着眼泪告诉苏霍姆林斯基,自己最敬爱的祖母得了重病,不知道怎么来安慰她,想到祖母平时最喜欢鲜花,便采了一朵校园的鲜花送给祖母,想使她快乐以减轻疾病带来的痛苦,便忘记了学校的规定。苏霍姆林斯基看到了季娜眼中的那种无邪而又恳求的目光,不仅没有批评她,而且赞美这位学生有一颗善良的心,感谢她的父母教育出了季娜这样一个善良的人。这是优秀教育家掌握教育分寸的生动一例。因此,当教师给予学生批评和处罚时,当学生有意或无意触犯教师尊严时,当学生没有过错,教师却偶然地或无意地把学生置于难堪状态时,要注意分析这一情况的完全性和准确性。重视调查研究,全面掌握"情报",这是掌握教育分寸的首要道德要求。

第二,掌握教育分寸,就要求教师在选择自己的教育行为时,充分考虑到教育对象的个性特点,善于估计情势才能很好地预见行为后果。教师在选择影响学生的行为方式时,必须考虑到学生的个性特点,如:气量大小、内向外向、敏感程度等等,否则,很可能使教师的教育效果与教育目的背道而驰,甚至引发不必要的矛盾。例如,当学生在课堂上回答不出问题时,教师是善意委婉的提请注意或友好地让其坐下,还是讽刺挖苦;是公开地提意见,还是个别地提意见,都需要教师注意学生个性特点,掌握教育分寸。在西尼乍《论教师的教育分寸》一书中有这样一个例子:有一位教师在安排学生进行课堂测验时,发现并夺走了一个叫彼嘉的学生作弊用的纸条。这个学生感到很羞愧,但为了表示抗议,维持自己的面子,他决定完全不做测验的卷子,并示威地把手放在课桌上。过了一会儿,他邻座的同学对老师说:"彼嘉什么都没有做!"面对这一情景,教师佯装惊奇地说:"怎么什么都没做呢? 他是在思考,如果不思考是不可能解答问题的。"这位教师机智地处理,给犯错的学生有了马上改正的机会,彼嘉很快拿出卷子开始解题了。教师的分寸性使得学生反对他的要求的做法变得毫无意义了。显然,教师不仅要有"为了学生好"的行为动机,而且要关心自己行为的结果,达到"真的使学生好"的效果。教师要通过自己艰苦细致、讲究艺术的工作和努力,争取以最小的代价取得最大的教育成果和成功,也就是说,掌握教育分寸,就要求教师对自己的教育工作有预见性,对教育行为的后果负责任。

第三,掌握教育分寸,就要求教师以对学生高度负责的劳动态度来调节教学和教育工作中出现的或将要出现的一系列矛盾,做到讲究分寸和教育适度。由于学生和老师之间存在着年龄、知识、阅历和社会经验成熟性方面的差距,因而学生不总是能正确理解和评价教师的行为,会发生对教师正确的教育行为持否定、怀疑、甚至对抗的态度,这就为教师选择合适的行为带来了困惑。例如,教师在教育工作中面对学生的犯错,可以恰当地"发怒",以警示学生,但常常又必须"制怒",循循善诱,启迪学生;可以适当地"惩戒",以提示学生,但又必须遵循教育规律,不能在教育方式和教学要求上随意任性,以使教育取得良好的效果。如果教师提出的要求学生实际上根本无法做到,或者按照这些要求去做反而有损学生的知识进步和身心健康,那就是违背了教育分寸。赞科夫指出:"在以高难度进行教学的同时,我们要掌握难度的分寸。所谓掌握难度的分寸,照我们的理解,绝不是要降低难度,而是要合理地运用以高难度进行教学的原则。这条原则的效果如何,很要紧的一点,就是运用它的时候,给学生提供的教材一定要是学生所能理解的。如果不掌握难度的分寸,使得儿童无法弄懂所教的材料,那么他就会不由自主地走上机械识记的道路。这样一来,高难度这个正面的主张反而会走向它的反面。"[4]掌握教育分寸,就是要求教师以高度的道德责任感,严格把握教育方式、教学内容、行为要求的科学性、适宜性、可行性、有效性。

第四,掌握教育分寸,就要求教师自己成为一个有较强道德责任心,善于敏锐地认知教育行为的道德意义,并不断严格要求自己和体贴关心学生的人。教师掌握教育分寸的本质,是教师不仅把实现自身价值作为教育工作的目的,而且把恰当地认识和把握教育规律,以高超的教育艺术和方式培养学生全面发展作为教育劳动的最高目的。第斯多惠指出:"名副其实的好教师追求的是符合自然发展规律的和谐教育,他们循循善诱激发和发展学生的内在潜力,不要给学生的学习层层加码;他们要实施进化的和有机的全面教育,而不要实施机械的和片面的教育!"[5]一个真正善于把握教育分寸的优秀教师,常常是"把整个心灵献给孩子"的人,是品德高尚的人。罗素指出:"凡是教师缺乏爱的地方,无论品格还是智慧都不能充分地或自由地发展;这种爱主要地在于感觉儿童是一种目的。"[6]教师对学生的爱,是教师探索教育分寸和艺术的精神动力。正如陶行知所说:"有了爱便不得不去找路线,寻方法,造工具,使这爱可以流露出去完成他的使命。"[7]因为一个教师的人格魅力和行为方式会影响学生,学生们将会对教师无限信任,相信教师是知识渊博、仁爱、善良、友爱、公正的。因此,分寸感也是教师在教育教学过程中表现出的个人品质的一面,在这种行为方式中可以看到道德思维和实践的相互统一。

教育伦理学作为研究和表述教育道德问题的学科,一定的教育道德原则、教育道德规范、教育道德要求、教育道德评价构成了教育伦理学这一体系。但是,这些教育道德规范、要求的实现需要对现实的许多方面作道德上的理解,所以在大多数场合下,教师的实际道德行为具有教育分寸的形式。教师在与教育教学过程中的所有参与者的日常交往中,教育分寸是教育道德实际运用的极其重要的形式。因此,分寸是一种创造,一种探索,一种有独特之处的行为。教育分寸则是在教育道德意识到教育道德实践的转化过程中所包括的作为理性活动特殊形式的一种特殊的道德创造。在这种创造性活动过程中,教育道德意识和教育行动融合成一体,教育道德思维和教育道德实践相互统一。今天,我们深入探讨和大力倡导掌握教育分寸,是在对教育伦理学理论认识的基础上的一种实践诠释,能够为教育道德的实现提供有力的保障。

参考文献:

[1] 王正平.教育伦理学[M].上海:上海人民出版社,1988:118.

[2] В·Н·契尔那葛卓娃,契尔那葛卓夫[M].教师道德.上海:华东师范大学出版社,1982:203,201—202,205,206.

[3] 马克思,恩格斯.马克思恩格斯全集[M](第1卷).北京:人民出版社,1956:674.

[4] 赞科夫.和教师的谈话[M].北京:教育科学出版社,1980:179.

[5] 第斯多惠.德国教师培养指南[M].北京:人民教育出版社,2001:150.

[6] 罗素.教育与美好生活.现代西方资产阶级教育流派论著选[M].北京:人民教育出版社,1980:104.

[7] 陶行知.大众教育家与大众诗人[M].上海:上海教育书店,1949:10—11.

论教师文化资本的知识表征

车丽娜

（山东师范大学　教师教育学院）

　　文化是最能触动人心且影响久远的力量。21世纪的竞争法则是以文化论输赢。文化不仅在综合国力的竞争中占有越来越重要的地位，而且在社会资源分配及社会职能发挥过程中显示出重要的作用。法国社会学者布尔迪厄(Pierre Bourdieu)认为文化资源作为一种资本形式参与了社会成员层级结构及其核心价值旨趣的形成。"文化为人类的交流和互动提供了基础，它同时也是统治的一个根源。艺术、科学以及宗教——实际上，所有的符号系统，包括语言本身——不仅塑造着我们对于现实的理解、构成人类交往的基础，而且帮助并维持社会等级。"[1]社会阶级习性的差异不仅意味着不同的资本形式在社会场域中的竞争，而且意味着价值观的冲突与分化。布尔迪厄认为，"作为资本的文化的出现以及相对自主的文化市场的发展，建构了与资产阶级的'世俗享乐主义'习性针锋相对的知识分子的'贵族苦行主义的习性'"[2]。它与奢靡而低俗的生活趣味相对立，"指向最少花费、最简朴的休闲活动以及严肃的，甚至有时是苛刻的文化实践"[3]。知识分子是理性思想的生产者和推广者，他们所掌握的文化知

基金项目：国家社会科学基金2014年度教育学一般课题"我国中小学教师的社会性格研究"(BAA140012)

作者简介：车丽娜，山东青岛人，教育学博士，山东师范大学教师教育学院副教授。

Email：chelina@sdnu.edu.cn

识是民众应对社会生活和生产过程中必须学习的,他们奉行的文化价值观也昭示着历代社会需要强化的主流精神。"所有的符号商品和符号材料毫无例外地以为它们自身是稀有的并且值得在一个社会形式中被追求。"[4]

教师可以说是掌握着社会文化资源的知识分子的典型代表,他们的精神气质经由相应文化价值观的锻造而区别于通俗意义上的"民众"。在知识分子群体中,教师被誉为"人类灵魂的工程师",是"人类价值守护者"的典型代表,其文化资本形式也具有区别于普通民众的绝对优势和教化价值。布尔迪厄将文化资本的存在形式划分为三种,分别是以身心"持久性情"形式存在的具体形态、以文化商品形式存在的客观形态和以资历认证形式存在的体制形态。[5]在世界教育史上,教师的文化资本正是借助高尚的道德品性、高超的学术造诣和高层的学历文凭,在客观形式上区别于普通民众。"事实上,每一位执行某项社会角色的个体,都被他的社会圈子认为具有或者他自信具有正常的角色执行所必不可少的知识。如果缺乏这些知识,就认为他在心理上不适合于担任这一角色。"[6]在现实层面上,教师所赖以安身立命,使其专业性不断彰显的资本形式主要表现为知识形态,而且,在不同的历史时期,教师的知识资本表现为不同形式,而教师也由于其知识资本的不同而承担着不同的社会职能,获得与之相应的社会地位。

一、 神圣知识:古代教师文化资本的缘起

在学校教育产生之前,并没有专人负责文化知识的生产和传承,而是由对于神圣之物具有非同寻常的敏感性的古代僧侣、祭司、萨满教士、术士、巫师等承担着原始人类的教化职能,他们是古代教育的主要承担者,其教育活动的目的也是培养神职人员和社会管理者。"祭祀阶层与僧侣阶级作为知识的代言人,获得了知识权力。从另一方面来说,僧侣权威的合法性来源还有僧侣阶级自身的道德要素:'磨难、净化与执著'(齐格蒙·鲍曼)。在祭祀者身上,流血或自我牺牲常常是整个祭祀仪式的一个有机部分。僧侣阶级的禁欲主义与苦行,也是他们从常人那里获得权威性的一个道德要素。这些知识美德即使在现代社会有时也被人们赋予某些知识英雄。这些美德包括弃绝世俗幸福,肉体享乐的牺牲,十年寒窗苦读生涯,自我强制的超人意志等等,以及其他的知识神话。"[6]当时的僧侣、祭司一般具有较高的文化修养,并掌握与天文、水利、工

程、医学相关的有限的专门知识,其权威仅次于部落管理阶层。而且,在大部分地区,寺院与学校融为一体,它们既是宗教活动的场所,也是替部落办理教育、天文、水利、建筑等专业事务的机构。一些著名的寺院因为集中着高深的学术和高级僧侣而受到追捧,其造就的专业人才也受到社会的尊敬。

　　迷信的果实累累的母体埃及为僧侣的寺院生活提供了第一个范例。生活于下蒂巴伊斯的一个无知青年安东尼散掉他的遗产,抛弃自己的家庭和故乡,以独创的无所顾忌的狂热,开始悔罪的僧侣生活。……这位德高望重的老者(安东尼直活到 105 岁的高龄)亲眼看到了他的示范和他的教导所产生的丰硕成果。在利比亚沙漠中、在蒂巴伊斯山岩上,以及在尼罗河边的城市里,众多的僧侣定居点迅速发展起来。在亚历山大里亚以南的尼特里亚山区及其附近的荒野中,居住着 5 000 多名隐士;今天的旅游者还可以到由安东尼的门徒们在那块不毛之地建立起来的 50 所寺院的废塔中去进行调查。在上蒂巴伊斯,那空旷的塔本岛上便居住着帕科米乌斯和他的 1 400 个同教弟兄。这位神圣的修道院长前后共修建了 9 所男修道院和 1 所女修道院;到了复活节那一天,有时他可以同时集中 5 万个奉行他的圣洁纪律的教友。宏伟和人口众多的俄克喜林库斯城,正统基督教的中心,早已把许多庙宇、公共建筑,甚至围墙都捐出供敬神和慈善事业之用;这位可以在 12 所教堂里讲道的主教,共管辖着 1 万女修道士和 2 万男修道士。对这一奇异的变革深感光荣的埃及人竟然大都希望并相信,僧侣的数目已和其他部分人民的数目相等了;后代人也许还会重复过去曾用于这一个国家的神圣生物的一句话:在埃及找神容易找人难。[6]

作为神职人员的教师凭借原始的宗教和神祇文化而获得殊荣。在当时社会,人们因为对自然的无知而心生恐惧,而宗教学将自然的种种现象归因于天启或神意,并且引领世人以一定的宗教仪式敬天祈福,其中,无论是对自然现象的解读还是宗教仪式的知识都秘而不宣,严格掌握在神职人员的手中。宗教、巫术、神话等意义体系被定义为合法的、稀有的符号资本,神职人员行使着对社会场域中的行动者的教化职能。“被符号权力教化后的行动者的身体不再仅仅是个体的躯壳,而是场域中集体历史的产物。”[7] 被符号权利合法化的世界观和价值观以不易察觉的形式传递给行动者,最终沉淀为社会的"集体无意识"或"共同信仰"。神职人员因为掌握着来自神启的符号权力，神圣而不容亵渎，所以，他们也具有了领导世俗社会的神圣力量。而由于神职人员在神意的解读和宣讲方面显示了卓越的智力和才能，他们也便同时承担了教师的角色，并把他们的继承者引向神赐的知识。"神赐的知识如果以书面的形式固定下来，就有可能很快积累得非常之多，以至于学者即使在成为教师之后也要继续在仍健在的大师指导下学习，或者向那些留下著作的死者学习知识。因此，在其生命的每段时间里，学者在学院内的地位都取决于他与师生等级秩序中的其他学者相比能参与到神赐知识的程度。"[8]这些参与神赐知识的学者的基本职责一方面是维护神圣的宇宙秩序，向世人宣讲神意；另一方面就是训练继承者，向继承者传授神权。借助着神职人员的精心传教，整个的宗教体系得以保护和传承，而因为神赐知识往往与德行和良善品质密切相关，教职人员因此而获得指引人类生活的力量，从而在整个社会上具有极高的社会地位。

二、 理性知识：近现代教师文化资本的转型

天国的世界毕竟不是人类永久的灵魂栖息地，社会的世俗化的过程和人的理性精神的觉醒同步进行。随着人类对自然和社会认识范围的扩大，宗教和神学已经无法对人类社会的各种现象提供完备的解释，人类无法依赖四方神灵的庇佑获得救赎，从而开始向内寻求，依赖自我的理性力量去探究自然的奥秘，解决社会的问题，探寻理性的认知和社会改造力量。美国宗教社会学家彼得·贝格尔在分析基督教的世俗化时指出："所谓世俗化意指这样一种过程，通过这种过程，社会和文化的一些部分摆脱了宗教制度和宗教象征的控制。"[9]在科学、理性不断对传统宗教所构建的神圣世界攻城略地的过程中，引发了民众对宗教的"信任危机"，神启知识作为最高级知识的合法性乃至对社会的统治性正在逐步地淡化与减少，以至于不再能为人类提供一种共同的终极意义，"世俗化引起了传统宗教对于实在的解释之看似有理性的全面崩溃"[10]。现代社会的发展迫切需要以科学、理性的名义为整体世界提供新的解释体系，而其内容又与社会的统治秩序、等级结构具有天然的联系。于是，那些拥有"对于宇宙本质与统治社会的法则的非同寻常的反思能力"[11]的知识分子凭借其拥有的大量的文化资本而跻身或依附于统治集团。此时，"人类灵魂的工程师"摇身一变而成为统治阶级的

一员。

而当时体制化的学校教育并未形成,散落在民间的具有一定的学术思想的圣者贤人便成为统治阶级招募的对象,而圣哲的学术思想和治国方略也需要信众和践行者。于是,在统治阶级的支持下,各种形式的私人授徒讲学得以兴盛起来。哲学思想是治国方略的基础和出发点,治国方略是哲学思想的致用和践行,圣哲的学术思想和治国方略因为与终极价值的贯通而获得世人的尊崇。"对于一个中国的圣哲来说,人类社会的价值秩序和规范秩序,如果与他的理想一致,就与宇宙的秩序相吻合。只有那些接受并遵循价值秩序和规范制度的人,才能理解宇宙秩序;在他们的概念里,没有独立于道德评价与价值评价(不仅关于文化而且关于自然界)的客观理论真理。在苏格拉底—柏拉图的概念框架里,善是至高无上的标准,真理必须与之一致,任何与善的观念相冲突的观念都不可能真。"[12]而授徒讲学是传播哲学思想和价值规范的主要渠道。这样,灵魂拯救的知识变成了本质探究及社会统治的知识,关于灵魂问题的语用学变成了权力修辞学。思想家逐渐地接管了僧侣阶层的"传道"职能,以自然本质的探究以及理想社会蓝图的构建引领着整体社会的发展。也就是说,能在社会上得以流通的文化资本来源于至高无上的终极价值,古代圣哲致力于创造体系化的伦理思想并推演出通用的治世方略,这样的思想体系凭借统治阶级的肯定和采纳而获得市场,并被赋予教育意义和价值,如宋代王安石所言:"所谓教之之道何也? 古者天子诸侯,自国至于乡党皆有学,博置教道之官而严其选。朝廷礼乐、刑政之事,皆在于学,学士所观而习者,皆先王之法言德行治天下之意,其材亦可以为天下国家之用。苟不可以为天下国家之用,则不教也。苟可以为天下国家之用者,则无不在于学。此教之之道也。"[13]此时的"教之道"在于从终极价值出发,经由观念创新获得具有社会价值的理性知识,并在其社会影响中验证此种知识的文化影响力。

三、 专业知识:现当代教师文化资本的归依

当今学校致力于建立一种大量复制专家的教育体制,而十八十九世纪那些综合的哲学思想和百科全书式的人才观已经渐行渐远。马尔库塞说:"一个社会用以组织其成员生活的方式,涉及在由物质文化和精神文化的固有水平所决定的种种历史替代性选择之间进行一种初始选择的问题。这种选择本身是占支配地位的利益发生的结果。

它预定了改变和利用人以及自然的特殊方式并排斥其他的方式。"[14] 当今社会对理性的认知与选择不仅远离了古希腊时期无所不包统帅天地万物的"逻各斯"概念,甚至背离了近代社会作为人性本质、知识来源的理性观。理性的追求越来越远离终极目的的指引,使得真与善、科学与伦理学的发展渐行渐远。现代社会在追求科学、高效、实用的过程中演变为排他性的"技术理性"社会。马尔库塞认为,技术理性已经取代了价值理性演变为当代社会的统治性意识形态。在受意识形态控制的教育场域,人们越来越倾向于将教学看作一种传授知识的专业技术性活动,现代教育体制中的教师也具有了技术理性塑造的"知识传播者"的身份。

伴随着社会对教师职业专业性的认识的提升,教师所拥有的专业知识以及知识传输的技术越来越成为评判教师专业水平的尺度。曾几何时,在西方国家,"傍着温暖的壁炉,有修养的小姐或家庭主妇可召集邻居家的孩子围在一起实施最初的读、写、算教育。那时在大多数人的观念里进行现代意义的专门师资培训是没有必要的也是不可能的"。[15] 而在中国,"前清末年,某省初开师范学堂的时候,有一位老先生听了,很为诧异,便发愤说:'师何以还须受教,如此看来,还该有父范学堂了!'"[16] 在现代社会,伴随着教师教育的体制化发展,各级各类教师教育机构强化了教师的专业知识教育,而因为有了这种系统化、正规化的教师培训过程,教学开始作为一门专业获得了重要的社会地位,教师在接受不断强化的专业教育的过程中完成了自身的专业知识储备,并被要求持续地扩充知识总量、更新知识结构,以便能够更好地承担起波兰学者弗·兹纳涅茨基所谓的"知识传播者"的角色,尤其是该类型下的教育者角色:"他们在普通教育过程中把知识传授给年轻人,为他们未来成为组织社会中的成员作好准备。"[17] 知识传播者"获得社会地位的方式就是传播起码程度的对学术的理解和尊重",[18] 快捷高效地传播知识成为现当代教师专业水平的重要表现。

总之,知识资本是教师文化资本的最重要的表现形式。历史上,教师凭借着知识的占有者、创造者乃至传播者的身份,获得了较高的社会地位,"注意一下中国古代知识分子,他们的权势地位完全建立在经典学问之上。在正统犹太人中间,贫穷的《犹太法典》研究者要比富人更有名望。在法国,如果科学院的成员应邀赴宴,他将被让到主人右侧的上宾位置上。在波兰,在最近一次遭到侵略之前,全日制大学教授的官方职位仅次于国务次长,相当于省长或陆军准将"[19]。这种社会地位与教师拥有的知识资本息息相关,其社会意识的变化也直接受知识的动态资本形式所影响。拥有神圣知识的圣哲关怀着世界的此岸与彼岸,关心着人类的前世与今生;拥有理性知识的启蒙者追寻真善美的灵性之光,引导世人走出洞穴的黑暗;拥有专业知识的教育者追求着知识传输的效率,希望为高一级学校输送更多优秀生源。

较高的社会地位预示着高期望和高标准。我们不能否认现当代教师在培养合格的劳动者和合格的学校生源方面的重要作用,但仅仅依靠此种教书职能却不足以应对社会对教师职业的高期望,尤其不能满足社会对教师职业道德的高要求。当今社会频发的师德失范现象是否已经在警示我们:在追求知识传播的质量与效率的过程中,在不断强化所传播知识的实用价值尤其是应试价值的过程中,需要追本溯源,重新思考一下知识所拥有的指引人类生活的力量,重温一下知识人所应有的社会关切意识。

参考文献:

[1][2][3] [美]戴维·斯沃茨.文化与权力:布尔迪厄的社会学[M].陶东风,译.上海译文出版社,2006:1,255,256.

[4] Pierre Bourdieu, *The Outline of the Pratice Theory* [M]. Cambridge: Cambridge University Press, 1977:178.

[5] 布尔迪厄.文化资本与社会炼金术[M].包亚明,译.天津:天津人民出版社,1997:192—193.

[6] 爱德华·吉本.罗马帝国衰亡史(下)[M].黄宜思,等译.北京:商务印书馆,1996:58—59.

[7] 张意.文化与符号权利—布尔迪尔的文化社会学导论[M].北京:中国社会科学出版社,2005:177.

[8][12][17][18][19] 弗·兹纳涅茨基.知识人的社会角色[M].郏斌祥,译.南京:译林出版社,2000:71,55,104,103,65.

[9] 彼得·贝格尔.神圣的帷幕:宗教社会学理论之要素[M].高师宁,译.上海:上海人民出版社,1991:128.

[10] 马克斯·韦伯.新教伦理与资本主义精神[M].于晓、陈维纲,译.北京:三联书店,1996:151.

[11] Shils, Edward. *The Intellectuals and the Powers and Other Essays* [M]. Chicago: University of Chicago Press, 1972:3.

[13] 王安石.王安石文选译[M].刘学锴,等译注.北京:人民文学出版社,1998:5.

[14] 赫伯特·马尔库塞.单向度的人—发达工业社会意识形态研究[M].刘继,译.上海:上海译文出版社,2008:6.

[15] 李其龙,陈永明.教师教育课程的国际比较[M].北京:教育科学出版社,2002:3.

[16] 鲁迅.随感录二十五[M].北京:人民文学出版社,1973:6.

论当代道德教育的三大资源

陈泽环

（上海师范大学哲学—法政学院）

　　"子适卫，冉有仆。子曰：'庶矣哉！'冉有曰：'既庶矣，又何加焉？'曰：'富之。'曰：'既富矣，又何加焉？'曰：'教之。'"（《论语·子路》）孔子的上述论述，体现了中国古代国家"先富后教"，即在富民的基础上进行道德教化的优良传统，成为当代中国执政党和政府既不是"贫而强教"，又避免"养而不教"，而是在努力提高人民物质生活水平的基础上，对广大公民实施有效道德教育之必要性和合理性的文化根基。至于当代西方国家，虽然有所谓"自由主义中立性"的理论，要求国家在不同的完备性学说或良善观念之间保持中立，但实际上也承担着相当的道德教育功能，例如德国就有全国性的政治教育中心网络从事着各种相关的活动，等等。而在确认了执政党和政府承担道德教育功能的必要性和合理性之后，以何种内容进行道德教育就成了接着必须解决的最重要问题。有鉴于此，本文拟以中共中央总书记习近平《在哲学社会科学工作座谈会上的讲话》为指导，从作为主体内容的马克思主义伦理学、作为文化根基的儒家伦理、作

基金项目：上海市哲学社会科学规划课题"梁启超儒学观的演变及其当代意义"（2014BZX003）的阶段性成果；上海高校高峰高原学科建设计划资助

作者简介：陈泽环，浙江宁波人，上海师范大学哲学—法政学院教授，博士生导师，主要从事哲学—伦理学研究。

E-mail：czh659@shnu.edu.cn；czh659@sohu.com

为有益滋养的国外道德三方面，对当代道德教育的三大资源问题作一初步探讨。

一、作为主体内容的马克思主义伦理学

在近期的哲学社会科学工作座谈会上的讲话中，习近平强调为加快构建中国特色的哲学社会科学，"我们要善于融通古今中外各种资源，特别是要把握好三方面资源。一是马克思主义的资源……二是中华优秀传统文化的资源……三是国外哲学社会科学的资源"。[1]笔者认为，这一论述虽然是针对构建整个中国特色哲学社会科学问题而发的，但它还有着更为广泛和深刻的意义。例如，从伦理学的角度来理解，这一论述也启示我们，为合理和有效地进行当代中国特色的道德教育，在内容上，我们必须善于融通马克思主义伦理学、中华优秀传统道德及国外道德和伦理学三种资源。而如果这一理解可以成立的话，那么本文也就能够论证"当代道德教育的三大资源"之命题了。关于马克思主义伦理学资源及其基本内容问题，习近平指出："包括马克思主义基本原理，马克思主义中国化形成的成果及其文化形态，如党的理论和路线方针政策，中国特色社会主义道路、理论体系、制度，我国经济、政治、法律、文化、社会、生态、外交、国防、党建等领域形成的哲学社会科学思想和成果。这是中国特色哲学社会科学的主体内容，也是中国特色哲学社会科学发展的最大增量。"[2]

按照笔者的初步理解，习近平的这一论断包括两个要点，首先，马克思主义的资源不仅是中国特色哲学社会科学的主体内容及其发展的最大增量，而且也是当代中国道德教育的主体内容及其发展的最大增量。其次，就马克思主义资源本身的内容而言，与马克思主义基本原理相比，更重要的是马克思主义中国化形成的成果及其文化形态。因此，在当代中国道德教育的内容方面，除了坚持马克思主义伦理学的基本原理之外，我们更要重视发挥马克思主义伦理学中国化形成的成果及其道德形态。这么说的根据在于，坚持和发展中国特色社会主义，实现"两个一百年"奋斗目标、实现中华民族伟大复兴的中国梦，是中国特色哲学社会科学应该承担的最重要使命，而"面对社会思想观念和价值取向日趋活跃、主流和非主流同时并存、社会思潮纷纭激荡的新形势，如何巩固马克思主义在意识形态领域的指导地位，培育和践行社会主义核心价值观，巩固全党全国各族人民团结奋斗的共同思想基础"，[3]则是中国特色哲学社会科学面临的最迫切任务。这是我们考虑中国特色哲学社会科学之马克思主义资源问题的基

本出发点。

至于从伦理学学科发展和道德教育的视角来看,同样可以说,实现"两个一百年"奋斗目标、实现中华民族伟大复兴的中国梦,巩固马克思主义在意识形态领域的指导地位,培育和践行社会主义核心价值观,这也决定了当代伦理学和道德教育工作的最重要使命和最迫切任务。为实现这一使命和完成这一任务,必须坚持以马克思主义为指导,必须坚持以人民为中心的导向和问题导向,不断地推进马克思主义伦理学中国化、时代化、大众化,不断地丰富和发展马克思主义伦理学中国化形成的成果及其道德形态。具体在当代道德教育问题上,首先就要站在坚持和发展中国特色社会主义的政治立场上,拥护中国共产党的领导,发展社会主义市场经济,追求实现人的自由而全面发展和全人类解放的理想。当然,这么做主要是在政治建构意义上的,并不是要把某些伦理学教科书所阐发的"原理"绝对化,教条主义和实用主义地到处照抄照搬,忽略和排斥中华优秀传统道德的文化根基和人类伦理的有益滋养,而是要善于把古今中外的各种伦理资源融通起来,相反相济、相辅相成地使全体中国人民形成一种多元一体又有核心的价值观和道德观,并由此构成实现中华民族伟大复兴中国梦的现实伦理基础。

为了说明本文的上述观点,这里举一个典型案例加以论证:就在这方面的创新而言,可以说党中央倡导的社会主义核心价值观就是一个融通古今中外各种合理思想和伦理资源的典范。2014年,在《青年要自觉践行社会主义核心价值观》的重要讲话中,习近平指出:"我们提出的社会主义核心价值观,把涉及国家、社会、公民的价值要求融为一体,既体现了社会主义本质要求,继承了中华优秀传统文化,也吸收了世界文明有益成果,体现了时代精神。"[4]笔者认为,习近平上述关于社会主义核心价值观四个支点的观点,看起来平淡,实际上却有着十分重大的理论和实践意义,是其关于构建中国特色哲学社会科学要把握好三方面资源思想的前奏。因为,显而易见的是,这里的"社会主义本质要求"集中地体现了社会主义核心价值观之马克思主义伦理学的资源;而"中华优秀传统文化"和"世界文明有益成果"则包含着中华优秀传统道德及国外道德和伦理学两种资源。正是在这三种资源体现时代精神的辩证融通的基础上,作为构建当代中国特色哲学社会科学的典范性成果,社会主义核心价值观成为全国各族人民共同认同的价值观"最大公约数"。

从社会主义核心价值观内部三个层面价值要求的区分来看,富强、民主、文明、和谐的国家层面要求最集中地体现了马克思主义伦理学原理的资源,特别是反映了马克思主义伦理学中国化形成的成果及其道德形态的要求,因为我们要建成的富强、民主、文明、和谐的现代化国家是有社会主义定语的,是有明确的政治建构定向的,不是一般性的富强、民主、文明、和谐的现代化国家。自由、平等、公正、法治作为社会层面的价值要求,可以说是相对多地汲取了包括道德哲学在内的国外哲学社会科学的资源,即现代性世界之国外道德的有益滋养;至于爱国、敬业、诚信、友善作为公民层面的价值要求,毫无疑问,它深深地扎根于中华优秀传统道德的资源之中。当然,就这三种资源的关系而言,马克思主义伦理学的资源在政治上占据着主体和主导地位,这点也是必须明确的。从而,对于广大共产党员,特别是对于党的各级领导干部而言,在践行社会主义核心价值观的过程中,必须有坚持其马克思主义伦理学资源的高度自觉。例如,对于广大公民的各种宗教信仰,应该基于自己的无神论立场,采取"务民之义,敬鬼神而远之"(《论语·雍也》)的态度。

二、 作为文化根基的儒家伦理

在初步分析了作为当代道德教育主体内容和最大增量的马克思主义伦理学原理资源,特别是马克思主义伦理学中国化形成的成果及其道德形态的资源之后,就可以具体探讨其中华优秀传统道德资源的问题了。习近平指出:"绵延几千年的中华文化,是中国特色哲学社会科学成长发展的深厚基础。……我们说要坚定中国特色社会主义道路自信、理论自信、制度自信,说到底是要坚定文化自信。文化自信是更基本、更深沉、更持久的力量。历史和现实都表明,一个抛弃了或者背叛了自己历史文化的民族,不仅不可能发展起来,而且很可能上演一场历史悲剧。中华民族有着深厚文化传统,形成了富有特色的思想体系,体现了中国人几千年来积累的知识智慧和理性思辨。这是我国的独特优势。中华文明延续着我们国家和民族的精神血脉,既需要薪火相传、代代守护,也需要与时俱进、推陈出新。"[5]笔者认为,这一论述虽然直接强调的是构建中国特色哲学社会科学必须把握好中华优秀传统文化资源,但同样也适用于我们考察当代中国伦理学发展和道德教育中的中华优秀传统道德资源问题,并可以把它归纳为四个要点。

第一,绵延几千年的中华道德是中国特色伦理学成长发展和进行合理道德教育的深厚基础。第二,作为一种更基本、更深沉、更持久的力量,包括道德自信在内的文化自信是中国特色社会主义道路自信、理论自信、制度自信的文化根基,我们绝不能抛弃或者背叛自己的历史文化和道德。第三,尽管道路是曲折的,但中华民族深厚的道德传统始终是我们独特的伦理优势,世界历史已经证明了这一点。第四,中华道德延续着我们国家和民族的伦理血脉,既需要薪火相传、代代守护,也需要与时俱进、推陈出新。基于这四个要点,我们就能够排除种种思想和观念上的困扰,真正立足以儒家伦理为核心的中华优秀传统道德,发展好中国特色伦理学,对广大公民进行合理的道德教育,以形成有利于实现“两个一百年”奋斗目标、实现中华民族伟大复兴中国梦的伦理秩序。从发展的趋势看,虽然一百余年来各种反传统道德思潮的破坏性影响至今尚未充分消失,但自 21 世纪以来,经过现代性冲击和挑战的洗礼,许多中国人的文化自信和道德自信意识毕竟已经不可逆转地觉醒了,这是我们对中华道德既薪火相传、代代守护,又与时俱进、推陈出新的最广泛、最深厚的社会基础。

从目前情况看,对于当代道德教育的中华优秀传统道德资源问题,我国思想界和学术界除了对要不要它还存在不同意见之外,在何为中华优秀传统道德的问题上,也存在着广泛和深刻的争论。在这些争论中,有的主张儒家之“仁义”,有的主张佛教之“慈悲”,有的主张道家之“自然”。作为一种思想和学术上的争论,当然是好事,要知道,即使在古代社会也有“儒家治世、道家治身、佛家治心”的说法,更何况是在思想自由、百花齐放、百家争鸣的当代。但是,无论争论如何,“孔子与其所创立的儒学是中华文化的主干和主体部分,并且长期居于主导地位。孔子与儒学奠定了中华文化的核心价值,对于中华文明的传承和发展产生了深刻的影响。孔子与儒学在塑造中华文化及其精神方面起了不可替代的作用。因而,在历史上,尤其是近代以来,孔子已经在相当程度上成为中华文化的标志。孔子思想最重要的作用是确立了中国文化的价值理性,奠立了中华文明的道德基础,塑造了中国文化的价值观,赋予了中国文化基本的道德精神和道德力量,使儒家文明成为‘道德的文明’。”[6]如果有更多的人接受这一认识,显然就最有利于发挥儒家伦理在当代社会中的建设性功能。

这就是说,从建构中国特色伦理学,特别是从进行合理的当代道德教育之要求来看,尽管我们应该广泛地吸取中华优秀传统道德资源中的所有要素,但其核心则必须是以孔子为代表的儒家伦理。“人能弘道,非道弘人。”(《论语·卫灵公》)儒家伦理作为一种道德思想,包括天下太平的人道理想,民惟邦本的治国理念,修己安人的人生哲学;虽然不是什么灵丹妙药、一信就灵,但作为必要条件之一,如果被大多数中国人自觉不自觉地抛弃了或者背叛了,中华民族的复兴就肯定是不可能的。例如,我们要践行的社会主义核心价值观公民层面之价值要求:爱国、敬业、诚信、友善,其最深层的文化根基就在于儒家伦理之中:"孔子思想在中国封建社会的影响,积极方面是主流,体现在明君贤相、清官廉吏、仁人志士、民族英雄身上,表现为励精图治、选贤与能、兼听纳谏、改恶从善、倡廉肃贪、克己奉公、刚正不阿、执法如山、兴利除弊、勤政爱民、精忠报国、积极用世、忧国忧民等政绩和美德,闪烁着自强不息、人道、民本、尚德、贵知、重和、均平、为公、大同等思想光辉,流传着'杀身成仁'、'舍生取义'、'先天下之忧而忧,后天下之乐而乐'……等无数震撼人心的至理名言和道德风范。"[7]

设想一下,一百多年来,特别是近年来,如果没有那么多人自觉不自觉地抛弃了或者背叛了蕴含着上述民族文化和道德光辉的儒家伦理,当前我国广大公民,特别是其中占有了较多政治、经济、文化资源的"社会精英"阶层,其道德品行状况是否会好一点? 笔者对此的回答是,尽管情况是复杂的,原因是多方面的,但答案却是肯定的。当然,就儒家伦理本身而言,毋庸讳言,作为一种制度伦理思想,它确实在汉武帝之后发挥了帝王统治的意识形态作用,也不能使中国社会发生革命性的变化,既没有使中国走向资本主义的现代化,更不可能直接促成中国特色社会主义的生成;但是,既然康有为的"公羊三世"进化论,孙中山的三民主义,都能够容纳和发展儒家伦理,那么当代中国人为什么一定要放弃以儒家伦理为核心的中华优秀传统道德这一十分宝贵、不可多得的资源,或者抛弃之背叛之而走向反面,或者另搞一套而事倍功半? 令人欣慰的是,在接受了"无产阶级文化大革命"的历史性教训,反思了改革开放初期甚嚣尘上的"全盘西化"思潮之迷茫之后,越来越多的中国人经过自下而上、自上而下的反复互动之后,日益明确了儒家伦理作为中华民族道德根基的道理。

三、 作为有益滋养的国外道德

在确认了作为主体内容的马克思主义伦理学、作为文化根基的儒家伦理两个命题的基础上,本文最后探讨当代道德教育三大资源中的国外道德和伦理学资源问题:作为有益滋养的国外道德。关于加快构建中国特色哲学社会科学的国外社会科学资源,习近平指出:"国外哲学社会科学的资源,包括世界所有国家哲学社会科学取得的积极成果,这可以成为中国特色哲学社会科学的有益滋养。……我们既要立足本国实际,又要开门搞研究。对人类创造的有益的理论观点和学术成果,我们应该吸收借鉴,但不能把一种理论观点和学术成果当成'唯一准则',不能企图用一种模式来改造整个世界,否则就容易滑入机械论的泥坑。一些理论观点和学术成果可以用来说明一些国家和民族的发展历程,在一定地域和历史文化中具有合理性,但如果硬要把它们套在各国各民族头上、用它们来对人类生活进行格式化,并以此为裁判,那就是荒谬的了。对国外的理论、概念、话语、方法,要有分析、有鉴别,适用的就拿来用,不适用的就不要生搬硬套。哲学社会科学要有批判精神,这是马克思主义最可贵的精神品质。"[8]从当代伦理学发展和道德教育的视角来看,这一论述也可以理解为三个要点。

第一,当今世界所有国家哲学社会科学取得的积极成果,包括伦理学及其相应的积极道德成果,都可以成为我国进行合理道德教育的有益滋养。当然,必须承认,在各国人民创造的多彩文明和道德成果中,目前对我们影响最大的是西方现代性文明和道德的成果。第二,对人类特别是西方现代性创造的有益伦理学理论和相应的道德成果,我们应该吸收借鉴,但不能把它唯一化,不能把它用来评判以至改造整个中国的伦理学和道德教育。第三,对于国外的、特别是西方现代性的伦理学和道德成果,要有批判精神,有分析和鉴别能力,适用的就拿来用,不适用的就不要生搬硬套,使其在当代中国的社会和道德结构中,找到适当的位置,发挥建设性的功能。按照这一思路,笔者认为,相对于作为第一生产力的科学技术,相对于作为中国特色社会主义基本制度理论基础的马克思主义及其最新成果,相对于作为中华民族文明根柢之一或道德根基的儒家伦理,国外的、特别是西方现代性的伦理学和道德成果主要作为社会交往和社会体制建设借鉴的有益滋养,成为当代中国整个社会和道德结构中的一个不可或缺的基本要素。

从而,在这一意义上可以说,社会主义核心价值观社会层面的价值要求:自由、平等、公正、法治,就在相当程度上汲取了西方现代性的伦理学和道德成果的资源,即国外道德的有益滋养。在为实现"两个一百年"奋斗目标、实现中华民族伟大复兴中国梦而奋斗的过程中,我们要有一个自由、平等、公正、法治的社会。毫无疑问,这一自由、平等、公正、法治的社会不是空白抽象的,不是直接从西方搬过来的,而是有中国特色的,即有着中国特色社会主义基本制度框架的规定,有着以儒家伦理为核心的中华优秀传统道德根基。但同样不能否认的是,在社会主义核心价值观的三个层面中,马克思主义资源主要关注的是国家层面,中华优秀传统道德资源主要关注的是个人层面,而国外道德和伦理学、特别是西方现代性伦理学和道德成果则主要提供了社会层面的资源。如果这一观点能够成立的话,那么我们对国外伦理学和道德资源就可以采取一种自觉和开放的态度:只要能够纳入社会主义核心价值观三个层面的总体框架,我国思想界和学术界中任何严肃地研究和引进这一资源的努力都应该得到充分的肯定和支持。

例如,中国社会科学院哲学研究所甘绍平研究员《伦理学的当代建构》一书就可视为我国思想界和学术界严肃地研究和引进国外道德和伦理学资源即人类伦理有益滋养的典范。此书指出,"不伤害、公正和紧急救援意义上的仁爱",[7]"体现了社会最根本的行为规范内容,同时,它们也代表着人类普遍认同的伦理价值。……除此之外,人类还逐渐形成了一些把社会成员凝聚在一起的社会价值基准或政治伦理价值,它们构成了当代人类社会制度与政治生活建构的规范性基石,体现了现代文明的精髓。这些社会价值基准或政治伦理价值包括:自由、人权、民主、公正"。[8]显然,面对我国当代社会人们之间规模无限的匿名性交往,"不伤害、公正和紧急救援意义上的仁爱"确实是一种最基本和最合适的规范系统,它不仅容易为最广泛的社会成员所接受,而且也成为人们落实马克思主义伦理学的集体主义原则,儒家伦理"仁义礼智信"五常的现实途径。同样,作为现代文明精髓的自由、人权、民主、公正,其基本价值也已经被纳入了社会主义核心价值观,也绝不是偶然的。这是中国社会在反思了千百年来的历史教训之后做出的历史性选择。

进一步说,在当代中国伦理学发展和合理进行道德教育的过程中,作为主体内容的马克思主义伦理学、作为文化根基的儒家伦理、作为有益滋养的国外道德这三种资源,它们分别主要对应于社会主义核心价值观国家、社会和公民三个层面的价值要求,只是其实现相互融通的一个方面;更重要的是,或者说更高层次的是,这三个层面、这三种资源还有相互渗透、成为多元一体又有核心之体系的一面。例如,社会主义核心价值观国家层面富强、民主、文明、和谐的价值要求,不仅能够保障我国现代化建设的社会主义方向,而且也能够保障公民的爱国、敬业、诚信、友善德性不被权威主义独断论滥用而导致信仰和道德危机,能够防止目无法纪者滥用自由、平等、公正、法治的社会价值而导致社会达尔文主义。同样,以儒家伦理为核心的中华优秀传统道德也成为许多人接受马克思主义即社会主义的信仰并为之终身奋斗的德性基础,如彭德怀等老一辈无产阶级革命家那样。而以西方现代性伦理学和道德成果为代表的道德和伦理学则有助于马克思主义即社会主义的要求在社会交往和社会体制方面落到实处,能够使儒家伦理更富有活力和个性。

参考文献:

[1][3][6] 习近平.在哲学社会科学工作座谈会上的讲话[N].人民日报,2016-05-19.

[2] 习近平.习近平谈治国理政[M].北京:外文出版社,2014:169.

[4] 陈来.孔子思想的道德力量[J].道德与文明,2016:(1).

[5] 孙钦善.论语本解(修订版)[M].北京:三联书店,2014:332.

[7][8] 甘绍平.伦理学的当代建构[M].北京:中国发展出版社,2015:86,241.

"互联网＋"时代:学校德育的挑战与机遇

刘竑波

(华东师范大学 教育管理学系)

随着网络信息技术的迅猛发展,"互联网＋"时代已经来临,我国的学校德育面临着前所未有的挑战,但其中也孕育着德育变革的巨大可能性和时代机遇。

一、 互联网+ 时代特有的社会道德现象

1. 海量讯息带来选择困惑

"道德"意味着关于"是非善恶"的辨识;"有道德"则是作出"弃恶从善"、"只做对的事情"的决策。但在网络时代,"是非、善恶"的面貌似乎在海量讯息中变得模糊起来,人们的选择也变得艰难却迅速。"互联网＋"时代的到来,极大地改变了国人的生活方式,并以迅雷不及掩耳之势把绝大多数人都裹挟进了"不思考、已决定"的洪流:网店越开越多,"万能的＊宝"店内商品多到令人目眩神迷;升学就业,无不始于各种网上注册;从考试报名到金融理财,从出生登记到死亡证明,离开网络几乎寸步难行;就连买张电影票也要凭电子码才能取;各家实体商铺门口,也日益充满了"扫微信"的诱惑;遑论时时更新的电脑软件、代代升级的电子游戏……人们数十年前的"没有选择之苦"不

作者简介:刘竑波,华东师大公共管理学院教育管理学系副教授,硕士生导师。主要从事教育管理研究。
E-mail:liuhongbo507@126.com

知何时已经变成了今天的"被迫选择之难"。究竟是"人"占据了互联网,还是互联网占据了"人"的生活与生命? 选择的困惑令人迷茫,也让道德淡化甚至退场。

2. 多元视角导致良莠莫辨

在这个价值纷呈的时代,"多元"已成常态,世界各地的奇闻异事、社会事件的种种争议以及不同专业领域的不同见解,都通过网络以极其迅捷的方式抵达每个人手中的电子终端;这些从不停歇的信息轰炸,从形式到内容,毫无疑义地影响着年青一代的世界观、人生观和价值观:多方见解、多元判断、多重价值、多项选择、多极世界……莫衷一是,成年人尚且困惑迷茫,青少年面对如此纷繁复杂、良莠莫辨的现实世界,又何以顺利度过骚动不安的青春期? 学校德育又该如何恰当地引领青少年作出在他们的年龄段应有的价值判断与抉择?

3. "自我"凸现迫使"他者"退场

这是一个个性张扬的时代,互联网使得个人见解的发表变得易如反掌,电脑、手机每时每刻都连着网络,刷屏——看人表达和自我表达——成为不可须臾稍离的动作,但与此同时,在摩肩接踵的人群中,人们却体验着"距离最近的陌生人"的感觉,甚至同桌吃饭的亲人之间也阻隔着手机或 iPad。令人笑不出来的事实是:面对面无法交流的人却常常是不折不扣的网络达人! 曾有调查显示,比之 70、80 后,90、00 后的手机/iPad/相机镜头更多是对着自己而非景色:自恋已成习惯,连 45°取景、铜铃眼、嘟嘟嘴、瓜子脸的姿势都如出一辙。自我过度张扬的结果是人们在公共场合的"一语不合,暴力相向"或"事不关己,漠然处之"。近年来,多起社会事件的主角都是二三十岁的年轻人,他们表现出极为低下的公德和私德水准,但其受教育轨迹都很完整甚至完美。但是,他们为什么还会发生如此有失道德水准的罪错? 也许是因为"自我"被放大到了不容任何"他者"余地的地步吧。

4. 利益至上挤兑诚信空间

"互联网＋"时代,对于社会诚信(考验个人道德)和职业诚信(考验行业伦理和管理者道德)的要求的确比无网时代更高,因为网络同时兼具揭露欺骗且迅速传播真相的功能。但现实中,人们却不无遗憾地看到,在当今社会高速发展、迅猛转型的时代,借助于高科技手段和各种网络平台,与诚信背道而驰的各种行业欺诈、欺骗现象,各级贪官们的职务犯罪也比以往任何时代都更加猖獗和明显;同时不诚信行为也更具隐蔽性和欺骗性(电子身份难以辨识、电子转账瞬间完成且难以追踪),破案成本和追逃成本巨大,而且往往滞后于失信罪错的发生。如果失信者反而能够轻易获利并逃脱惩罚,民众的道德信念将受到极大的打击,这种现象对于青少年的反面心理暗示力更是不可估量。

5. 成绩至上难愈教育顽疾

"互联网+"时代日新月异、变化迅速,但奇怪的是,悖论似乎恰恰发生在教育领域,"以不变应万变"的考试和教学形态,成为改革开放三十多年以来最难以撼动的阵地,各地中小学的教育现实并未随着网络时代的到来发生重大改观,学校的分级分等因种种原因明废暗存,"成绩"仍然是高悬在广大师生头上的那把达摩克里斯利剑,学生们一着不慎全盘皆输、十数年心血因为一次考试失利而付诸东流的现象仍在屡屡发生,绝望而焦虑的"虎妈"们代代相传,择校和补课现象始终难以禁绝甚至愈演愈烈,课堂中的个性化教育依然不过是美好愿景……"互联网+"时代,教育如何利用网络带来的便利与优势,真正实现"有道德的教学"并接轨世界先进教育? 教育如何把"教育中的人"(师生)放在最重要的位置?

总之,作为教育者应当清醒地认识到,"互联网+"时代青少年在学习和道德领域遭遇的选择与决策困惑是前所未有的。教育如何给予他们在网络时代健康成长的全面支持? 对于互联网,教育者不能置身事外的原因是:它已经成为年青一代生于斯长于斯、且根本无法抽离的"真实环境",互联网及其衍生产品已经成为当代青少年生命的共生物,甚至教育者自己也无法脱离其影响。因此,"互联网+"时代,教育领域应该与社会其他领域一起,借助网络之力,共同致力于探索"使互联网为青少年的生命、生活和未来人生带来更大福祉"的路径,并经由教育,为更多年轻人提供恰当而正义的道德选择,从而使互联网真正成为每个人生命中的"加号"。

二、 "互联网+"时代的学校德育面临挑战

1. 传统道德理想与网络电子时代的疏离——德育目标空置

学校德育应当设置什么样的目标? 不可否认,我国古代的个人道德修养八目"诚

意、正心、格物、致知、修身、齐家、治国、平天下",既是道德理想,也为当时的年轻人提供了安身立命、切实提升德性的路径与方法,但在网络时代,与高度一致的升学目标恰恰相反,这种共通性的道德目标似乎很难找到,各级各类学校培养的人才如何才算"有道德"? 似乎也难以达成共识。曾经被社会关注和热议的学校教育"5+2=0"现象有着复杂的成因,在此却可以视为"德育目标空置"的一种现实表现:学校德育话语体系高高在上,不关注既定道德高标与凡人道德水准的反差、不重视网络时代学生的生活实际和内在需求、不考虑道德构建对于实现人生终极目标的影响,恐怕是重要原因。当学生认为学校德育目标遥不可及又与己无关时,其关注程度和执行力就非常有限了。

2. 试图"无所不包"与事实"力不能及"的反差——德育内容庞杂

目前我国学校德育的教育内容庞杂,各层级教育承担的德育内容层次不清晰,表述叠床架屋,贪多求全。曾有学者分析:按照目前我国《中小学德育规程》中的教学设计要求,仅"爱国主义"一个子项的内容,学生至少应该修完《当代中国政治》、《中国历史》、《中国党史》和《中国文化史》四门课程。如果遵照规程要求全部落实,中小学生必修的德育课程将有几十门,德育内容成为不折不扣的"无限"。但问题是:教师的传授能力、实际教学时间和学生的接受能力都是有限的,这就导致学校德育在某些时候必然出现的尴尬与无能。同时,现有的学校德育内容中却缺乏对于人际问题和社会现象(最能反映现实道德面貌的内容)的探讨、思辨和决策,缺少学生在未来工作中最重要的职业道德启蒙(决定行业质量与国家竞争力的要素),而这恰恰是关乎社会变革和转型期学生道德成长的核心内容。由于互联网的存在,"关起门来办教育"已然不可能,回避社会问题与人际问题的道德分析非但不利于青少年辨识真实道德情境的复杂性,也无助于学生的个体道德成长,甚至会令他们产生德育无用感,还可能助长伪善。因此,如何使学校道德内容勇于面对真实世界的是非善恶,善于选取典型案例进行集体研究、共同探讨,让学生自己做出道德决策,才是中小学有限的德育课时中德育内容改革的正途。

3. 刻板道德说教与复杂道德现实的矛盾——德育方法无效

学校德育方法效能不高,学生方面的原因是:在中小学课堂中,道德常常被当成知识去传授,采用的主要是传统的"我说你听"的模式和"牛不喝水强按头"的灌输形态,这就使互联网时代见多识广、生活中习惯于自我选择与决定、处在青春逆反期而自我同一性却尚未形成的学生成为德育历程中的被动者乃至抗拒者,学生参与度低,德育的实际效能就差。教育者方面的原因是:中小学德育课程往往由各科教师兼职讲授,他们并不具备教育伦理学的专业知识与思辨修养,更缺少道德教育的专业方法,而"宣传、说教、灌输、洗脑是政治教育惯用而有效的方法;但道德的养成却靠自觉自愿,道德教育要诉诸对人际和社会现象及道德问题的主动探索、思考、反省、批判和讨论"[1]。由于上述原因,德育有效性就不容乐观了。如何把"外铄型德育"转变为"内发性德育",中小学德育的方法变革势在必行。因此,我国常用的说服教育、情感陶冶、实际锻炼、榜样示范、修养指导等方法,若能结合西方推崇的道德讨论、案例研究、角色扮演等做法,根据德育内容的需要分别应用于不同学段和不同教学情境,将能有效促进德育的实际效果。

4. 学校德育中悖离德育初衷的反效果——理念与行动矛盾

学校德育是为了使学生走向更广阔的人生、顺利进入社会和职业打好基础,是为了培养未来社会的合格公民,因此,规则教育是中小学德育的重要组成部分,道德规则的制定与执行方式也尤为重要,因为它们也同时传递着"道德是什么、做什么"的理念与事实。在校园中倡导自尊自重、遵章守纪、尊师爱生、公平公正、平等相待是必然的,也理应对师生双方均有导向和行为约束的作用。但事实上,学校道德规则的执行并不尽如人意:师生之间不平等、学生之间有差异。如,学校规定学生见到老师要主动打招呼,而教师应当回礼。在现实中,学生执行的情况远比教师到位。其原因也许是学生太多,老师对每个学生回礼有困难,也许是教师心中久已有之的"师道尊严"使之难以放下高高在上的架子,也许是视而不见已成习惯……但处于生理、心理上正在发生重大变化的青春期的学生们,或许很难客观理解上述现象背后的成人心理,他们从中习得的只是"守不守规则既要看人、也要看情况"或者"成年人就可以不守规则",这显然有违德育的初衷。因此,学校德育必须追求理念与行动的高度一致性,学生们也只能在公平中学会公平,在平等中学会平等,在关爱中学会关爱。

三、"互联网+"时代学校德育的机遇与可为之处

虽然我国德育改革存在着许多困惑与阻碍,但"互联网+"时代的学校德育也存在着很大的机遇,更具备改革的空间。

1."互联网+"时代,学校德育应坚守基本道德共识和社会道德基本原则

"互联网+"时代的地球已经变成村落,共识无国界,也更易传播。那么,何谓"道德共识"? 学校德育可以从研究道德的学问中汲取理论养料。伦理学是一门把"道德"作为唯一研究对象的学问,也同时洞察生命历程、探索人性真相、蕴含哲学真谛。学习伦理学将极大地有助于学校德育回归道德之本源,接近德性之根本。比如,在对待"是非善恶"的价值选择方面,也许每个人都有自己的道德标准及其作出选择的理由,但是世代相传的基本道德共识依然不可忽略,东西方皆然:中国的"恕道"用"己所不欲,勿施于人"表述了这一道德共识;而在西方,《圣经·新约》指出了"你想别人怎么待你,你就怎么待别人"的道德要求,可见中西方的道德基本准则有着异曲同工之妙。今天,以之作为"互联网+"时代的个人道德修养和社会公共道德的起点仍是理所当然,它们同时也构成了中西方律法系统构建的人性和伦理基础。

具体而言,在学校德育的内容方面,什么是至关重要、不可或缺的? 雅克·蒂洛在其撰著的《伦理学与生活》一书中论及社会道德的五大基础性原则是:生命、善良、公正、诚实(说实话)、自由[2],对我们颇有启示。其中,"生命价值原则"主张"人应当尊重生命,并接受死亡";"善良或正当原则"对于任何道德体系都是基本原则,要求人们努力做到三条,扬善抑恶做好事、不造成伤害不做坏事、制止坏事防止损害;"公正原则"尤其强调各种情形下机会和分配的公正或公平;"诚实(说实话)原则"是"公正原则"的基础,也为有意义的交往做准备;"个人自由原则"则主张,人们作为具有独特差异性的个人,在前四条基本原则的框架内,应当也能够拥有选择自己个人道德修养方式方法的自由。上述每一条,都值得转化成不同学段的德育内容,在师生之间、生生之间通过道德教学与探讨转化为每个人的道德认知与实际行动。

2."互联网+"时代,学校德育应倡导并培育人际交往中"对话守则"

"互联网+"时代,"对话",是生存与合作的前提。这种对话,时时刻刻发生在个

人、群体和国家之间,必须以德性。如何培育有效道德对话的能力？德育是必经之路。"道德"只能体现在人与人交往的历程中,表现为一种"关系伦理",它最大程度地考验和体现着人际交往的内涵、质量与结果。"道德"的最好体现可能并不是单方面无限度的隐忍与付出,而是在互惠互利基础上交往双方的共赢与成长。因此,人际沟通的顺畅和成功恰恰体现在人与人的对话与相互理解的能力中。捷克前总统哈维尔创立的《对话守则》因此非常值得学习,其内容是:"1. 对话的目的是寻求真理,不是为了斗争;2. 不做人身攻击;3. 保持主题;4. 辩论时要用证据;5. 不要坚持错误不改;6. 要分清对话与只准自己讲话的区别;7. 对话要有记录;8. 尽量理解对方。"《对话守则》不是法律,而是道德律,是一种对话者所应遵循的基本伦理。它特别适用于网络时代对青少年话语方式的引导,这种对话方式也是培育理性和反思能力的重要途径,无论是在学校场景、生活实践还是网络交流中,都值得长期练习、坚持使用。上述原则阐释了"对话"的目标、过程、方法,从中我们得到如下启示:

其一,对话和讨论必须有目标、有主题、有内容;

其二,"表达"和"倾听"是对话者共同的权力和义务,对于对话主体的认知与尊重,需要双方共同遵守。因此,同时学会做"表达者"和"倾听者"同等重要。对于教育者而言,应当教给学生这种双向的角色沟通意识,方能有利于道德对话的进行与完成。

其三,有道德的对话是理性指导下的对话,应以理服人而非以势压人,而且对话的表达是需要逻辑和方法的,再激烈的辩论也不应该是人身攻击。

其四,对话的结果要予以记录保留,既是为了保存对话和思考的痕迹,也是为了进一步反思和之后的提升。对于学习者而言,这种记录本身就是成长的历程。

学校德育过程若能遵循"对话守则",将很好地显示德育本身的理性,起到良好的示范作用,也将提升学生的沟通能力,实现有德性的人际交往与合作。

3. "互联网＋"时代,学校德育应践行"学生指导"的理念与方法

"互联网＋"时代,学校德育的内容和方法应当与时俱进,服务于今天的学生及其未来。学校德育旨在帮助青少年长大成人。所以,道德教育的核心理念一定包含着成年人指导青少年发展的内涵。今天,可以借鉴成熟的"学生指导"理论展开本土实践[3]。"学生指导"的理念肇始于19世纪末的美国中学,即教师应主动为学生提供学

业咨询与职业咨询。之后的 100 年间,它在全世界的学校系统都得到了呼应,而学生指导的实践也在不断地发展与成熟,从"指导者中心"逐步走向"被指导者中心",更加关注被指导者的思想、心理和学业成长及其个别化需求。今天的"学生发展指导"明确区分为三大领域:学业指导、生涯指导和生活指导,各领域均提供多种方法,诸如思想指导、心理指导和行为指导。其中,"学业指导"主要针对日常教学中的学习方法指导与学习困难问题的解决,也提供大学课程选择以及专业方向选择的指导;"生涯指导"旨在帮助学生了解和理解自己未来的学业发展方向、发现与检测自己的兴趣与资质或职业选择的可能性,因此对于高中以后的个人发展有着重要作用;"生活指导"侧重于针对学生个性与社会性发展的指导,旨在教给学生沟通技能、合作策略、问题解决技术以及人际关系技能。上述指导工作在我国的班主任和学科德育中都有所涉及,但并不系统,如果中小学能够根据自身特点设计上述三个方向的指导方案,就能更好地发挥日常德育的指导功能,直接有利于不同学生的需求,促进他们有差异地成长,并为他们走向社会做好准备。

在学业指导、生涯指导和生活指导的过程中,教育者应当注意它们与以往德育的不同:即最大程度地给予学生自我反思与自主选择的空间,学生不再是被动的听众和执行者。"学生指导"的目的在于促进发展:其一,让学校德育与学生的学校生活及个人发展紧密相联,最大限度地实现学生的个性化和个别化发展;其二,为学生提供较全面的方法论指导,而不仅仅是教授"关于指导的知识",这种德育的效果显然更为持久也更利于学以致用。其三,给予学生认真思考自己成长可能性的机会,使之为自己负责,长大成为具备责任感和理智的合格公民和优秀职业人。

总之,学校德育,首先也必须是"有道德的教育"。"互联网+"时代,这同样是德育的必然目标、历程与方法。

参考文献:

[1] 黄向阳. 德育原理[M]. 上海:华东师大出版社,2011.

[2] 雅克·蒂洛,基思·克拉斯曼. 伦理学与生活[M]. 程立显,刘建等,译. 北京:世界图书出版公司,2008.

[3] 朱益明. 普通高中学生发展指导研究[M]. 上海:华东师大出版社,2013.

教育伦理理论研究

敬畏
——教育的伦理基点

曾建平　邓俊超

（井冈山大学　教育学院）

人类对道德的探寻是伴随着人类社会的产生就开始的。道德是社会有效运行的内在机制，一个缺少道德自觉的社会，能很好地运行下去，不可想象的。古今的哲人贤士，禀承着对社会的责任，把目光投向伦理道德的领域，积极寻找其中具有根本性的内核。道德是由一系列观念体系和行为规范构成的社会实践标准。观念的自觉和行为的自律是道德实践的最高表征。而"敬畏"则是道德意识向道德行为延伸的初始阶段。没有敬畏，随后的道德情感、道德意志和道德行为就会失去存在的基础。敬畏，也就如影随形地伴随着人类对道德的认识，从某种程度上说，人类对德性的认识史，就是从敬畏开始，并且有着深厚的敬畏情结。

但是，随着时代的发展，人们的生活方式发生了很大的变化。社会的价值观念和伦理道德都在发生着翻天覆地改变。几千年来人们所普遍认识并接受的道德规范体系全方位地面临着挑战。这种情况是喜是忧，暂且不做评论，但是这种突兀而至的颠倒性的改变，还是让人们始料不及，不知所措。

作者简介：曾建平，井冈山大学教授，博导；邓俊超，井冈山大学教育学院副教授；主要从事教育学原理研究。

Email：381334108@qq.com

让道德回归它本来的价值与意义,重新审视现代社会生活的问题,依然有必要从敬畏开始。正如康德所言"有两样东西,我们愈经常愈持久地加以思索,它们就愈使心灵充满日新月异、有加无已的景仰和敬畏:在我之上的星空和居我心中的道德法则。"[1] 每个人都应该有一颗敬畏的心,敬畏头上的星空和心中的道德。

一、 敬畏:人类认识发展史上的德性情结

1. 我国古代对"敬畏"的敬畏

早从殷商开始,就有史称商人尊天事鬼的说法。人们把"天"看作是最高的人格神,视之为全知全能,并认为"为善者天报之以福,为不善者天报之以祸"。(《荀子·宥坐》)周代也认为"天命"高于一切,统治者应敬畏天命。孔子说,"君子有三畏,畏天命,畏大人,畏圣人之言"。(《论语·季氏》)如果违背天命,逆时而动,则无异于自取灭亡。因此他说,"获罪于天,无所祷也"。(《论语·八佾》)在"天"的基础上并进一步提出"德"的概念,其内容大致包括:敬天、孝祖、保民。

子路曾问孔子:"子行三军,则谁与?"孔子说:"暴虎冯河,死而无悔者,吾不与也。必也临事而惧,好谋而成者也。"(《论语·述而》)孔子反对有勇无谋的鲁莽行为,而是要"临事而惧",这是对天命的一种敬畏,一种谨慎的态度。

汉代董仲舒提出了天人感应说,主张要"畏天之威"。(董仲舒《春秋繁露》)朱熹也认为,"敬之一字,圣门之纲领,存养之要法"(朱熹《语类》卷十二),是"万善之源"。

从董仲舒天人合一、天人感应的天命论到魏晋玄学,再到宋明道学等,对"天"的"敬畏"的一直贯穿于中国人对道德伦理的认识中。敬畏是人内心的自我约束,有所忌惮,不至为所欲为。人应当有所敬畏,若是一无所惧,则只会自以为是,无法无天,恣意妄为。有所敬畏,才有所尊崇。

2. 古代西方对敬畏的认识

对西方道德思想影响最深刻的,莫过于盛行于西方的两大宗教:犹太教和基督教。由于基督教是从犹太教中分离出来的,所以犹太教中关于对神的敬畏的思想更是后来许多思想家敬天畏神思想的母本。

犹太民族是一个流浪的民族,被征服、被驱赶而离散于世界各地,但却为人类的文明做出极大的贡献。维系民族团结的精神纽带和强大的精神力量是他们所信奉的约法即《旧约全书》,简称《旧约》和教规《摩西十诫》。犹太人一代又一代地编写他们的圣经——《旧约》,把一个民族的信仰、历史以及现实的生活准则都纳入一个一元神论的神学系统中,上帝所说的话和所行的事就有着至高无上的地位,成了绝对的律令。而犹太人则怀着敬畏之情,满腔热情地执行上帝的命令。

敬畏(fear)是《旧约》中出现最多的词汇,在《旧约》中我们经常听到这样的声音:"敬畏神的,就是在他面前敬畏的人,终久必得福乐,恶人却不得福乐,也不得长久的年日。"[2]

犹太拉比认为:敬畏上帝是每个犹太人内心的事情,它的动机是犹太人对上帝的爱和尊敬。敬畏上帝的例子被提到,最著名的是亚伯拉罕献祭以撒的故事(《创世记》22:12)。塔木德中也有很多地方谈到敬畏上帝,最著名的是"作为上帝的仆人,不要想着上帝对你的奖赏和回报,你所做的就是要敬畏上帝"。(《阿伯特》1:3)[3]

犹太人敬畏的是意志强大、信念坚定且又极其严厉的"神"。对这个严厉的上帝的敬畏、服从、坚信就成为这个民族每个成员的"约法",这种对上帝的敬畏把犹太人整合到一个高度统一而强大的精神世界。

"上帝"一直是西方文化的核心概念。按照基督教学说,一方面,他们认为上帝是人和世界的创造者与主宰者,上帝是万能的,是至善的,是时间之外的绝对和永恒,由此而产生出人对上帝的一种无限敬畏之情。人们敬畏上帝,就是为了能够进入上帝的天国,和上帝在一起。另一方面,基督教认为上帝是仁慈的,向人类发出了爱的召唤。因此,人对上帝的敬畏感是人在内心深处对上帝召唤的一种响应。

在西方的文明里,上帝始终是他们生命的核心和灵魂的家园。尽管因对上帝的理解不同而产生出各种各样的神学流派,并且为了自己的信仰,他们甚至以神的名义发动宗教战争,但他们对上帝所具有的那份虔诚与敬畏却永远是流淌在他们身体里的血液。

二、 敬畏的本质

1. 敬畏是一种道德情感

敬畏是人类对待事物的一种情感态度,从字面意思来理解,"敬畏"包括了"敬"与

"畏"的双重情感内涵。"敬"是严肃,认真的意思,还指做事严肃,免犯错误;"畏"指"慎,谨慎,不懈怠"。敬畏就是指以一种既敬重又害怕的心态,对一切内心崇尚的事物心存敬重,并有些害怕地不敢逾越界限。朱熹说:"然敬有甚物,只如畏字相似,不是块然兀坐,耳无闻目无见,全不省事之谓,只收敛身心,整齐纯一,不恁地放纵,便是敬。"(《朱子语类》卷12,"持守")

早期的人类,对一切都充满了好奇。先民们在好奇心的驱使下,以其本能的方式尽情地释放着自己不断增长的各种欲望。对物的贪婪和对性的无秩序放纵给人类带来的更多是生活的无序和混乱。对和谐与有序生活的向往与敬畏推动着人类迫切渴望建立一套规范和制度以约束各种混乱的欲望,使社会有序地运行。在禁忌的基础上形成的敬畏感,即对外在规范的害怕与恐惧,便开启了人类的道德之门。

人类的行为始终受到意识、情感和意志的调控,而情感却又起着基础的作用。当人类的自我意识发展到较高水平时,能够进行有效的情感监督和控制,并在社会活动中能够警示、规约自身言行,在面对自然、生命、道德、制度时产生一种敬重和畏怯之心。

当代法国哲学家保罗·里克尔在《恶的象征》中指出:"经由害怕而不是经由爱,人类才进入伦理世界……畏惧从开始就包含了后来的所有要素,因为它自身隐藏着自己消失的秘密;由于它已经是伦理的畏惧,而不仅仅是肉体上的害怕,因此所畏惧的危险本身是伦理的。"[4]伦理最初是在"害怕"、"畏惧"、"禁忌"的基础上形成的一种神圣的规范体系,是道德情感上升到意志水平的特殊表现。

"敬"与"畏"是一对矛盾的情感,但正是这种矛盾保持了一种情感上的适度张力,使得人们在追寻"超越于自我之上"。"高于自我"的价值的同时能够反观自身、意识到自身的有限。[5]敬畏是人类自我意识产生后,在与大自然进行物质能量交换过程中总结出来的智慧生存策略。正是借助"敬畏",人类才躲过大自然的各种威胁而绵延不绝。

2. 敬畏是道德生长的起点

德国现代伦理学家弗里德里希·包尔生认为:"对上帝的畏惧是道德的基础。"[6]道德是先验的,敬畏是对先验道德的感知,道德又依存于敬畏,道德意味着"尺度"与

"规则",没有对"尺度"与"规则"的遵守,道德只能存在于虚幻的想象中,则失去它的现实意义。

道德敬畏贯穿于整个道德价值体系并维持着道德秩序。从老子的道法自然到康德对头上的星空和内心道德律的敬畏,从人对上帝和神的敬畏到现代回归到对人的敬畏。敬畏始终是道德发生的起点并伴随着道德对人的实践活动发挥站监控作用。

人的道德品质是由道德认知、道德情感、道德意志和道德行为构成的。敬畏首先作为一种道德情感,是激发或中止道德个体产生道德冲动和道德意向的初始动力。相对于道德情感中所表现出的喜怒、哀乐、爱憎、好恶的情绪情感体验,敬畏感则更为稳定和持久,因为敬畏感是人类对自然现象的恐惧的基础上形成的认识主体诚惶诚恐地对客体的接近和探索而获得的成就感,深深地根植在人类的自然进化和文化进化的过程中。道德情感中正义感、责任感、义务感、自尊感、羞耻感、友谊感、荣誉感等都在敬畏感的基础上逐步分化出来。

敬畏的道德情感,在道德实践中催化道德信念和强化道德意志。道德信念中的"信"就固有地包含"敬"和"畏",包含着一个人对某种人生观、价值观、道德需要的强烈的追求和责任感。正是在这种道德的敬畏中,人们才能在道德追求、精神体验中把道德主体和道德客体紧密地结合起来,从而获得道德的终极意义,使道德的自发行为逐渐成为一处自觉的行为。道德敬畏推动着人们去践和道德法则,并在道德实践中实现提高与完善。

有所"敬",有所"畏",则会知耻而勇,则会克己修身,则会"己所不欲,勿施于人",则会"日三省吾身"。

3. 敬畏是社会和谐的基础

敬畏是一种美德。它是人类认识能力和行为能力提高到了一个全新的水平的体现。敬畏是出于信仰神圣而发自内心的自觉的禁忌意识,是人在法律之外的自我立法和精神自律。

马克思指出,"道德的基础是人类精神的自律"。[7]

影响中国传统文化的三大思想流派儒、释、道分别都对道德敬畏进行了深入的论证和详细的表述。儒家把敬畏理解为道德主体内在的超越性,而不是外在的救赎;道家则用敬畏去解释人与人、人与自然的关系,并且视人性与物性同质同源,道是世界的万物的本原和动力,充满着对道与德的敬畏;而佛学则通过"因果报应"、"轮回"、"涅槃"等思想继续深化对道德的敬畏。

这些理论都从不同的侧面对中国人产生着深刻的影响。为人格的完善提供了动力,使人在敬畏自然的、敬畏生命、敬畏伦理法则的过程中促进社会的和谐。

三、 敬畏的三大内容

1. 敬畏神圣

"神圣"的"神"代表高高在上和绝对的权威,"圣"代表圣洁和不可侵犯。因此神圣的定义就是凌驾于天地之上不可侵犯的绝对。在古代,不管是东方的中国,还是西方国家。都不约而同地把人类的精神信仰指向一个最高的"神"。西方叫"神"中国叫作"天"。"神"和"天"代表了世界的最高权威,神或天的旨意代表着世界的秩序。人只有对神或者天充满着敬畏并且遵从上天规定好的秩序,社会才能有效地运行。在数千年的人类历史沿袭中,"神圣"不仅是一外在的力量,而且早已成为了人精神世界的终极理想。

自孔子提出君臣、父子和仁义礼智等伦理思想之后,经过董仲舒的推动并确立了君权、父权、夫权即"三纲"的统治地位,把封建等级制度、政治秩序神圣化为宇宙的根本法则。董仲舒认为,仁、义、礼、智、信"五常"之道是处理君臣、父子、夫妻、上下尊卑关系的基本法则。至宋之朱熹,集儒学之大成,创理学之体系。朱熹认为,理是天地万物之理的总体,是伦理道德的基本准则。每一个人和物都以抽象的理作为它存在的根据,每一个人和物都具有完整的理,即理一分殊。这样"理"就上升到客观的精神主宰,统领着宇宙万事万物。"存天理,灭人欲"人在对神圣的"理"的敬畏中实现对终极价值的关切。

西方国家主要信仰犹太教、基督教和伊斯兰教。不管是摩西还是耶稣还是穆罕默德,都代表着独一无二的神圣和绝对的权威。如果没有对神圣的敬畏与信仰,人类很难在世世代代的生活中把形而上的价值观念倾注于对现实生活的孜孜不倦的追求之中。

2. 敬畏生命

在中国传统文化里，充满着敬畏生命的旋律。西周时期，周武王提出"惟人万物之灵"的主张。儒家思想提出"仁政"的政治主张，就是把天地之德与人的生命之贵紧密联系起来，从而构成了儒家伦理思想的核心理念。荀子说："人有气、有生、有知亦且有义，故最为天下贵也。"[8]

古希腊哲学家普洛泰戈拉提出了著名的命题"人是万物的尺度"而确立了人的主体地位。康德也提出类似的观点"人为自然立法"更是强调了人相对于自然的中心位置。

敬畏生命的伦理思想最初是由诺贝尔和平奖获得者阿尔贝特·史怀泽提出的。阿尔贝特·史怀泽的敬畏生命伦理学的核心内涵是"善是保持生命、促进生命，使可发展的生命实现其最高的价值。恶则是毁灭生命、伤害生命，压制生命的发展。"[9]

史怀泽认为，一切生命都有生命意志，他们都能感觉到生命的存在并要求保存和发展自己的生命。但是大自然作为一个自发过程不懂得敬畏生命，它创造生命但同时也毁灭生命。所以它是认识不到敬畏生命。只有人类才能自觉地认识到敬畏生命、敬畏自然万物的生命的深刻内涵。

建立敬畏生命的生命伦理应该将伦理的范围扩大到所有生命，人对人行为的伦理绝不会独自产生，它产生于人对一切生命的普遍行为。如果没有敬畏生命的理念，势必会导致生命意志的分裂。敬畏生命的生命伦理则它要求人们敬畏一切生命，与生命休戚与共。人类也承担着使其他生命摆脱陷于痛苦、毁灭和戕害的道德责任。

3. 敬畏自然

"自然"是一个每个人都十分熟悉，但似乎又无法解释清楚的词汇。事实上，"自然"确实是中外文化思想史上一个内涵十分丰富的概念。

在中国思想文化中，"自然"与"天"被看作是一切事物的总根源。冯友兰指出："在中国文字中，所谓天有五义：曰物质之天，即与地相对之天。曰主宰之天，即所谓皇天上帝，有人格的天、帝。曰运命之天，乃指人生中吾人所无可奈何者，如孟子所谓'若夫成功则天'。曰自然之天，乃指自然之运行，如《荀子·天论篇》所说之天是也。曰义理之天，乃谓宇宙之最高原理，如《中庸》所说'天命之为性'之天是也。"[10]

我国对自然的敬畏思想最著名的论断莫过于老子提出的"道法自然",老子认为："域中有四大,而人居其一焉。人法地,地法天,天法道,道法自然。"(《道德经》第二十五章)老子所说的"自然",不是指称"客体"即自然界,而是指事物的"存在方式"和"状态"。"道法自然"就是要求人们遵循万事万物所具有的规律,这样虽然表面上"道"是"无为"的。但由于道遵循万物,使万物自己成就了自己,因此它又是"无不为"的。由此,对自然的敬畏和遵从就构成了老子思想体系的核心范畴。

与传统意义上的"自然"是指万事万物背后蕴含的本性规律和自身生成、变化之理相对应,现在人们对自然的认识几乎等同于自然界。自然界是一切具体存在的天然事物集合体。一直以来人们一刻没有停止过对自然界认识、探寻和征服。人类在向自然索取生存和生活所需要的全部资源的同时,也在对自然进行形而上的深思。

远古先民的生活直接依赖于自然,即自然界,但其生命又时刻受到来自自然的威胁。先民们对自然的敬畏主要缘于对自然认识的局限而产生的恐惧和对超能力的向往。此阶段,人类的"敬畏自然"是以各种各样的、非理性的、蒙昧的迷信形式表现出来的。但是随着人类科学技术手段的发展和认识能力的提高,人类逐渐摆脱对自然界的非理性敬畏,从而转向对自然的理性的敬畏。笛卡尔把一切都纳入到观念、理性的秩序之中,他认为,事物的基本属性就是广延,而广延是"抽象的概念"。这样就在一定程度上克服了远古人们对于"自然界"盲目的、迷信的敬畏与崇拜。

但是在人与自然的对抗中,人类的认识能力和对自然的征服能力都得到了极大的发展。自然界在人类的面前变得越来越千疮百孔和无能为力的同时,人类对自然的自私、贪婪和掠夺却变得越来越变本加厉。当然,自然界也不是完全被动的,它总是以它自己的方式回击着人类。人类和自然的紧张关系在以恶性循环的方式进行着。

人们已经认识到,人和自然是相互依存的,敬畏自然就是对人自身的尊敬与保护。人不仅为自然立法,更要为自己立法,用敬畏的态度去对待自然才能使人类承担起自己的道德责任和体现出自己的价值主体地位。

四、 敬畏:教育的伦理基点

樊浩教授在探讨"教育的伦理本性和伦理精神"问题时,提出了伦理精神是教育共同体的人文本性的核心,教育共同体是一个伦理实体的重要论断。[11] 教育伦理就是教育共同体之间伦理道德,具体表现为师生伦理、家校伦理、教学伦理、学校与社会的关系伦理、知识的享用与职业能力的关系伦理等教育教学的各个方面的伦理道德问题。在教育的伦理道德关系中,敬畏自然首当其冲地站在了一个制高点上,俯视着各种教育道德关系,道德敬畏是教育伦理的基点。

1. 敬畏教育

教育是培养人的社会实践活动,是让人之成人的价值引导和文化启迪活动,是帮助和引导受教育者走向高尚、智慧、成熟、理性、文明的事业。教育通过独特的知识体系和运动逻辑,使人类的个人和社会综合素质在认识能力、思想境界、价值判断、道德水平和实践能力方面都得到普遍的提高。教育在个人的成长、社会的发展、文化的传递、知识的创新方面的贡献是毫无疑义的。人们只有以敬畏的态度去对待教育,才有可能享受教育所带来的精神的文明和幸福的生活。

在我们的文化传统中,人们对教师和教育一直都是极其尊重的,有着悠久的尊师重教传统。教师一向具有神圣的位置,和"天、地、君、亲"一道在古代被称作五天伦受人供奉与朝拜。孔子作为中国教育的代表人物,也被历代帝王称为"万世师表",被世人代代敬仰。这里人们对教师的"敬畏"是一个偏正词,更多地倾向于"敬"。当然"敬"和"畏"是不能截然分开的,而是一个事物的两个方面,有所"敬"就会有所"畏"。而现在社会对教育既没有"敬",更没有"畏",这是令人十分担忧的不良倾向。要让教育重新回到自己"建国君民,教学为先"、"化民成俗,其必由学"的对人类个人和社会的引领的位置,找回教育失落的伦理价值,必须从敬畏开始,从敬畏教育开始。

2. 教育敬畏

教育既是一个改造人的过程,也是一个道德实践过程。用一颗敬畏之心去面对教育中各种要素和关系,教育的伦理秩序就会得以维护和发展。

1) 敬畏与教师伦理

"尊师"是一个千年命题,一个约定俗成的心理定势。尽管时代在变迁,但尊师、敬师依然教育伦理的应有之义。孔子著名的"三畏"中的"畏圣人之言"就包含着对权威人士的思想的虔诚的态度。人有"上智"和"下愚"之别,只有虚怀若谷,向前辈学习,向站在人类智慧顶端的智者学习，才能海纳百川，才能上善若水，既敬畏前人又被后人所敬仰。

教师要心怀敬畏，以身立德。都是首先要明确自己所肩负的使命，在使命面前，要有忠诚的态度、坚定的信念、虔诚而热烈的情感，不辱使命。

2）敬畏与学生伦理

学生是人类新生力量的代表，学生的成长与发展的状况决定人类和社会未来的前途命运。由于在学生身上蕴藏着人类发展的无限潜力和可能性，古代就有"后生可畏"的说法。"可畏"一方面包含有前人对后人超越自己而显得自己能力的落后的担心与恐惧，另一方面"后生可畏"更多的是对新生力量的小心翼翼的谨慎态度，一种对自己的反思与提醒和对伦理道德的敬畏。

学生也要有所敬畏，积极实践道德伦理。以青少年为主体的学生，既是道德的主体，又是道德实践的客体，在学生身上能够较集中地反映出教育的伦理道德。如果没有学生对教育伦理道德的敬畏与实践，教育的伦理秩序是无法建立起来的。

3）敬畏与知识伦理

在教育的伦理体系中，知识是一个特殊的角色。对待知识的态度决定着教育伦理的价值取向。

在对教育目的的探索中，中外哲人都不约而同地把教育的目的指向"善"。《学记》有言，"教也者，长善而救其失者也"。中国传统经典"四书"之一的《大学》更是直接道出教育的目的，"大学之道，在明明德，在亲民，在止于至善"。许慎的《说文解字》从字面上发现了教育的目的："教，上所施下所效也；育，养子使作善也。"可以说，"善"是教育伦理的终极价值所在。

西方思想的圣人苏格拉底提出一个著名的命题："知识即美德。"苏格拉底把知识和道德统一起来，把"知识"即人对人之为人的"理念"的把握和对真理与道德的认识上升到"美德"即"善"的层面上。一方面激发人们对知识的"敬"，另一方面又提醒人们对无知的警惕。

犹太民族是一个"智慧民族"，为人类的文明做出了特殊的贡献。犹太人的巨大成功，来自于对学习、对知识的敬重。他们把"学习是最高的善"作为一种信仰并坚定如一地坚持着。对知识的崇拜与敬仰造就了一个伟大的民族。

古今中外，人们对知识的认识都包含着道德的伦理价值，对知识的敬畏与追求才是符合教育的伦理价值。反之,对知识的亵渎与漠视则是与教育的道德伦理相违背的,是不道德的。

参考文献:

[1] 康德.实践理性批判[M].邓晓芒,译.北京:商务印书馆,2000:177.

[2] 旧约.箴言书[M].南京:中国基督教协会,2007:613,625.

[3] Cecil Roth, Geoffrey Wigoder, eds. Encyclopedia Judaic, Jerusalem: Keter Publishing House Jerusalem Ltd, 1971, s. v. LouisIsaac Rabinowitz,/Fear of God0, Vol. 6, p. 1198, p. 1200.

[4] 保罗·里克尔.恶的象征[M].公车,译.上海:上海世纪出版集团,2005:27.

[5] 于俊如.敬畏感:一个关于道德教育价值的问题[J].中国青年研究,2005,(8).

[6] 弗里德里希·包尔生.伦理学体系[M].何怀宏,廖申白,译.北京:中国社会科学出版社,1988.354.

[7] 马克思恩格斯全集(第1卷)[M].北京:人民出版社,1960:15.

[8] 荀况.荀子[M].上海:上海古籍出版社,1996:80.

[9] 阿尔贝特·史怀泽.敬畏生命[M].陈泽环,译.上海:社会科学院出版社,1992:9.

[10] 冯友兰.中国哲学史(上)[M].上海:华东师范大学出版社,2000:35.

[11] 樊浩.教育的伦理本性与伦理精神前提[J].教育研究,2001,(1).

论高尚师德的当代诉求

李　玢

（闽南师范大学　马克思主义学院）

教师是人类灵魂的工程师，是青少年学生成长的引路人。教师的思想政治素质和职业道德水平直接关系到学校青少年的健康成长，关系到国家的前途命运和民族的未来。加强教师职业道德建设，提高教师的师德素养，对于确保党的事业后继有人和社会主义事业兴旺发达，全面建设小康社会，构建社会主义和谐社会，实现中华民族伟大复兴，具有十分重要的意义。

长期以来，教师职业和教师行为一直备受关注，教师一言一行对学生、社会有着深远的影响，广大教师教书育人，敬业奉献，赢得了全社会的尊重，教师队伍中不断涌现出一批又一批可歌可泣的模范人物，表现了崇高的师德精神。广大教师用高尚情操要求自己，率先垂范、以身作则，不断加强师德修养，塑造良好的人生观、价值观，树立高尚的道德情操和精神追求，用高尚的道德情操去感染学生，用高尚的道德情操去教育学生，这是时代对高尚师德的诉求。

然而，近些年来，对教师高尚师德的诉求却出现了异样的呼声。"有人问：你是搞教育的？我回答：不，我只是个老师！有人问：你是人类灵魂的工程师？我回答：不，我只是个老师！有人问：你的工作是天底下最光辉的职业？我回答：不，我只是个老师！

作者简介：李玢，闽南师范大学马克思主义学院教授。主要从事道德教育研究。

Email：libin-1012@163.com

有人问:你是吐丝的春蚕,你是化泪的蜡炬? 我回答:不,我只是个老师! 有人说:老师应该把自己的所有都奉献给祖国的教育事业! 我回答:不,我只是个老师! 我要休息,我有自己的家庭,我有自己的孩子,我有自己的爱好,我希望能够心安理得地,像别的行业的人一样享受自己的生活,我希望自己的劳动能够得到社会的认可,我同样希望自己付出的劳动能得到应该有的回报。仅此而已,错了吗?""请剥去我身上那些伟大的光辉无比的外衣,用一种平等的眼光来看待我,我只是个老师。我只是在做一个老师应该做的事情,至少在中国这个社会里规定老师应该做的事情。……教育不是无能的,教育不是万能的! 别把学校当成解决学生一切问题的殿堂,别把老师当成解决一切问题的圣贤;别把教育当成背负一切责任的机器。别给我赋予太多不能承受之重。我只是个老师!"

学术界对此也出现了不同的看法和争议……

一、 师德是"群众道德"还是"英雄道德"?

王正平教授认为:与其他社会道德形态相比,职业道德有自己的鲜明特点:从道德境界来看,职业道德居于社会道德的基础层面,建立在社会大多数成员一般道德觉悟水平基础之上。然而,它不是只有具有崇高道德境界的人才能自觉做到的"英雄道德",而是在市场经济条件下每个职业人员应当遵守的"群众道德",是经过一定的教育、引导之后可以为不同道德觉悟层次的人们共同接受和认同的基础道德。在市场经济条件下,各行各业广大从业人员的职业行为,不能仅靠少数人才能做到的"无私奉献"等"英雄道德"来感召或激励,因为能自觉履行超义务或超道德的人总是很少的。对于任何一个社会职业道德来说,需要有自己的"英雄道德"或"圣人道德"鼓舞,然而它们是一种"责任外的美德"。对于这种"责任外的美德",大多数的人敬佩却不信仰,感动却难以行动,也不可能普遍履行。但是,合理的职业道德属于"群众道德"范畴,体现的是每个从业人员作为社会成员对整个社会应当承担的一种基本道德义务,是"责任内的美德"。这种"责任内的美德",不是高不可攀的,而是每个努力追求的人都能做到的。

由于职业道德是与每一职业劳动的特点紧密联系的,而职业劳动的一般目的、手段、职责和专业要求在不同的时代和社会中大致是相同的,因而不同时代职业道德的基本内容和要求常常带有共通性。例如：孔子提倡师德，他主张，教师应当"仁者爱人"，热爱学生，"爱之能勿劳乎？忠焉能无诲乎"；教师对待知识，要做到"学而不厌"，"温故而知新，可以为师矣"；对待学生，要做到"诲人不倦"，循循善诱；教师应当以身作则，"其身正，不令而行。其身不正，虽令不从"。

下面从我国中小学教师和高等学校教师的职业道德规范来分别正视一下这个问题。

2008年中华人民共和国教育部、中国教科文卫体工会全国委员会修订了中小学教师职业道德规范，其内容是：

一、爱国守法。热爱祖国，热爱人民，拥护中国共产党领导，拥护社会主义。全面贯彻国家教育方针，自觉遵守教育法律法规，依法履行教师职责权利。不得有违背党和国家方针政策的言行。

二、爱岗敬业。忠诚于人民教育事业，志存高远，勤恳敬业，甘为人梯，乐于奉献。对工作高度负责，认真备课上课，认真批改作业，认真辅导学生。不得敷衍塞责。

三、关爱学生。关心爱护全体学生，尊重学生人格，平等公正对待学生。对学生严慈相济，做学生良师益友。保护学生安全，关心学生健康，维护学生权益。不讽刺、挖苦、歧视学生，不体罚或变相体罚学生。

四、教书育人。遵循教育规律，实施素质教育。循循善诱，诲人不倦，因材施教。培养学生良好品行，激发学生创新精神，促进学生全面发展。不以分数作为评价学生的唯一标准。

五、为人师表。坚守高尚情操，知荣明耻，严于律己，以身作则。衣着得体，语言规范，举止文明。关心集体，团结协作，尊重同事，尊重家长。作风正派，廉洁奉公。自觉抵制有偿家教，不利用职务之便谋取私利。

六、终身学习。崇尚科学精神，树立终身学习理念，拓宽知识视野，更新知识结构。潜心钻研业务，勇于探索创新，不断提高专业素养和教育教学水平。

这个《规范》充分体现了中小学教师师德的广泛性与先进性相结合。它从教师队伍现状和实际出发，面向全体教师，对教师职业道德提出了基本要求，使之成为每位教师自觉遵守的行为准则。同时又倡导中小学教师要"志存高远，勤恳敬业，甘为人梯，乐于奉献"。

2011年中华人民共和国教育部、中国教科文卫体工会全国委员会制定了高等学

校教师职业道德规范,其内容是:

一、爱国守法。热爱祖国,热爱人民,拥护中国共产党领导,拥护中国特色社会主义制度。遵守宪法和法律法规,贯彻党和国家教育方针,依法履行教师职责,维护社会稳定和校园和谐。不得有损害国家利益和不利于学生健康成长的言行。

二、敬业爱生。忠诚人民教育事业,树立崇高职业理想,以人才培养、科学研究、社会服务和文化传承创新为己任。恪尽职守,甘于奉献。终身学习,刻苦钻研。真心关爱学生,严格要求学生,公正对待学生,做学生良师益友。不得损害学生和学校的合法权益。

三、教书育人。坚持育人为本,立德树人。遵循教育规律,实施素质教育。注重学思结合,知行合一,因材施教,不断提高教育质量。严慈相济,教学相长,诲人不倦。尊重学生个性,促进学生全面发展。不拒绝学生的合理要求。不得从事影响教育教学工作的兼职。

四、严谨治学。弘扬科学精神,勇于探索,追求真理,修正错误,精益求精。实事求是,发扬民主,团结合作,协同创新。秉持学术良知,恪守学术规范。尊重他人劳动和学术成果,维护学术自由和学术尊严。诚实守信,力戒浮躁。坚决抵制学术失范和学术不端行为。

五、服务社会。勇担社会责任,为国家富强、民族振兴和人类进步服务。传播优秀文化,普及科学知识。热心公益,服务大众。主动参与社会实践,自觉承担社会义务,积极提供专业服务。坚决反对滥用学术资源和学术影响。

六、为人师表。学为人师,行为世范。淡泊名利,志存高远。树立优良学风教风,以高尚师德、人格魅力和学识风范教育感染学生。模范遵守社会公德,维护社会正义,引领社会风尚。言行雅正,举止文明。自尊自律,清廉从教,以身作则。自觉抵制有损教师职业声誉的行为。

可见,对高等学校教师师德的要求比对中小学教师师德的要求更突显了高尚,将"乐于奉献"提升到"甘于奉献",并明确要求高校教师要树立崇高职业理想,以高尚师德、人格魅力和学识风范教育感染学生。这些都充分体现了高校师德的高尚性要求。

由此不难看出,师德既有"群众道德"的基本要求,又有"英雄道德"的高尚诉求,对于任何一个社会职业道德来说,需要有自己的"英雄道德"或"圣人道德"来鼓舞,这是一种"责任外的美德"。而对教师职业道德来说,"英雄道德"并不全是"责任外的美德",也是"责任内的美德"。我国当下的教育领地,师德高尚性的要求更显得极为重要。

二、 高尚师德是"责任内的美德"

我们常说,军人的天职是服从,医生的天职是救死扶伤,教师的天职就是教书育人。所谓天职,就是上天指定应该承担的责任。《荀子·天论》:"不为而成,不求而得,夫是之谓天职。"杨倞注:"不为而成,不求而得,四时行焉,百物生焉,天之职任如此,岂爱憎於尧桀之间乎!"《列子·天瑞》:"天职生覆,地职形载。"唐元稹《批宰臣请上尊号第二表》:"臣闻天职生植,圣职教化,天职举则四时行,圣职修则万方理。"

教师首先是人和公民,享有基本的人的尊严、人格的平等、人的基本权利。所以,当他们以人和公民的身份相互对待时,没有高低尊卑之分。然而,教师是一种职业,是一份特殊行业的工作,通过领取相应的报酬,履行自己的职责。这种职位产生的责任是多重的呢? 他要对社会、国家、学校、家长和学生负责,最终落实到为学生提供服务,通过为学生提供最好的服务而践行对社会、国家、学校和家长的责任。因此,教师职业道德就体现了教师职业特点对师德的本质要求和时代特征,"爱"与"责任"是贯穿其中的核心和灵魂。这些都是对教师责任内的要求。

"爱岗敬业"是教师职业的本质要求。没有责任就办不好教育,没有感情就做不好教育工作。教师应始终牢记自己的神圣职责,志存高远,把个人的成长进步同社会主义伟大事业、同祖国的繁荣富强紧密联系在一起,并在深刻的社会变革和丰富的教育实践中履行自己的光荣职责。

"关爱学生"是师德的灵魂。亲其师,信其道。没有爱,就没有教育。教师必须关心爱护全体学生,尊重学生人格,平等公正对待学生。对学生严慈相济,做学生良师益友。保护学生安全,关心学生健康,维护学生权益。

"教书育人"是教师的天职。教师必须遵循教育规律,实施素质教育。循循善诱,诲人不倦,因材施教。培养学生良好品行,激发学生创新精神,促进学生全面发展。不以分数作为评价学生的唯一标准。

"为人师表"是教师职业的内在要求。教师要坚守高尚情操,知荣明耻,严于律己,以身作则,在各个方面率先垂范,做学生的榜样,以自己的人格魅力和学识魅力教育影响学生。

"高尚师德"则是对高校教师的特殊要求,即要树立崇高职业理想,以高尚师德、人格魅力和学识风范教育感染学生。它并不是高校教师责任以外的要求,而是高校教师责任以内的要求。

为什么要对教师职业道德提出高尚的要求呢?

教师的职业道德,首先表现为要有坚定的献身教育的职业意识。教师的职业意识,是他的职业情感、职业意志、职业信念、职业行为习惯的基础。我们从中国的大教育家陶行知对教育事业的解读就可以理解为什么要对教师职业道德提出高尚的要求。

1926 年 11 月,陶行知在筹办晓庄师范时为乡村教师题了一副对联:"捧着一颗心来,不带半根草去。"这高度集中地表现了完全彻底为人民服务的精神和献身人民教育事业的高尚品德。陶行知曾说:"在教师手里操着幼年人的命运,便是操着民族和人类的命运。"只有当教师把教育作为一项事业、作为自己的人生追求时,才可能默默奉献、甘为人梯,这是教育工作的核心价值所在。陶行知献身人民教育事业的职业信念,源于他对教育事业战略意义的深刻理解。他把教育事业看作关系到祖国、人民和民族未来的一件大事。1924 年他在抒怀诗中写道:"人生天地间,各自有秉赋,为一大事来,做一大事去。"他要求师范学生必须认定"教育是大事业","要有信仰心,认定教育是大有可为的事,而且不是一时的,是永久有益于世的"。陶行知"深信教育是国家万年根本大计"。他认为"教育是人民解放、民族解放、人类解放的武器"。他怀着"为中国教育寻觅曙光,为中国教育探获出路","为整个民族的利益造就人才"的雄心壮志,将一生献给祖国的人民教育事业。陶行知的献身精神又源于他高度的社会责任心。他认准教育事业是利国利民、解放人类的大事,故能以教为荣,以教为乐,并决定从最下层的工作做起,因为"最下层的工作是最重要的工作"。他先后拒绝了大学教授、教育厅长职务,放弃了拟聘的武汉高等师范学校校长的职务,为普及教育过着"不如老妈子"的生活。是什么力量支持他这样做呢? 这就是坚定的职业信念所产生的强烈的责任心。正是这种责任心,像焊条一样把他跟教育事业紧紧地焊在一起。他说:"要有责任心……要是国中有一个人不受教育,他就不算为共和国民。"要达到这一目的,"非得终身从事不行"。这还不够,"还应当代代做去"。陶行知是这样说的,也是这样做的。他的一生就是时时、处处寻找机会去执行他教育者的职责,为人民教育事业而献身的一生。

三、 时代呼唤高尚的师德

2013 年,瓦尔基环球教育集团基金会(Varkey GEMS Foundation)发布了一份综合教师年薪、社会地位等调查项目在内的"全球教师地位指数"(Global Teacher Status Index)报告书。该报告书显示,中国教师的地位在美国、英国等 21 个被调查的国家中位居榜首。根据这项调查,有一半左右的中国家长鼓励孩子以后当老师,排名第一;相比之下,只有 8% 的以色列家长做出肯定答复。中国、韩国、土耳其和埃及家长是最有可能鼓励孩子当老师的,而以色列、葡萄牙、巴西和日本则相反。同样,未成年人对老师的尊重程度,中国也排第一。有超过七成的中国受访者认为中国未成年人尊重老师,而其他国家给出肯定回复的平均值,只有 27%(表1)。

表 1 "全球教师地位指数(Global Teacher Status Index)"报告书

教师地位指数(分)	尊敬教师的学生比率(%)
1. 中国(100)	1. 中国(75)
2. 希腊(73.7)	2. 土耳其(52)
3. 土耳其(68.0)	3. 新加坡(47)
4. 韩国(62.0)	4. 埃及(42)
5. 新西兰(54.0)	5. 新西兰(38)
9. 美国(36.7)	6. 美国(37)
16. 日本(16.2)	7. 日本(19)
21. 以色列(2)	21. 韩国(11)

出处:巴乐基 GEMS 财团

对"中国教师地位高"这一结论,多数网友并不认同。但是,在某种程度上应该看到我国教师的社会地位的确是极大的提高了。

然而,我们也不能不看到在我国的教师群体内也存在着两极分化,出现了相当一部分弱势群体。

首先是教师群体出现了弱势心理。主要表现在教师对职业满意度的评价偏低,幸福指数下降,消极情绪蔓延。出现了不公平感、无助感、被剥夺感……伴随着愤懑、不满、无奈、绝望、郁闷、失落等负面情绪。不少教师为了摆脱自己的经济弱势地位，为了完成学校制定的各种考核指标，不得不承受着巨大的身心压力。

其次是教师面临着期望与现实的巨大落差，生活在拜金主义和权力至上、学术环境被行政权力左右的环境中，对自身社会地位的消极认知，要让他们坚守知识分子的崇高理想，弘扬大学应有的宝贵精神，谈何容易。一部分教师处于学校和学院的边缘地位，没有任何机会获得任何资源，顺其自然，得过且过；还有一部分教师把主要精力用于科研或课外创收，学校的教育教学工作仅仅作为副业而已。虽然绝大多数教师能够恪守教师的职责，在教学中兢兢业业，努力奉献，但弱势心理的存在的确会削弱一些教师的工作热情。有的教师认为前途无望，即使努力也不会有太多回报，因此工作中很难有满腔的热情，甚至表现出不同程度的职业倦怠。学生的培养、教学质量的提升，需要教师精心钻研，不断学习，与时俱进。而教师的消极心态会阻碍他们对教育教学工作的投入。教师厌教、学生厌学，教与学的恶性循环，会严重制约高等教育质量的提升。学生对未来的职业选择、出国考研等个人发展问题上的态度不同程度会受到教师的影响。一些教师戏称自己是"学术民工"，公开劝说学生不要选择教师这样的职业，也不要选择继续考研或读博士。新的"读书无用论"在学生乃至社会中又一次蔓延。教师的弱势心理，会在潜移默化中感染一批又一批学生，学生的价值观念、学习风气、个性修养在不同程度上都会受到教师言行的影响。

2011年教育部，中国教科文卫体工会全国委员会关于印发《高等学校教师职业道德规范》的通知中明确指出：长期以来，广大高校教师自觉贯彻党的教育方针，学为人师、行为世范、默默耕耘、无私奉献，为我国教育事业发展和社会主义现代化建设做出了重要贡献，涌现出一大批优秀教师和先进模范人物，在他们身上集中体现了新时期人民教师的高尚师德，体现了教师职业的崇高和伟大，赢得了全社会广泛赞誉和普遍尊重。但也应该看到，在市场经济和开放的条件下，高校师德建设还存在一些亟待解决的突出问题。有的教师责任心不强，教书育人意识淡薄，缺乏爱心；有的学风浮躁，治学不够严谨，急功近利；有的要求不严，言行不够规范，不能为人师表；个别教师甚至师德失范、学术不端，严重损害人民教师的职业声誉。这些问题的存在，虽不是主流，但必须高度重视，采取切实措施加以解决。

教师是最伟大、最神圣的职业之一。人们常说："教师是太阳底下最光辉的职业。"好老师的道德情操最终要体现到对所从事职业的忠诚和热爱上来。好老师应该执着于教书育人。我们常说干一行爱一行,做老师就要热爱教育工作,不能把教育岗位仅仅作为一个养家糊口的职业。有了为事业奋斗的志向,才能在老师这个岗位上干得有滋有味,干出好成绩。如果身在学校却心在商场或心在官场,在金钱、物欲、名利同人格的较量中把握不住自己,那是当不好老师的。教师教书育人,必须严格按教师职业道德标准要求自己,爱自己的学生,献身教育事业,兢兢业业做好工作,做一个职业道德的模范,这永远是时代对高尚师德的呼唤。

参考资料:

[1] 中华人民共和国教育部,中国教科文卫体工会全国委员会.中小学教师职业道德规范[R].2008 年修订.

[2] 中华人民共和国教育部,中国教科文卫体工会全国委员会.高等学校教师职业道德规范[R].2011 年印发.

[3] 社会建设蓝皮书.2014 年北京社会建设分析报告[R].

[4] "全球教师地位指数(Global Teacher Status Index)"报告书[R/OL].http://www.enorth.com.cn,2013 - 10 - 08 08:04.

[5] 王正平.谈职业道德:人人应做,人人能行[N].解放日报.2015.

规训在伦理行为中的缘由探析

夏金华　朱　敏

（南京晓庄学院　马克思主义学院）

规训在早期就存在过，但是人们很少研究它。自从人类产生以后，规训事实上就存在过。儿童接受父母的惩罚和教育，人类接受社会行为训练和指导等等都明显具有规训的特征。我国早期文献中有关规训的说法主要见于《陈书·王瑒传》，里面文字是这样描述的：“瑒，兄弟三十餘人，居家篤睦，每岁时馈遗，遍及近亲，敦诱诸弟，并禀其规训。”[1] 这里规训主要是指规劝训诫。没有训诫，人们做事情的代价较小，风险大于收益，有些人就会铤而走险，破坏他人生活的秩序和自由，所以就需要规训使那些破坏社会秩序和稳定以及他人利益的人付出代价，使整个社会运行在一定的范围内。

以前，在控制人们的行为和思想方面主要有下列几种方式。第一是一人统治或少数几个人统治，我们称之为专制独裁制度；第二是建立监狱、警察、军队、法院等国家机器的方式；第三是强制制度即共同体成员必须服从的制度，使成员采取不得违犯的方式。这三种方式都是有组织、有纪律的惩戒，是国家惩戒的制度化形式，体现了不同元素印迹。第一种主要体现了独裁者的权力和权威，在社会共同体内，自上而下地进行惩戒，体现了权力惩戒的单一性和不可违性。第二种惩戒以标志、符号等方式体现了国家机器的整体力量。第三种方式体现了表象、操作等规范的制度模式。这三种方式

作者简介：夏金华，河南信阳人，副教授，硕士；朱敏，女（1970—　　），浙江杭州人，副教授，硕士；主要从事教育伦理研究。

主要从人身自由、肉体折磨等方面使社会民众必须服从统治者的意志和愿望。

伦理行为中的规训在空间的展示主要通过空间的条格化和网格化把人们的交互时间和交互行为限制在特定的范式内,在此范式内人们的言行受到了隐形的监视和评价,通过对此范式内的个人的评价而定格个人在群体中的位置等第,并按其表现予以奖惩,通过这样的模式就能够很好地把社会散乱、无秩序的个体变成有秩序、较为稳定的多元体。对不同人群的分类定格不仅有利于社会工作人员更好、更有针对性地规范管理,更能够建立起管理控制的网格,个体的行为举止很容易在网格予以掌握管理。而处于网格中的人们就一直处在训诫范式之中潜移默化、浑然不觉。下面探析引起规训的缘由。

一、 自然现象的人伦崇拜是规训得以延展的基石

古代人类对自然现象的认识能力非常低下,对许多自然现象百思不得其解,甚至还非常恐惧,太阳的升落,月亮的出现和变换,风雨交加等,都使他们感到非常不解和奇怪。一场瘟疫的发生就会让他们感到自然的神奇力量,这些自然现象跟人的生活作息联系起来,他们认为冥冥之中有股神秘的力量主宰自己的生活进程,于是各种迷信思想和神秘思想由此诞生,而这又加剧了他们对自然和神秘思想的恐惧和害怕。这也严重阻碍了人们对自然界的认识,还使他们无力改造世界,他们在强大的自然界面前感到无能为力,他们寄最大的希望于神鬼的慈悲、怜悯和保佑。由此,早期人们对大自然的恐惧源于人和自然力量的对比,在这种力量的对比中,天平倾向于自然,自然取得了对人类的暂时胜利,自然规则渗透在人们心中,于是人类伦理行为就会自然地渗透着某种自然的规则和自然的权利。在人类社会的第一阶段,主要是通过人们之间相互的灌输禁忌,自然力量支配和控制了人们的伦理行为。雷、电、风、雨等自然的力量成为人们心中的挥之不去的存在。由于无法抗拒自然,第二阶段主要是神或者祖先的命令和禁忌。由于人们对一些自然现象的无解,于是他们就把不能解释的自然力量内化为人的普遍的伦理行为。对祖先的崇拜,人们寄希望祖先能够荫庇子孙,保平安,捍患御灾,保境安民等。随着一些有能力的人出现,英雄崇拜就产生了,特别是那些能够保护城市和一方子民的人。还有一些具有法力,为人消灾解厄,驱邪赶鬼,人们把他们看作具有神灵的人,他们死后被奉若神明,久而久之,人们就渴望具有全能的人出现,来

化解他们的种种不幸和灾难。有些英雄死后就被民间描绘成神灵,神灵具有自然精灵那样的超自然力量,有能力保护本地区本部成员。通过自然现象的人伦崇拜,社会中不需要通过制造过度痛苦和公开羞辱的仪式游戏运用于肉体,而是运用于精神,只需要通过运用在人脑海中谨慎地但也是必然地和明显地传播着的表象和符号的方式进行。惩戒方式由以前的用武力方式对肉体折磨转变成了一种精神上或者灵魂上的处罚或者折磨,以使人们按照一定的方式行事。

二、 统治阶级和被统治阶级矛盾冲突是规训的必然结果

自从人类诞生阶级社会以来,国家权力无时无刻地表现着它的集中性、庞大性与绝对性,统治阶级也把个人的私人生活纳入到公共生活的范畴领域,国家成为个人生活的中心场所,于是国家和个人的关系也成为人类社会生活的中心内容,个人自身权利被压缩的无限小,并且个人权利常常被剥夺,特别是个人的政治权利几乎为零。自从统治阶级以武力的方式解决现实冲突以来,统治者和被统治者斗争连绵不绝,造成了社会的极大不稳定和社会的动荡不安。面对不安定的社会环境,人们就厌恶政治生活,转而追求个人的伦理生活,这样,个人产生了一种新的情感状态,以伦理关系和行为构建个人的生活领域。上帝取代了自然力量,成为控制和支配人们的超自然力量。由于上帝的全能和无所不在,上帝就开始为人们的个性生活和社会生活规划了种种蓝图和提出了无数条规则和禁忌,人们通过神话、故事、编年体等各种体裁和形式来展示上帝的无所不在和无所不能。社会秩序的稳定渐渐地转到以伦理行为中的规训核心社会想象。于是统治阶级考虑重新规划惩罚结构,以前是公开的权力惩罚,改变为隐形的伦理行为的自纠式结构,只是这种自纠式结构在统治阶级的引导和利诱下完成的。

精神上的驯服就在人们日常的伦理行为悄然展开,它以一种人们想象不到的方式侵入人们的潜意识。社会的秩序就这样建立并良性运作发展起来。暴力虽然可以建立秩序,但是妄图通过暴力的方式维持长久的统治是不现实也是不明智的,这已经为无数史实所证明。而通过伦理行为中的训练规制,培养人们在社会生活中的潜意识,有助于社会秩序的和谐稳定。

一旦作为公共景观的有形惩罚逐渐消失,惩罚不再是一种公开的表演,而更为重

要的是,有形的公开惩罚在展示专制独裁权力的强大和神圣之外,它本身也具有自我悖逆的解构效果。在大多数观众心中,有形惩罚是一种罪恶的让人非常痛苦的方式行为,惩罚本身的野蛮程度不亚于犯罪。为了缓和统治阶级和被统治阶级的矛盾,统治者考虑转变一种惩戒方式,如何使惩戒体现为一种对于权力主体的权力的恢复和重申,对于受惩戒者而言,受到惩戒意味着违反公共伦理,对于观众而言,它是一种对违反公共伦理的重申,对于违反公众伦理或者统治伦理者而言,进行惩戒(包括谴责、公众漠视)既是施加惩罚,又是强行让公众获取事实真相。通过这样一种方式,社会得以有效地稳定下来。

统治者为了缓和社会矛盾,广泛地采取了伦理行为中的规训作为统治社会的重要基础。这种规训是以民众广泛参与为基础的,具有一定的合法性,有一整套的知识、技术和话语逐渐形成并参与到惩戒实践之中。通过规训的一种表达,"规训塑造了个体,是权力的特殊手段"[2]。民众参与的规训在于社会秩序的规范化,消除一切不规范的社会和心理因素,通过对于精神的规训,塑造出温良谦恭的主体。各种参与规训的学科由于也参与了共同的政治目的而具有了社会规范的功能,这些学科的研究相应地强化了规训手段,最终强化了社会控制。

通过伦理行为中的训诫,有效避免了因公开权力的使用而导致的人们反抗行为的发生,通过训诫统治阶级可以驾驭、使用、改造和改善的被统治阶级。通过仪式、编码、表象、符号等各种方式改造和生产个人。

三、个体性和社会性的矛盾是规训产生的核心

人类本性存在着根本的冲突:即个体性和社会性。个体性和社会性的矛盾表现在个体性方面,个体是社会的自然单位,那么个体性的价值就是本身价值,尊重个体,以个体的价值作为基本的价值单位就成了生命的冲动和生存的重要动机。显然,这种个体性的价值具有排他性,阻碍了社会价值输入到个体之中。当然,如果没有社会性,社会就会灭亡,没有社会性,个体性只能表现为社会现象下的自然,个体性就回归了个体,而个体就回归到生物的本能。无视个体性,那么人的生存中的基本价值单位就会荡然无存,无视社会性,那么人的价值中崇高的愿望和欲望就无法实现,个体性就转化为个体了,就只能是生物学意义上的人了。因而个体性和社会性对一个人来说都是必

要的,特别对于一个构成善的世界来说,两者地位都是非常重要的。

自从诞生人类社会以来,家庭组建了社会的基本单位,个人组成了社会的基本元素,追求家庭和个人利益成为了社会生活的重要法则,在处事过程中,人们的个体性得以张扬,但是社会需要有秩序、稳定地运行,如何保持两者在人类活动过程中的合理张力就成为摆在人们现实问题,采取什么手段协调两者的矛盾,使之在合理合规的轨道中运行迫在眉睫。那么,除了国家机器作为直接的手段外,伦理行为中的规训就自然而然地诞生了。

伦理行为中的规训代替酷刑是传统转向现代转变的一种现象,代替过程并非是张扬个性,而是一种崭新的控制和塑造人的机制的产生。其实质是从显性控制到隐性控制,在这种转向中采取的是人道主义方式,是在公众自觉参与下完成,统治阶级采取了身体受制于思想控制的更为有效而不是更为公正的惩戒方式,它深入到社会生活的各个角落,深入到人们灵魂深处,从而完成了从以前赤裸裸的剥削压迫关系到通过惩戒提高惩罚的效率和扩充其网格来减少其政治和经济的成本和代价,进而建构一种基于伦理行为的惩戒体系。规训的任务是按照权力主体的要求制造温顺的主体。而在社会中,规训无处不在、无时不在,导致了规训社会的产生。在规训社会中,各种规训可能成为一个配合的机制,有效而精确地制造符合需要的主体。主体因此成为了规训的产物。在主体性这个问题上,权力主体借助于规训,使个人将社会控制予以内化,从而化解权力社会性的危机。伦理行为中的规训被剥夺了自身的主体性,成为观众的载体与被载体,这种民众参与其中的规训使一切"看者"都沦为匿名的和暂时的。规训主体是匿名的、不确定的,每一个人都只是规训关系中的一个点,他既可能是规训的实施者,也可能是规训的实施对象,这种虚构的关系会自动地产生出一种真实的征服。事实上,伦理行为中的规训不是单向的支配与被支配关系,而是构成一个循环相连、错综交织的网格。

四、 人类对善的追求是规训产生的外在动力

如何使人们之间能够互相共存,公民的道德和个人的道德对于一个世界秩序来说都是非常重要的。从阿姆斯特丹教养院[①]、比利时根特监禁所[②]和美国费城沃尔纳街监[③],主要是弘扬人们对善的追求以维持社会的稳定和发展。规训使人们的生活有机

化,使人们活动进行有序化,通过时间的累积来对善持续地追求。规训意味着权力的结构方式改变,规训规范化意味着人类文明的演进,从通过暴力驯服统治变更为人们潜意识思想的改造。伦理行为中的规训是民众参与广泛化,但是,观众的参与和评价是一种隐形审判的抽象形式。通过民主的参与,能够让规训在民间起到潜移默化的作用,这是统治者使用权力的政治功能所不具备的。规训的对象由灵魂所取代,自己在周围身边人的监视下做了充满羞辱的不光彩的行为,对于灵魂的规训就很容易展开。在公众的聚光灯下督促人们对善的追求。

当然,伦理行为中的规训是非规划训诫,是一种社会审判形式和个人自我审判的特殊表达,主要侧重于人们的心理层面,它不是借助于司法特权,而是以整个社会编织的无形网络施加于犯错的伦理行为者,借以对规训对象进行更好的指导和监督,使规训对象在一定的行为轨道和思想轨道上进行结构化运作。在规训的范式中,统治阶级的管理的实行不再是表象、戏剧性、能指、公开、集体的方式,而是弥散、细致、微观、无微不至。规训必须借助于对身体的一种外部控制和训练,而这种外部控制和训练在公众视线中被达成一致或者基本一致。人们如何创造幸福和善,罗素认为"冲动和愿望是我们创造幸福的基本要素"[3]。而人们"道德的实际需要从欲望的冲突中产生的,不管它们是不同的人之间,还是同一个人在不同时期,甚至在同一时期的愿望"[4]。人类社会自诞生以来都有追求过上好生活的愿望,过上高尚生活的想法。"任何高尚的生活都是以动物的活力和本能为某种基础,没有这种基础,生活就变得单调平淡。正是由于依据愿望的目的而行动的力量,才使伦理学和道德规范行之有效。"但是由于人性不完全是社会性的,"我们才需要伦理学来提出目的,需要有道德准则来教诲行为"[5],"一种可以使人们幸福生活的伦理学必须在冲动和控制的两极之间找到中点"[5]。

参考文献:

[1] 姚思廉.陈书(卷二十三列传第十七)[M].北京:中华书局,2013:546.

[2] 莫伟民.主体的命运[M].上海:上海三联书店.1996:89.

[3] 勃兰特·罗素.伦理学和政治学中的人类社会[M].肖巍,译.石家庄:河北教育出版社,2003:3,5,6.

[4] 勃兰特·罗素.我为什么不是基督教徒[M].北京:商务印书馆,1982:57.

[5] 勃兰特·罗素.社会改造原理[M].上海:上海人民出版社,1986:138.

注释：

① 1596 年设立的阿姆斯特丹教养院是最早设立的监禁场所。起初是为了乞丐或少年犯设立的，目的在于对思想未定型的少年犯进行改造，以期更好地重返社会。

② 1749 设立的比利时根特监禁所，目的是为了有效控制乞丐犯罪行为对社会稳定造成的不良影响，需要一定的惩罚措施予以控制，强制犯人进行普遍的劳动，以期改掉其不良习惯，改恶从善。

③ 1790 年设立的沃尔纳街监狱通过监狱内部对犯人进行的全面监控进行改造，通过犯人的表现来决定增减其刑罚和考核惩罚执行的效果。

教化权力:"横暴"抑或"同意"?
—— 兼谈教师批评权的行使

钱焕琦　蒋灵慧

(南京师范大学　金陵女子学院;安徽省铜陵市第五中学)

教育部《中小学班主任工作规定》中的教师"批评权"的规定一出,一石激起千层浪,《人民日报》载文《"批评权"为何遭尴尬　师生关系应走向理性正常》,新华网网评《也应关注老师不敢批评学生的苦衷》,《半月谈》刊文《班主任批评权规定引发争议 被指让人不知所措》。教师批评学生是教师职务天然蕴含的公权力,何以在当今成为一个问题? 教师正常的"批评权"引起主流媒体争相报道和民众的广泛议论,这个问题值得深思。

学生需要教育,因为个体从生物人向社会人的转变过程无法自发完成,要学习接受由个体外界而来的社会知识以在这个先于个体存在的社会中得以生存与发展。学校是受教育者完成个体社会化和社会个性化的主要场所,教师身负社会对下一代的期望,帮助学生成长与发展,行使着教育权力。这个权力包括对学生在有效组织管理的状况下的教育和教学,自然包含学生犯错误时批评惩戒的权力。这种教育权力具有非常特殊的性质,可以归于费孝通所归纳的三种性质的社会权力的一种:谓之"教化权

作者简介:钱焕琦,江苏无锡人,南京师范大学教授,主要从事教育伦理学研究;蒋灵慧,女,安徽铜陵人,安徽省铜陵市第五中学教师,主要从事教师教育、中学思想政治学科教学研究。
Email:13505173218@163.com

力"。

费孝通在《乡土中国》一书中归纳出三种性质的社会权力：一为横暴权力，表现在社会不同团体或阶层间主从的形态里，以握有权力一方的意志驱使被支配者的行动，压制社会冲突；一为同意权力，建立在社会契约基础上，产生于社会合作过程中，是社会各方共同授予的权力；一为教化权力，发生于社会继替的过程中，是教化者代替社会去陶炼出适合于在一定的文化方式中经营群体生活的分子的权力。[1]这三种权力中，横暴权力是专制的，同意权力是民主的，教化权力则是客观中性的。

教化权力的客观中性源于社会更替的客观事实，社会新成员需要接受教化以完成融入社会的过程。"教"为社会既有文明的代表者对新成员所实施的传授社会既有文明的行为，"化"为新成员接受教导行为后融入社会的过程和结果，"权力"者，为行为的主体。由于占有社会既有文明这一资源而具有的对行为客体即社会新成员思想、行为等发生影响的力量。教育承担着传承人类文明、培养下一代的重任，国家的希望、民族的未来都系之教育。教育于近代进入制度化阶段，出现了班级授课制，更是极大地促进了人类文明的传承和社会的进步。学校以人类文明的积淀为教育内容，教师代表着社会既有文明对学生的要求和期待，所行使的正是教化权力。

然而在学校教育实践中，客观中性的教化权力却很难保持其客观中性的状态，要么违背其非专制的性质而演化为横暴权力，要么进一步向民主进发转变为同意权力。无数的教育事实无可辩驳地证明了：当教化权力演化为横暴权力的时候，教育效果自是事倍功半，师生关系将出现对立、对峙之局面；而当教化权力适时转变为同意权力时，教育效果就会达到事半功倍的效果，师生关系将呈现和谐、和睦之氛围。教化权力在实际教育过程中是转向横暴权力还是同意权力，判断的标准不在于教育的形式，而在于教师是否充分考虑和尊重了学生的意愿表达，学生是否能接受老师的教育意图并做有效的贯彻。

一、 教化权力转变为横暴权力

横暴权力生发于社会政治中强势一方对弱势一方的统治行为，强势的一方占有某些资源并且需要维护自己的既得利益或出于其他考虑，对相对方采取打压式的统治。强势一方只允许对方服从命令、服从统治而不允许有任何反抗，更不会考虑弱势方的意愿诉求,弱势方的话语权被横暴权力的主体有意或无意地忽略。在这个过程中,只有强势方的声音在发出,弱势方的意愿表达被无情打压而处于缄默状态。

事实上,在教育中教师与学生之间的权力关系力量并不均衡,如果教师自恃权威,将教化权力极端化,这种不均衡的权力结构就会恶化为残暴的统治者与被统治者之间的关系。当教师将手中的教化权力行使为横暴权力时,便会表现为对学生的管理采取专制型的领导风格,只根据自己的想法、判断对学生提出要求,并要求学生将自己的命令自上而下地贯彻实施而不允许有任何异议;在课堂教学中学生只能老老实实地听课、记笔记、背书;当学生表现出令教师不满意的言行时,便对学生施以不当的惩罚、甚至是严重伤害学生身体和心灵的体罚、心罚等不尊重、不考虑学生意志的教育行为。

当教化权力转变为横暴权力时,学生只能被动接受、漠然感受,乃至痛苦忍受。其身心的发展非但没有受到教师的帮助,反而有重重的人为阻碍需要去克服,有造成的损失需要去弥补,这无疑是反教育的。更长远地看,学校是为社会培养合格的下一代公民,现代的民主社会要求未来国家的主人具备良好的公民素质,在公民素质中"民主"是公民区别于臣民的主要标志。然而当教师在行使横暴权力时,现代公民素质中最重要的"民主"的萌芽被扼杀在摇篮中,实不利于现代民主国家的建设。

教师在何种状态下会将教化权力行使为横暴权力呢?

一是角色定位发生偏差的时候。我国自古是个尊师重教的国家,荀子时即以"天地君亲师"并称,认为"天地者,生之本也;先祖者,类之本也;君师者,治之本也。"(《荀子·礼论》),可见人们对教师的尊崇。诚然,教师在人生道路上走在学生的之前,人生阅历和经验自然更丰富一些。在文化知识上闻道在先、学有专长。因此有的教师便将"师道尊严"自然化,自恃"吃的盐比你们吃的饭多,走的桥比你们走的路多",自觉在人生和学问上是学生的权威和导师,不允许或不能接受学生的自我存在和表现,甚至在潜意识中将学生违背教师的意志视作挑战教师的威信。

二是在不重视遵循学生身心发展的规律和特点去教育学生的时候。学生是正处于发展期的不成熟的个体,有其自身不同于成人的心理特点。处在小学、中学等不同阶段的学生其心理发展还具有阶段性的特点,如小学生更需要教师亲善型的明确指导,而中学生开始有自己判断事物的标准甚至有些青春期的叛逆,更需要教师理性的说理与分析。不同个性的学生心理特点也不同,需要不同的教育方式。如个性要强的学生可以采取"激将法"促使他发奋图强,个性敏感的学生却可能由于教师过激的语言会受到心灵的伤害。然而有些教师无视或漠视学生心理发展的规律和特点，仅凭自己的主观臆断付诸教育行为，难免出现"我是为你好"却实际上对学生发展"不好"的事情。

三是工作的倦怠和负面情绪需要发泄的时候。教师的工作环境可谓"铁打的营盘流水的兵"，如不能适当地自我调适，在长期的压力体验下可能会出现情绪、态度、行为的衰竭状态，研究表明，教师已成为职业倦怠的高发人群[2]。在这种不良状况下，有的教师自我监控能力不强，便很可能在面对学生时发泄负面情绪，在教育工作中做出一些缺乏理性、不合人情的事来。

当教化权力演化为横暴权力的时候，师生关系出现对立、对峙之局面，教育效果事倍功半就不足为奇了。

二、 教化权力转变为同意权力

教化权力演化为横暴权力无疑不合教育的本意，在教育实践中应加以避免。而当客观中性的教化权力进一步向民主迸发转变为同意权力的时候，教育将呈现出什么样的情景呢？

同意权力生发于权力主体对客体的管理行为，这里的"管理"是指权力主体的组织和权力客体的参与，双方人格平等，只是角色分工不同。同意权力的主体要做好组织管理的工作，就必须先了解客体的意愿，从而使客体的话语权受到充分的尊重。在这一过程中，双方是以平等人格的姿态表达自己的诉求。

在教育实践中，教化权力成为一种同意权力时是最有利于学生身心发展的，因为同意权力充分考虑了学生的意愿表达，这种意愿表达可以是事前与学生多加商量、沟通彼此想法，也可以是事后得到学生的反馈以改进今后的工作。无论怎样，当教育这件事情中有学生主体意识的诉求，就会成为学生最能接受的教育。另外，从现代公民素质培养的角度来看，同意权力的行使可以有效培养学生的民主参与意识和民主决策意识，帮助学生学会表达自己的意志和观点，在事关自己切身利益的事件中不致造成主体的虚位，为国家和社会的发展打下公民民主意识的基础。

教师之所以能化教化权力为同意权力，主要原因可归结为教师的服务意识、民主思想和对学生心理的把握。在这一点上，全国优秀班主任、著名的教育改革家魏书生老师做出了很好的示范,他的语文课怎么上、班级怎么管理,都是与学生商量出来的,效果非常好。从中我们看到了行使同意权力的特别之处,即为教师的工作方式从"对学生的命令"转变为"与学生的商量",从对立转变为和谐统一。

其一,服务意识的引领。魏书生老师反复告诫自己也提醒同行"教师要真诚地认识到自己是为学生服务的"[3],只有具有这种全心全意为学生服务的意识,教师才可能放下自己在学生面前的高姿态,切实地想办法理解学生的实际需求和内心想法,而不是以自己的臆断代替学生的实际情况。其二,民主思想的指导。在民主思想的指导下,贯彻"从学生中来到学生中去"的"学生路线",教师才可深入了解学生的想法并使之指导自己的教育工作,为学生做更好的服务。订立契约是魏书生的法宝之一。《班规班法》由老师与学生共同制定,是一切行动的指南,岗位责任制的落实使师生班级契约得以切实履行。其三,对学生心理的准确把握。每个学生心目中都有向好向善的因子,教师把握住了学生心理的一般规律,才能在考虑学生实际需求时方法得当,从而更好地帮助学生成长。在充分考虑学生心理需求的基础上,即使是惩罚也可以是教师在行使同意权力。魏书生老师有时也让学生留堂补完拖欠的作业,这是对未完成作业学生的一种惩罚,然而惩罚完后,学生如是说"我这回真的满肚子高兴。老师不留我,作业我不可能补完,心里总有负担,可又管不住自己,在这有教师的威力做压力,不知不觉作业写完了"。[4]学生在教师的催促下补完作业,减轻了因内疚和担忧而产生的心理负担,学生接受了教师帮助成长的好意,这里教师在行使的就是一种同意的教化权力。

可见,如果教师能降低姿态,与学生加强沟通,商量着办,充分揣摩学生的心理,充分调动学生的积极性和主人翁意识,教化权力完全可以转变为民主的同意权力。师生关系呈现和谐、和睦之氛围,教育效果取得事半功倍的效果是完全可能的。

三、 同意权力视域下批评权的行使

在具体教育实践中,教育工作者应力求将教化权力转变为同意权力来行使,而不能滑向横暴权力的深渊。批评权是教化权力的一种表现方式,更由于其可能导致师生之间的对立而成为教化权力中敏感而特殊的一部分。那么,在同意权力的视域下,教育工作者如何把握好教育的分寸、妥善行使批评权,笔者建议重视如下三个环节:

其一,批评前充分了解事情的原委,准确把握学生心理。同意权力建立在教师与

学生充分沟通双方意愿的基础上,同意权力视域下的批评权同样要求权力的主体教师能够在学生出现一些不当行为时,充分了解事情发生的来龙去脉、前因后果,细致分析学生行为反应的原因。善于理性冷静地站在学生的角度去体验其行为反应的合理性与否,心平气和地帮助学生分析其中的利弊得失。这样的批评才具有教化的作用和意义。

其二,批评时注意方式方法。教育者的教育本性都是希望学生向真向善,这种意愿的表达在批评学生的时候可能会极端地表现出"恨铁不成钢"的急躁态度,容易使学生曲解教师的意愿,并不认为教师的批评是为了帮助自己改正错误,而产生"是跟自己过不去"、"存心让自己难堪"等等负面的理解。卢梭曾说过:"我们不能为了惩罚孩子而惩罚孩子,应当使他们觉得这些惩罚正是他们不良行为的自然后果。"[5]因此在准确把握学生心理的基础上,教师美好教育意愿的表达就显得尤其重要。如避免在公众场合的批评、避免批评语言的过激、就事论事,避免算总账式的批评等。教师批评方式方法的适当才能确保教师意愿向学生的准确传递。

其三,批评后及时关注学生的反馈信息。同意权力的行使是否有效,取决于权力客体对主体所做出的各项决定是否接受和予以贯彻。教师在对学生实施批评行为后,学生对教师的教育意图是否领会、是否对自己不当的思想和言行有所调整,是判断批评权行使有效与否的决定性标准。因此,教师在后续的教育时间和空间里,应及时关注学生的反馈信息,包括与学生的直接沟通和观察其言行的变化,以便及时调整教育措施、保障学生身心的健康成长和全面发展。这是教师行使批评权乃至整个教化权力的根本旨归。

参考文献:

[1] 费孝通.乡土中国[M].北京:人民出版社,2008:73—85.

[2] 杨秀玉,孙启林.教师的角色冲突与职业倦怠研究[J].外国教育研究,2004,(9):10—13.

[3] 董春水.魏书生的民主教育[M].沈阳:辽宁人民出版社,2006:145—146.

[4] 蔡政权.教育的智慧:魏书生教育思想漫谈[M].南京:河海大学出版社,2005:53.

[5] 卢梭.爱弥儿[M].北京:商务印书馆,1978:109.

特别教育及其认识误区的伦理思考

姚群民　　陈善卿

（南京晓庄学院　　马克思主义学院）

90年代以来,伴随着徐向洋教育训练工作室及一批类似于特别教育机构的不断涌现,国内教育界对传统意义的"差生"(问题学生)及其"择差教育"的思考认识与实践不断深化,开始走上"从择差教育到特别教育"[1]的创新之路,《特别教育导论初稿》即是对特别教育理论与实践进行总结的探索之作。笔者因承担该书的撰写工作,感于教育界对特别教育的价值及其认识还存在较多误区,故拟从实践伦理学及其道义责任的视角试作探讨,以供教育界专家、学者进一步讨论。

一、 对特别学生进行特别教育的价值

什么是特别学生? 特别学生是指身体健康、智力正常的学习性、社会性不足的学生。通俗说法称为"学校难教,家庭难管,社会难容"的学生。

所谓学习性是指要完成学习所必要的心理条件。学习性不足是指这些孩子的心理和行为,没有达到执行普通教育大纲(课程标准)所需要的学习主动性、积极性和坚

作者简介:姚群民,南京晓庄学院马克思主义学院教授;陈善卿,南京晓庄学院陶行知研究所思想政治与品德教育教授;主要从事教育理论研究。

联系电话:13851557350.

持性等要求(水平),即缺乏系统、长期学习基础文化科学知识技能的心理需要,以及相应的兴趣和行为动机,学习目标模糊,诱因缺失,学习内驱力薄弱,在学习习惯、方法、技能方面看不出训练积累。最突出的表现是学习成绩差、厌学甚至弃学。

所谓社会性是指个体社会化程度,遵循社会行为准则的状况。社会性不足是指社会化程度不具备人们认同的社会规范,不能融入社会主流,不能融入主流集体,部分人还有亲子或者师生关系危机,行为的非社会性或者反社会性明显。一些孩子的行为具有团伙性或孤独性。最突出的表现"是与主流社会要求格格不入",缺乏一个少年儿童对自己、家庭、社会应有的责任感,对父母不知恩、感恩、报恩。

什么是特别教育? 特别教育是针对特别学生专门设立的,由专职人员和机构组织运用特别的教育方法和措施,培养特别学生的学习性、社会性,使之成为小公民的教育活动。特别教育活动实行弹性学制,是义务教育的有益补充。

特别学生在世界各国教育中是比较普遍存在的一个群体,对特别学生进行特别教育,国外早已有之,如前苏联马卡连科的工学团、英国的夏山学校、日本"家庭学校"等,均是针对这类学生的专门教育活动。在美国,各级教育主管部门定期招聘学校心理工作者,对有特殊需要的孩子(我们称特别学生)制定干预方案,由老师在学校执行,对行为超常的学生,不少州则在特殊教育部设立行为矫正班级,由经特殊培训的老师专门教育这些学生。而在我国,特别学生更具普遍性,据《扬子晚报》2003 年 1 月 17 日在《教坛一怪徐向洋》的报道中指出:"我国出现了 5 300 万之众的所谓'差生'"(即称特别学生——笔者注)。这一人数相当于 1 个法国、10 个瑞士、100 个卢森堡的人口。如果我们的教育将这一群体排斥在教育大门之外,使这些学生不能得到及时有效的转变,不仅对社会造成压力、带来不和谐,对数以千万计的家庭以及这些孩子的健康成长都是极其严重的问题,也不符合《国家中长期教育改革和发展规划纲要》(2010—2020)"为每个学生提供适合的教育"的要求,更不符合实现"有教无类"、"教育为公"的理念。

值得欣喜的是国内有关人士已经开始实施对特别学生的教育活动,比较典型的是江苏淮安市徐向洋教育训练工作室自 2002 年 12 月 23 日诞生以来,专收被别的学校定义为"差生"的学生,进行"择差教育",到 2009 年已经完成了对 3 000 多名来自全国各地的"特别学生"的转化工作。通过专门教育与训练,改变了这些学生行为习惯、人生态度,他们变得不"特别"了,和普通学生一样健康成长,引起了社会关注。《新华日报》、《人民日报》、中央电视台《新闻调查》等栏目,成都《时代教育》等期刊,以及几十家地方媒体先后报道该工作室的业绩,新加坡、法国、英国、日本等国电视台曾远涉重洋进行专访。

二、 特别教育中的认识误区

综上可知,特别学生教育问题是世界各国教育中普遍存在的实际问题,其重要性不言而喻。而国内因特别教育新领域开辟时间比较短,有关理论探讨与实践操作上还存在诸多不完善之处,因此,对特别教育活动的价值、意义等方面还存在着不少认识误区,甚至存在种种质疑,主要表现在以下几方面:

1. 国家已设置了特殊教育,没有必要再开辟特别教育

对特别教育持有疑义者认为,国家已重视对特殊学生的教育工作,开设特别教育是否多余? 我们认为,特殊教育与特别教育是两个不同的概念,不能混淆。首先,"特别"与"特殊"虽是同义词,但其内涵构词上有区别。"特别"多指异乎寻常的、与众不同的事情,使用范围广泛,语意比"特殊"重。"特殊"多指不同于平常情况或同类事物,如"特殊产品"、"特殊材料"、"特殊情况"等。

其次,这两个概念的基本特征有着本质区别。特殊教育(special education)是"运用特殊方法、设备和措施对特殊的对象进行教育。所谓特殊的对象,狭义的是指身心有缺陷的人,即盲、聋、哑、智力落后或肢残、病弱的儿童、青少年和成人;广义的则兼指超常儿童,有品德缺陷的问题儿童和精神病的儿童等"。[2] 显然,特殊教育是专指对有生理缺陷或心智障碍的儿童,青少年或成人的教育,其特征是"肢残"和"智残"。而特别教育的对象仅指"学习性、社会性不足"的未成年人。更何况"不足"是相对于他们的同学显得不足,有比较意义。用不足来写照他们的特点,反映出这些学生身上的事实及其程度,既包含教育追求,又考虑到转化的基础,既肯定其问题,又不一概否定,体现出发展法则,符合教育原理。如果通过一定时间的矫治教育,补偿了"两性不足",特别学生与普通学生就没什么两样了。因此,特别学生都是有一定年龄界限的未成年人,不包括成人,更不是违法和轻微犯罪的失足青少年。这样,特别教育与特殊教育、普通教育就相区开来。同时,将长期以来称"差生""双差生""后进生""双困生""问题

学生""问题儿童"统一起来,形成一种规范,亦体现对于学生人格的尊重,这是广大特别学生与其家长所乐于接受的。因此,以特殊教育替代特别教育的质疑是有悖道德认知的行为。

同样,有的学校德育工作者提出,学校有德育处可以解决特别学生的教育问题,没有必要再开设新的教育领域。实践证明,特别教育对于一般德育方法有严重质疑。现行德育缺乏判断特别学生的持久而稳定的转变标志,没有回答"在特别教育里有惩罚空间吗?惩罚有何分寸?普通学校的德育形态,能否使用于特别教育?"等等。显然,在特别教育机构里,不能照搬普通学校的做法,需要进行变通,应该因人制宜,因人设事,创造德育的新套路,必须开发新的矫治性德育。

由此可见,特殊教育和眼下的学校德育不能替代特别教育的,有人以此为借口否定开辟特别教育新领域无论在理论与实践上也是行不通的。

2. 教育必须有预见性,应该在特别学生处于萌芽状态时就着手"消灭"

我们呼吁重视对特别学生的教育工作并主张对特别学生加强早期干预及矫正训练,是基于教育的规律及特别学生产生及其针对性教育的实际。而否认特别教育价值者过于强调教育须有预见性,且认为通过此可把一切不良事端消除于萌芽状态,故不再需要进行特别教育了,这是一种理想化的想法。因为,事实上,一部分特别学生只能在事中甚至事后发现,特别学生就是既成事实。即使整个教育水准提到非常高的程度,特别学生会成批减少,但出现特别学生的可能性仍然存在,因为,遗传、环境、教育及其关系都有受恶习浸染的可能。首先,教育不是万能的,特别学生可能发生在教育不能、不作为当中。其次,所有家庭不会全都幸福,在一些不幸的家庭里,就可能产生特别学生。再次,社会文化多元化,其诱惑更加严重。还有,人性的善恶没有定论,恶行可能完全消逝吗?这些因素出现不协调和不理想状态,出现失调和冲突,后果就难料了。在全球化、信息化和互联网时代,谁会估计到网络对青少年有如此大的影响,破坏性如此频繁呢?所以,面对可能出现的青少年教育问题,教育不能高枕无忧,而要随时准备着,"爱满天下",竭尽全力。在这个问题上,有人认为可进行早期干预教育也正在探索中,即使成功也只是少出现一些特别学生,期望在特别学生处于萌芽状态就能够全部解决是不现实的。

3. 推委特别教育,是其认识上存在盲区所致

改革开放以来,中国的教育事业呈现出繁荣状态,成就十分喜人。但社会对教育的整体情况却颇多微词和指责。所谓微词质疑,在一定程度上与应试教育及其派生现象有关。社会、家长纷纷青睐优质学校,为的是使孩子上名校,学校重视考分及录取,看重的是升学率和评优。而对学习性不足的特别学生的教育呢? 现在,能够感觉到的是,在正式文件中,很少甚至没有提及特别学生。即便我们讲均衡教育,也谈不到均衡特别学生的教育。据 2010 年在华东师范大学召开的"问题学生论坛"的不完全统计,全国民办的各种大小不等的类似于特别教育机构有 300 多所。尽管这些机构一般都经有关教育主管部门等批准,但事实上都被排斥在主流教育之外。目前教育界主张开展的全纳教育,也特指肢残和智残者,决非本文所谓的两性不足的特别学生。

特别教育之所以遭忽视甚至被推委,与人们对特别学生的产生缘由没弄准确,存在认识盲区有关。特别学生及其产生的原因在精神、思想和情感世界里,有相对的隐蔽性,其本质特征更难以曝露,应该归入什么样的管理范围就存在拿捏不准的情况。由于认识不成熟、不准确,这种现象不易引起注视和思考,也不容易唤起社会和偏向热点问题学界的关注,对应特别教育的组织与管理自然很难实现。

三、 特别教育的道义责任

我们认为,实践伦理学是基于对当前社会实际问题的道德理论探讨的学科,而对特别学生进行特别教育,开辟特别教育新领域恰是一个世界范围内当前客观存在的社会实际问题,因此,实践伦理学对特别教育是一门强有力的指导学科,为消除特别教育中的认识误区奠定了道义基础。

道义旧称道德和义理,现指道德和正义及其两者的辩证关系。它表现为一定社会道德原则和规范,用以对人们所做的比较重大的行为作出判断和评价,符合社会要求的,就是正义的;否则,就是非正义的。正义的价值判断形成后,人们就以此来评价人们的行为,符合正义的行为就是道德的;反之就是不道德的。正义的道义感、道义责任是一种巨大的精神力量,无论是过去还是今天,都是与非正义、不道德的行为作斗争的有力武器,是加强社会主义道德修养的重要内容之一。

我们认为特别教育是中国特色社会主义教育的一个新领域,应该是正义的、道德的行为,具有明确的道德意义。因此,这一工作得到了富于爱心、道义责任心的有关人士、新闻媒体的广泛关注。教育部及不少地方教育主管部门也开始进一步重视这一工作。但现实是重视的程度还远远不够。

近年来,社会各界对教育公平问题讨论热烈,其意义非常重要,特别教育无疑是公平教育题中应有之义。教育公平是道义的底线,其前提是承认差距,终极目标是每个人能够获得他所需要的教育,获得他更好成长的教育资源,而不是目前的千人一面、万教一法。从根本上来说,教育公平发展模式应从基于机会的发展转向基于需求的发展,建立以学生发展为基础的教育管理模式,创办多元化、多样化、各种类型的学校,建立满足学生多样化诉求的课程体系,实施促进学生人格发展的教育。即教育公平要转向个体维度,即教育过程中让每个个体都能感受到教育公平。

马克思在论述普及教育时曾说过:"这个问题有一种特殊的困难之处。一方面,为了建立正确的教育制度,需要改变社会条件,另一方面,为了改变社会条件,又需要相应的教育制度;因此我们应该从现实情况出发。"[3]

我们认为,特别学生及其教育正是基于中国目前教育实际的重要问题,高度重视并切实开展特别教育是进一步深化教育改革,促进教育公平的重要举措。当前,特别教育领域的完善亟需建立一套支持保障体系,如建设布局合理、学段衔接、矫(正)教结合的学校(教学机构)体系及明确相应教育内容精神,加快制订特别教育教材编制及评价标准,进一步加大国家对特别教育经费的保障机制,此外,建立特别教育教师的资格认证和评价制度,使特别教育教师成为受人尊敬、有质量、有品质、能担当的群体,进而进一步推动特别教育工作的全面深入发展,让特别学生尽早地回复到正常教育的轨道,这是政府、教育主管部门、全体教育工作者乃至于全社会义不容辞的责任。

总之,实践伦理学对于开辟在实践中产生的特别教育新领域是一门指导学科,它为消除特别教育中的认识误区奠定了道义基础。作为一门显学,一门古老的经典学科的伦理学,对于创建特别教育有当仁不让之责。各级政府的教育主管部门也必须站在这个制高点上,把与解决民生问题休戚相关的特别教育及其相应的教育科学理论的完善提到重要的议事日程上,直面特别教育中的不和谐因素以及种种"悖论"与实践困惑,推动特别教育工作的开展,切实起到在特别教育领域工作的引领、指导作用,以适应社会、特别学生及其家长的殷切期望,进而开创特别教育新局面!

参考文献:

［1］马朝宏.从"择差教育"到"特别教育"［N］.北京:中国教师报,2009-06-17.

［2］车济炎,林德宏.新知识词典［M］.南京:南京大学出版社,1987:237.

［3］卡尔·马克思.关于现代社会中的普及教育的发言记录［M］.高哲,等.马克思恩格斯要论精选［M］.北京:中央编译出版社,2001:430.

教育伦理视域下高校青年教师职业幸福感提升对策分析

代训峰　　成俊敏

（忻州师范学院）

　　幸福是一种主观感受，来自于人们的生产、生活实际，这种主观的感受必须要符合相应的社会伦理规范要求，否则就不能称其为真正的幸福。而教师的职业幸福感是在教育实践过程中产生的，由于教育过程的特殊性，可以说教师的工作就是其生活的大部分，因此，教师的职业幸福感直接影响着其生活是否幸福。而高校青年教师的职业幸福不仅会影响到自身的专业发展，更会影响到高校未来的发展和学生的成长成才。因此，正确认识他们在高校发展中的地位与作用，主动关心他们的生活和工作状态，及时了解他们的思想、情感、心理变化，并采取有效措施，使他们在工作中实现自身价值的同时，获得幸福感，这对于高校的教师管理工作和青年教师的自我成长都有着积极的作用。

一、　教育伦理学视域下职业幸福感的内涵

　　教育是要给人以幸福，成为幸福的教育，因此教育首先必须有教师的幸福。影响

作者简介：代训锋，安徽砀山县人，忻州师范学院思政部副教授，博士，主要从事中国传统论理与思想政治教育研究。成俊敏，山西吕梁人，忻州师范学院思政部讲师，硕士，主要从事伦理文化与思想政治教育研究。

教师职业幸福感的因素是很多的,有外在物质环境方面的,也有教师自身内在主观精神方面的,最主要的影响因素是来自于主观内在的自我价值能否得到实现。这种自我价值感是指,认为自己所从事的职业或自己本身是重要、有价值的,因而愿意接纳、欣赏自己。这种自我价值感往往来自于社会给出的客观评价。教育是一个极富艺术性和创造性的探究过程,当教师在教育工作过程中得到社会、学校和学生的认可,他就会意识到自己工作是有趣的,就会对自己所从事的工作产生热爱之情,就会全身心地投入到教育工作中,并创造出更多的价值。这一伟大的过程,也是教师不断实现自身价值、不断体会职业幸福的过程。这种幸福是物质和精神的统一,享受和劳动创造的统一,自我实现和真诚奉献的统一。美国著名哲学家、心理学家弗洛姆曾说过:"幸福本身不是结果,而是伴随着力量增长的体验。"对教师而言,力量的增长体现在自己的成长与进步、学生的成长与进步两方面。教师职业幸福感是教师在自己的教育工作中需要获得满足、自由实现自己的职业理想,发挥自己的潜能、实现自身和谐发展,并伴随着力量增长所获得的持续快乐体验。[1]

教育伦理学的核心范畴即教育善。教育善的实现过程,实质上就是具有社会所期待的教育道德的主体自觉追求教育行为准则即教育伦理的过程。[2]而教育的善的实现必须要教育者来实施,从这一角度来看,教育善的实现过程,就是具有合理性的教育道德规范体系为广大教育者自觉信守的过程。[3]教育伦理学视域下,高校青年教师必须按照教育伦理规范要求来开展教育活动,促进教育善的实现。教育者自觉自愿地按照教育伦理规范体系来实施教育,完成教学任务,不仅促进了教育善的实现,更有助于自我价值的实现,此时才能真正体会到其职业幸福感。教育伦理的价值取向则是要通过教育者的美好的内在品德和良好的外在行为来表现的。《论语》中讲到:"正者,正也。子率以正,孰敢不正?""其身正,不令而行,其身不正,虽令不从。"《吕氏春秋》中也强调:"君子责人则以人,自责则以义。自责以义则难为非,难为非则行饰。"这些都是要求教育者要高标准严格要求自己,给受教育者提供良好的人格示范,从而使受教育者真正认同和接受教育者。教师通过自己的内在品德和外在行为对学生产生潜移默化的影响,进而促进教育善的实现。学生的健康成长也正是教师实现自我价值的过程,在这一过程中教师才能真正体会到作为教师的幸福。因此,教师对职业幸福感的追求与教育伦理学追求的核心范畴——"善"在本质上是一致的。

二、 影响高校青年教师职业幸福的因素

高校青年教师群体,大多是从高校毕业后直接走上工作岗位的,他们学识渊博、充满激情,热爱工作,但是由于缺乏独立生活的社会经验,理想主义色彩较浓厚,对人对事书卷气较重,因此在面对工作和生活压力时,往往由于自我调适能力较差,应对挫折能力较低,而表现出失落、困惑、茫然等。这种状态下,他们是难以真正体会到职业幸福的。教师的职业幸福来自于教育实践中,教育伦理学要求教育者有善行美德,也必须坚持从实际出发,满足其最基本的物质需求。基本的甚至较充分的物质条件是实现教师幸福的必要的物质基础。当然,教师的幸福更在于它的精神性,这种精神性就是社会对教师价值的认可,教师在艰苦的劳动付出之后能受到社会及人们的尊重,这是自我价值实现的体现。而教育过程中的诸多因素自然成为教师获得职业幸福的影响因素,这些因素可以分为物质和精神两大类。

目前高校青年教师多为 80 后,这一群体一直受到社会的广泛关注,可以说是有着独特时代意义的群体,他们也被戏称为"被改革"的一代,经历了各种改革后,他们参加工作都较晚,刚参加工作就面临着购房、结婚生子和养老的重任,因此,高校青年教师面临着沉重的经济压力。同时从学习状态进入工作状态,为了获得人际关系发展,各种交往应酬也着实是一笔不小的开支,而参加工作的前几年时间,青年教师的收入却又是难以满足他们需求的。这些都在很大程度上影响了他们的幸福指数。

教师的专业成长和精神需求方面是影响青年教师职业幸福的主要因素。他们年轻,充满激情和梦想,斗志激昂,却又难敌现实。主要的现实问题有:第一,由于教学经验相对缺乏,理论知识的积淀也相对薄弱,青年教师教学工作和科研成绩一般很难受到学生、学校乃至社会的认可;第二,目前高校教师的竞争激烈,青年教师面临着职称晋升、职务评定等各种考核的压力;第三,由于制度等问题导致的机会不公,青年教师对"职业技能培训"、"外出学习交流机会"和"职业发展前景"的期望值非常高,但切实高效的学习机会却很有限,这种期望与现实的距离直接影响到他们的职业幸福感;第四,教师的职业道德水平和自身修养也在很大程度上影响了其职业幸福。随着社会经济的快速发展,社会上的追求物质享受、攀比社会地位等现象也逐渐进入高校校园,青年教师由于修养尚浅,定力不够,在各种利益诱惑下难以静下心来搞教学、搞科研,变得浮躁,这也是目前影响高校青年教师职业幸福的重要因素。

三、提高高校青年教师职业幸福感的对策

通过前面的分析可以得出,影响高校青年教师的职业幸福感的主要因素可以分为外在、内在两个方面,因此,在教育伦理视域下提高他们的职业幸福感也应从高校与青年教师自身两方面来展开相关工作。

1. 高校开展相关工作,提供外在保障

高校可以针对青年教师在工作中面临的实际困难和存在的困惑、烦恼,有针对性地采取相应措施,来帮助他们缓解压力,并引导其正确认知自己所从事的工作。青年教师的职业幸福是物质和精神的统一,根据这一特点,高校可以采用物质奖励和精神激励等方式来保障其基本需求,缓解职业压力,使他们尽快进入状态适应工作,从而提高工作积极性,增强其职业幸福感。

(1) 通过提高收入,保障其基本的物质需求

春秋时期的管仲说过"仓廪实则知礼节,衣食足则知荣辱",作为上层建筑的道德意识是由当时的物质生产所决定的,同时又反作用于物质生产。在当前这个充满诱惑、物欲横流的社会,增强青年教师的职业幸福感也应首先满足其合理的物质追求,其次才是精神追求。在不违背道德原则和要求的前提下,满足广大青年教师的基本物质需求,才能使其无后顾之忧更好地投入到教育工作中。尽管随着社会经济的发展,当前高校教师的物质待遇已有了很大的提高,但是青年教师尤其是 80 后青年教师,他们面临的压力仍是很大的,工作中繁重的教学任务和科研任务,生活中还面临购房、结婚生子、赡养老人等压力。这些压力所导致的经济拮据使他们生活中有诸多不尽如人意的地方,时常会感到困惑、迷茫。这种状况长期得不到改善的话,不仅打击了他们的积极性,还有可能让他们出现错误的价值认知。因此,高校采取措施适当提高青年教师的收入和其他物质待遇是非常必要的。如高校可以尽可能为青年教师提供条件较好的公寓,以解决其生活中实际困难,这样才能保证其安心工作,这也是教师体会到职业幸福感的基本保证。

(2) 通过营造良好的工作氛围,保障其精神追求

作为高校青年教师,其实更注重精神层面的幸福感,这种幸福观主要来自于自我

价值的实现,当自己的付出得到学生和社会的认可,他们的内心世界就会感到很满足,这种幸福感要甚于物质的。教师追求美好生活和存在意义的精神境界,是永无止境的,这种无止境的追求反过来对教育实践产生反作用。当社会的客观评价转化为教师个人的内心体验,形成正确的荣誉感与自豪感时,就会对教师的行为产生很大的影响。能推动教师更好地履行职业道德义务;帮助教师对自己的行为后果做出正确评价,培养高尚的人格;激发教师奋发向上,释放巨大潜能,做出更好成绩。

高校可以通过相应的奖项设置并给予适度的奖励,给在各方面表现突出的教师以肯定。除了常规的科研、教学评价奖项的设置,还应该设置其他方面的奖项,如:表彰师德师风方面表现突出的奖项;鼓励青年教师进步的奖项;由学生自主选出的如"最受学生欢迎的教师"、"学校年度人物"评选活动等。"术业有专攻"每位教师具体工作中会在不同方面有自己所擅长的领域。因此,合理健全的奖项设置,对教师进行科学考核,使做具体不同工作的教师都能得到应有的认可,也充分体现了高校对青年教师地位和作用的充分重视。

(3)通过合理的制度建设,满足其发展的需求

青年教师的职业幸福更需要自身的不断提升与发展,而这一点还必须依靠高校所提供的平台。广大高校应从学校的长远发展出发,不断完善学校制度建设,通过合理的制度,为广大青年教师提供更好的专业发展平台和良好的科研环境等,来增强其工作的动力,促进其发展,进而增强其职业幸福感。良好的制度是保证公平的前提。当前不少高校的职称、职务晋升,包括评优方面,不同程度地存在着论资排辈、有失公允的现象,这对于积极要求上进的青年教师来说是很大的打击,直接影响了他们的工作积极性,就更谈不上其职业幸福了。因此,高校要通过合理的制度建设,为广大青年教师继续深造、职业能力发展培训、外出考察学习提供更多机会和条件。同时良好的制度也是提高青年教师工作积极性的保障。高校广大青年教师绝大部分是追求进步的,他们思维活跃,对新事物好奇而敏感,渴望更多进步的机会。而生活的压力又会使他们对好多机会望而却步,因此高校的物质保障和制度保障就显得尤为可贵,广大青年教师会更加珍惜这些机会,更好地把握和利用好这些机会来促使自己不断进步。青年教师在不断成长进步中,会做出更好的成绩,为高校作出更多更大的贡献,从而不断地获得工作带来的快乐和幸福。

总之,当教师付出辛勤劳动之时,学校应通过人性的管理和制度,给予他们更多的

人文关怀,使其体会到来自学校的温暖、来自工作的幸福。

2. 青年教师自身努力,满足内在需求

职业幸福感作为主观感受,从根本上还需要青年教师的自身努力才可获得。从目前青年教师所面对的现实来看,应从以下几个方面努力进行相应的学习、提高,来增强其职业幸福感。

（1）自觉加强职业道德修养

高尚的师德对于教师幸福的实现是非常重要的,拥有高尚师德的教师总会竭尽全力去完成教学任务,并以自己独特的人格魅力感染学生,培养教育出的学生也是非常优秀的。教师职业道德实在教育劳动中逐渐形成的,而教师职业道德一旦形成,又必然反作用于教育劳动。可以说教师的高尚师德对于教育善的实现也有着积极的促进作用。

教育者美好的内在品质是教育善实现的内在保证,而教育者良好的教育伦理行为则是教育善实现的外在条件。[4] 正确认知教育事业对教育者提出的道德要求,并转化为自身内在的行为准则和价值目标,在教学过程中严格按照这些要求指导自己的工作,才能产生良好的教育效果。教师的职业道德不仅是自身行为规范的要求,而且是对学生进行道德教育的手段。"学高为师,身正为范"是我国传统教育思想中对教师的基本要求,教师只有具备了高尚的道德品质,也才能培养出具有美好德性的被教育者,并引领他们不断实现对现实的超越。

教育者的道德素质决定了教育道德规范的实现程度,教育者和被教育者的融洽度决定着教育道德规范的实现程度。在教师与学生的关系中,教师道德为教师和学生之间建立起正常、和谐、融洽的关系起到保证作用。苏联教育家克鲁普斯卡娅指出:"对于儿童来说,教师的思想与他们个人品质是分不开的,一个受学生爱戴的教师所说的话,比一个与他们格格不入的只受他们鄙视的人所说的话,他们接受起来是完全不同的,从后者口中说出的即使是最高尚的思想,也会变成可憎的东西。"[5] 教师拥有高尚的人格和魅力,会受到学生的喜欢,学生自然会把这样的教师当作自己的榜样去效仿学习。因此,对于教育者个人而言,既应有一种高于现实的理想追求,寻觅和确认自身美好的精神家园并努力追求之,又应自觉依循社会所规定的职业道德要求。

（2）努力促进自我专业成长

幸福离不开外部物质条件，但更需要来自内心的动力，教师专业成长是重要内在动力之一。高校青年教师的专业成长离不开高校提供良好的专业发展平台和机遇，但最主要的还是要靠自己的主观努力。努力提高专业水平不仅是教师职业本身对教师的要求，也是教师职业道德对教师提出的要求。科学技术日新月异，新知识不断涌现，而且知识的专一性和综合性也越来越显著，这就要求高校青年教师要不断刻苦钻研，善于学习，用现代科学知识丰富自己。夸美纽斯曾把教师职业誉为"太阳底下最光辉灿烂的职业"，但同时他也说过这样的话，"太阳底下再没有比教师所需要的知识更多的职业了。渊博、合理的知识是教师做好本职工作的一个重要条件"。[6]而做好本职工作则是教师自我价值的实现。当高校青年教师的自我需要得到满足时，他们能够体验到最大的充实感、欣慰感和幸福感。

著名教育家陶行知论说教师的学习和发展时说："所以我们做教师的人，必须天天学习，天天进行再教育，才能有教学之乐而无教学之苦。"教师只有主动追求自身专业上的不断发展，教师的职业幸福感才能不断萌发和扩展。这就要求高校青年教师首先必须追求专业理想，认同自己的专业。我们的教育工作不仅仅是一种谋生的手段，更是实现自我价值的一项事业。只有拥有了正确的职业理想追求和职业认同，才能为体会到职业幸福奠定基础。第二，高校青年教师还需要不断提升自己的专业能力，这一能力既包括对专业知识的深度把握，同时还包括对教学技能、技巧的灵活运用。第三，高校青年教师还必须有坚定的专业品格，既要有先进的专业教育理念，又要勇于创新，有自己的专业自我意识。

（3）积极进行必要的心理调试

健康良好的心理状态是感知幸福的重要基础，一个心理健康、积极乐观的人总会合理管理自己的情绪；正确面对生活中的一切困难和挫折；并采取恰当的方式解决问题。而在解决困难、应对挫折的过程中，这样的人又可以体会到战胜困难的喜悦和幸福。高校青年教师面临的各种压力是很大的，而且在工作中经常还可能会有一些挫败感，如自己的教学得不到学生的认可或者是学校的要求高于自己的能力等等。在这些情况下，如果不及时进行自我心理调适，不仅会影响他们的工作积极性，更可能会直接影响到身体的健康。因此，高校青年教师必须了解和掌握必要的自我调适的方法。

首先，高校青年教师必须要树立正确的人生目标和价值追求，教师的人生价值应该立足本职、在为教育事业的奉献中得到实现。只有树立起正确的人生价值追求,才有助于自身价值的实现,才能更积极面对一切。其次,青年教师要用唯物辩证的方法分析解决问题,客观正确地思考社会变革中出现的各种问题,以期进行良好的心理调适。特别是要积极主动地参加社会实践,通过实践来增强自身的认识能力,提高自己对挫折的承受力,从而增强社会适应能力。[7]最后,高校青年教师还必须掌握和灵活运用一些自我调适的方法,如自我疏导法、合理宣泄法、移情法等等。对于心理压力过大的青年教师还必须要通过相关的机构进行干预,积极采取应对措施。

结束语

高校青年教师是一个特殊的群体,网上甚至有言论说他们是"新时期的弱势群体",也许这样说有点言过其实,但也可以看出当前高校青年教师确实面临着困境,存在着困惑。社会对他们有着很高的期待,但他们自己却又要面对现实的生活,这其中会有些不一致,但又不是完全矛盾对立的。因此我们应该坚持在教育伦理的规范要求下,通过适当的方式来提高他们的职业幸福感。相信他们必将在自己的工作岗位上寻找到自己的人生价值和为人师表的终极幸福。而提高青年教师的职业幸福感也会直接促进高校未来的良性发展和学生的健康成长。

参考文献:

[1] 贾会彦.论教育学视野中的教师职业幸福感[D].广西师范大学博士学位论文,2006.

[2][4] 刘云林.教育善的维度与实现路径[J].教育理论与实践,2004,(8).

[3] 刘云林.教育善的实现:基于教育道德向度和层次的视角[J].教育研究与实验,2007,(4).

[5] 李春秋.新编伦理学教程[M].北京:高等教育出版社,2002.

[6] 陈艳华.谈教师的幸福[J].济南大学学报,2003,(1).

[7] 朱远来,郭璇.试论新形势下高校青年教师心理矛盾及其调适[J].伊犁师范学院学报,2002,(1).

教师伦理的内涵、逻辑起点与实践路向

李清雁

（北华大学　教育科学学院）

伦理普遍存在于一切关系之中，只要有关系存在就有伦理在起作用。教育是一项伦理性的事业，因为教育是以培养人为志业的，核心关系是人和人的关系，特别是在基础教育领域，这种关系展现为成年人和未成人的关系，这种先天的不平衡关系决定了教育伦理的优先性。在社会转型过程中，与政治、经济、文化和人等社会要素密切相关的教育同时也面临诸多挑战，显现出各种问题和危机，教育伦理问题凸显。教师作为执业者，是教育伦理不可或缺的构成要素，"教育之道，教师为先；教师之道，德为先"，教师伦理关涉整个教育事业的兴衰成败。在社会发展进入新常态背景下，教育要返璞归真回归其本质，教师要承担教育改革的使命与责任，自觉地使自身德配其位。因此，厘清教师伦理的内涵、逻辑起点和实践路径，对促进教育改革和教师发展具有十分重要的意义。

基金项目：吉林省社会科学基金项目"教师德性的养成研究——基于身份认同的视角"（2012B171）的阶段性成果

作者简介：李清雁，辽宁锦州人，教育学博士，北华大学教育科学学院副教授，硕士生导师，主要从事教师伦理、道德教育和女性主义教育研究。

Email：jilinrene@sina.com

一、 教师伦理的内涵

教师伦理是一种职业性的专业伦理。社会生产力的发展导致社会分工细化,社会分工使得教师成为一门职业,教师职业随着工业经济的发展以及学校教育精细化的要求步入到专业化的发展阶段,即教师职业群体在一定时期内,逐渐符合专业标准、成为专门职业并获得相应专业地位的过程。"伦理"的"伦"即人伦,指人与人之间的关系;"理"即道理、规则。狭义伦理就是人们处理相互关系应遵循的道理和规则;广义伦理不仅包含着对人与人、人与社会和人与自然之间关系处理中的行为规范,而且包含着依照一定道路和规则来规范人的自身行为,涉及人的情感、意志、人生观和价值观等方面。因此教师伦理可以被看作是每个教育工作者必须遵循的职业道德规范和每个教师个体必须追求的职业德性的总和;教师伦理需要解决教师与社会、教师与同侪、教师与学生、教师与自我这四种关系应遵循的规则以及这四种关系规则的道德要求在教师个体身上的体现,也就是以教师职业某些应然的规范及标准为基础,由此展开对于教师群体和个体的要求与评价,既涉及社会层面的责任问题、赏罚问题,也涉及个人层面的德性发展,终归是要解决教师从哪里来到哪里去的问题。

1. 教师伦理的价值取向

教师伦理的价值取向所追求的是一种应然状态,是对教师专业共同体发展状态和我国当前教师伦理现状做出的一种价值判断,教师良好德性的养成和对教师伦理规范的自觉遵循乃是教师伦理的两大价值追求。对于教师个体来说,教师伦理的意义在于对教师美德和善行的价值目标的追求。教师伦理的价值取向和教育活动密不可分,教师伦理的价值取向决定于教育的规定性,教师是教育活动的主体,教育是"使人成人"的事业,教育的本质是有目的为社会培养人,以良心和正义、敬业和治学、廉洁和示范为价值取向的伦理秩序成为教师的理想目标;教师伦理的价值取向决定于教育的现实需要,教师发展经历了圣化、职业化和专业化的阶段,当下教师作为专业人员,非常强调服务意识和使命感,过去强调教师的奉献精神,是从政治的立场出发,教师是人民的教师,要为党和国家、人民具有牺牲与奉献的精神,是以社会为本位的;而现在强调教师的服务性、公益性和利他性,是以教育教学为本位的,而教师工作和教育教学息息相关,教师道德和教育的价值取向相关联;教师伦理的价值取向决定于教育的未来发展,人类的教育事业不会停止前进的脚步,教师伦理也须与时俱进,跟上时代发展的步伐,师德建设的重心也相应地发生转换,当下师德建设的重心应是教师德性的养成和完善。

2. 教师伦理的内在结构

现代伦理学对教师伦理的研究主要从两个方面来进行,一是教师规范性研究,试图建构普遍性的秩序规范;一是教师个体的道德人格研究,试图建构教师的德性;教师规范伦理和教师德性伦理构成了教师伦理的结构内容。

1) 教师规范伦理

教师规范伦理解决教师应当如何的问题。教师规范伦理说明如何解决教师职业生涯问题所需要的行为方式,是教师群体的职业伦理,应该从道德理想、道德原则和道德规则三个层次上给教师指明行为的方向。我国教师规范伦理经历了从崇高道德规范到底线道德规范的转变,从对教师提出理想化的道德要求到给教师道德划出不能违规到红线,这个转变也从一定程度上反映了目前教师群体的道德状况,理想的道德要求给教师指明了修行的方向却不适用于全体教师,底线的道德要求对所有人都具有约束力却难以引导教师过上道德的生活。当下教师规范伦理面临的主要问题是如何解决教师专业伦理标准的定位,在理想追求与现实困惑和传统继承的矛盾中,如何让教师规范伦理真正发挥对教师的指引作用。

2) 教师德性伦理

教师德性伦理解决教师成为什么样人的问题。教师德性首先是职业性的道德要求在个体身上的表现,是教师在长期教育实践活动中所获得的一种专业品性,是获得性的优秀品质,指向教师职业的终极目标、职业生涯的幸福和完善;其次教师德性是在履行教育教学责任和义务的过程中所体现出来的道德力量,能使教师承担起"教书育人"角色的内在精神品格,它能保证教师在任何情景下都遵循德性行事,做出道德的选择,表现出一种道德意志力。因此教师德性至少涵盖了教师的职业意义、精神归属、教育方式以及对教育伦理精神自觉体认后所形成的精神品质和道德境界等方面,教师德性是一种动态养成的过程,在教育教学实践中逐渐修炼而成。教师德性对教师行为具有内在约束力,是教师品质状态、意向、行为、知觉、态度和情感的综合反映,基本包括教师善、教师爱、教师公正和教师责任四个方面德性内容,在职场中教师要过有德性的生活。

二、 教师伦理的逻辑起点

教师伦理是教师共同体的群体伦理,每个教师作为专业群体中一员,自觉地遵从和践行教师伦理是一项必修课,也是教师从教的一项义务。教师伦理作为职业伦理只对从事教师职业的人起作用,虽然教师伦理对教师群体来说必然打上社会的道德底色,对个体教师来说也当然会打上个人的道德底色,但是教师伦理真正的发挥作用则是教师取得身份之时,身份构成了教师伦理的逻辑起点。

1. 教师身份蕴含伦理义务

身份指的是生活方式,通过特定的生活方式把自己和别人区别开来,可以理解为人区别于其他人的特有属性,始终有凭据的意味,"身份就是一个个体所有的关于他这种人是其所是的意识"[1]。社会学认为身份是社会成员在社会中的位置,其核心内容包括特定的权利、义务、责任、忠诚对象、认同和行事规则,还包括该权利、责任和忠诚存在的合法化理由。教师身份是一个客观存在的事实,在个体没有获得这个身份的时候,它只是作为一个外在的信息而反映在头脑当中,是对外部事件的觉知,相对于已是个外部的存在,可以去认识去评价但不会用和己不相关一个事物的观念、态度和规范来调解自己的行为;当个体获得了教师这个身份,它就变成了一个和自己息息相关的内部信息,是作为内部心理事件来进行觉知的,个体的主观性和能动性被积极地调动起来,教师身份成为个体持续注意的必须给予关注的内容,处于个体意识活动的中心。教师身份的本质包含了三个方面内容:教师所应有的观念、态度、情意;教师所应有的权利、义务、责任;教师所应有的忠诚对象、认同内容、行事规则等内涵。在现有的研究中,对教师身份的研究是以"教师是从事教育教学的专业人员"为定位的,虽然在教师身份本质的内涵方面还没有取得广泛的共识,但是教师专业人员身份在德、才、能、技等方面的要求得到基本肯定。教师应该是优秀公民,具备较好的职业道德水平,在世界上得到一致的认可,教师职业之所以是道德性的存在,这是由教师职业的本质属性决定的,以培养人为使命的教师职业本身就具有实践性和具体性,在与学生交往的教育教学活动中,教师个体的言行举止具有社会表意性的功能,教师身份蕴含了伦理义务。[2]

2. 教师身份获得意味伦理契约

教师身份的获得实际上是一种契约关系。教师身份是现代社会中的一种职业身份,通过学习、实习、资格获取和入职考试等一系列程序获得的,是后天自致而不是先天赋予的。道德主体确立自身的教师身份是教师伦理发生作用的前提,伦理作为一种关系性的存在,它只有在实存的关系中才能发生和发展。每种身份都赋予身份个体一套已经规定好了的责任、权利和义务,对于需要什么样的行为来履行这些责任和权利,什么样行为又不合乎这种要求,个体都要有清楚的认识。教师身份和教师伦理对教师个体来说都意味着一种先在性,教师身份获得意味个体接受社会的委托而专门从事培养人的工作,个体获得教师身份意味对教师伦理的认同和契守。在一个社会分工明确的系统里,每种身份下的个体都有既定的角色和地位,通过认识角色来认识他是谁,也认识到他应该做什么,通过他所在社会地位,对他进行社会期待和社会评价,"教师身份的结构性表现为教师在整个社会分工体系中所扮演的角色和所具有的社会地位"[3],具有制度的规约性;教师身份的建构性表现为社会对教师的价值预设和期待,所赋予教师的象征性地位及教师自身对教师的认识、期待和价值判断,具有文化的特性。[4]教师身份的获得使得个体内在性地包含着对教师的观念、态度和情感的心理体验,并借此凭据般的身份特征来发展教师的知识、技能和道德。不同身份的人所遵循的伦理道德是不同的,身份确立即是个体在心理上的首肯也是社会给予承认的凭据,在这个凭据之上身份伦理才能获得发展。身份建构是一个过程,教师身份的拥有与获得意味教师对权利、义务、责任、忠诚对象和行事规则的拥有与获得,其中义务、责任、忠诚对象和行事规则以具体化的形式表现出来的就是教师道德,教师身份的获得是教师个体与教师伦理定了契约。

三、 教师伦理的实践路向

教师伦理最终体现在教师的伦理生活之中,并终究表现以教师活动为主体的道德实践,以提升教师的伦理水平和职业道德素养。教师伦理的实践路向不是单一的、封闭的道德实践,而应构建出多主体、多维度、多层次、多途径的实践机制,在宏观层面上有师德建设引领的教师伦理认同,中观层面上有教师专业发展指导的精神情意,微观层面上有道德呈现所促成的道德自我的行为转化。

1. 教师的伦理认同

认同是主体对客体的承认和认可,并将客体与主体一致将客体纳入主体之中形成同一性的过程;伦理认同是伦理主体对伦理规范的认识、同意和承认,将伦理规范内化于自身并涵养成德性的过程。教师的伦理认同过程具有实践性,教师伦理作为一种职业性的专业伦理,具有异于其他伦理的价值观、规范和行为模式,教师对专业共同体内寻求伦理的普遍意义和统合,对专业共同体外区分与其他社会类型的差异,认可和同化教师伦理所要求的行为模式和价值观念,自觉地与教师伦理要求相一致,这个过程是教师主观确认伦理客观并改变教师主体道德面貌的实践过程。

教师的伦理认同实践结果外化为身份认同。教师身份是教师确定在社会中存在的凭据,具有职业形象和象征性地位的代表作用。教师身份具有稳定性,身份由一系列角色来实现,教师身份是以教师职业角色来定位的,角色构成了教师职场生活日常实践活动的基础,是教师在职业生活中常常需要选择和扮演的常规性工作,教师能否扮演好教育教学角色,取决于教师对身份是否认同,是否对身份所蕴含的伦理要求的认同。教师对教师伦理的认同也意味对教师身份的认同,教师身份所应持有的义务和责任、忠诚的对象和行事的规则应与教师伦理具有同源性,伦理认同进一步加深了教师的身份认同。

2. 教师的专业发展

教师伦理实践离不开教师的专业发展。教师从踏入职场生活之时起就行进在了专业化的道路上,教师专业化发展中一个重要方面就是教师专业伦理完善与成熟。教师专业化要求教师按照专业标准来从事教育教学活动,教师道德成长是教师专业化的重要内容,无论是教师规范伦理还是教师德性伦理都需要在教师的专业发展实践中进行检验,教师专业化蕴含着教师的专业责任、道德品性和专业精神[5]。教师的专业发展从静态方面说,包括教师的专门化知识体系、教师的职业倾向性、教师的教育理论和教育能力,其中教师的职业倾向性就含有教师职业道德的内容,强调教师的工作爱心、公正和自制力等诸多德目;从动态方面说,教师专业发展是教师个体完成职业成长,按职场工作规律从事教育教学活动。

教师伦理实践与教师专业发展互为促进。教师不能离开教师的职场生活,无论是教师的专业发展还是教师的伦理实践都不能脱离教师主体的努力、不能与教育职场脱节、更不能远离教师的生活世界。教师作为教师伦理的主体和专业发展的主人,总是在具体的教育教学情境中获得经验、发生感悟、将理论运用到的丰富而复杂的实践之中,将"文本化"的教师伦理转变为生动的职场生活的实践语言,教师伦理才能对教师的专业发展和专业成熟起价值导向作用;反之亦然,教师的专业发展必然带动教师伦理水平的提升,教师的专业发展要求教师伦理必须走专业化的路线,教师伦理若不能满足教育事业对教师的要求,那么教师伦理就会成为教师发展和教育发展的障碍。

3. 教师的道德呈现

道德呈现是教师在职业生活中自我层面上的伦理实践。这里的"道德呈现"作为一个主谓结构的合成名词而存在,是指一个人在常规生活中所表现出来的代表其自身的道德水平与道德状态的客观事实,是个体由其内在的心灵意识、经由情感世界和意志努力所表达出来的外在言行举止面貌,体现了个体所建构起来的道德世界。教师的道德呈现反映了教师个体德性的整体生活,教师常规生活中的道德呈现涵盖了社会公德、职业道德和家庭私德等方面。教师的道德呈现既有学校中制度化层面的内容,如教师对教师道德规范的遵守,对学校纪律规范的服从;也有非制度层面的内容,如教师教育教学活动中的个体展现行为,教师和学生以及围绕学生所产生出来的各种关系交往间的陈述与互动,可以说教师个体的道德呈现是教师在自我层面上的道德实践。

道德呈现促成教师个体道德自我的行为实践。一般认为自律和他律是道德实践的两个维度,是主客二分的方法论,他律将外在规范内化为自我约束,是从外向内的转化,把道德发展的主体看成是教育的对象,将道德从道德自我的属性中分离出来,成为与道德主体相对,外在于道德主体的,从而有意或无意地遏制个人道德的主体性;而道德呈现则是自律与他律的统一,是主客一体的道德融合,个体的偶然的独特的道德经验、情感和意义都在考虑之内,以一致的道德秩序与道德准则来规范道德主体的日常生活行为,所遵奉的是道德一体化秩序的道德约束。人是主动把握伦理规范要求的,道德经常在教师职业生活的细微处呈现,教师是以道德呈现的方式来完成教书育人使命的,并通过道德呈现的方式来完成对自身的评价和反思,促进教师个体道德的提升和完善。

总之,人是不能离开生活而独存的,教师离不开职业生活而存在,教师伦理是对教师职业生活的关照,厘清教师伦理的价值取向和内容结构有助于教师伦理的建设和发展,明白教师伦理的逻辑起点有助于教师伦理的实施和评价,洞悉教师伦理的实践路向有助于提升师德建设的实效和教师对道德的修炼。教师道德是社会道德的重要构成部分,教师道德水平是社会道德水平的标志之一,以促进教师道德提升为使命的教师伦理研究任重而道远。

参考文献:

[1] 钱超英.身份概念与身份意识[J].深圳大学学报(人文社会科学版),2000,17(2):89—94.

[2][4] 李清雁.教师是谁—身份认同与教师道德发展[D].重庆:西南大学博士论文,2009.

[3] 徐淑芹.中国教师身份的伦理分析[J].教学与管理,2007,(19):5—7.

[5] 黎琼锋.从规约到自律:教师专业道德的建构[J].教育发展研究,2007,(1A):35—38.

核心价值观与教育伦理研究

正确义利观：当代伦理生活的价值基础和行为指南

王泽应

（湖南师范大学　道德文化研究中心）

　　正确义利观是习近平总书记在访问非洲期间提出，在处理周边国家关系会议上作出全面论述，之后又不断作出补充和完善，已经在国内外产生重大影响的伦理价值观。它具有"合外内之道"（《中庸》语）的价值特质，既是中国提出的处理当代国际关系的伦理准则和中国对外关系的核心价值理念，也是中国特色社会主义伦理文化的价值导向和价值目标，锻铸着中国价值观的基座和架构，体现着中国道德的精神风骨，并成为实现中华民族伟大复兴之中国梦的有机组成部分。

　　正确义利观以利益共同体和命运共同体为基本的价值视角，从人类个体利益与整体利益密切相关的高度，主张人与人、国与国以及个体与群体之间摒弃一种非此即彼的零和思维，努力去寻求一种互利共赢的价值观，以此来实现新的更高阶段和更高层次的义利并重与义利统一。尚正义、讲情义、重道义与尊当利、求大利、贵公利的有机结合是正确义利观的基本特征。正确义利观是对马克思主义义利观和社会主义义利

基金项目：教育部专项项目"习近平总书记系列重要讲话精神研究"（16JFZX010）。

作者简介：王泽应，哲学博士，现为湖南师范大学道德文化研究中心教授、博士研究生导师，中国特色社会主义道德文化协同创新中心研究员，主要研究方向为伦理学基础理论和中国伦理思想史。

Email：wangzeying2008@qq.com

观精神实质和价值追求的科学概括和全面阐述,是中国道德或中国特色社会主义道德的价值基元和重要组成部分,体现出对中华民族优秀伦理价值观的扬弃与总结,对人类义利思想合理因素的科学吸收与借鉴。精神实质上的义利统一与义利并重,价值观念上的互利互惠与和谐共生,伦理品质上的以义制利和义先利后,道德境界上的整体为本和道义为尚,构成正确义利观的基本特征。正确义利观标示出崛起的中国以什么样的价值观念规范自己和对待别人的精神风貌和道德文化,也为构建以命运共同体为基石,以相互尊重与和谐共生为内核,吸纳世界主义和社群主义合理因素的新型国际关系伦理奠定了价值基础。

正确义利观是以马克思主义义利观和社会主义义利观为主体,吸纳了人类历史上诸种义利观合理因素,并着眼于解决当代经济社会发展突出利益矛盾和国际关系利益纷争而建构起来的一种理性而科学、民主且平等的先进的伦理价值观,具有"为往圣继绝学,为万世开太平"的精神特质。

一、 正确义利观提出的时代背景和思想渊源

正确义利观是在我国社会主义现代化建设和改革开放进入新的阶段和历史时期,以习近平为总书记的新一届党中央适应内政外交的新形势、新任务提出来的指导国内改革开放和社会主义现代化建设,解决国际纷争或利益矛盾,建构新的国内国际关系秩序的伦理价值观。正确义利观的提出有其国内、国际的时代背景或深刻的现实基础,也有义利观自身发展的理论要求。正确义利观的提出是对当代中国社会主义现代化建设和对外交往与国际关系及其所需要的伦理价值观科学把握和深刻思考的产物,正确义利观的提出既是应对当代世情和国情发展变化的迫切要求,又是义利观自身理论发展的内在必然,具有现实和理论需要的双重背景。

1. 当代社会世情、国情和民情变化的内在呼唤

从国际上看,当代世界伴随全球化、信息化、多极化正在发生复杂而深刻的变化,利益博弈、利益冲突与利益共生同时存在。摒弃非此即彼的利益对抗与零和思维,寻求共生共赢的共同利益,创建公正平等、和谐友好的国际伦理关系和秩序,成为世界各

国的共同愿望。

从国内来看,全面深化改革,实现两个一百年的奋斗目标,实现中华民族伟大复兴的中国梦,需要有一种正确义利观的引领和指导。改革开放30多年来,中国社会发生了天翻地覆的巨大变化,原有的利益格局被打破,与黄金机遇期伴随而生的利益矛盾接踵而至,改革开放进入深水区,攻坚克难要求破除利益壁垒,冲破利益集团的束缚,改善民生要求发展好、实现好、维护好人民群众的切身利益和根本利益。全面深化体制改革的任务以及全面建成小康社会的奋斗目标要求有一种正确义利观的武装。从某种意义上说,全面深化改革,实质是利益关系的调整,是建构公正合理、共同富裕的利益机制,借以推动生产力和先进文化的发展,激活各种创富兴业的潜能和资源。广大老百姓渴望得到公正的对待,获得更好的发展机会,实现安居乐业的人生梦想。这一切,都为正确义利观的提出和形成提供了基础和条件。

2. 中国崛起,实现中国梦需要有价值观的引领

30多年改革开放,中国经济每年以9%的速度递增,总量已经进到世界第二位,中国崛起以及中国模式、中国震撼引发世界的关注,一些国家抛出的"中国威胁论"、"中国崩溃论"、"黄祸论"以及"中国责任论"等在世界范围内引发了对中国未来发展结局的种种猜测。中共十八大以后,以习近平为总书记的新一届党中央适时地提出了"中国梦"的战略思想,强调坚定理想信念,为全面建成小康社会,实现两个一百年的目标而奋斗。中国崛起、实现中华民族伟大复兴中国梦需要有正确义利观的拱立和支撑。伴随着中国经济的快速崛起,国际上出现了种种关于中国模式、中国崛起、中国震撼以及中国威胁的理论,中国如何以自己的义利观和价值观给世界一个明确的回答,也成为国际社会普遍关心的问题。正确义利观是中国领导人经过深思熟虑提出的中国融入世界以及中国关于建构新型国际关系伦理的伦理价值观,不仅彰显出中国价值观和中国道德的精神风貌、独特神韵和价值魅力,而且也表达着中国对新型国际关系伦理或普世伦理的价值思考和深湛智慧。

3. 矫正当今世界义利观的失衡、扭曲的迫切需要

当今世界出现的种种利益冲突和矛盾,无不与非正确和不正确义利观的大行其道

密切相关。重利轻义的狭隘功利论，以自我利益为本，以他人利益为末的利己主义或自我中心主义，为了一国之私不惜搞乱一个地区或国际社会的国家利己主义，整体上看，都是一种错误的义利观。这种义利观引发了当代世界道德生活的许多灾难，并导致了重重危机。矫正当今世界义利观的失衡、扭曲，要求树立正确义利观。只有正确义利观的树立、弘扬和贯彻才能给人类带来真正的和平与幸福。

4. 建构新型公正平等的国际关系伦理的内在要求

霸权主义和强权政治，以及冷战思维、零和博弈，给世界造成动荡、灾难和痛苦。要和平不要战争，要合作不要对抗，是世界各国人民的共同愿望和价值诉求。人类只有一个地球，各国共处一个世界。建构公平正义、相互尊重主权和核心利益，包容互鉴、合作共赢的国际关系秩序和伦理，符合各国的整体利益和世界人民的共同利益，是当今世界最为迫切的伦理呼唤。

就其思想渊源来说，正确义利观既是对马克思主义义利观和义利学说的继承和发展，又批判性承继和吸收了中西优秀传统义利观与义利学说的合理因素，其中包括对中国传统及近现代义利观合理因素的辩证扬弃，对西方义利思想和学说优秀成果的批判性借鉴。

正确义利观的主要理论来源是马克思主义义利学说。马克思主义经典作家提出了代表着无产阶级利益的科学义利观，俄国马克思主义者列宁、斯大林等对马克思恩格斯的义利学说作出了辩证的阐释和科学的发展。中国马克思主义者把马克思主义义利学说与中国伦理文化建设的具体实际，与中国优秀传统义利观有机结合起来，实现了义利思想的伟大变革。毛泽东提出"无产阶级的革命的功利主义"理论，克服了传统义利观重义轻利的偏向，实现了义利观上的一次飞跃，标志着马克思主义义利学说中国化取得重大成果。在改革开放和社会主义现代化建设的新时期，邓小平把社会主义的物质生产和道德准则结合起来，对社会主义制度下的集体和个人的关系做了辩证的认识，建立起了一种功利与道义并重的社会主义义利观。继邓小平之后，江泽民、胡锦涛又对社会主义义利观作出过重要论述，从精神实质和理论完善等方面发展了邓小平提出的社会主义义利观。

中国传统的义利观是中国传统文化价值观念主要的内容之一。中华民族历史上，儒家提出了以义制利、见利思义、先义后利、重义轻利的义利观,墨家提出以义为利、义利合一的义利观,主张"兴天下之利,除天下之害",把国家人民之利作为判断善恶是非的标准,并在此基础上倡导"天下莫贵于义"。道家提出了"既已为人己愈有,既已与人己愈多",以及"生而不有,为而不恃,长而不宰,功成弗居"的义利观,并强调"后其身而身先,外其身而身存",只有关心别人的利益才能成就自身的利益。中国传统的义利观主要包含"义以生利","义利统一","好义欲利,人之两有"等诸方面的内容。在数千年的历史发展过程中,中国传统的义利观对铸造中国人的人格及中华民族的精神特质起过重大作用,对中国文化乃至世界文化作出了较大的贡献。

在西方,自古希腊以来就产生了对道义和功利予以关注的义利思想,发展到近现代形成了较为完整而系统的道义论和功利论(康德的道义论和密尔的功利主义)。当代西方出现了新功利主义和新道义论,如罗尔斯的《正义论》,麦金泰尔《谁之正义?何种合理性?》,诺齐克的权利正义论、米勒的多元正义论以及准则功利主义、行动功利主义等,对功利与道义之间的关系作出了深刻的论证和分析,包含着不少合理因素,成为正确义利观批判借鉴的对象。

正确义利观是以习近平为总书记的新一届党中央对如何化解国内国际利益矛盾或利益冲突,引领中国社会建构公平正义新秩序和国际社会建构互利共赢新关系的伦理总结和价值概括,既扎根于数千年中华传统文明的深厚土壤,又散发着与时俱进、开拓创新的时代气息。从义利观发展的内在逻辑而言,正确义利观既是我们党深刻总结新中国成立以来中华民族道德生活正反两方面经验教训的结晶,也是植根于中华伦理文明沃土,植根于中华伦理文化基因结出的风华硕果。只有古老而又风华正茂的当代中国,能够孕育与社会主义市场经济相适应,与现代法律规范相协调,与传统美德相承接的正确义利观。正确义利观是不忘本来,吸收外来,着眼未来的既与时俱进又开放包容的义利观,是吸收了中国传统义利观合理因素、中国近现代义利观精华以及世界义利学说优秀成果的集先进性与广泛性、民族性与全球性于一体的义利观,是在以马克思主义义利学说和社会主义义利观为主体基础上广泛吸纳人类义利思想合理因素,积极应对当代道德生活挑战而形成的新型义利学说或义利观,有着"坐集千古之智"而又革故鼎新的价值特质。

正确义利观因为具有深远的历史背景和思想渊源而显出其精深厚重的特质,因为具有鲜明的时代特征和世界眼光而显出其领袖群伦的魅力,正是这种既扎根传统又与时俱进，既立足本国又面向全球的有机结合，使得正确义利观成为引领中国与世界发展的伦理价值观，成为建设和谐社会与和谐世界的行为指南。

二、 正确义利观的主要内容和基本特征

习近平指出："义，反映的是我们的一个理念，共产党人、社会主义国家的理念。这个世界上一部分人过得很好，一部分人过得很不好，不是个好现象。真正的快乐幸福是大家共同快乐、共同幸福。我们希望全世界共同发展，特别是希望广大发展中国家加快发展。利，就是要恪守互利共赢原则，不搞我赢你输，要实现双赢。我们有义务对贫穷的国家给予力所能及的帮助，有时甚至要重义轻利、舍利取义，绝不能惟利是图、斤斤计较。"在周边外交工作座谈会上，习近平主张"坚持正确义利观，讲原则、讲情谊、讲道义"，努力寻求各方利益的共同点和交汇点，编织更加紧密的共同利益网络，把各方利益融合提升到更高水平，让周边国家得益于我国发展，使我国也从周边国家共同发展中获得裨益和助力。习近平强调，"一定要坚持正确义利观。只有坚持正确义利观，才能把工作做好、做到人的心里去"。正确义利观是对社会主义义利观精神实质的科学总结和深刻阐释，是对马克思主义义利观的继承和发展，代表着以习近平为总书记的党中央处理各种利益矛盾、解决利益纷争、追求和谐共赢的精湛智慧和价值理念。

1. 逻辑起点：人的二重属性与人我己群关系的互动性

正确义利观以人的二重性及其需要作为自己的逻辑起点，强调人的存在的二重性决定了人的需要和利益的二重性。人作为一种个体存在物，有其对个人利益的需求和满足。所以个人利益从来不是一个道德戒律，只是一个科学事实。人作为社会的存在物，又有对社会共同利益的需求和满足。人的需要或利益总是呈现为个体性和整体性的双重特点，决定了任何人都有一个如何处理他的需要的个体性和整体性的相互关系问题。道德就是为了适应处理个人利益和社会共同利益关系这一人类社会生活的必然要求而产生的。

正确义利观以人我己群关系的互动性作为自己的理论基础，反对那种割裂人我关系和己群关系的错误认识和行为。马克思主义认为，人的本质在其现实性上是一切社会关系的总和。人的利益即便带有纯粹个体化的特点，也是在社会关系中展开并得以实现的过程。因此，马克思主义既不拿利己主义去反对自我牺牲，也不拿自我牺牲去

反对利己主义,而是主张创造条件去消除两者对立的根源。马克思主义认为,无产阶级个人利益和集体利益是辩证统一的,因此既要尊重无产者个人利益,又要把无产阶级集体利益放在首位并自觉地使个人利益服从于集体利益。

2. 伦理视角:命运共同体与共生共赢

正确义利观以利益共同体和命运共同体作为基本的价值视角,强调今天的世界和人类因全球化、信息化已经结成一个利益相关、休戚与共的利益共同体和命运共同体。命运共同体以人类只有一个地球,各国共处一个世界为基本的价值认识,认为当今的全球化、信息化以及所面对的复杂形势,将所有国家的命运连为一体,任何国家都不可能独善其身。因此,各个国家都应当以"命运共同体"的视角审视当今世界大势和国际关系,努力去寻求人类的共同利益和共同价值,为建构和平发展、共生共赢的国际关系新格局做出自己的贡献。因此,必须摒弃非此即彼的零和思维,努力去寻求互利共赢的共同利益,发展休戚相关的共同关系,在追求本国利益时兼顾他国合理关切,在谋求本国发展中促进各国共同发展,增进人类共同利益。

3. 基本特征:义利并重与以义制利

正确义利观既主张义利并重义利统一,又主张以义制利,见利思义,将利益的追求纳入道义的轨道并接受道义的宰制与规约,反对损人利己、损公肥私的利己主义、狭隘功利主义和置道义于不顾的实用主义。并认为公平正义、国际正义和代际公正是当今社会所最为需要的。它们是建构新型国际关系伦理和普世伦理的重要内容。正确义利观主张把集体利益和个人利益有机地结合起来,坚持把国家和人民利益放在首位而又充分尊重公民个人合法利益,实现了个人利益和集体利益的辩证统一。在国际关系上,主张把人类整体利益和共同利益放在第一位,反对那种为了一国之私而损害国际社会共同利益和人类整体利益的国家利己主义。正确义利观的精神实质是互利共赢和义道当先。亦即在价值追求中主张把"人人为我,我为人人"有机地结合起来,实现人我兼顾、己群诸重,使每个人的自由发展成为其他人自由发展的条件,使集体的发展更有助于个体成员的发展。同时,在功利与道义发生矛盾的情况下,原则上应该坚持义道当先,不以功利害道义。

正确义利观的提出是相对于不正确的义利观而言的,不正确的义利观或者割裂义利关系或者混同义利关系,总是不能从利益关系的协调、整合与均衡发展来谈论义利问题,不能把最广大人民群众的根本利益和长远利益放在义利观的中心位置来思考,每每把利益关系单向化或片面化,进而走向利己主义和狭隘功利主义,或者离开最广大人民群众的根本利益和长远利益空谈道义,使道义成为与利益无关的精神抽象。正确的义利观对割裂义利关系或混同义利关系的不正确的义利观持否定态度,主张在唯物史观的基础上把道义和功利有机地统一起来。正确的义利观主张超越纯功利主义或纯道义论的藩篱,坚持义利并重、义利兼顾和义利统一的原则,正确对待和处理"义"与"利"的关系,既重视道义与责任,又强调彼此互利和共赢。在追求本国利益时兼顾他国合理关切,在施行国际援助时考虑本国整体利益。既讲义利统一,又讲以义制利、见利思义,并以此来建构公正平等互利互惠的国际关系伦理或普世伦理。

正确义利观的基本特征是强调义利并重与义利统一,并在这种并重与统一的基础上主张以义取利、见利思义。在市场经济条件下,坚持正确义利观要求人们正确处理竞争与协作、自主与监督、效率与公平、先富与共富、经济效益与社会效益的关系,做到公平竞争又相互协作,自主经营又接受监督,讲究效率又兼顾公平,努力先富又促进共富,追求经济效益又讲究社会效益,反对见利忘义、惟利是图以及各种形式的不道德的谋利行为。正确义利观坚持个人利益与社会公共利益的统一,主张兼顾两者的关系,使其共同发展。但在社会的价值指向上,又反对简单地将两者置于同等重要的位置上,主张把国家和人民利益放在首位予以优先考虑和重点考虑。相对于复杂多元的利益架构而言,正确义利观要求把国家人民利益放在首位,以此来协调各种利益关系,因此正确义利观具有在利益结构中突出公利或整体利益的特征。这种公利同其他道德所推崇的公利的本质区别不仅在于它是一种真实的社会集体利益,而且在于它把国家利益和人民利益联系起来,扩展了"公"的范围,提高了"公"的程度和水平。正确义利观在人类历史上承认劳动人民利益的合道义性,并将其视为社会整体利益或社会公共利益的有机构成,主张"为全体人民的物质利益奋斗",坚持把是否有利于增进人民群众利益,是否有利于改善和提高人民群众的物质文化生活水平作为道德判断的标准。

正确义利观既立乎其内又着眼于外,含有内外兼修、内圣外王合一的基质。从其理论内涵和精神建构而言,正确义利观有其从国内走向国际的理论逻辑,它首先是一种中国义利观,然后又是一种国际义利观,其理论基石是利益共同体和命运共同体,本质内涵是互利共赢与平等相待,其基本要求是义利并重与以义制利,体现着对中国传统义利观和西方义利观的双重超越,同时又有对中国传统义利观和西方义利观精华的合理吸收。它主张正确认识和处理义利关系,超越狭隘功利论和抽象道义论的局限,将"义"与"利"辩证地结合起来,既坚持义利并重与义利统一的一般原则,又在并重与统一的基础上以义制利、见利思义。

三、 正确义利观的价值导向和价值引领

正确义利观是以习近平为代表的中国政府在处理对外关系中提出来的,它以各国共处地球村成为一个命运共同体为基本的价值视角,主张超越利益关系的对抗去发现和寻求共同利益和根本利益而实现共生共赢,同时主张维护国际正义,反对霸权主义,建设一个持久和平、共同繁荣的和谐世界。它宣示了一个崛起的中国以什么样的义利观念和价值理念取信于世界的道德风貌和伦理品质,完全能够为国际社会处理各种利益矛盾,建构共生共赢的国际关系提供价值导向和行动指南。

在当代国际关系伦理领域,以个人利益或权利为国际关系正义标准的世界主义和以共同体利益或发展为国际关系正义化身的社群主义可谓各执一端。世界主义虽然将单个的个体与作为整体的人类联系起来予以价值关切,但关切的重心和基点仍是对个体利益或权利和价值的推崇。个体利益或权利的优先性以及据此来建立普世的伦理关系构成世界主义的思想核心。社群主义价值关切的重心是国家而非个体,认为个体的意义与自我实现极大地依赖于所处的国家。故此有学者将社群主义称之为国家中心主义(state-centrism)或国家道德主义(state moralism)。[1]在社群主义者看来,道德基础不应建立在个人权利上,而应建立在人与人的社会关系中。"我们能在共同体中认识善,我们不能独自认识这一点。"[2]"善良生活决不会由独自一人获得,因为我决不能只作为个体寻求善或练习美德。"[3]世界主义对在个体利益的基础上建构普世价值赋予太多理想化的色彩,不仅忽略了国家和共同体利益的现实意义和价值,而且忽略了个体之间有可能造成的利益冲突。这种建立在个人主义基础上的普世主义对作为目的的平等的个人之间在利益的矛盾或差异方面缺乏有效的思考和对策。倘或个人之间发生利益冲突,人们就无法进行道德判断和价值选择。[4]这种对个人利益冲突提不出应有价值选择方案的理论势必无法将人类或世界作为一个价值整体来考虑。社群主义从个人利益与共同体利益的一致性来探讨利益关系,低估了社群利益与个体利益冲突的可能性。不容否认,绝大部分个人利益的发展与实现都有赖于其所属的共同体来实现,但也不能忽视个体利益与共同体利益发生矛盾的可能性。世界主义和社

群主义都因为坚持单一的价值观点从而无法正确认识当今世界格局中的义利关系,无法为建构健康有序的当代国际关系伦理做出应有的贡献。因此,超越世界主义和社群主义的对立,成为建构正确义利观的必然选择。

正确义利观对于矫正当今世界不正确或非正确义利观偏弊,建构既尊重各国核心利益和重大关切又注目人类整体利益和国际关系秩序的新型伦理价值观具有重大意义。正确义利观既主张尊重各国核心利益和重大关切,反对"以人权干涉主权"的"世界主义"或"普遍主义"价值观,又主张采取切实措施维护国际正义和人类整体利益,反对为了一国之私扰乱国际关系秩序的弃国际正义和人类整体利益于不顾的国家利己主义或民族利己主义。正确义利观用最简洁的文字、最凝练的思想和丰富内涵,向世界宣告了中华民族对建构新型国际关系伦理和全球伦理的主张和观点,成为中国在国际上弘扬公平正义、增强感召力和吸引力的一面鲜明旗帜。也表征着崛起的中国绝不走殖民者的掠夺老路,绝不效仿资本家的唯利是图作法,也不会像有的国家只那样只关注自己的一己私利,而是愿与世界各国共同发展,共同繁荣。把中国发展与世界发展联系起来,把中国人民利益同世界各国人民共同利益结合起来,不断扩大同各国人民的互利合作,以更加积极的姿态参与国际事务,共同应对全球性挑战,凸显了中国这一东方大国的价值取向和勇毅担当。

正确义利观主张在新的基础上将功利和道义有机地结合起来,既注重国际正义的建构与维护,国际道义的倡导与追求,又主张维护民族国家的核心利益并致力于推动各国和全球共同利益的实现,反对狭隘的民族利己主义和霸权主义以及罔顾国家核心利益的世界主义。

正确的义利观主张超越纯功利主义或纯道义论的藩篱,坚持义利并重、义利兼顾和义利统一的原则,正确对待和处理"义"与"利"的关系,既重视道义与责任,又强调彼此互利和共赢。在追求本国利益时兼顾他国合理关切,在施行国际援助时考虑本国整体利益。当今的世界,一些国家受非正确义利观驱使,为了暂时利益,忽视长远利益;重视物质利益,忽视精神价值;强调自身利益,忽略他人利益的现象不仅普遍还很严重,这只能导致利益关系的紧张和精神价值的缺失,诱发严重的国际关系冲突。因此,弘扬正确的义利观无疑有助于矫正非正确的义利观,抑制错误义利观的流播与危害,也是建设持久和平、共同繁荣的和谐世界所需要的指路明灯和价值导航。

正确义利观与马克思主义义利观和社会主义义利观是一种既一脉相承又与时俱

进的关系,它全面继承了马克思主义义利观和社会主义义利观的研究成果,同时又结合新的实践对之作出了创造性的发展,是马克思主义义利观和社会主义义利观的最新成果。正确义利观既来源马克思主义义利观和社会主义义利观,又是对马克思主义义利观和社会主义义利观的深化和发展。它在强调义利并重与义利统一的基础上更加注重和谐共生、共建共享与公平正义的伦理价值,更加注重对内对外的利益协调与道义关怀。正确义利观是对马克思主义义利观的继承和发展,代表着以习近平为总书记的党中央处理各种利益矛盾、解决利益纷争、追求和谐共赢的精湛智慧和价值理念。中国马克思主义者毛泽东、邓小平等人结合不同时期的任务和道德生活的要求,提出了颇富中国特色的马克思主义义利观。毛泽东主张无产阶级革命功利主义与革命道义论相结合的义利观,不仅把全心全意为人民服务视为共产党人的行动准绳和根本宗旨,而且倡导毫不利己专门论人的共产主义精神。邓小平提出了功利与道义相结合的社会主义义利观。正确义利观全面继承了马克思主义义利观特别是中国马克思主义义利观的精神实质和优秀传统,既一脉相承又与时俱进,对之作出了创造性的发展,成为马克思主义伦理思想中国化最新成果的重要组成部分。正确义利观是对社会主义义利观精神实质的科学总结和深刻阐释。从人类历史上诸种义利观的比较而言,社会主义义利观无疑是一种最为正确的义利观,它不仅充满对封建主义重义轻利、贵义贱利之义利观的批判,而且也是对资本主义重利轻义、贵义贱义之义利观的一种超越。社会主义义利观是在利益关系处理和对待中表现出来的,其基本要义是利益关系的整合、协调与兼顾,它要求把国家人民利益放在首位的同时又充分尊重公民个人的合法利益,并主张将两者有机地结合起来。正确义利观以社会主义义利观作为核心内容并对社会主义义利观作出创造性阐发,既注目于善的增长和"把蛋糕做大",又注目于正当的实现和"分好蛋糕",内涵着将公平与效率、竞争与协作、先富与共富以及经济效益与社会效益有机结合起来的价值合理性,极大地丰富和发展了社会主义义利观。

正确义利观主张超越传统重义轻利的道义论和近现代重利轻义的功利论的局限,超越世界主义和社群主义或普遍主义与特殊主义国际关系伦理的局限,强调既尊重国家主权和核心利益,又置重人类整体利益,建构新型平等主义的国际关系伦理价值体系,以造福各国和世界人民。

正确义利观既继承和发展了中国历史上以义制利、先义后利、义利统一的优秀传统,也是对社会主义义利观的科学总结和系统论述,是迄今为止代表义利观发展最高水平和最新成果的伦理价值观。它表征着中国特色社会主义道德的伦理品质和精神风貌,成为中国在国际上展现中国魅力和中国价值观的一面旗帜。正确义利观把中国发展与世界发展联系起来,把中国人民利益同各国人民共同利益结合起来,不断扩大同各国的互利合作,以更加积极的姿态参与国际事务,共同应对全球性挑战,凸显了中国这一东方大国的价值取向和勇毅担当,成为崛起的中国向外宣示自己价值追求和价值取向的道德泉眼或道德基本精神。

正确义利观是中国道德的核心基元和中国价值观的集中表达,成为新型国际关系伦理和世界伦理的价值基座,事关中国梦、亚洲梦、非洲梦、美洲梦与世界梦的共同实现,具有为各国谋福祉,为人类开太平的伦理功能和道德意义,理应受到一切具有道德良知和伦理共识的人们深刻而真挚的认同与拥戴。

参考文献:

［1］Heikki Patomaki. From Normative Utopias to Political Dialectics: Beyond a Deconstruction of The Brown-Hoffman Debate［J］. Millennium, Vol. 21, No. 1, 1992, p. 53, p. 73.

［2］Micheal Sandel. Liberalism and the Limits of Justice［M］. Cambridge Universrity Press, 1982. p183.

［3］Macinture A. The Concept of a Tradition［M］. in M. Daly ed. Communitarianism: A New Public Ethics, 1981. P124.

［4］Molly Cochran. Normative Theory in International Relations: A Pragmatic Approach. p. 95.

培育和践行社会主义核心价值观的主要道德阵地

向玉乔

（湖南师范大学　道德文化研究院）

社会主义核心价值观是当代中华民族在推进中国特色社会主义建设事业的过程中逐步形成的道德价值观念体系，它反映的是中国特色社会主义的内在道德要求，它的培育和践行也需要借助于社会主义道德建设的途径才能得到实现。培育和践行社会主义核心价值观无疑是一项社会系统工程，它的工作重点是必须将社会主义核心价值观融于三种主要道德的建设过程中。它们是官德、师德和青少年道德。本文称之为培育和践行社会主义核心价值观的三个主要道德阵地。

一、　培育和践行社会主义核心价值观的官德阵地

培育和践行社会主义核心价值观的首要道德阵地是官德。所谓官德，在中国传统社会，是指政府官员的道德修养状况；在当今中国，是指领导干部的道德修养状况。

什么是领导干部的道德修养？它是领导干部应有的职业道德涵养。担任领导干部是一种职业，与这种职业相关的道德就是官德。与师德、医德、商业道德等道德形式

作者简介：向玉乔，湖南师范大学道德文化研究院、中国特色社会主义道德文化协同创新中心教授、博导，主要从事伦理学基础理论、西方伦理学和政治伦理学研究。

Email：xiang8872086@163.com

一样,官德是一种职业道德,只不过它是一种仅仅适用于领导干部的职业道德。在人类社会,有多少种职业,就有多少种职业道德。每一种职业都有与之相适应的道德要求。"领导干部"这一职业也不例外。

官德历来受到人类社会的重视。中国儒家伦理思想尤其强调,为官者必须首先修身,修身重在修德,修德是齐家治国平天下的根本所在。正如《大学》所强调的那样:"自天子以至于庶人,壹是皆以修身为本。"[1]其意为,上至皇帝,下至普通老百姓,都是以修身修德作为根本的。儒家伦理思想还强调,修身修德是为官者获得百姓支持的必要条件。孔子说:"为政以德,譬如北辰,居其所而众星共之。"[2]其意指,如果政府官员能够以德行政,他们就会得到老百姓的普遍支持,这就好比北极星受到众多星辰拱卫的情况。在当今中国,党中央更是强调领导干部修德的重要性。习近平同志指出:"好干部的标准,大的方面说,就是德才兼备。"[3]显然在习总书记看来,衡量一个好干部的标准是德才并进,但德在先,才在后。

官德的重要性还在于,领导干部的道德修养状况能够在社会上产生广泛而有力的示范作用。在一个国家里,领导干部是国家公共权力的主要掌控者和运用者,并且能够在很大程度上主导国家的政治生活,因此,他们实际上充当着国家治理的中坚力量。正因为如此,领导干部在任何一个国家中的地位都是比较显赫的,担任领导干部也很容易成为国家公民普遍追求的人生理想。在官本位观念严重的社会里,领导干部甚至是绝大多数人羡慕和崇拜的对象,担任领导干部也被普遍视为最荣耀的事情之一。由于在国家生活中占据十分显要的位置,领导干部的所思所想和所作所为不仅容易成为广大社会公民关注的焦点,而且会对他们的行为产生上行下效的示范作用。一个国家的道德状况往往首先与它的官德状况有关。一般来说,如果一个国家的官德状况比较好,它的整体道德状况也比较好;反之,如果一个国家的官德状况比较差,它的整体道德状况也一定比较差。如果说每一个国家的发展都需要以道德建设为基础,那么,它进行道德建设的首要任务就是必须狠抓官德建设。

当今中国正在同时实施以德治国和依法治国的方略。要有效实施这两种方略,领导干部的角色和作用是关键。2015年2月2日,习近平在省部级主要领导干部学习贯彻十八届四中全会精神全面推进依法治国专题研讨班的开班式上,就曾经旗帜鲜明地指出,各级领导干部在推进依法治国方面肩负着重要责任,全面依法治国必须抓住领导干部这个"关键少数"。事实上,领导干部不仅是我国依法治国的"关键少数",而且是我国以德治国的"关键少数"。无论是推进法治,还是推进德治,领导干部都是举足轻重的中坚力量。只有在领导干部能够发挥模范带头作用的前提下,我国的法治和德治方略才能取得实际效果。

培育和践行社会主义核心价值观是我国实施以德治国方略的最重要环节,也是我国在改革开放时代推进官德建设的最重要环节。要实现以德治国的方略,关键是要借助于社会主义核心价值观来明确引导国家发展、社会建设和公民行为的道德价值目标,但要达到这一目的,最重要的是必须首先将社会主义核心价值观内化为领导干部的道德价值观念。领导干部是当今中国进一步推进改革开放和中国特色社会主义事业的组织者和领导者,他们培育和践行社会主义核心价值观的状况对整个社会起着不容忽视的示范和导航作用;因此,他们也应该充当培育和践行社会主义核心价值观的先锋队。可以说,社会主义核心价值观能否培育好,关键要看领导干部;社会主义核心价值观能否践行好,关键也要看领导干部。

要在培育和践行社会主义核心价值观方面发挥模范带头作用,领导干部的主要道德责任是必须用好他们手中的公共权力。领导干部都是掌握着一定国家公共权力的人,因此,衡量领导干部道德操守的最重要标准是看他们能否合理运用其掌握的权力。一些领导干部将他们手中掌握的国家公共权力视为私人权力,以权谋私,为所欲为,从而沦为贪污腐败分子,并且给国家和社会的发展带来巨大危害。要推动领导干部培育和践行社会主义核心价值观,就必须推动他们树立和践行用权为民、用权养民、用权利民、用权惠民的道德价值观念。如果领导干部不能树立和践行这些道德价值观念,他们就不能为建设富强、民主、文明、和谐的国家做贡献,不能为建设自由、平等、公正、法治的社会做贡献,也不能为培养爱国、敬业、诚信、友善的公民做贡献;相反,他们不仅很可能作为国家和社会的败坏者而存在,而且很可能作为广大社会公民的坏榜样而存在。

作为当今中国社会的"关键少数",领导干部应该在培育和践行社会主义核心价值观方面充当先行者、引领者和带动者。正如习近平总书记所说:"榜样的力量是无穷的,广大党员、干部必须带头学习和弘扬社会主义核心价值观,用自己的模范行为和高尚人格感召群众、带动群众。"[4]如果说社会主义核心价值观的培育和践行是一项社会系统工程,那么,它首先应该从领导干部抓起。带头培育和践行社会主义核心价值观是领导干部不可推卸的道德责任。

二、 培育和践行社会主义核心价值观的师德阵地

培育和践行社会主义核心价值观的另一个重要道德阵地是师德。师德是指教师的道德修养状况。什么是教师的道德修养？它意指教师的职业道德涵养。教师是一种重要职业，并且有相关的职业道德要求。师德就是这种职业道德要求在教师身上得到内化的现实表现。师德的重要性是由"教师"这一职业的存在价值决定的。

人类的生存活动比其他动物的生存活动要复杂得多。这是因为人类必须时刻保持其生存的文明性，而其他动物仅仅需要在本能的驱动下野蛮地生存着。文明是区分人类和其他动物的界线。为了使自身的生存状态具有文明性，人类不仅需要对他们的自然本能进行有意地抑制，而且需要发明道德、法律等各种各样的社会规范来规约他们的行为；或者说，人类必须借助于各种各样的社会规范来阻止他们自己退回到低等动物的野蛮状态。本能的生存是不需要学习的，但文明的生存是需要学习的；因此，人类的生存活动必须建立在学习基础之上。学习是人类生存的一个必要条件，也是人类生存的一个重要内容。要成为文明人，人类必须在学习中锤炼自己的人性。

学习的价值有两个维度。一方面，它能够帮助一代又一代的人类获得人之为人的文明性；另一方面，它为人类的教育活动提供了合理性基础。"教育"总是和"学习"相比较而言。既然人类必须学习才能作为文明人而生存，教育就是人类不可或缺的一项重要活动。教育是人类为了满足其自身的学习目的而发明的一项活动。人类需要不断开展学习活动，也需要不断开展教育活动。"学习"和"教育"相辅相成，它们不仅共同推动着人类从低级文明走向高级文明，而且催生了人类社会的一种重要职业——教师职业。教师就是适应人类要求学习和教育的现实需要而产生的一种职业。

教师是人类社会最崇高、最光荣的职业，因为它不仅是联结人类学习活动和教育活动的纽带，而且是保证人类文明得以不断传承的重要桥梁。领导干部主要是通过他们使用国家公共权力的方式来影响人类社会的。与领导干部不同，教师对人类社会的影响主要是通过教育的途径来体现的。在传统社会，教育主要借助于家庭、私塾、社会等形式来进行；在现当代社会，教育主要借助于学校来进行。教师就是专门从事教育工作的人，他们的职责是教书育人。"教书"意指教师具有传授思想、理论和知识的职责；"育人"意指教师还具有塑造人的品格、灵魂和精神的职责。在现实生活中，教师之所以被称为"人类灵魂的工程师"，是因为他们所从事的教育工作能够对受教育者的心

灵起到强有力的塑造、净化和提升作用。教师是推动人类社会发展的一支重要力量。正因为如此,教师在人类社会历来具有比较高的社会地位。在中国,甚至一直以来流传着"一日为师,终身为父"的说法。

教书育人是教师的道德责任,但并非所有人都有资格来承担这种道德责任。纵观人类社会发展史,只有那些能够真正为人师表的人才有资格成为教师。教师应该有大师风范,而不是"照本宣科"的机器。他们的所思所想和所作所为不仅会对受教育者个人产生巨大影响,而且会对人类社会的发展产生深刻影响;因此,他们既应该成为学问大师,也应该成为品行大师。正如习近平总书记所说:"教师要时刻铭记教书育人的使命,甘当人梯,甘当铺路石,以人格魅力引导学生心灵,以学术造诣开启学生的智慧之门。"[5]教师的光荣在于教书育人的光荣;教师的伟大在于教书育人的伟大。

在当今中国,教师"教书育人"的一个重要使命是必须将社会主义核心价值观教育融于他们的职业活动之中。习近平同志明确指出,社会主义核心价值观"要从娃娃抓起、从学校抓起,做到进教材、进课堂、进头脑。"[6]可见,传播社会主义核心价值观是我国教师的共同使命。要完成这一使命,教师不仅应该深入系统地认识、理解和把握社会主义核心价值观的精义和内涵,而且应该成为培育和践行社会主义核心价值观的模范。

要推动教师做培育和践行社会主义核心价值观的模范,就必须进行教师队伍建设。从目前的总体情况来看,我国的绝大多数教师在坚守着"教书育人"的神圣使命,并且努力"为人师表",因此,他们能够在培育和践行社会主义核心价值观方面发挥表率作用。不过,进入改革开放时代之后,由于物欲横流、唯利是图、贪污腐败等等丑陋社会现象对校园形成了巨大冲击,加上师德建设在我国各级学校普遍遭到了严重忽略,教师背德、丧德、失德的现象在我国也呈现出日益严重的态势。

有些教师以工资待遇不好为借口,在教学工作中敷衍塞责。他们不认真备课,不勤于科研,不积极进取,把课堂当成发泄个人牢骚的场所。这样的教师对教育事业缺乏真诚的爱,因此,他们不可能在教育工作中表现出应有的乐观精神和奉献精神。他们往往将自己的悲观主义人生态度带进课堂,对学生的成长造成极其严重的消极影响。

有些教师滥用手中的行政权力或学术权力,以权谋私。在当今中国,各级学校均存在比较严重的行政化问题,官本位问题也比较突出,因此,"教师想当官"的现象十分普遍。有些教师不安心于本职工作，千方百计到政府机关或学校谋个一官半职。这样的教师一旦掌握一定的行政权力或学术权力，贪污腐败往往就成为他们的行为特征。

有些教师用实利主义的眼光看待师生关系，唯利是图，将学生当成"摇钱树"来看待。这样的教师将教书育人的神圣职责抛之脑后，以"财"取人，利用教师节、春节、过生日等等机会榨取学生的钱财，将师生关系变成纯粹的经济利益关系。

有些教师弄虚作假，剽窃他人学术成果，在社会上产生了极其恶劣的影响。他们急功近利，出于职称晋升、沽名钓誉等等目的而置学术道德于不顾，侵犯他人的知识产权，甘愿做学术道德的破坏者和诚信危机的加剧者，从而对我国学术的发展造成非常恶劣的影响。

有些教师在课堂课后不注意自己的言行，胡言乱语，致使教师队伍的整体形象遭受损害。这样的教师要么存在过分推崇西方价值观念的问题，要么存在对我国社会现实缺乏了解的问题，要么存在缺乏社会责任感的问题，要么存在缺乏师德修养的问题，要么存在哗众取宠的问题。

上述问题说明，我们不能想当然地认为教师必定能够充当培育和践行社会主义核心价值观的模范或表率。我国目前所拥有的教师队伍并不是整齐划一的。绝大多数教师尽职尽责，确实堪称"教书育人"、"为人师表"的楷模；因此，他们能够承担培育和践行社会主义核心价值观的重任；与此同时，我们也不得不承认，由于存在思想道德修养不到位等问题，一些教师并不能在培育和践行社会主义核心价值观方面发挥应有的表率作用。要推动教师做培育和践行社会主义核心价值观的模范或表率，必须将社会主义核心价值观教育作为师德建设的核心任务来加以重视。教师并不是天生就能够教书育人、为人师表的人。与其他人一样，教师需要在不断的学习中才能成长起来。学习也是教师应有的一种美德。教师对社会主义核心价值观的认识、理解和把握也可能存在不深入、不到位的问题。在培育和践行社会主义核心价值观的问题上，教师也需要学习。

与领导干部一样，教师的所思所想和所作所为在社会上也具有不容忽视的示范效应。在现当代社会，几乎所有人都必须经过教师的教育才能够成为融入社会生活的人才。教师既是绝大多数人的学问导师、知识导师，也是绝大多数人的人生导师、品德导师。正因为如此，要在当今中国很好地培育和践行社会主义核心价值观，我们必须重视师德建设。师德是教师的灵魂，也是教育的灵魂。没有师德支撑的教师不堪为人师表。没有师德支撑的教育只能是腐败堕落的教育。当今中国要完成培育和践行社会主义核心价值观的使命，也应该高度重视"师德"这一道德阵地的建设。

三、 培育和践行社会主义核心价值观的青少年道德阵地

婴幼儿和儿童是人类没有道德价值观念的年龄阶段，因此，他们没有被要求具有明辨是非善恶美丑的能力。也正因为如此，他们可以随心所欲地哭闹、说话和做事，从而使他们的生活充满着童真、童趣，而成年人并不能对他们进行道德上的指责。"天真无邪"是他们能够免于道德谴责的根本原因。没有道德价值观念的婴幼儿和儿童往往本能地生活着，他们的生活简单而自然、天真而率性、自由而快乐。自由自在是他们的生活特点，也是他们的幸福所在。

青少年时期是人类最有挑战性的年龄阶段。这一年龄阶段的人必须学习适应社会生活的各种知识、技能和手段，必须把绝大部分时间花在学习上面。更重要的是，他们必须逐步培养人类社会所需要的各种道德价值观念；否则，他们的所思所想和所作所为就不能得到社会的认可和接受。可以说，青少年时期是人类逐渐养成道德价值观念并以此作为其最重要生存资本的人生阶段。孔子所说的"不惑之年"（40 岁）其实是横亘在青少年和成年之间的一条年龄分界线。青少年以达到"不惑"作为终点，成年人则以"不惑"作为起点。所谓"不惑"，是指人类能够明辨是非善恶美丑的事态；或者说，它指人类能够正确地做出是非判断、善恶判断和美丑判断的事态。

道德价值观念是人类参与社会生活的道德资本；因此，培育道德价值观念的青少年时期往往被视为人类的黄金年龄阶段。这一年龄阶段对于青少年本身来说是最珍贵的，对于人类社会来说也是最珍贵的，因为它预示着青少年未来人生的成败，也预示着人类社会未来发展的成败。对于某个个人来说，只要拥有成功的青少年阶段，他的人生至少成功了一半。对于一个社会来说，只要拥有成功的青少年，它的未来发展就充满着成功的希望。青少年的成功主要在于道德价值观念的成功。正因为如此，任何一个致力于追求可持续发展的国家和社会都会高度重视培养青少年的道德价值观念。

青少年的道德价值观念之所以重要，原因主要有两个：一是因为它们决定着一个国家和社会的未来价值取向，事关一个国家和社会的未来发展前景；二是因为它们处于养成和确立阶段，具有很强的可塑性，能否抓好这一年龄阶段的道德价值观念建设至关重要。正如习近平总书记所说："这就像穿衣服扣扣子一样，如果第一颗扣子扣错

了,剩余的扣子都会扣错。人生的扣子从一开始就要扣好。"[7]青少年是一个国家和社会的希望所在,而培养青少年的关键是必须帮助它们养成和树立正确的道德价值观念。只有帮助青少年在人生的关键时期扣好"道德价值观念"这一颗扣子,他们才能步入真正成功的人生道路,也才能真正点燃一个国家和社会的未来希望之火。

当今中国要培育和践行社会主义核心价值观,也必须高度重视在青少年中间传播社会主义核心价值观的工作。要在青少年中间传播社会主义核心价值观,就是要鼓励朝气蓬勃的青少年深入系统地了解我国社会发展的未来价值取向,就是要推动他们深入系统地了解当代中华民族正致力于建设什么样的国家、建设什么样的社会、培养什么样的公民,就是要促使他们深入系统地了解当代中华民族精神的精髓,就是要让他们深入系统地了解当代中国价值观念与中国传统价值观念、西方资本主义价值观念的区别。

青少年是我国不断推进中国特色社会主义建设事业的未来希望。中国特色社会主义是必须用社会主义核心价值观武装起来的社会主义。它不仅需要显示与西方资本主义相比较的优势,而且需要展现可持续发展的魅力。在与西方资本主义相比较的过程中,中国特色社会主义的最大优势应该通过它的核心价值观念来体现。在展现可持续发展的魅力方面,只有坚持社会主义核心价值观,中国特色社会主义才能具有最坚实的道德合理性基础。要完成这两大使命,推动青少年培育和践行社会主义核心价值观是题中之义。

需要特别强调的是,由于青少年正处于养成和确立道德价值观念的年龄阶段,如果我们不能推动他们培育和践行社会主义核心价值观,其他形态的价值观念就会趁虚而入,并占据我国青少年的头脑。正因为如此,自第二次世界大战以来一直千方百计搞"和平演变"的西方资本主义国家总是妄图通过对我国青少年进行价值观念入侵来达到它们瓦解社会主义中国的邪恶目的。"和平演变"又被称为"颜色革命"。所谓"和平演变",是以美国为首的西方资本主义国家在用武力颠覆社会主义国家难以奏效的时代背景下,妄图通过操控社会主义国家的青少年的价值观念来达到不战而颠覆社会主义国家的邪恶目的而实行的一种战略。20世纪80年代末90年代初发生的前苏联解体和东欧剧变都是西方资本主义国家实施"和平演变"战略的结果。对此,当今中国不能不保持高度警惕。

要很好地培育和践行社会主义核心价值观,我们必须有长远的眼光。这不仅意味着我们在培育和践行社会主义核心价值观方面应该有持久用力、持久用功的思想准备,而且意味着我们应该将培育和践行社会主义核心价值观的长远希望寄托在那些正在茁壮成长的青少年身上。社会主义核心价值观的培育和践行绝非一朝一夕的事情,只有放眼未来和长远,我们才能高度重视在青少年中间培育和践行社会主义核心价值观的工作。在培育和践行社会主义核心价值观方面,我们应该着眼于长远,而不是仅仅立足于当下。争取青少年,鼓励青少年培育和践行社会主义核心价值观,社会主义核心价值观才能展现可持续存在的价值和魅力。

四、 结语

官德、师德和青少年道德是衡量一个国家或社会道德状况好坏的主要指标。如果一个国家或社会的官德、师德和青少年道德昌明、强盛,则该国家或社会的整体道德状况比较好;反之,如果一个国家的官德、师德和青少年道德黑暗、软弱,则该国家或社会的整体道德状况必定很糟糕。作为社会主义道德价值观念的最重要内容,社会主义核心价值观在当今中国的培育和践行状况所根本上取决于它融入我国官德、师德和青少年道德的程度。

社会主义核心价值观的培育和践行需要具体的道德载体。这既是社会主义核心价值观彰显其生命力的最有效途径,也是社会主义核心价值观影响当今中国社会的必经之地。只有以官德、师德、青少年道德等具体道德形式为载体,社会主义核心价值观才能真正融入人们的道德生活之中。在培育和践行社会主义核心价值观方面,领导干部、教师和青少年群体应该担负主要责任,与之相关的官德、师德和青少年道德也是培育和践行社会主义核心价值观的三个主要道德阵地。只有重点解决好如何将社会主义核心价值观融入当今中国的官德建设、师德建设和青少年道德建设的问题,社会主义核心价值观的培育和践行才能展现出成功的希望。

参考文献:

[1] 大学·中庸[A].颜培金、王谦,注译.武汉:崇文书局,2009:14.

[2] 孔子.论语[A].北京:外语教学与研究出版社,1998:12.

[3][4][5][6][7] 习近平.习近平谈治国理政[M].北京:外文出版社,2014:412,164,
175,164－165,172.

社会主义核心价值观与教育伦理的实现路径

糜海波

（南京森林警察学院思政部）

社会主义核心价值观是社会主义意识形态的本质体现，是社会成员共同的精神支柱和行动指南，对整个社会的精神文明建设和思想道德实践具有普遍指导意义。教育伦理学作为引导教育者在教育活动中求善、行善的价值科学，必须彰显时代精神、适应时代发展的要求，确立社会主义核心价值观的价值主导地位，以丰富和完善自身的理论体系，推进我国的教育道德建设。教育伦理是社会伦理道德在教育领域的特殊反映，受社会价值规范的制约，因而其价值追求与社会的主导道德价值观是一致的。本文将探讨教育伦理的文化本质和价值意蕴，揭示其和核心价值观之间的内在联系，并提出在教育伦理中实现社会主义核心价值观的路径选择。

一、价值观：教育伦理的文化内核

社会基本结构由经济、政治和文化所构成，伦理是做人的道理和行为之应当，属于

基金项目：教育部人文社会科学研究基金规划项目"师德的现代转型及其评价研究"（14YJA880053）

作者简介：糜海波，南京森林警察学院思政部教授，博士后。主要从事教育伦理学研究。

Email：nanjingmhb@126.com

文化的范畴。在社会意识层面,文化可分为精神文化、制度文化和行为文化,它们都以社会的伦理道德为基础。中国传统文化以儒家文化为核心,儒家文化又是以儒家伦理思想为其中坚和轴心。因此,从人们的生活方式、心态结构和行为方式来看,伦理是文化中最具代表意义的构成要素。文化展现为伦理,伦理也表现文化。如果说,伦理决定了人的行为"做什么"、"怎么做",这是文化的外观;那么价值观解决的则是"为什么做"的问题,这是文化的内核。从这个意义上说,文化的根本就是社会的价值观,文化的社会作用最主要就是价值观的作用。教育伦理既有伦理的特殊性,又有伦理的一般性,以社会的和文化的因素为基础,其内核也在于它的价值观。有怎样的社会价值观就有怎样的教育伦理,在深层次上,教育伦理的类型反映社会价值观的类型。

教育伦理作为对教育者行为之应然的设定,总是蕴含着一定社会的价值期待,并体现为一种自觉追求的价值目标、价值理念和价值取向。这种价值观作为教育伦理的"魂灵"或"内核",实际上就成为评判教育善恶的道德标准。价值观是一定社会历史条件的产物,社会历史的发展引起价值观的变迁,这样,教育伦理的价值尺度也就随之变迁。中国传统社会,认为"女子无才便是德",所以是不主张女子受教育的。而现代社会,主张男女平等,赋予女子和男子同等的受教育权利,坚决抵制不让女子受教育的丑恶现象。因此社会价值观念不同,教育善恶标准就不同。尽管基于教育的历史继承性和基本规定性,教育伦理的价值观念在不同的时代、不同的社会也存在共同性。但社会价值观作为思想上层建筑,具有时代性和阶级性。正如马克思、恩格斯所指出的:"人们的观念、观点和概念,一句话,人们的意识,随着人们的生活条件、人们的社会关系、人们的社会存在的改变而改变。"[1]而"一切以往的道德论归根到底都是当时的社会经济状况的产物"[2]。道德的基础是利益,价值观本质上是对人们利益关系认识的结果,所以价值观决定道德观。教育伦理作为一种道德秩序,其性质取决于它的价值观。

社会核心价值观对教育伦理具有价值定向、价值认同和价值评价的作用:

首先,社会核心价值观对教育伦理具有价值定向作用。教育伦理实践是一种求善的活动,它不是盲目的,而是自觉地追求一定的价值目标,体现教育的合目的性。社会价值观总是要凝结为具体的价值目标和价值理想,并为教育主体提供明确的价值导向和价值追求。教育主体的行为选择无不渗透着个人的价值观念,但从人的社会化意义上说,个人的价值观念依附于社会的普遍价值观。尽管因为个体差异和德性境界不同,教育者个人的价值观念具有多元性,其追求的价值等级也存在高低之分,但在价值方向上它和社会主导价值观应保持一致。否则,就会发生价值冲突,并导致教育伦理之实然与应然的分离。

其次,社会核心价值观对教育伦理具有价值认同作用。教育伦理作为社会的要求,只有当教育者对其合理性和科学性有了认同,才能被有效内化并得到遵行。教育行为主体对教育伦理的认同,实质上就是对其内在的道德价值认同,在此基础上才会形成共同的道德信念。因此,教育者对某种教育伦理的服膺和信守,是以其具有道德合理性为前提的,而道德合理性从根本上说乃是它的价值合理性。任何社会的教育伦理作为社会意识形态的一部分,都不得不反映社会的价值观,都离不开核心价值观的支撑,它作为具有符号意义的信仰和观点在唤起并赢得教育者的认同与服从上起着引领作用。因为,人们对教育伦理的认同不是来自于权力的强求,而是意指其内心的一种态度,以及对其道德合理性的价值认同。

再次,社会核心价值观对教育伦理具有价值评价作用。教育伦理的要旨在于依据一定的伦理价值体系和规范体系将教育主体导向善的境界。教育伦理的任务之一就是对教育者所实施的教育行为进行伦理评判和道德评价,促使他们在面临道德冲突时选择一条正确的行为路线。道德评价必须依据一定的标准,这是衡量、判断教育行为善恶的准绳和标尺。教育道德评价标准具有社会性和职业性,它既要反映社会的价值主张,也要体现教育劳动的道德本质。这一标准包含了社会主导道德价值观与教育道德原则和规范,后者实质上也是前者价值实现的载体。因此,教育伦理道德评价的实质就是以社会主导道德价值观为核心的价值评价。只有明确了价值标准,教育伦理才能对教育行为的道德价值进行判断和分析。

二、 社会主义核心价值观:教育伦理的道德形态

任何社会形态的延续发展都需要精神文化的支撑,都存在由社会基本制度决定的主导价值观,它是政治共同体"团结统一的水泥"。"仁、义、礼、智、信"是我国封建社会的核心价值观;"自由、民主、人权"是资本主义社会的核心价值观;"富强、民主、文明、和谐","自由、平等、公正、法治","爱国、敬业、诚信、友善"是社会主义的核心价值观。核心价值观反映社会意识的本质,是统治阶级意志和利益的集中体现,也是占统治地

位的思想。马克思、恩格斯指出:"占统治地位的思想不过是占统治地位的物质关系在观念上的表现,不过是以思想的形式表现出来的占统治地位的物质关系。"[3]核心价值观是政治理性和道德共识的统一,为社会提供理想信念、价值准则和行为规范,它渗透在社会生活的各个领域,影响着人们的思想观念、思维方式和价值取向。

核心价值观作为一种应然的价值,要转化为实然的价值必须借助于一定的规范。规范是实现价值的规则体系,是实现价值目标的手段。"一切价值体系都要通过规范引申为人们行动的规则,才能具体指导人们的行动,实现价值指导活动的功能。"[4]道德作为一种特殊的规范,以实践精神的方式承载价值,又是实现价值的行动。因此,核心价值观乃是社会道德的精神形态,具有道德的意蕴。正如习近平同志所说:"核心价值观,其实就是一种德,既是个人的德,也是一种大德,就是国家的德、社会的德。"[5]

社会主义核心价值观作为主流道德,犹如一道"普照的光",成为当代中国教育伦理共享的道德形态。教育伦理旨在引导教育行为主体趋向于教育善,它要对教育者提出社会的道德要求,而社会道德要求不是一成不变的。随着社会经济政治制度及其核心价值观的进步,教育伦理必然要呈现与之相适应的道德形态和精神追求。教育伦理的价值合理性就在于它与社会主导道德相一致,否则就无现实的可行性。可以说,每一社会的教育生活史和教育伦理思想史,都记载着时代的特征。因此,寻求道德规范的价值合理性,应剔除由于社会价值观的变迁而失效的教育伦理,代之以与现代生活相适应的新型教育伦理。这也就是重建教育者的精神家园、再塑教育者的价值理想的问题。

作为教育伦理道德形态的社会主义核心价值观,是科学性与人文性的融合。其一,它以马克思主义为指导思想。马克思主义是科学性与道德性的内在统一,揭示了自然、社会和人的发展规律,又以实现人类解放为最高价值理想,其精髓就是"以人为本"。教育的中心是"人",其本质就是对人的伦理的解放,使人从无教养的自然状态向理性的文明状态提升,促进人的全面自由发展。人的发展是社会进步的根本标志。因此,促进社会进步和人的发展是现代教育的价值合理性依据。其二,它弘扬了优秀传统文化。社会主义核心价值观吸取了儒家伦理思想的精华,传承了中华民族精神及交往实践智慧,这是十分重要的知识传统和文化血脉。以核心价值观为新的道德形态,也意味着教育伦理要以传统文化为"本根",积极继承历史道德遗产,弘扬优秀师德传统,使之服务于中国教育现实。尤其是以儒家为代表的中国传统文化讲"人伦"、重"人情",形成了"道德至上"的思维模式和"身任天下"的伦理意识,其基本价值精神是"仁"和"义"。"仁者人也、义者宜也,仁者爱人、义者循理。"这可以解释为教育伦理提出的爱与责任范畴。可见,核心价值观、优秀传统文化与教育伦理之间,有着共同的道德诉求。其三,它借鉴了人类文明发展的优秀成果。社会主义核心价值观不是无根的、孤立的,而是自主的、开放的,它顺应历史发展趋势,承接人类优秀文明成果,吸收了资本主义社会所创造的社会进步要素,既具有世界眼光,又富有中国内涵。它倡导的民主、自由、平等、人权、公正、法治等价值理念,是西方启蒙运动后思想家提出的进步的伦理观。这些突出人文关怀的伦理观,既有社会政治色彩,又有普遍道德意义,从而为教育伦理转变道德观念提供了价值依据,丰富和发展了现代教育的伦理精神和道德取向,成为教育伦理转型发展的时代诉求,也是教育伦理实践的价值准则。

总之,"富强、民主、文明、和谐"是以马克思主义为指导的中国特色社会主义共同理想的价值目标,也是教育伦理的政治维度。教育伦理的历史标准在于有利于社会生产力发展,教育为民主参与培养"社会人"、"政治人"和"文化人",教育提升社会精神文明水平,教育和谐是社会和谐的重要基础。从这个意义上说,"教育是人类一项杰出的道德事业。""自由、平等、公正、法治"昭示了社会道德观念的时代诉求,教育自由、教育平等、教育公正、教育法治成为教育伦理现代转型的标志性内涵。"爱国、敬业、诚信、友善"作为公民个人层面的价值准则,也是教育行为主体应遵循的基本道德规范。因此,社会主义核心价值观的宏观、中观和微观层次,构成了教育伦理的一种系统的道德形态。

三、 践行社会主义核心价值观:教育伦理的路径选择

在社会转型时期,利益格局的重组引发了人们观念的转变,"现代人的日常生活面临着多元的、相互冲突的道德价值,面临着现时代的精神生活秩序与道德秩序的混乱。"[6]教育伦理也面临着社会变革带来的挑战和冲击。一方面,核心价值观的提出,为教育道德选择提供了公共价值指向,与时代相契合的教育伦理精神正在成长;另一方面,教育伦理遭遇着"精神缺失"或"理想失落"的困境,教育产业化、市场化和商品化的运作,导致教育工具理性对目的理性的遮蔽,教育的科学主义与人文主义之间产生裂痕,教育理想倾向于碎片化、功利化、实用化、物质化。多元化的价值观念和多样化

的社会意识在侵蚀着教育者的思想。受此影响,教育者的道德状况和价值取向也呈现多元、多样的态势,"义"与"利"的冲突和抉择成为人们普遍的道德困惑。生活中人们能够觉察而并非鲜见的是,教育道德失范时有发生,教育腐败问题冥顽不化,教育道德关系出现异化。教育在本质上是向善的,只有善的教育,才是真正有价值的教育。教育历来以教人为善自居,教育者的道德状况对受教育者的思想和行为有着直接的、深远的影响。因此,践行社会主义核心价值观,提升教育者的道德水准,努力推进教育道德建设,是教育伦理扬善抑恶的必然选择和现实要求。

教育伦理从伦理道德的视角对教育活动进行价值导向和行为规制,它的宗旨就是以教育善为目标取向,这种教育善的意识形式指向社会主导的道德价值观。教育伦理是形而上的价值精神与形而下的道德践履的统一,是规范性与主体性的统一,也是内在美德与外在德行的统一,它通过教育行为见证价值追求。因此,为了使教育者自觉践行社会主义核心价值观,应将这种价值善化为教育伦理的实践精神,使这种社会道德变为教育者认同和奉行的个人品德。教育伦理的这一实现路径,包含了以下主要方面。

首先,树立核心价值观的教育道德理想。恩格斯指出:"在社会历史领域内进行活动的,是具有意识的、经过思虑或凭激情行动的、追求某种目的的人。"[7]教育是进行某种价值追求的活动,作为一种求善的人类活动,教育者是在意识的支配下,基于一定的教育道德理想来做出正确的行为选择,从而使行为实践朝着社会期待的价值方向行进。因此,践行核心价值观内在地要求其成为教育者追求教育价值实现的教育道德理想。教育道德理想作为一种应然的价值精神,借助于伦理目标,引导着教育行为主体对现实中的价值扭曲、道德失范现象予以审视和反思,从而不断超越教育道德之实然。教育者树立以核心价值观为指针的教育道德理想,就是以科学的世界观、人生观和价值观主导个体的思想和行为,坚定教育从善的信念,增强教育劳动的责任感与使命感,抵制各种错误和腐朽价值观的侵蚀,化解心理失衡、信仰危机和道德困惑。教育道德理想是主体自我建构的精神动力,缺失了这一精神动力,教育善的持久实现是不可想象的;而树立了核心价值观的教育道德理想,就为教育者道德理想人格的塑造提供了符合社会进步道德要求的标准和向导。

其次,设定核心价值观的教育道德规范。核心价值观作为一般的、抽象的价值观念,只是暗示人们行为的方向和原则,这种观念的价值要成为现实的价值,还必须转化为指引教育行为的具体规范。作为一种"形而上"的预设,核心价值观必须通过教育者具体的行为方能得以现实化,而行为是以规则为界限的,规则关涉价值秩序的达成。因此,从逻辑上说,设定教育道德规范是行为主体践行核心价值观的先决条件,它是联系核心价值与教育行为的中介和桥梁,没有这一载体,核心价值就无所附依,失去规范的制约,价值的实现也就只能是一种美好的愿望。教育道德规范对主体意志和行为具有外在约束性,体现了道德的他律性,这是教育道德自由的必然性限度。它以道德义务的形式规定教育者行为之应然,又蕴含着社会的价值要求,这样,教育者对教育道德义务的履行实质就是对社会核心价值观的践行。马克思说:"道德的基础是人类精神的自律。"[8]教育道德规范区别于其他社会规范的特殊性在于其自律性,即教育行为主体把道德规范的外在约束转换为内在约束,由原来的外在价值导向转换为内在的价值取向,从而实现对核心价值观的内化。教育者道德自律的最高体现便是教育良心,在践行核心价值观的过程中表现为意志对个人爱好和欲望的把握。它的形成既关乎教育道德的命运,又是核心价值之"应然"的善转变为现实"活的善"的内在精神力量。

再次,培育核心价值观的教育道德主体。作为教育伦理价值理性的道德要求,核心价值观对教育者行为具有导向和规范意义,但道德的自律性本质决定了道德价值的实现还要依赖道德主体的主体性,即把道德规范内化为道德品格。从价值论的角度说,价值是主客体之间的一种关系,它实质上是人的主体性在客体中的对象化,主体性是主体的本质属性。只有培育教育道德主体,才能充分发挥教育者在践行社会价值观中的自觉性、能动性和超越性。没有道德主体性的发挥,教育者对核心价值观的践行则是被动的、盲目的。践行核心价值观需要教育者具备良好的德性,这是教育伦理实现自身价值的内在保证,也是教育主体发挥道德主体性的结果。教育者的道德主体性包含了教育道德理性、教育道德情感和教育道德能力等基本要素。第一,教育者是理性主体,其对行为应遵循的价值原则和道德规范,总有一定程度的理性自觉。教育者具有了教育道德理性,对核心价值观有了理性认知和深刻把握,才能出于理性判断而自觉践行。第二,教育者是情感主体,其道德行为伴随主观态度,这是一种具有动力意义的心理倾向。列宁曾言:"没有人的感情,就从来没有也不可能有人对于真理的追求。"[9]教育者只有对核心价值观产生积极的情感认同和道德体验,才会自觉自愿地信服和践行。第三,教育者是能力主体,教育领域是一个充满善恶矛盾的世界,践行核心价值观需要行为主体具有善恶的价值判断能力、道德自制能力和道德选择能力。因此,只有提高教育者的教育道德能力,才能使之自主而自由地践行社会核心价值观。

最后,推动核心价值观的教育道德实践。社会主义核心价值观是社会倡导的一种新型的人际关系和行为方式,又是时代精神的集中体现和价值表达。教育伦理作为反映时代要求的价值目标,既要在道德理论上形成与核心价值观相一致的道德观念,也要在道德实践上自觉地体认和践行核心价值观。践行核心价值观不是停留于认知和观念的层面,而是要把它转变为教育伦理的精神实践。教育伦理的实践品格决定了只有通过教育道德实践,才能使核心价值观的价值理想变为现实。只有在教育道德实践中,使核心价值观成为教育主体的交往理性,才能构建和优化教育活动中的各种道德关系。也就是说,要使核心价值观从意识范畴进入到实践范畴,既内化为教育者的道德信念,又外化为教育者的道德行动。如果说,价值的本质在于人的创造,那么,脱离实践的价值认识就只能是一种"善良意志"。从事实认识进到价值认识从而指导实践,这是人类活动的基本次序。就教育伦理的目的而言,践行核心价值观的实际意义在于推动教育道德实践。教育者只有积极投身于教育道德实践,将核心价值观变成日常的教育行为准则,融入教育的生活世界,才能使价值认识与价值实践统一起来,并养成一种优良的道德习惯。教育道德实践是核心价值观从应然转变为实然的基本途径,但这种转化的理想实现离不开教育伦理评价。教育伦理评价"以人们现有的行为事实为对象,向行为主体传递其行为的道德与不道德、应该与不应该的价值信息,以此推动人们行为从现有向应有转化"。[10] 社会主义核心价值观作为教育者行为之应当,是社会生活的客观要求在教育领域的具体体现,它既具有现实基础又反映了道德的社会本质和发展规律,因而是教育伦理评价的一个根本性标准。

参考文献:

［1］［3］马克思恩格斯选集.第1卷[M].北京:人民出版社,1995:291,52.

［2］马克思恩格斯选集.第3卷[M].北京:人民出版社,1972:134.

［4］袁贵仁.价值观的理论与实践[M].北京:北京师范大学出版社,2006:82.

［5］习近平.青年要自觉践行社会主义核心价值观——在北京大学师生座谈会上的讲话[N].北京:人民日报,2014-05-05.

［6］金生鈜.德性与教化[M].长沙:湖南大学出版社,2003:2.

［7］马克思恩格斯文集.第4卷[M].北京：人民出版社,2009：302.

［8］马克思恩格斯全集.第1卷[M].北京：人民出版社,1995：119.

［9］列宁全集.第22卷[M].北京：人民出版社,1958：226.

［10］孔润年.论道德现象的特点[J].伦理学研究,2004,(2).

高校社会主义核心价值观培育的三个基本维度

陈红英

（南京晓庄学院）

习近平总书记在北京大学师生座谈会上的讲话中指出："道不可坐论，德不能空谈。于实处用力，从知行合一上下功夫，核心价值观才能内化为人民的精神追求，外化为人们的自觉行动。"[1]实际上这为高校师生社会主义核心价值观培育指明了方向。当下高校师生价值观状况是一个多元多样价值观并存的实然价值世界，要培育的应然价值目标是一个以"三个倡导"为核心的社会主义核心价值观，而要实现从实然价值世界到应然价值目标的飞跃则必须树立榜样，坚持"教学做合一"的能然体验。基于此，高校师生社会主义核心价值观培育必须把握"实然"、"应然"和"能然"三个基本维度，立足"实然"，从当下高校师生价值观的实际情况出发；强调"应然"，积极引导广大师生树立社会主义核心价值观的理想目标；重视"能然"，将高校师生社会主义核心价值观培育的落到实处。

一、实然、应然和能然

1. 实然与应然

当代伟大的政治哲学家奥克肖特认为，"实然"（be）世界就是指"当下"的世界，

作者简介：陈红英，湖南娄底人，南开大学哲学博士，教授，主要从事马克思主义社会政治哲学研究。

即当下所是的世界,也即"现在是什么"的世界。实然世界具有"当下性"的显著特征。所谓"应然"(should be)是指"实践判断中的'将要是'(to be)远不仅仅是'尚未是'(not yet);它总被看作是有价值的东西或应然的东西"[2]。可见,应然是与价值评价相联系的。没有价值评价就不存在实践判断,就不存在行动,所以,"应然"世界是一个假定的价值世界。在奥克肖特看来,实践是对实然的改造,以便使实然与应然相符。实践的目的就是行动、就是做或改变,即要对当下的"实然"世界进行改变以使之符合假定的价值世界(应然),或者说,把既有的"现实"改变成符合我们主观的价值要求或信念的世界,这种价值要求和信念就是要实现的目标。这实际说明了实践的实质就是从"现实"向"应该的现实"的飞跃,飞跃能否实现关键在于能然。

2. 能然

舍勒认为,"能然"(can be)就是能够做的价值世界。能然是指对那些在价值质性上得到最终区分的观念应然领域之实现的"能够做"的意识和体验。所谓"'能够做'也是一个价值的独立载体和价值意识(与'自身意识')诸形式的对象,能够做并不延展到力量上,而是延展到做的价值上,它完全不依赖于(对同一内容的)实际做的价值;而它的价值是一个比做的价值更高的价值"。[3]舍勒还进一步将能然区分为能然意识和能然体验两个方面。能然意识是以个人的生理素质为基础,经过教育和培养,并在实践活动中吸取人民群众的智慧和经验而形成和发展起来的。能然体验是指能够完成一定活动的具体理念、方式、条件以及主体所具有的满足、喜悦和快乐等的心理特征和情感体验等。

3. 实然、应然和能然

实然是一种现实世界,应然是观念世界或理念世界,能然是从现实世界通向观念世界和理念世界所具有的能够做的意识或者能够做而采取的实践活动和情感体验。总之,实然、应然和能然三者不是相互分割的,而是相互联系的三位一体。具体来说,实然是现实基础,应然是理想目标,而能然则是通过运用各种方法和手段由实然达到应然的意识和体验。

二、 实然、应然和能然是高校师生社会主义核心价值观培育的三个基本维度

1. 实然:现实之维

培养和弘扬社会主义核心价值观是党和国家立足当代中国国情和发展的现实而提出的重要决策,是推进中国特色社会主义伟大事业、实现中华民族伟大复兴中国梦的战略任务,对于当代中国的发展和中国特色社会主义建设意义重大,对于高校进一步推进立德树人目标实现意义重大。因此,切实加强高校师生社会主义核心价值观培育就成了高校发展面临的重要课题。加强高校师生社会主义核心价值观培育首先要立足实然,主要应从两个方面考虑:

一方面,高校师生多元多样的价值观现状。当下价值领域中的"实然"世界就是我们所处的多元价值观和价值虚无主义并存的时代。社会存在决定社会意识,伴随着经济全球化和世界一体化的发展,当下高校校园中中国古代传统价值观与现代价值观并存;东方价值观和西方价值观并存;社会主义价值观和资本主义价值观并存,等等。只要有价值问题和分歧的地方,就会有多元价值观的诉求。因此,面对当下高校师生多元多样的价值观现状,我们应该采取实事求是的态度,既不夸大也不缩小,这样才有利于推进高校师生社会主义核心价值观的培育。

另一方面,高校师生对社会主义核心价值观的不同认识水平。高校师生社会主义核心价值观培育的过程,既是一个入脑、入心的过程,又是一个如何把社会主义核心价值观内化为自己行动的过程。因此,高校师生社会主义核心价值观的培育必须从高校师生对社会主义核心价值观的实然认识水平出发,有针对性地采取措施进行培育。众所周知,富强、民主、文明、和谐、自由、平等、公正、法治、爱国、敬业、诚信、友善的社会主义核心价值观基本范畴都具有丰富的思想内涵,凝结了包括西方在内的全人类文明发展史上的不同认识阶段的认识成果,由于个体的差异不同的人会对此有不同的认识。结果就形成了高校师生对社会主义核心价值观的不同认识水平,于是,根据高校师生对社会主义核心价值观的不同认识水平开展相关培育工作也就成了必然。

2. 应然:目的之维

高校师生社会主义核心价值观培育的目的就是要达到观念应然世界,观念应然世

界主要包括两个方面内容：

一方面，高校师生社会主义核心价值观在多元价值观中占主导地位。实然世界的多元价值观要求对价值问题及争论持开放的立场和态度，但这也为价值虚无主义提供了方便之门。当下中国社会的价值虚无主义存在多种表现形式，其恶果是导致了价值欺瞒，造成价值紊乱。正是基于这种价值领域的"观念实然"事实，以胡锦涛为首的党中央高瞻远瞩地提出了"社会主义核心价值观"这一"观念应然"世界，即党的十八大报告明确提出的"倡导富强、民主、文明、和谐，倡导自由、平等、公正、法治，倡导爱国、敬业、诚信、友善，积极培育和践行社会主义核心价值观"，并要让社会主义核心价值观在多元价值观中占主导地位。在舍勒看来，所谓"观念应然"就是指建基于客观的价值明察之上：所有具有肯定价值的东西都应当存在，所有具有否定价值的东西都不应当存在。[3]换言之"观念应然"就是对肯定价值的欲求，对否定价值的排斥。据此论断，价值领域的"观念应然"就是社会主义核心价值观。因此，在今后很长一段时期内，思想道德建设领域的工作方向是培育和践行社会主义核心价值观。高校作为培养人才、文化传承的重要阵地，加强高校师生社会主义核心价值观培育是高校思想政治教育的重要内容，并且必须贯穿于高等教育的全过程。可见，高校师生社会主义核心价值观培育目的就是要改变现在这种多元价值和价值虚无主义并存的实然世界，以实现社会主义核心价值观在多元价值观中占主导地位的目的。

另一方面，进一步规范、明确、清晰社会主义核心价值观基本范畴。不同的人对这些范畴会有不同的解读和指向，并且每一个范畴在其发展过程中其涵义也会发生变化，会延伸出很多种不同的意义。以"富强"范畴为例，《管子·形势解》中有"富强也，故国富兵强，则诸侯服其政，邻敌畏其威"。可见，"富强"在古代时主要指"富国强兵"的意思。而今天"富强"可能更多地指"国富民强"，即国家物质富裕，民族精神强健的意思。作为社会主义核心价值观基本范畴的"富强"则更应该体现马克思主义生产力的观点，并从这方面加以理解和把握。因此，进一步规范、明确、清晰社会主义核心价值观基本范畴的内涵，也就成了高校师生社会主义核心价值观培育要达到观念应然世界的题中应有之意。

3. 能然：路径之维

能然是通过运用各种方法和手段由实然达到应然的意识和体验，因此，要实现培

育高校师生社会主义核心价值观的应然目标,就必须注重能然,并重点从以下两个方面着手:

一方面,立足"实然"抓典型、树榜样,培育高校师生社会主义核心价值观的能然意识。在舍勒看来,"榜样就其内涵而言是在人格统一之统一形式中的一个有结构的价值状况、一个在人格形式中的有结构的如此价值性",[3]换句话说,榜样就是人格化的价值结构。在实然世界中,每个人的人格是自由的,通过榜样激励、引导,每一个个体都可自由选择成为他想成为的那一类人。在当下的实然世界中,各行各业都涌现出了最美乡村教师、最美司机、最美医生等诸多榜样和典型,他们都具有高尚的人格价值和人格魅力。最美乡村教师朱敏才、最美医生张卫达、最美司机吴斌、当代雷锋传人郭明义、乐于助人的白芳礼爷爷以及大学生自强之星王景光等,他们的行为,他们的人格,激励和引导着身边的人向他们学习,选择成为他们那样的人。这就是舍勒所倡导的"榜样",向榜样学习,自己最终成为榜样。因此,通过挖掘身边的这些典型、榜样,弘扬他们身上体现出来的共同精神价值,有助于培育高校师生社会主义核心价值观的能然意识。

另一方面,实行"教学做"合一,激发高校师生社会主义核心价值观的"能然"体验。伟大的人民教育家陶行知倡导"教学做合一",他视"教学做"为一体。认为"做"是核心,主张在做上教,做上学。强调"从先生对学生的关系上说,做便是教。从学生对先生的关系上说,做便是学"。他还主张"以教人者教己"[4],"在劳力上劳心"。[4]因此,"教学做合一"有助于强化高校师生社会主义核心价值观的能然体验。如在学习"和谐"内容时可以将其还原到生活场景中去,通过给师生们看一个堵车的经典案例,让师生们身临其境。现实生活中每个人都有过堵车的经历,通过让师生们讨论为什么会堵车,堵车时心情怎样,怎样才能使交通通畅。通过讨论,所有人都知道很多堵车是因为有车加塞、插队、闯红灯,如果所有的人都遵守交通规则,则马路上的每一个路口都会通畅有序,那些非常混乱、险象丛生的堵车场景就会消失,"和谐"就出现了。同样的道理,在食堂、在车站、在机场、在公共场所,如果大家都能按先来后到,有序排队,则公共秩序就会井井有条,这就是"和谐"。此外,师生们还可以将生活中经常遇到的事情编成剧本,以小品、话剧、微电影等形式进行表演,或者组织师生去法庭听审,感受法制的威严和法治的重要性。所有这些措施强化了广大师生在实然生活世界中进行能然的情感体验,有助于高校师生社会主义核心价值观的培育。

三、结论

实然是现实世界,应然是理念世界,是在扬弃实然基础上的升华,能然是立足于实然指向应然并决定着应然实现的方法和途径。实然是基础,应然是目标,而能然则是实现目标的路径。实然、应然和能然是相互联系不可分割的有机整体。高校师生社会主义核心价值观培育是一个系统工程,必须紧紧抓住"实然"、"应然"和"能然"三个基本维度,着眼于实然,从高校师生价值观现状出发,依靠能然意识和能然体验,朝着高校师生社会主义核心价值观的应然目标不断努力,最终实现高校师生社会主义核心价值观在多元价值观中占主导地位的价值目标。

参考文献:

[1] 习近平.青年要自觉践行社会主义核心价值观——在北京大学师生座谈会上的讲话[N].新华社北京,2014-5-4.

[2] 迈克尔·奥克肖特.经验及其模式[M].吴玉军,译.北京:文津出版社,2005:263.

[3] 马克斯·舍勒.伦理学中的形式主义与质料的价值伦理学[M].倪梁康,译.北京:三联书店,2004:205,249,705.

[4] 江苏省陶行知研究会南京晓庄师范学校.陶行知文集[M].南京:江苏教育出版社,1997:294,288.

教师道德理论研究

论教师职业道德的专业性

刘次林

（上海师范大学　教育学院）

一、 师德的最高善

按照其表现场所，个人道德通常分成职业道德、社会公德、家庭美德。"职业道德是一般道德要求在职业生活中的具体体现。"[1]这说明，职业道德不应该与社会公德、家庭美德相重叠。人在世界上要担负许多角色，职业是其角色之一。不同的职业就会有与之相称的道德要求；即使在同一个职业内部，因为岗位不同，其职业道德也会有所差异。本文不就教师不同岗位分别谈职业道德，而是把教师笼统地看作统一的职业，并且从教师的专业性角度来讨论其职业道德。科内茹德（Gunnel Colnerud）说："我们在研究和推进教师专业伦理的过程中，必须明确教师专业与其他专业的不同，这种不同，决定了教师专业伦理与其他专业伦理的分野，同时也体现了教师专业伦理的独特意义。"[2]从专业的角度看，教师的职业道德一定且只能体现在其职业活动之中，它不仅受教师工作的对象——学生的影响，更重要的是，教师的职业道德需要得到其职业本性的界定。要想知道教师职业究竟是什么又与我们对教育本质的理解直接相关。懂得了教育的本质，就知道构成教育诸要素的职能，当然也就包括了教师的职能。职

作者简介：刘次林，上海师范大学教育学院教授。主要从事教育学研究。

业道德体现在职业功能之中。所以,如何理解教育的本质是探讨教师职业道德的根本前提。

根据目前通用的教育定义,教育是"教育者按照一定的社会要求,向受教育者的身心施加有目的、有计划、有组织的影响,以使受教育者发生预期变化的活动"。[3]我国对教育本质的定义,迄今都是由之定调。但是,这个定义不能支持"学生是教育主体"的理念,也无法促进实现"由重视教到重视学的转变"的课改目标。教育的本质可以从教育的产生中去体悟。在学校教育产生之前,个体是在日常生活之中学习借以生存和发展的生活技能、风俗习惯、宗教艺术等。随着社会的发展,一方面,语言文字的出现使得人类的生活经验得以大量地累积,使得"年轻人的能力和成年人所关心的事情之间差距扩大"[4],个体进入社会生活的门槛得到提升,年轻人直接参与社会的难度越来越大。另一方面,生产力的发展也使得社会有了足够的物质财富养活干不动活的年长者,使得他们有可能与干不了活的年幼者从事专门的文化活动。所以,语言文字的产生和生产力水平的提高使得学校教育应运而生。但是,学校教育依然延续了人类学习的本质,它的根本任务依然是学生(个体)学习教材(生活经验、社会文化等),教师的参与只是为了帮助学生更好、更快地学会教材。学生与教材于是构成了教育的根本矛盾,其他教育关系都是以处理该关系为目的。如果这样来认识教育的本质,那么,教育就是一种由教师参与帮助的学习活动。《美国教育百科全书》把狭义的教育界定为"通过正规指导获取知识的活动"[5]看来是比较符合教育本质的。在这个教育定义中,学生是教育主体,知识是教育客体,教师是学生学习的正规指导者,即有专业性水准的指导者。教师是在学生与知识(教材)之间架起桥梁的中介。作为中介,教师的职业就是通过处理与学生、教材的关系来推动学生—教材这对根本矛盾的解决。换言之,教师与学生、教师与教材的关系必须得到这对根本矛盾限定,它们在价值上的妥当与否决定于是否有利于学生学习教材。具体来说,教师职业的专业性道德也就体现在他在与学生、教材的道德关系是否符合教育本质、教师职能的规定,其他方面,诸如教师与家长、同事的关系,对职业的态度,终身学习的意愿等,都是从属于这个核心师德并且需要得到核心师德的论证。

正如有学者指出,教师的专业道德"强调从专业特点出发讨论伦理规范的建立,而不再是一般道德在教育行业里的简单演绎与应用"。[6]作为普通道德,我们反对偷窃,鼓励诚实,要求守时,希望一视同仁,但是,这些普通道德到了教师职业领域,因为受到教育本质、教师职能的限定却可以有新的评价。某初中班主任班上的一名学生,功课不好,见到考试就害怕,常常借故"逃考"。尤其是数学考试,哪怕是小测验,也要提前两天"装病"。有一次又要考数学,班主任提前三天,从数学老师那"偷"来一份试卷,在教师宿舍手把手地教他做每一道题。考试时学生得了 71 分。这对他来说是破天荒的事。接下来的一次考试,班主任又"偷"到了试卷,但是,这次告诉学生说:"这张试卷你自己去琢磨,我实在没时间教你。"于是,学生借来了同学的听课笔记,翻着自己的教科书、练习册,甚至绕着弯儿向班级学习好的同学请教。考试得了 80 分,用数学老师的话说:"简直是奇迹!"接下来,为了"对得起"老师和同学们的印象,他开始认真听课了,作业每次也都认真完成。第三次考试之前,班主任用整整一个礼拜天和他一起复习考试的那一章节。复习后,班主任把"偷"来的试卷给学生,学生亲手扔进了纸篓。这次考试,尽管他只得了 63 分,但挂在他脸上的是长久以来从未有过的灿烂的笑容。从此以后,学生再也没有逃过任何考试。[7]教师偷试卷提前透露给学生的做法,在普通道德那里无疑是禁止的,用我国目前的师德规范也是无法解释的,但是,如果用教育的本质、教师的职能来解读,这个另类行为实现了对学生的激励和帮助,并且改善了他的学习品质,所以,能够作为优秀的师德案例呈现出来。某学生考试得了 59.5 分,看到学生对这个分数很纠结,教师决定"借给"学生 0.5 分,使他的分数达到及格,同时要求学生下次考试归还那 0.5 分。学生看到自己的成绩"被及格"了,感到面子也好过一点。随后为了能够如约归还那分数,他努力学习,最后成功地兑现了承诺。[8]让不及格的同学及格有违客观公正原则,但是,"一借一还"却推动了学生的学习动力。某语文教师在大型公开课上居然迟到了 5 分钟,学生与听课的教师都非常焦急,后来发现这是该教师故意设计的一场作文教学情境。因为有了真实的感受和体验,学生高质量地完成了当堂作文。如此种种,同样"字眼"的规范,在教师那里一定有"职业性"的诠释,这种诠释使得教师的道德与普通的道德或者其他职业的道德有所区别。"要理解一个人的行动,我们必须将它置于行动者要达到的目的之下,否则,一切行动都会显得毫无意义。"[9]正如亚里士多德在《尼各马可伦理学》的开篇所言:如果我们所做的一切都有某个特定的目的,如果我们所选择的一切也是为着这个目的,很显然,那一定就是善,就是最高的善。依此,决定于教育本质的"教师职能"便是我们思考教师职业道德的最高善。

需要提醒的是,前面列举的那些"另类"案例并不是暗示或者鼓励其他教师简单地模仿,甚至得出结论以为只要是为了学生好,一切都可以变通。像上述偷试卷、借分数的做法,都是有条件的。比如,这些考试本身主要发挥着诊断、促进学生学习的功能,在选拔性考试或者可能造成比较严肃结果的考试里就不宜这样做,否则就破坏了教育的公平。比如,教师对学生心理的理解以及对另类执行过程的把控能力,也体现了这种教育智慧的临场性和个别性特征。优秀教师的成功案例可以帮助我们更加生动地体会教育的本质,却不是人人模仿的对象。

伦理学思想中有效果论与非效果论(或者原则论)的典型范式,前者以功利主义为代表,后者以康德为代表。它们作为两种伦理思维方式和立场,使得同一道德规范得到不同的解读与判断。斯特赖克等人在《教学伦理》这本书中,对美国"教师专业伦理典章"做了解读,美国的师德绝大多数由底线道德构成,然而,即使那些底线道德规范,每一条规范都因为有效果论与非效果论的立场而使教师的价值判断和行为选择变得复杂起来。作者以大量的师德案例展示了不同的伦理思维方式,以便让教师看到"我们是如何判断一事物的是与非"。[10] 可以说,这本书对于启发教师的职业道德智慧是有帮助的。伦理学因为蕴含了大量的价值,如果没有"善"的指引,比较容易受到效果论、非效果论的纠缠,产生价值混乱,或者造成久讼不决的争议。作为职业道德,师德必须被置于教育善之下来思考、判断。没有善的笼罩,效果论就容易走向相对主义和价值虚无;原则论也会因为固执机械而可能走向主体道德意图的反面。

美国学者费尼(Feeney)说,作为专业道德,"是指在工作领域中判断行为对或错的标准,同时也能帮助个体解决在工作中遇到的道德困境"。[11] 缺乏这种专业性的师德不仅无法作为教师在职业中判断对错善恶的标准,还会给教师造成职业道德的困惑。由于我国有"泛道德"的习俗,一些与职业道德关系不大的事情很容易被纳入到师德范畴,加上在"道德为先"文化的影响下,师德往往被赋予"一票否决"的至上力量,因而更容易制造教师职业中的冤案。

目前,我国 2008 年版教师职业道德规范从爱国守法、爱岗敬业、关爱学生、教书育人、为人师表、终身学习六个方面比较全面地做出了要求,每一项要求基本上从高标、常规、底线三个层次做了界定,内容分布、层次结构都显示出某种合理性。但是,在理解、诠释这些规范的时候,如果没有"最高善"来统御,它们便成为零散的、肤浅的、并列的罗列,也容易将教师的"职业"道德与其他类型的道德,如社会公德,相混淆,甚至制定出一些可能侵犯教师正当权益的明细规定。试以"为人师表"为例,它的具体内涵包括:"坚守高尚情操,知荣明耻,严于律己,以身作则。衣着得体,语言规范,举止文明。关心集体,团结协作,尊重同事,尊重家长。作风正派,廉洁奉公。自觉抵制有偿家教,不利用职务之便谋取私利。"其中的以身作则、衣着得体、语言规范、尊重家长、自觉抵制有偿家教当属于与教师"职业"有关的内容,其他内容则是适用于所有人的普通道德要求。即使那些属于教师的道德,对于同事、家长仅仅表达尊重还不足以体现师德的专业性。教师与同事、家长的关系应该被置于教育本质之下来诠释,应该从什么样的同事关系、家校关系能够支持、促进教育目的的实现来制定细则,其范围远远超出"尊重"。比如,任课教师之间如何依据各自身心特征组成最有利于学生学习的"班子",如何依据各自学科的特征殊途同归地完成育人目标,如何在处理特殊事件的时候进行分工合作,甚至为了学生全面发展如何自觉地敬让协助。教育性的同事关系显然不是生活中的人际关系。家长与教师的关系同样不能止于教师对家长的尊重上,而应该以教育的"善"为圭臬。

2015 年,由上海师范大学王正平教授主持的课题对 477 位上海市中小学教师做过师德调查,大量一线教师对"有偿家教"的认识、态度与国家的禁令并不一致。其中,60.38%的教师认为在完成本职工作之后,业余时间做"有偿家教"是正当的,课外用自己的本事挣钱,在道德上无可指责;只有 14.68%的认为不正当的,会影响教师在学校的教学质量,应当明令禁止。然而,很多教师反映,家教与日常教学之间并不是这样的冲突关系,因为要想有好的家教市场,必须首先把自己的正常教学搞好。从官方禁止有偿家教、鼓励无偿家教来看,家教问题出在"有偿"上,而教育行政部门以职业道德插手教师在假期的"商业"活动,似乎有越位之嫌。在禁止有偿家教规定之下,家教,既是学生的主动需求,也成了某些学生告发某些教师的"把柄"。有的地方为了防止教师"利用职务之便谋取私利",由政府统一规定一些教辅资料让学校选购,政府"圈定"这些教辅资料的依据却不得而知。即使师生在统一推荐的目录之外发现有更合适的资料,教师也不能让班级统一订购。"有偿家教"、"擅自购买教辅资料"在许多学校属于"一票否决"的师德规范。为了避免家教、教辅资料购买中可能出现的问题,一禁了之并不是高明的管理策略;不对师德进行理性的边界划定,动辄打着师德的名义对这类事情"一票否决",更有可能剥夺师德对于教师的保护、鼓励和教育价值。

二、同边促进：新型的师生关系

传统的师生关系是权威与服从。教师属于师长，长幼有序，所谓"一日为师，终身为父"，就是以家族的父子关系隐喻师生的等级关系。现代社会我们又倡导师生之间的民主平等，然而民主平等更像一般的人际关系，缺乏教育的专业性。根据前面对教育本质的分析，教师是居于学生与教材之间的中介，一方面代表社会将学习内容展示给学生，另一方面代表学生去化解教材的障碍。从教师与学生方面的关系看，教师是帮助学生学习的指导者，他是学生的同盟军，而不是教育者与受教育者的对立关系。不管是教学还是德育，教师是学生学习器官的延伸力量，他首先要了解并尊重学生的学习能力，先让学生尽力，在学生力所不及的时候再出手相助；其次教师遵循"教是为了不要教"的原则，着力培育学生自主学习的能力，并逐渐退出教育过程。根据学生的情况，站在学生的立场帮助学生，是谓同边促进。

教师对学生的尊重体现在对学生身心规律、学习规律、学习现状的尊重上。在我国传统文化里，"尊重"是比较稀罕的道德，因为我国文化是等级关系，较多的是以下事上的"尊敬"，或者是基于家族伦理的关爱。"尊师爱生"是我们描述"理想"师生关系的术语，其中对教师是尊敬，对学生是关爱，师生的等级关系、似亲子关系蕴含其中。所以，"尊重学生"是颇为现代的观念，也是我国师德中亟需补救的一课。我们当然不是贬抑"爱生如子"的关爱，而是认为即使对学生的关爱一定得以尊重为前提和边界。没有尊重，爱就会越界，就会走向爱的反面。在我国亲子关系、师生关系中，大量的爱几乎就是听话的同义词，它们往往以造成伤害收场。在师生关系中，尊重先于关爱，我们不缺乏爱，我们缺乏的是尊重以及基于尊重的爱。生理尤其是大脑的成熟是学生学习能力发展的基本前提。皮亚杰对儿童认知运算发展有过实证研究，发现儿童智慧的发展可以分成不同的阶段，每个阶段都会相应的思维方式，每一个阶段都是形成下一阶段的必要条件，并且相信这些阶段性还是一种不能颠倒的顺序。[12]对于儿童道德的发展规律，皮亚杰在《儿童的道德判断》一书中同样有科学的研究，儿童是从纯粹的欲念运动，经过自我中心再到协作，从单方面的尊敬到自主平等，从对行为结果的客观责任到对行为动机的考虑。科尔伯格继承了皮亚杰的思路，将道德发展规律的研究对象从儿童扩展到成年人，提出了著名的"三水平六阶段"模型，从关注个人利益、维护规范到后习俗阶段。以上列举的一些研究旨在表明学术界对身心规律、学习规律都有一些公认的研究成果，教师不能漠视。今天倡导的以学定教其实就是要求教师尊重学情，不能目中无人地按照既定的备课推进教学进程。以学定教要求针对性先于系统性，不管是教学还是德育，这都是提高教育实效性的可靠原则。如果说教师在日常生活中尊重学生，而在教育活动中却无视学情，那种尊重就是缺乏职业专业性的尊重。理解和悦纳学生的现状是尊重的另外一种表现。学生的成长总是依据一定的顺序呈现某种"未成熟态"，学生的未成熟就是一种缺憾状态，教师不仅需要接受甚至应该悦纳其缺憾；同时，学生作为成长中的人，在情绪、认知、行为方式、态度等方面总会产生某些"非常态"的表现，这也需要教师的耐心与理解。对于学生在知识学习中的未掌握，有职业道德的教师应该诊断其障碍，然后给予专业性指导；对于一些问题行为，教师不能急于指责、处罚，而是要了解造成行为背后的理由或者原因。理解是悦纳的前提，在理解和悦纳的基础上教师才能对学生提供专业性指导和促进。正如心理学家罗杰斯说的，悦纳造就改变。教师只有以现象学的方式首先注意学生状况的事实，而不是轻易地附加主观判断，才能设身处地站在学生立场，走近学生，理解学生。

教师对学生的促进则要求教师真正把学生作为主体，一切以学生的可持续成长为工作目标，以学习方法的指导为工作策略。这个师德规范将改变平常对教师的某些职能定位，比如，教师对学生要率先垂范，要求学生做的，教师自己先要做到。由于我们把学生—教材作为教育的根本矛盾，教师的一切工作都是帮助学生去解决学习问题，学生是主体，必须身居"前线"，教育中出现的一切问题都是教育契机，都是培养学生自主学习的平台。面对一个问题（无论是教学的还是德育的），教师亲自去解决固然最快，但是只有帮助解决问题能力不如教师的学生去解决，才符合教育的本质。教师相信，没有学生的学习经历，就不会有学生的学习能力。他不会自己研读教材后把自己的学习体会灌输给学生，而是致力于让学生发生学习活动，先让学生尽力，在学生力所不能及的时候再出力相助。教师虽然对教材有充分的诠释能力，但是他更执着于通过对学生的激励、组织、调节，帮助学生自己去经历学习过程。教师对学生的了解更多的是为了更有效地促使他学习。促进者教师的职业原则是凡是学生自己能够做的，教师就不代替学生做，凡是学生能够做却不愿意做的，教师则推动学生去做。那些急于亲自解决问题而不是培养学生解决问题能力的教师，其在师德上是要加强修炼的。

三、 教学伦理：德智一体的师德品质

从教师与教材这对关系看，教师代表社会向学生展示教材的教育力。首先，教师应该帮助学生在根本上理解知识的本质。教材的知识一般是人类知识的代表，它们被精心选择、适度抽象。有选择就会有遗漏，有抽象就会有对学生心理的距离。教师的作用就在于将抽选出来的知识置之于原生的境遇中，使之活化，将抽象的知识心理化使之更容易适合学生。知识都是有内在本质的，这个本质就体现在它们的产生过程、展开过程之中，它们与其他知识的关系之中；将知识的过程与关系弄清楚了，学生就可以尝到知识本质所蕴含的滋味。每一个知识都有与之相适应的学习方法与运用方法；将知识的学习方法、运用方法学会了，学生就能够看到知识的价值与力量，并且从中感受到学习成功的体验。平时我们总是说"知识就是力量"，其实，只有有根的、有用的知识才能产生本体的、功用的力量。学生一旦尝到了知识的滋味、感受到了知识的力量，并且从学习中体验到乐趣，他们就会对知识及其学习产生积极的情感和态度。由于知识及其运用必然要牵涉社会生活的方方面面，这种情态于是就演绎为社会的价值观。社会的价值观不靠凭空养成，它们一定要寄生于具体知识，结合它们与某方面社会领域的联系过程。"知识"得到"情态"的改造后，知识的学习于是就内化为学习者的素质和继续学习的动机。知识摆脱了碎片化、表浅化才能帮助学生内化知识，养成判断力和思辨力。"过程与方法"是打通社会知识与个人素养的核心和枢纽。那种"要给学生一碗水，教师自己要有一桶水"的观点要求教师在知识内容上比学生占据优势，在今天看来并没有反映教师的本质。"授之以鱼不如授之以渔"，教育内容要负责承载学习方法，内容永远无法穷尽，只有聚焦于过程与方法，教师才可能培养超过自己的学生。

其次，教师要把教学作为育人的过程。从学习论看，学生与教材构成了教育的根本矛盾，但是，从价值论看，教育的根本目的却是学习者本身。知识不是学习的目标，知识是用来滋养学生心灵的。把教学目标指向学生是专业性师德的必然内容。应试教育把知识作为教育的目的，学生只是知识的载体。教师需要在两方面展示育人过程，一是教学内容与教学形式要相互配合，不仅在内容上育人，更重要的是在方式中悄然无痕地育人，二是利用学科内容的独特性从不同维度上合力育人。文道相依是客观存在的。有的道就直接体现在内容上，也有的道融身于内容的结构或者组织方式、学习方式上，还有的道则通过赫尔巴特的方式实现。赫尔巴特特别强调教学通过训练学

生的感受性、思维力,给学生的心灵播种并且形成学生的思想范围,影响他们的行动原
则与行动方式。[13]教材的内容、结构、方式之中所蕴含的道德因素是全面理解教材知
识的必要部分。如果说那种不能阐发知识的本质和规律的教学是未抵达知识的半路
式教育,那么,这种不注意阐发知识的道德性维度的教学则是单向度的片面式教育。
挪威学者 Willemse 等人通过文献梳理发现,对教学内容道德维度的忽视属于一种国
际性现象,他引证 Vedder 等人的研究成果指出,20 世纪 80 年代到 90 年代初盛行的技
术性教学到如今开始转向了道德性教学。[14]在我国,知识与道德的脱节正是制约教学
的育人功能和德育实效性、促发国家提出"立德树人"教育宗旨的重要原因。课程中哪
些道德价值比较重要,教师如何设计教学的环节和结构使得这些道德价值落实在特定
的时间、内容与教学方式之中,教师以何种方式去体现它们,学生是否能够感受到并且
获得相应的影响,这些其实都是学科教师应该考虑的。教师没有认识到,或者不重视,
学生也难以意识到学习内容的潜在价值。教师只有把蕴含于知识内容中的道德维度
阐发出来,知识才不会停留于知识本身,才能与学习者形成主客融通的关联。这样做
看起来好像鼓励各学科教学偏向了道德教育,但是,如果我们认定教学不是以知识为
本,而是以学生为本,这些考虑是必需的。从这个意义上说,那些涉及到教育根本问题
的原则、理念,是赋予教师职业道德专业色彩的核心内容。

总之,教师作为一个角色与普通人不同,他的道德就是其职业角色的道德,即主要
表现在他与学生的道德关系、他与教学内容的道德关系,而这两者道德的合理性则由
学生与教学内容的关系来判定。把教育教学做好是教师最本分的职业道德。这是从
专业角度理解师德的逻辑脉络。教师的教书育人要超越技术性操作走向价值性的事
业,必须加强专业性的职业道德修养。师德的专业化倡导一种立德树人的、德智一体
的、指向教育根本目标的教育实践。

参考文献:

[1] 罗国杰.伦理学[M].北京:人民出版社,1989:244.

[2] 王丽佳,洪洁.解读"教师专业伦理"[J].湖南师范大学教育科学学报,2009,(6).

[3] 南京师范大学教育系.教育学[M].北京:人民教育出版社,1984:19.

[4] 杜威.民主主义与教育[M].王承绪,译.北京:人民教育出版社,2001:13.

[5] Harlow G. Unger. Encyclopedia of American Education (third edition)[M]. Facts On

File，Inc，2007：384.

［6］檀传宝.论教师"职业道德"向"专业道德"的观念转移［J］.教育研究,2005,（1）.

［7］朱小蔓,等.教育职场：教师的道德成长［M］.北京：教育科学出版社,2004：100.

［8］傅道春.教师行为访谈（一）［M］.哈尔滨：黑龙江教育出版社,1995：22.

［9］ Deborah L Schussler，etc.，*Building Awareness of Dispositions：Enhancing Moral Sensibilities in Teaching*［J］.Journal of Moral Education，2013,（1）：72.

［10］斯特赖克,等.教学伦理［M］.洪成文,等译.教育科学出版社,2007：6.

［11］兰英.中美教师职业道德规范文本分析及建议［J］.西南大学学报（社会科学版）,2012,（5）.

［12］皮亚杰.皮亚杰发生认识论文选［M］.左任侠,等主编.上海：华东师范大学出版社,1991：14—15.

［13］赫尔巴特.普通教育学·教育学讲授纲要［M］.李其龙,译.北京：人民教育出版社,1989：12.

［14］Martijn Willemse，etc.，*The Moral Aspects of Teacher Educators' Practices*［J］.Journal of Moral Education，2008,（4）：445－466.

师德的先进性及其维护

徐廷福

（韶关学院　教育学院）

道德作为一种社会意识形态，是人们共同生活及其行为的准则与规范。道德往往代表着社会的正面价值取向，起判断行为正当与否的作用。道德往往通过社会舆论、内心信念和传统习惯等来评价人的行为，调整人与人之间以及个人与社会之间相互关系，引导人类向和谐与进步的文明方向发展。

一、 道德是人类文明进步的重要标志

在动物界，弱肉强食是普遍的生存法则。在"人猿相揖别"的那一刻，人类的这种生物属性并没有消失。从"弱肉强食"的动物本性到现代"文明人"，经历了一个漫长的进化过程。在人类文明的进化过程中，道德的出现及其行为规则体系的不断完善，是人类自身进化史上极其重要且不可分割的重要组成部分。

人类的进化史表明，人的进化不仅是生理学层面上的形态变化，也包括社会学、文化学意义上的群居制度和共生文化。原始人没有道德意识，因此也和其他动物差不多。人能冲出动物范畴，高居万物之上，除了人大脑智商高，还与人类道德意识远比其

作者简介：徐廷福，广东韶关学院教育学院教授。主要从事师德教育研究。

Email：Xutf66@163.com

他动物更自觉,更全面有关。动物也有母爱,也有协作,那是动物生存本能的需要,而人类的道德,除了种群的延续,还有精神层面的自我完善需求。也就是说,从"弱肉强食"的动物本性到现代"文明人",经历了一个漫长的进化过程。

进化伦理学认为,"社会行为道德的重要结构也储存于人类的基因中。换句话说,我们可以把我们道德素质中的重要组成部分理解为对进化发展过程的适应结果"[1]。事实正是如此,人类之所以能够发展到今天的高度,仰仗的就是这种群居制度和共生文化所聚集起来的人类集体力量。也就是说,在某种程度上可以这样认为,群居制度和共生文化是人类社会能够不断进步的理性选择和智慧所在。

对于选择了群居生活方式的人类来说,道德在社会进化中既担当了人类自身冲突的"调节器",也成为了人类复杂人际关系的"润滑剂",在人类进化中起到了举足轻重的作用。翻看人类自身的发展史,我们可以发现道德是人类社会较为古老的产物。进一步讲,道德伴随着人类社会的产生而产生、发展而发展,至今经久不衰,显示了无限的生命力,其奥秘就在于道德自身的内在价值。在一定程度上讲,道德是每个人来到这个世界上的立身之本,是社会存在和发展之基,也是国家治理和社会稳定之道。即便是在当今法制体系非常完善的现代社会,道德依然是人类内心永恒的法则和精神皈依。

二、 教师职业道德是人类道德的标杆

在人类的道德体系中,可以按照不同的标准进行分类。教师道德是依据职业来划分的。由于教师从事的是"为人师表"的、崇高的"育人"职业,要求从业者具有"以身作则"的高素质,因此教师在一般大众心目中俨然成了知识与道德的"化身",在整个人类的道德体系成为一种"标杆"。

从历史上看,教师道德之所以能够成为社会的道德标杆,是因为在长期的教师职业活动中对整个社会的道德引领。教师是具有几千年古老历史的职业,在数千年的教育实践中涌现了许许多多的"师范端正、学明尊德"的教育家,留下了丰富的关于教师职业道德的思想。如我国古代大教育家孔子,不仅首开私学先河,还提出我国历史上最早的教师职业道德规范,要求教师要具备"学而不厌、诲人不倦"的品格,教育学生应该以身作则、言行一致,"其身正,不令而行"[2]等。我国当代教育家陶行知,要求教师

"应当做人民的朋友",有"农夫的身手、科学的头脑、艺术的兴味和改造社会的精神",要"敢探未发明的新理","敢入未开化的边疆",要"虚心地跟一切人学"。[3]他还以实际行动为广大教育工作者树立了"捧着一颗心来,不带半根草去"的师德楷模。

从教师劳动的职业属性看,教师职业与其他职业的显著不同在于它是一项"以人育人"的工作,即在教育劳动的过程中,劳动者和劳动工具是融为一体的。教师劳动质量的高低直接取决于教师本人的素质高低。而相对于职业知识、能力因素而言,教师的道德素质对学生的道德发展影响更大。

从教师职业与整个社会的联系看,教师这一特殊职业与社会有着广泛联系,它透过每一位学生影响到其家庭,进而对社会的发展发挥着特殊的影响。教师职业道德的重要意义不仅表现在学校教育情境中,还会通过各种方式和途径直接或间接地影响社会风气。可以说,教师职业道德是促进社会形成良好道德风气的催化剂,其具体表现为:一是通过培养学生的优良道德品质,间接影响社会。教师在职业活动中所展现出的面貌,直接影响学生道德品质的形成。学生从学校走入社会,将其在学校里培养和发展起来的道德品质直接带入社会的各行各业,从而对整个社会的道德风气产生广泛而深刻的影响。二是通过教师亲自参与社会活动,直接影响社会。每位教师除了特定的职业活动,还会作为社会成员参加各种社会活动,进行各种社会交往。在社会活动中,教师已形成的道德品质不会因为离开职业生活而消失,而是这些优良品质带进家庭生活,与家人相互亲爱、与亲友友好往来、与邻里和睦相处,在公共生活中尊老爱幼、遵纪守法,这无疑都会对良好社会风气的形成起促进作用。当社会生活中存在着不正之风,毒害青少年、腐蚀人们灵魂时,有高度责任感的教师会积极参与社会,通过著书立说等方式来努力改造环境、净化社会风气。

三、 当前师德存在的主要问题及原因

在市场经济大潮的冲击下,当前教师的师德表现的确存在不尽如人意之处。主要表现在:

1. 部分教师敬业精神缺乏。具体表现在工作积极性低、只讲索取、不求奉献,甚至利用工作捞好处,工作之外尽可能地挣外快等。究其原因,一方面是在市场经济大潮中个人的经济动机已合法化,追求利益的观念已被社会广泛接受,重义轻利的传统

观念遭遇到猛烈的冲击;另一方面,在这种情况下学校的思想政治工作明显滞后和苍白乏力,加之教师工作的付出与报酬有一些不相当,个别教师追求个人利益,关心福利待遇,而全心全意为人民服务的宗旨、无私奉献的精神被遗弃。

2. 存在有损师表形象的言行。主要表现为个别教师语言粗俗,存在抽烟、赌博、酗酒、课堂上打电话、挑拨是非等不文明行为。应该说,广大教师在接受了长期的学校教育以后,确实比社会其他阶层的人群具有更高一些的道德素质与良好行为。但是我们也必须正视,教师也是社会一份子,也必然受到来自社会各方面的负面因素影响。以致有些教师沾染了一些不良习气,败坏了教师形象,影响了教师队伍协作精神、团队精神、合作能力的发挥,破坏了教师队伍的团结,影响了正常的教育教学工作。

3. 不尊重学生人格的形象时有发生。主要表现在个别教师有体罚、变相体罚学生和歧视"问题学生"现象。原因之一是教师的思想观念陈旧,还没有完全从应试教育的桎梏中解放出来。他们为了眼前的学习目标和谋求自身的工作业绩,往往不尊重学生人格,不能理性地对待每一位学生,以"恨铁不成钢"为充足理由,对学生施以体罚和变相体罚。他们不能发现"问题学生"身上的闪光点,从而真正关心、理解、引导和信任他们,而是歧视他们,就此泯灭了学生长远的发展愿望,牺牲了学生的个性特长。原因之二是学校评价的导向性错误,使教师急功近利。如果学校单纯以学生的考试成绩评价教师,就必然导致教师的思想压力增加,进而加重学生的负担,将教师"教"与学生"学"的矛盾激化,产生以上问题就在所难免了。

中小学教师职业道德方面之所以存在一些问题,所面临的社会大背景的复杂性、变化性是主要原因。这里既有面对市场经济发展的困惑等客观原因,也有社会转型带来的人们思想价值观念的变化等主观因素,还有社会舆论和网络环境等的推波助澜。

1. 市场经济大潮冲击下的价值困惑

我国社会主义市场经济正处于初级阶段,面对市场经济大潮人们的思想观念、价值取向,都发生了显著的变化。人们对于自己人生的定位及其价值取向呈现多元化趋势,做什么,得到什么,达到什么目的是人们经常思考的问题。学校不是世外桃源,中小学教师作为社会的一员,其道德观念也必然会受到冲击。整个社会风气的浮躁焦虑、急功近利的价值取向时时刻刻冲击着中小学教师的基本观念,社会的诚信危机也会映射到学校。加之对市场经济价值规律和效率意识的误解，造成了个别教师奉献精神淡化和人际关系的庸俗化。部分教师在市场经济趋利性和追求利益最大化的价值取向的影响下，他们的人际关系逐渐趋庸俗化，在他们看来人与人之间只是利益关系，根本不讲奉献。一些教师实用主义、功利主义思想泛滥，偏重"自我价值"和"个人奋斗"，只顾眼前利益，不顾长远目标，只注重个人价值的实现和个人利益的最大化，而忽视社会责任和集体利益。个别教师在市场经济的负面影响下，拜金主义思想泛滥，盲目地追逐个人利益、见利忘义、看重金钱，利用教育和管理学生的便利条件谋取私利，为了自身利益的最大化，不惜牺牲国家和人民的利益。他们过分重视金钱，强调自身的物质享受，在本职工作中缺乏敬业奉献精神，把大部分的时间和精力都投入到课外兼职、有偿家教和有偿辅导班上，以至于荒废本职工作，影响了教师队伍的稳定。

2. 多元文化冲突带给教师的道德危机

多元价值社会给教师道德发展最负面的影响就是教师的道德危机感。流行的观念和过去接受的观念不一样，面对现实，人们常常会问自己：我究竟该选择怎样的价值观？虽然说金钱不是万能的，但没有钱是万万不能的。整个社会似乎都在讲付出与回报，为什么教师就一定要无私奉献？别人工作八小时就下班，我们八小时外还要不要备课、家访、批改作业？做了谁给我们钱？如果我们还拿过去的道德标准去规范、要求教师，衡量和评价教师的品行，难免有以"道德"为名去行"不道德"之实的味道。一些教师可以通过找门路等不正当手段比别人更快地取得进修、晋职称、当官等实惠。然而老实肯干的、任劳任怨的、墨守传统的、顾及道德名声的教师们却有可能做着费力不讨好的事情。后者自然容易陷于所谓的"囚徒困境"之中，产生焦虑、烦恼、茫然、埋怨等情绪，久之必然发生心理失衡，甚至对社会产生不满情绪。

3. 媒体的片面报道

近年来，媒体对教师的报道还存在着另外一种极端，对教育界特别是对教师职业道德的负面报道越来越多，教师的"失范行为"，教师体罚、侮辱学生，教师"师德败坏、素质低下"的新闻，使教师光辉神圣的形象跌至谷底。据统计，目前在互联网上对教师评价的查询结果中，对教师正面形象的评价比较少，而那些负面形象的报道诸如把教师描述成体罚者、变态者、敛财者等的报道却不少。并且,这种负面报道往往还存在被夸大和过分渲染的教师形象,事实上在相当程度上背离了教师的真实状态,不但给教师的生活带来诸多消极影响而且还会使其在工作中失去耐心和信心。

四、 维护师德先进性的策略

先进性是一事物相比较它事物确立起来的长处和优势,代表着事物发展和前进的方向。[4]道德的先进性反映着一个社会的政治理想、政治目标和政治纲领,反映着一个社会和道德理想及其人格追求,同时也反映着社会主义道德要求的最高境界,它能够启迪人们为一种崇高的境界努力奋斗。[5]教师承担着教书育人、传播人类文明的重要职责,"为人师表、以身作则"的行为准则在客观上要求教师道德具有先进性。并且,教师道德的先进性不是一时的,而是要求教师能够"全天候的"、"立体多纬度的"保持道德楷模的形象。同时,整个社会也应当积极创造条件,使教师真正成为令人羡慕的职业,让全体教师在阳光的照耀下,以充满阳光的心态投入自己的教育教学工作。教师承担着实施科教兴国战略强大生力军的光荣使命,高等教育已成为科技进步、经济发展的重要支撑。为适应社会发展的需要,新时期高校教师的师德应不断加强,在广大教师中开展先进性教育活动。

1. 教师要加强道德自律和道德修养,永葆教师道德的先进性

作为高素质的师资队伍,既是实施科教兴国宏伟战略目标的需要,也是教师个人安身立命,获得幸福人生的需要。但目前存在的问题是,这种需要很大程度上仍处于一种权威的外在强制的他律状态,并没有完全被教师认同并内化为自己的思维、情感、意志,形成内部调控的自律机制。很多教师还只是凭借感性的、经验性的、朦胧状态的职业良心来尽自己的义务,并没有用理性的自觉的职业道德意识来指导自己的教育实践,调节师德实践中的各种关系。近年来,虽然教师的福利和待遇有所提高,但高校的繁荣和发展与广大教职工的艰苦创业、无私奉献是分不开的。广大教师要热爱社会主义高等教育事业,认真执行党的教育方针、政策,遵循教育规律,克服教育学生过程中的"无为"观,积极发挥主观能动性,循循善诱,诲人不倦,尽职尽责。教师要加强自律

性,遵守学术道德,注重理论创新,以长远的眼光面向未来,努力克服重重困难,争当中国先进文化发展方向的代表,求真务实,艰苦奋斗,无私奉献,率先垂范,为人师表,教书育人。为了实现科教兴国战略和适应社会发展的需要,应当在广大教师中持续性地开展先进性教育活动,才能保障新时期的教师道德水准能够得到不断提升。

2. 媒体宣传应以弘扬正能量为主

当前我国中小学教师职业道德的主流是积极、健康、向上的。绝大部分中小学教师热爱教育事业,恪守师德规范,严谨治学,为人师表、爱岗敬业、呈现出良好的道德风貌,概括地说主要表现在三个方面:第一,教师热爱教育事业,有坚定的职业信念;第二,教师在教育教学工作中兢兢业业,精于教书,勤于育人;第三,教师形象良好,作风正派,注重言传身教。大部分教师能在学生面前做到仪表整洁、举止端庄、言语文明,注重为人师表,在言谈举止、行为方式、品德习惯等方面都能"以身立教",对学生产生了积极的影响。对于这样的主流,媒体需要更多报道和正面报道。对于个别教师身上出现的师德问题,媒体也应该有起码的宽容与理解。教师也是人,他们也应该像普通人一样得到尊重与理解,社会、媒体、学生和家长不应该一味的对教师施以高标准的祈求,在有关教师职业道德的问题上不以偏概全,要认识到教师队伍的主流是积极向上的,在不足上要给与理解与帮助,保护教育工作者对教育事业的热情。教师对社会也有期望与需求,他们希望被关怀理解,媒体在对教师职业道德方面的报道不应太偏激,要尊重事实,防止因为媒体的不当报道导致教师职业失范行为的发生。

3. 整个社会要努力延续尊师重教的优良传统

中国社会素来有尊师重教的优良传统,使教师具有了良好的社会声誉和职业威望,从而吸引了大量的社会精英从事教师职业,实现了教师道德与社会道德的良性互动关系。市场经济条件下,金钱至上的价值观猛烈地冲击着教师,导致教师的价值失落与道德徘徊,也使得教师的职业荣誉下降。客观地说,教师的职业荣誉是指对教师职业道德行为的社会价值所做出的肯定评价和教师本人对这种评价的自我意识。它包括两个方面,一方面是指教师履行了社会义务,对社会做出一定贡献后,社会舆论所给予的赞许和褒奖。它是一定社会和阶级评价教师道德行为的社会价值尺度,是教师道德行为的价值标准和价值体现,其客观基础是社会舆论。另一方面是指教师对自己行为的社会价值所产生的自我意识,即由于履行了社会义务而产生的自我道德情感上的满足和自豪。[6]可见,教师的职业荣誉意识,是在社会评价和自我评价中形成和发展起来的一种主观意识和内心体验,是对教师职业道德生活中存在的各种道德关系的反映。它能激励教师自觉地按照社会所倡导的价值尺度去从事职业行为,履行社会义务。社会层面的评价,其实就是整个社会对教师的尊重与关怀,给予教师公正而合理的待遇,努力创造良好的教育条件让教师愉快而富有成效地工作,同时极力维护教师的良好职业形象。因为只有当教师享受到教育成功和幸福时,高尚的师德也就同时形成了。[7]

百年大计,教育为本。而教育大计,又必须以教师为本。有好的老师,才能有好的教育。因此,对于教育来说,建设一支献身教育的高素质教师队伍至关重要。一方面,国家应当要采取有力措施吸引全社会最优秀的人才来当老师,大力推进教师队伍的专业化建设,不断提高教师队伍的整体素质;另一方面,对老师来讲,必须明白"没有爱就没有教育"的教育真谛,明白"学为人师,行为世范"是教师专业精神的象征,也是教师永恒的道德律令,让每一位教师将提升师德素养变成其职业生涯的永恒目标。

参考文献:

[1] 克劳斯·德纳.享用道德:对价值的自然渴望[M].朱小安,译.北京:北京出版社,2002:6.

[2] 论语·子路[M].呼和浩特:内蒙古人民出版社.253.

[3] 陶行知教育文选[M].北京:教育科学出版社.1981:7—8.

[4] 李祖平.问题与对策:新时期高校师德先进性教育[J].教学研究,2005,(5):404—406,411.

[5] 李玢.对高校师德先进性的探析[J].辽宁大学学报,2002,(5):3—5.

[6] 雷小波.论教师职业荣誉[J].机械工业高教研究.2000,(4).

[7] 孙有新."师德培训",想说爱你并不容易[N].中国教师报,2006-10:24.

当前我国高校教师道德失范的伦理分析

郭晓冉

（电子科技大学　马克思主义教育学院）

　　强调师德是我国优良的教育传统之一，多年来，由于党和国家的高度重视以及教师自身强化道德修养，我国在高校师德建设方面取得了不容忽视的重要成就，铸就了高校教师高尚的师德师风，使高校教师赢得了社会公众的尊重。然而，随着社会发展与改革的深入进行，高校教师队伍中部分人在师德方面出现了一些不容忽视的问题，如部分高校教师缺乏敬业精神、缺乏责任心、育人意识淡薄等，这都影响了高校教师的社会形象，影响了高校人才培养质量，甚至影响到了整个社会思想道德建设。由此，强化师德建设也成为社会热议对象和学界研究重点。笔者认为师德建设作为道德层面的问题，需要从伦理视野下展开教师道德示范的动因探究，并且开展相应的对策探讨。

一、　立论价值

　　德国哲学家费希特曾在《论学者的使命》一书中指出，学者一是要献身于知识生产和传播，促进社会发展；二是要提高自身道德水平，并成为社会上道德修养水平最高的

作者简介：郭晓冉，汉族，河南省南阳市人，博士在读，电子科技大学马克思主义教育学院。主要从事当代思想政治教育发展研究。

Email：15902375216@163.com

人。因为,高校教师的师德不仅影响到其自身的学识丰富及事业发展,更是影响到整个社会的道德建设发展。此外,由于高校承担着为国家培养未来建设者的重要职能,在教书育人的过程中,教师的道德素养对于学生具有重要的示范教化作用,《礼记》中云:"为人师者,必先正其身,方能教书育人,此乃师德之本也。"可见,高校教师相较于社会其他普通职业,理应具备更高的道德素养。

然而,从现实层面来看,由于高校教师道德水平低下而做出违背道德甚至违反法律之事并不鲜见。比如在近些年,大学教师论文抄袭、性骚扰学生、挤占挪用科研资金等违德违法事件屡见不鲜,由此引发了舆论媒体和社会公众关于高校教师师德素养的热议。"据中国青年报与腾讯网的联合调查显示:30.9%的公众认为目前师德状况'较差'或'很差',还有42.4%的公众认为目前师德状况仅停留在'一般'水平,而认为'较好'或'很好'的只占24.2%。"[1]为重塑教师在人们心目中的理想型形象,更好发挥高校教师教书育人作用,也为高校教师能更好地开展学术研究工作,强化高校教师师德建设犹如箭在弦上而不得不发。

二、 高校教师道德失范的伦理动因审思

目前,高校教师在自身道德素质上存在诸多问题。表面看来,法律法规不完善,对高校教师管理考评、激励机制存在问题,社会环境负面影响等与教师师德失范之间存在一定联系。但为探寻高校教师师德失范的最根本、最内在原因,我们需要深入到伦理层面进行追根溯源式探究。

首先,法律法规虽然是处在个体外部的约束力,但只有通过个体内部的伦理道德层面才能发挥效用,对此黑格尔与孟德斯鸠曾分别展开过分析论证。第一,黑格尔借助"伦理"将法律和道德联系了起来,认为法律法规只有内化为人的道德准则,才能对个体行为发挥有效约束力。贺麟在《黑格尔著〈法哲学原理〉一书评述》中指出:"自由意志借外物以实现其自身就是抽象法,自由意志在内心中实现,就是道德。自由意志既通过外物,又通过内心,得到充分的现实性,就是伦理。"[2]黑格尔在《法哲学原理》中指出:"无论法的东西和道德的东西都不能自为地实存,而必须以伦理的东西为其承担者和基础,因为法欠缺主观性的环节,而道德则仅仅具有主观性的环节,所以法和道德本身都缺乏现实性,只有无限的东西即理念,才是现实的。"[3]这虽然具有唯心主义色

彩,但说明了伦理是道德与法律的统一,也说明了法律与道德可以借助于伦理在个体内部建立联系。黑格尔还指出:"法律必须普遍地为人知晓,然后它才有约束力。"[4]这说明了法律只有被人所知道,才能够产生约束力;而法律被人所知晓的过程,也就是法律经过人内在道德判断的过程。第二,孟德斯鸠认为法律和道德之间不是泾渭分明的,而是相辅相成有着密切联系的:法律可以消除道德的负面作用;道德也可以促进法律的简单化,使得法律更容易为人民所接受。对此,孟德斯鸠曾指出:"只有特殊的制度才把法律、习俗和风尚等自然分离的事物混为一谈。不过,分离归分离,它们相互之间依然存在着某些重大的关系。"[5]"当气候的物质力量践踏两性和灵智生物的自然法则时,立法者就应该制订民事法律,用以遏制气候本性,重建原始法则。"[6]"当一个民族具有良好的道德风尚时,法律就会变得简单化。"[7]

其次,对于管理机制而言,它是基于对于人内在因素的影响才能起作用,因为,考评、激励等机制都是基于对于人内在需求的有效引导才能对个体行为发挥有效调控作用。

再次,对于社会环境中的负面因素来讲,根据马克思主义哲学观点,内因是事物发展变化的根本原因,外因是事物变化发展的条件,外因只有通过内心才能起作用。这就说明,社会环境作为个体发展变化的外因,只有作用于人的内在道德层面,才能对于个体行为起到作用。

进一步来看,道德理论与道德实践两者之间并不具有绝对的一致性和相关性,个体的道德认识并不必然会转化为道德行为。古往今来,中、西不少伦理学家们可能在伦理道德的理论研究上取得了丰硕成果,但他们在行为方面的道德性却不一定能优于常人。马斯洛曾说过,知与行两者之间并不一定具有绝对统一性,知并不一定绝对会转化为行动;某些人在伦理道德方面知之甚少,但他们在实践道德方面却胜过社会中专门研习伦理道德之人士。对于某些高校教师而言,他们可能在伦理道德的理论研究方面取得了一定造诣,在学生面前也是满口仁义道德,但其在背地里干的事情却是让道德蒙羞。

康德特别强调伦理道德的实践性,他认为道德是规则与行为之统一,伦理是一种唯有在实践中才能得以彰显的实践理性。康德在《实践理性批判》中指出:"纯粹理性只是自为地实践的,并且给予(人)一条我们称之为道德法则的普遍法则。"[8]"道德学……工作的最重要部分都取决于理性的应用。"伦理道德是道德认知与道德行为的统一；道德不仅仅是一种内心向善的道德倾向和价值向度，更是一种在现时的此在实践中才能得到彰显、落实的行为准则。因而，为探寻高校教师师德失范的内在、深层动因，我们必须深入到作为个体行为内在准则与最终标尺的伦理道德层面进行探究。具体来看，对于高校教师而言，他们师德失范做出违反道德甚至法律之事的伦理动因在于：一方面可能是由于自身道德素养差、内在道德约束力不足，而去钻法律法规空子，在法律面前铤而走险，或是经不住外界环境的负面影响而在道德、法律上越界；另一方面可能是他们虽在道德的理论修养方面超乎常人，然而却不能主动践行伦理道德而在道德实践方面落后于道德认知。

三、 纠正高校教师师德失范的对策思考

中办、国办在 2015 年 1 月印发的《关于进一步加强和改进新形势下高校宣传思想工作的意见》中指出，要大力提高高校教师队伍思想政治素质。[9] 面临当前我国高校教师师德在一定范围内失范的现状，为提高高校育人工作的实效性，亟需采取有效措施来提升高校教师的道德素养。

1. 高校教师自觉学习道德理论，实现道德自律

1）学习伦理道德知识的必要性：道德不是先验之"道"，而是后天学而知"识"

根据马克思主义观点，道德并不是先验之"道"，而是受制于社会生产方式的上层建筑的重要构成部分。著名法学家孟德斯鸠认为，道德作为约束社会的准绳，主要受到地理环境、风俗习惯的影响，由此各个国家、地区、民族之间就形成了不同的道德风尚。孟德斯鸠在《论法的精神》中曾指出，"东方的某些地方之所以幽禁妇女，多妻并非唯一原因，气候也是"。[10]"嫉妒几乎始终是气候的物质力量所产生的效应，同时却又是治疗这种力量的良药。"[11]而功利主义学派将道德观由先验主义发展到了经验主义，由此提出了经验主义的道德观。穆勒认为，判断行为善恶的标准是历史经验，"我们有充分的时间，那就是人类的全部历史。人类在自己的整个历史中，始终都在借助经验，了解各种行为的倾向；而正是在这种经验的基础上，才有了所能见到的谨慎行为和生活道德"，"人类迄今为止，必定已经获得了一些确定无疑的信念，相信某些行为有

利于人类幸福,这些信念流传下来,便成为大众的道德规则,同时也成为哲学家的道德规则。"[12]他并且认为,这种道德标准也是随着社会发展处于不断的发展变化当中的,体现为道德标准由不完善向完善发展。"根据功利原则得出的各种推论,就像实践技能中的操作规范一样,允许无限地加以改进,而当人类心灵处于一种进步的状态时,这种改进是在不断进行的。"[13]由此可见,并不存在老子所说的"生而知之,生而悟道",即并不存在先验的道德观,而只能在后天的学习中钻研学习道德规范,使其内化为自己知识结构的一部分。

关于学习道德知识的必要性,苏格拉底曾说过,"知识即为美德,罪恶源于无知"。杰弗逊也说过,"充分的知识引导到正确的行为,没有充分的知识也不可能有正确的行为"。马斯洛进一步阐述道,"'应该性'由'事实性'所创造","假如我们规定伦理学、道德和价值为行动的向导,那么,引向最坚决的行动的最容易理解和最好的向导就是非常确定的事实,事实越真确,它们也越是行动的好向导","道德的坚定是……来自事实的确定的","真理命令必须得行动,'是'命令'应该'。"[14]这就说明,道德认知(是)可以带来道德行为(应该),而不知则容易导致非道德甚至违法行为。所以广大高校教师要努力培养自己成为道德上的知者,树立起符合社会要求的道德观,为实践伦理道德奠定认识上的基础,以尽量减少由于道德上的不知而引发的违德甚至违法之行为。

2)提升高校教师在学习伦理道德上的自我教育意识

道德素养是高校教师整体素质的重要构成部分,对于高校教师其他方面的素养具有重要导向、调控作用。高校教师要成为知识的创造者、传播者,就需要具备高尚的道德素养,而获取道德素养的一个重要前提就是要对一个社会的伦理道德有比较深入的了解。我国教育学专家查有梁曾说过:"学然后知不足,教然后知困,研然后知美。知不足,然后能自反也;知困,然后能自强也;知美,然后能自创也。"

马斯洛曾说过,通过旁人的心理治疗只能保障个体心理健康,而为了实现个体发展,只有依靠个体的自我教育方可实现:"缺失性需要的满足避免了疾病;而成长性需要的满足则导致积极的健康。缺失性需要的满足要依赖于他物,而成长性需要的满足则是依赖于个体内在的自我实现动机。"[15]"在人格改善的理论中,必须给自我改善和自我检查,沉思和反省保留位置,在成长的后期,个人实质上是独自的,并且只能依靠他自己。"[16]因而,在学习伦理道德知识的进程当中,提升教师的自我教育意识是十分必要的。广大高校教师要潜心学习伦理道德知识,并且在学习中不断结合自身经历进行及时的反省、思考,以对伦理道德有更加深刻的认识和理解。

3) 高校教师努力追求道德自律

康德在其著作《道德形而上学原理》中,对于道德进行了比较完整的论述,他指出,"自律概念和自由概念不可分离地联系着,道德的普遍规律总是伴随着自律概念。在概念上,有理性的东西的一切行动都必须以道德规律为基础,正如全部现象都以自然规律为基础一样。"[17]"道德就是一个有理性东西能够作为自在目的而存在的唯一条件,因为只有通过道德,他才能成为目的王国的一个立法成员。于是,只有道德以及与道德相适应的人性,才是具有尊严的东西。"[18]"自律的人应该摆脱一切对象,使对象不能左右意志,所以,实践理性、意志,就用不着忙于管束异己的关切,而只是证明自己的威信就是最高的立法。"[19]。综合上述可以看出,道德是一种对于理性规律的服从,是一种人为自身行为立法的先验综合定言命令;通过对于道德的服从,人可以实现从他律到自律之转变,这样的人才能达致真正的自由境地,成为一个有尊严的人。每个职业都有着各自的伦理道德规范即道德规律,教师群体也概莫能外。关于高校教师的师德规范,这是社会对于高校教师角色所提出的现实要求与角色期望。但对于教师个体而言,师德规范毕竟是一种外在的、异己的他律力量;为了让师德能够成为高校教师个体主动遵循的内在的、自律的道德力量,关键在于教师个体主动实现道德观念的内化,形成道德自律,让个体以符合道德规律的方式行动,从而实现既敬畏头顶的浩瀚星空,也敬畏心中的道德律令。

2. 化解高校教师在教书育人与学术研究之间的职业道德冲突

关于高校教师职业道德的内涵,迄今国内研究成果大多集中于论述教师教书育人方面的道德遵循,比如杨克平、傅晓燕旗帜鲜明地指出,高校教师职业道德的真谛是教书育人[20]。笔者认为,职业道德不同于外在的关于职业的法律法规、规章制度等硬性规定,比如公务员不能贪污腐败、以权谋私等;职业道德是一个职业对于从业人员内在的伦理准则与道德标准;与外在的法律法规、规章制度不同的是,职业道德更多地是一种软约束和"软规范"。对于高校教师而言,他们的职业道德源于社会对于教师群体的角色规范要求。培育人才是高校的重要使命,因而教书育人自然是高校教师的重要职责之所在;除此而外,高校还承担着为社会发展提供科学研究的服务社会重要使命,因而高校教师也承担了重要的学术研究职责。故而,对于高校教师而言,他们的重要职责即教书育人和学术研究,而高校教师的职业道德自然也围绕着这两个职责展开。

然而,在现实境遇中,高校教师在教书育人与学术研究两者之间往往存在着矛盾心理下的博弈冲突,容易导致其过分偏向学术研究一方,而轻视了教书育人的实际价值,这就产生了高校教师职业道德中的内在冲突,即教书育人与学术研究之间的偏向冲突。对于高校教师本人而言,可能会有人觉得学术研究和教书育人两者之间是相互矛盾的关系,因为两者存在着时间及利益上的冲突。比如,高校教师评职称需要主持或参与一定数量的科研项目,需要发表一定数量一定级别的学术论文,因而高校教师将大量时间投入了科研项目,而在课堂教学中则并无太多时间可以投入。并且教书育人更多的是学生群体的他人利益,教学效果较好除了可以给自己带来更好的学生口碑而外,并无太多的实际个人收益;而科学研究则不然,它不仅可以提高自己的职称,且自己在科学研究中可获得一定的经济收益。此外,由于在高校教学中缺乏可量化的考核标准,某些教师在平时的教学工作中不用心,平时只是走过场式的教学,而在上完课以后基本和学生没有任何交流,在考试前组织同学划重点,这样都是"皆大欢喜",然而最终受害者却是广大学生。

对于高校教师而言,为了协调处理好教书育人和学术研究两者之间的关系,需要化解他们在认识上存在的误区,在实践中实现两者的有机统一。为此,除了高校要对于高校教师的日常上课质量和效果予以必要的考核管理,在教师职称评定中改变传统唯科研论倾向,强化教学效果权重之外,更多依靠的是广大高校教师自觉树立新型职业道德观,化解科学研究和教书育人之间的认识冲突,消除两者之间的对立,实现两者的协和一致。一方面,广大高校教师要深刻认识到,教师职业之所以高尚,就是因为这一职业的无私奉献精神,教师的职业价值核心意蕴也正在于此。对于高校教师而言,要克服传统的个人利益与他人利益之间的二元分歧,将教书育人看作实现个体的职业价值和人生价值的重要手段,这样才能既实现教书育人的职业价值,同时也能在其中收获到个体层面的职业满足感和发展成就感。另一方面,在具体教学实践中,高校教师可以在课堂教学中,穿插进去自己科学研究的一些心得体会,这样的经验对于学生是一笔宝贵的财富,可以强化对于他们的理想信念教育和方法论指导,对于他们以后的学习、工作都是十分有益的。此外,教师还可以对于本门课程的教学规律、方法等进行必要的专题研究,并将其研究成果贯彻到实际教学过程当中去,实现教学理论与实践的相互结合、相互促进,实现科研育人两不误。

参考文献:

[1] 谢洋."抄袭门"再次引发公众师德争议热潮[N].中国青年报,2008-10-22,(8)1.

[2] 贺麟.黑格尔著〈法哲学原理〉一书评述[M].北京:商务印书馆,1961:12.

[3][4] 黑格尔.法哲学原理[M].范杨,张企泰,译.北京:商务印书馆,1961:162—163,224.

[5][6][7][10][11] 孟德斯鸠.论法的精神[M].许明龙,译.北京:商务印书馆,2007:260,
232—233,260,232,233.

[8] 康德.实践理性批判[M].韩水法,译.北京:商务印书馆,2009:33—34.

[9] 中办国办印发.关于进一步加强和改进新形势下高校宣传思想工作的意见[J].中国高等
教育,2015,(03):6—8.

[12][13] 约翰·穆勒.功利主义[M].徐大建,译.上海:上海人民出版社,2005:23,23—24.

[14] 马斯洛.人性能达的境界[M].林方,译.昆明:云南人民出版社,1987:122—123.

[15][16] 马斯洛.存在心理学探索[M].李文湉,译.昆明:云南人民出版社,1987:60—61,
27,33.

[17][18][19] 康德.道德形而上学原理[M].苗力田,译.上海:上海人民出版社,1986:107—
108,86—87,94—95.

[20] 杨克平,傅晓燕.教书育人:高校教师职业道德的真谛[J].中国高等教育,2007,(1):
56—57.

伦理语境下大学体育德育一体化的理路探析

蔡广[1,2]，龚正伟[1]

（1. 上海体育学院　体育休闲与艺术学院；2. 巢湖学院体育学院）

一、前言

1. 研究背景与理论依据

大学体育和德育议题一直备受社会关注，因为大学不仅是创新之寓所，更是育人之高地。改革开放三十余年，国人自满于世界第二大经济体同时，人文生态却屡遭重创，波及甚广，在校大学生体育和道德失范的报道已觉不新鲜[1]。著名学者钱穆曾说过：一切问题，由文化问题产生；一切问题，由文化问题解决。按此观点，尝试开辟一条消解大学生道德困境之路可谓可能，而于伦理语境中，通过体育文化浸染熏陶以提高大学生的伦理道德素养不失为一良策。美国伦理学家 J. P. 蒂洛在其《伦理学理论与实践的原理》中提出了伦理实践的生命、善良、公正、说实话和自由[2]五条原则，恰为大学"体育德育一体化"的实现提供理论依据。该理论似乎同社会主义核心价值观的社

基金项目：教育部哲学社会科学研究重大课题攻关项目子课题（13JZD046）；国家社会科学基金项目（12BTY001）

作者简介：蔡广，安庆宿松人，副教授，在读博士研究生，主要从事体育文化、伦理与管理研究；龚正伟，湖南长沙人，哲学博士、教授、博士生导师。上海高校研究基地上海体育学院体育与健康伦理 E-研究院首席研究员，通讯作者。

会和公民的价值取向一致(社会主义核心价值观:富强、民主、文明、和谐是国家层面的价值目标,自由、平等、公正、法治是社会层面的价值取向,爱国、敬业、诚信、友善是公民个人层面的价值准则[3]),并且以习近平总书记提出的"通过教育引导,使社会主义核心价值观内化为人们的精神追求,外化为人们的自觉行动"作为指导思想[4],通过"大学体育德育一体化"来培育和践行社会主义核心价值观。据此提出几点学术建议,开辟研究新方向,为"体育德育一体化"后续探究作引玉之资。

2. 研究意义及概念阐释

毛泽东曾在《体育之研究》中强调,德育和智育皆寓于体育,换句话说,无体就无德智,从而体育列五育之首[5],由此可见,体育的育人功能是任何其他学科不可替代的[6]。在中国,"體育"作为独立的合成词出现于 1897 年左右[7],关于其概念界定,学界各持己见,莫衷一是,概言之,主要有:大教育观[8]和身体教育观[9]两种。体育经历了劳动体育、超越劳动、登上神坛、进入学校、回归生活的发展演进,此文的体育主要指大学校园体育文化活动,其他范畴暂不论及。那么,为什么要对大学生进行道德教育?党的十八大强调教育的根本任务是"立德树人"[10],德育的对象是人,其目的是使人成为人,使人过有意义的生活[11]。改革开放以来,市场经济已经成为人们生活不可或缺的一部分,市场经济就是道德经济[12—13]。1998 年,Berkowitz 提出,道德教育是指任何有计划地提高道德功能。大学生的道德习惯还没有完全养成,不像社会人,缺乏稳定性,但只要不断输入良好的道德习惯,就会逐步养成良好习惯,继而可以抵制坏的习惯[14]。道德需要学习和教育,通过教学过程,让受教育者接受一定思想道德[15],形成个体的人生观和价值观。

体育与德育之间有怎样的关系呢?道德在社会发展过程中,对人的行为起到一定的控制、规范和约束作用,而体育外显的是人的行为,在很大意义上体现的是人的道德规范。道德教育对大学校园体育文化活动起到引领和规范的作用,反之体育文化活动过程是对道德教育的践行。从词源学的意义看,"體"中"骨"是形,"豊"是声合并而成。古汉语词典中,"骨"在甲骨文中是骨架相互拼接或支撑的样子的象形文字,另有会意之说,指凸(guǎ)上附有"肉",小篆字义即剐掉肉乃骨。"豊"通假"禮","禮"本意祭祀神灵祈求福祉的事,后演变为共同履行的社会公共行为准则和道德规范。古代的"體"

是先哲们的智慧结晶,高度概括了身体符号的真义[16]。古代"礼"的伦理观,修身齐家治国平天下的伦理贯通,这相异于黑格尔的家庭成员和民族公民之间的伦理意识冲突。

鉴于体育与道德彼此关联,促成体育德育一体化之为可能。通过文献研究、分析、反思和讨论等环节对体育德育一体化进行考察,提出大学体育德育一体化的概念,就是受教育者(观众、听众、选手、裁判员、教练员以及组织者等)组织、参与、体验、执法和观看大学校园体育文化活动(大学校园体育文化活动是指在学校内开展的一切与体育有关的教学、训练、竞赛、休闲等校园文化活动),形成和内化德性和德行,最终实现"立德树人"的教育活动。换言,大学体育德育一体化是通过校园体育文化促进受教育者的德性和德行的渗透、冲突、融合,以生命、善良、公正、说实话和自由为原则,达到"立德树人"的教育活动。简言之,大学体育德育一体化旨为受教育者通过校园体育文化活动过程,与德育互动与共生地发展,实现育人的教育活动。以往大学教育过程中,人为地把体育和德育条块割裂开来,打上时代历史文化的烙印。一方面,在道德教育过程中,划清道德与体育的界线;另一方面,体育教学过程中,忽略了体育之中德育的价值。体育德育一体化旨为受教育者通过校园体育文化活动,与德育互动共生性发展,实现教育目的。大学体育德育一体化的提出,既是一种思想理念的引领又是对社会主义核心价值观的践行,其内涵可概括为:"体育促进德育、体育德育互促、体育就是德育(发展体育)、体育就是全育(体育促进人的全面发展)"(龚正伟,2016)

怎样实现大学"体育德育一体化"?美国伦理学家 J. P. 蒂洛在其《伦理学理论与实践》著作中提出了伦理实践的生命、善良、公正、说实话和自由[17]五条原则,不仅可以为提高体育参与者的身体健康水平服务,而且对实现人的道德素养有较大助力。以此为理论基础,从以下几个方面逐一进行分析,旨在伦理语境下探寻大学体育德育一体化的现实之路径。

二、 珍爱生命:大学体育德育一体化的逻辑起点

世界上的任何问题,都始于身体问题[18],个性化德育就是关心完整生命体的学生[19]。美国的伦理学家蒂洛认为,伦理体系的构建,首先就是生命,没有生命就没有

伦理可言[20]，道德问题也不例外。每一个大学生都是一个生物体，要遵循伦理道德原则、珍爱生命。没有生命，道德伦理无从谈起，因为大学生是有生命的个体，所以伦理是大学生适用的语境。"身体发肤，受之父母，不敢毁伤，孝之始也。"体现了中国传统文化的身体观，无论是笛卡尔的身心二元论还是马克思的一元论，生命的重要元素之一就是身体。身体是生命的宿主，没有宿主，也就谈不上进行体育课堂练习、参与课外体育活动以及课余训练和竞赛等体育文化活动；谈不上大学生的伦理道德；善良、美德、邪恶、公正、说实话和自由更无从说起。生命有时候是一种意志，在不同的体育文化活动中有不同的体现。比如清华大学的体育课程考核中，为了考量学生的意志力，设置人人参与的校园长跑活动，以增强对生命意义与体育实践中的体悟（清华大学，张威，2015）。

从哲学视角来看，人拥有理性和自我意识，主观能动性和制造、使用工具的能力，而动物则缺乏[21]。古希腊人早就意识到，人不单纯是肉体与灵魂的二重对立，人不仅有生理现象，同时还有深层次的心理构造。通过大学体育课、体育活动、体育社团、体育比赛和体育参与等形式，潜移默化地进行德性和德行的渗透与互动，从而养成良好的世界观、人生观和价值观，形成健康的体育参与习惯和生活方式，塑造健康阳光的个性和人格特质内化成生命的需要，提高生命质量[22]。生理的生命是短暂的，只不过是整个宇宙历史长河进程中一个难被人知的片段，但是无论是肉体还是心灵都会在某种程度上受到外界环境的影响，会产生不同的结果[23]。国内外的生命教育研究已经取得了丰硕成果，但是大学生对生命的漠视、对社会的抗争等一系列自杀、故意伤害他人事件较多，不难看出部分大学生自我生命意识淡薄，2016年名牌大学生弑母事件就是现时代一个大学生生命意识淡薄的典型案例。据此，提出大学生体育德育一体化的珍爱生命的策略：首先，提高大学生对生命的认识。通过网络教学或者讲座的方式，传授人体生理学、运动生理学的基本知识，以及生命的起源与发展过程。其次，提高学生心理承受能力。设置比赛或游戏情景，学生体验失败、打击、落后等困难和挫折的历练，提高他们的心理承受能力。第三，提高大学生自救能力。例如练习攀岩，可以在身陷悬崖时逃生；练习游泳，可以在落水时自救等。实现大学体育德育一体化，需要从大学生珍爱生命开始，如果没有生命存在，也就没有身体、没有行动、没有心灵，体育、伦理、道德也就随之失去意义，所以珍爱生命是体育德育共生的基础和起点。

三、善良美德：大学体育德育一体化的终极目标

《三字经》中第一句为"人之初，性本善"，即当今提到的"性善论"，对中华民族的影响已有两千多年，可以说根深蒂固。譬如老子的"上善若水"，孔子的仁爱之心，荀子的"积善成德"、"厚德载物"，无不体现出中华文明的善性美德，承载着一个民族的宽容、博爱、善良、自信。但是，黑格尔认为，老年人和年轻人对同一件事情的理解有很大的不同[24]，西方文明中，在对有见识的长者尊敬的同时，流露出对年轻人的爱护。当前的世界是开放的，网络、书籍、报纸、电视、微信等新媒体融合性传播，水平参差不齐，而大学生的认知、理解、接受及承受能力等不尽相同，所以这些信息将对他们造成不同层面、不同性质的影响。那么，大学体育德育一体化在哪些方面可以展现大学生的善良美德呢？抑或从如下方面为之：第一，体育行动上的善。足球比赛中，有队员受伤，立即把球踢出边界，停止比赛，进行护理。恢复比赛时，受伤方应当把球权踢（或掷）还给对方，在对手获得球控制之前，本方球员不予争抢。第二，体育语言上的善。在场上要尊重裁判员和场上队员及观众，在坚守客观事实的前提下进行鼓励，拼搏中彰显宽容，校园体育文化活动势必向良性方向发展。第三，体育心理上的善。在球类比赛中，不能因对方突破了你，你就采用伤害战术。对方球员对你犯规，不能产生伺机报复的心理。第四，关心特殊人群的体育。如在体育文化活动中，不能对残障人群挖苦或者讥笑，而应当多鼓励，结伴而行。大学体育德育一体化就是一个公德和私德融合的实践过程，以上海大学男子排球队为例，球队理念是"我为人人，人人为我"（上海大学，魏毅林，2015），是对古人"舍得"智慧的现代诠释。"我为人人"是因，是一种公德，需要互相传球，不要舍不得传球，传递的既是善又是利他。同时，体现大学生的博大胸怀，与佛学的"普度众生"有异曲同工之妙。"人人为我"是果，这样就能够产生互动和共生的效果，队员主动传球，形成团队合力，球队的胜利也就是善的最大胜利。反之当善跨界即为恶，应以"勿以善小而不为，勿以恶小而为之"时刻警醒世人。社会深入转型的今日，恶开始在城市化、市场化、世俗化过程中飞速发展，道德良知缺失，整个社会越来越浮躁，人情淡漠、善良尽失、仁慈隐去……。大学是一个唤醒良知之地，体育德育一体化是一条引领大学生善良品格的回归，走知善恶、明是非的道路。不过，体育德育共存共荣之路漫漫修远，仍需上下求索。

四、公正正义：体育德育一体化的前提条件

儒家文化强调"中和"或者"中庸"之道，这不能浅显地理解为平均主义，这是一种公正正义，体现一种均等化原则。从个体而言，内部的金木水火土协调共生、阴阳调和、协调发展。然而，对于人与人、人与社会、人与组织、人与团体或者协会之间，如果不能够公正正义地发展，就会失去平衡，难以运行，更谈不上良性运行。传统文化中以君子为社会伦理的抽象楷模，这也是一个遵守公正正义原则的榜样。而小人则是"同而不和"，小人的特点都是相同的，见利忘义，牺牲他利，成就己利[25]，体现的是公正正义负面的例子。无论是社会制度还是伦理道德、规章制度都是描述人与人、人与组织、人与社会之间的关系，而公正正义存在于人与人之间的关系中，诺斯认为，人与人之间关系是一种社会的博弈规则[26]，也就是这个道理。体育来源于生活，生活是人的生活，因此体育也是生活的体育，生活中的体育组织、单位、协会、球队、训练队中都需要公正正义。公正正义意味着利益"均衡"，不能偏废，这既是道德发展的规律，也是体育德育一体化发展的规律，更是校园体育文化活动遵循的规律。但是，利益的均等化或者说公正正义不等于平均主义，平均主义势必会产生吃大锅饭的结果。中国足球职业联赛发展至今，未能按照公正正义的规律运营，导致球场观众屈指可数，运动员后备人才匮乏。大学是一个高度开放和自由的空间，公正正义是大学文化构成的重要元素，失去公正正义，大学亦将不大学。

体育德育一体化的公正正义之路是否可行？在大学体育文化活动中可以从以下几个方面来贯彻：第一，差别对待。罗素曾说：参差多样，对幸福来讲是命脉[27]。在比赛中存在性别差异，可以差级对待，但是参与的权利是平等的。譬如广州中山大学，为了体现体育的公平，每个在校大学生，无论男女，一律都要求25米游泳达标（中山大学，杨波，2015）。但在制定25米游泳的标准上特别注意，一方面采用男女性别结构的差异，另一方面关注不同个体生理结构，有差异地制定标准，这就是一个在体育德育一体化中彰显公正正义的典型案例。第二，因材施教。先哲指出：万物并育而不相害，道并行而不相惊的思想，集中表现为"有教无类"、"因材施教"[28]。针对不同的学生群体，有差别地制定考核标准。例如肥胖的学生让他（她）考核引体向上，就有点勉为其难，而让他们举重、卧推或掷铅球等就比较合适。虽然运动的机理不同（屈肌和伸肌），但效果一致，既可以增强学生的自信，又可以体现公正正义。第三，理解规则。从学的

角度来看,对于体育的相关规则的理解是对公正正义的认知、学习、认同到应用的过程。一方面在比赛和游戏过程中遵守规则,另一方面监督公正正义地比赛和游戏活动。从教的角度来看,深刻理解和实践规则,牢牢把握校园体育文化活动发展的规律,一方面减少不公正正义的现象出现,另一方面提高对赛事和游戏的观赏水平。只有在公正正义的前提条件下,才能够更好地贯彻诚实守信;只有在学生都诚实守信的价值取向下,才能够更好地发挥公正正义。

五、 诚实守信:体育德育一体化的价值取向

说谎不能合乎逻辑地成为全人类的箴言,这是康德的观点。一个利己主义者,如果为了自己的利益说谎或不诚实,就需要规劝。涂尔干认为当代大学生应当把诚实或说真话内化成认知时的内部思维的过程。然而,诚信一直是中华民族的传统美德,是在"家文化"和"熟人文化"历史背景下继承和发展起来的。时过境迁,伴随城市化、工业化和市场化的发展,中国传统的家庭格局已遭到破坏,并且进行了重构,家庭伦理和生活伦理均有了较大的变化。但是,人缺少道德和诚信,社会难以继续向前发展[29]。目前,中国正处在从单一文化特质向以单一文化特质为主体的多元文化并存的格局[30]转变,而说真话或诚信的真理性没有发生改变,诚信是权利最大化的放大器,诚实伴随于生活的方方面面[31]。中国的公民社会,同西方的模式有较大的差异,腐败现象的频繁发生,佐证了个人利益膨胀、公民独立性不够、公共文化缺失和公共监督无序[32]。学校即社会,大学生是学校的主体,正确地认识、判断和选择公共道德、社会道德和个人道德是大学生道德发展的总体目标和倾向。

大学生怎样通过大学体育德育一体化做到诚实守信?第一,榜样效应。教育工作者不能不讲真话,而应该"德高为师,身正为范",教育者是学生模仿的镜子,同时也是学生的榜样。第二,评价导向。在教学中,对诚信现象多鼓励和激励,对不诚实守信的现象及时指出,引导纠正。另外,在比赛中,除设最佳运动员、最佳射手(投手)、道德风尚奖等奖项之外,还可以设置个人、团队的诚信奖包括运动员、裁判员、教练员、拉拉队、观众、组织者等都纳入评选。第三,行动引领。教育者既是活动的参与者又是研究者,参与整个体育德育一体化的过程,在行为上对参与者进行直接或间接影响。通过诚信调查量表填写,以及平时观察的记录综合评价学生的诚信度,建立个人诚信档案。

第四,建立网络评价窗口。社区、学校、家庭共同建立网络评价窗口,面向校生、教师、学校、家庭和社会,通过实名登录注册,可以评价任何学生的诚信情况,建立个人诚信数据库,作为以后个人的伦理评价和法律评定的依据。仅在个人高度诚信的情况下,个人才能获得充分的思想自由;充分的思想自由反过来可以影响个人的诚实守信。

六、 思想自由:体育德育一体化的创新动力

孔子认为"从心所欲,不逾矩",才是道德的真正自由品性[33]。大学是培养自由主义思想的神殿,大学有培育大学生自由精神的社会责任[34]。大学应该成为社会发展的"牛虻",一方面为社会发展提供警示意义,另一方面培育大学生的自由精神。人类是在生产力决定和容许的范围内才能取得自由[35],也只有在集体中,人才能得到全面发展,换句话说,人只有在集体中才能获得个人自由[36],而不是个人主义的膨胀。自由不是随心所欲、天马行空,自由恰是从事一切对他者没有伤害的行动权利[37],或者自由是在法律所允许范围内做事情的权利[38]。此外,新自由主义者认为,个体的自由是不受制于外人,因专断而产生的一种强制状态[39]。大学生是将来的主人,当然也是政治生活的主人,他们需要"以德配位"[40]。大学生的健康成长需要独立人格和精神自由[41],大学生的自由需要家庭、学校、社会共同协作,以及相关制度和体制为其提供宽松的环境,提供足够的空间和保障,但这并非是软化制度,而恰恰是大学生要遵循制度和体制。

"一个哨子两个球、学生老师都自由"的自由,是对自由的误读。体育德育一体化的思想自由是更加高级的自由:第一,项目选择自由。大学生在选择运动项目时,不是完全依据自我的喜好,而是要根据学校的教学条件、场地设施以及教师的教学水平等多因素考虑。教育者在选择教学内容的时候,需要考虑场地设施、教学条件、学生的情况和自我的水平,然后再自由发挥想象力,设计出教学方案。第二,体育参与自由。在比赛、训练和体育文化活动中,教练员根据比赛的现实情况安排阵型,而不是根据个人的需要。如果一个有心脏病的学生,自由参加马拉松比赛,是对自由的曲解。第三,游戏竞技自由。"庖丁解牛"是在掌握了牛的生理构造的前提下,处于游刃有余的自由状态。想要做到竞技自由,需要掌握运动项目的规律,才能在动作技能、战术等方面发挥"艺高人胆大,胆大艺更高"的自由境界。

七、结束语

"立德树人"是大学发展的宗旨,是当前社会发展的核心驱动力,而大学是实现"立德树人"的关键环节,在大学进行"体育和德育一体化"的教育是对"立德树人"思想的有力贯彻。当前在大学中体育和德育两者完全割裂,所以在大学阶段推行体育德育一体化具有非常重要的现实意义。从伦理语境下对"体育德育一体化"实现路径探讨兼具理论意义和学术价值。珍惜生命是"体育德育一体化"的逻辑起点,没有了生命既谈不上德育,体育也无从谈起;善良美德是"体育德育一体化"的终极目标,通过体育德育一体化培养善良的大学生,让世界充满爱,这是亚里士多德认为的人追求幸福的终极目标和思想[42];公正正义是"体育德育一体化"的前提条件,不论是体育教学、课余训练竞赛还是课外体育活动,或者伦理道德教育都脱离不了公正正义,如果这些活动缺乏公正正义原则,将变成"恶"的工具;诚实守信是"体育德育一体化"的基本保障;思想自由是"体育德育一体化"的创新动力。上述考量为"体育德育一体化"研究开启了新的视角,同时为"体育德育一体化"研究开辟了新的理论路径。

参考文献:

[1] 雷结斌.我国社会转型期道德失范问题研究[D].南昌大学博士学位论文,2013.

[2][17][20] J.P.蒂洛.伦理学理论与实践[M].孟庆时,等译.北京:北京大学出版社,1985:135—162.

[3] 中共中央办公厅:关于培育和践行社会主义核心价值观的意见[N].人民日报,2013-12-24.

[4] 习近平在中共中央政治局第十三次集体学习时强调:把培育和弘扬社会主义核心价值观作为凝魂聚气强基固本的基础工程[N].人民日报,2014-02-26.

[5] 毛泽东.体育之研究[M].北京:人民体育出版社.1927.

[6] 梅萍,宋增伟."90后"男女大学生生命意识与人生态度比较研究[J].思想教育研究,2015,(4):88—92.

[7] 班华.德育理念与德育改革[J].南京师大学报,2002,(4):73—80.

[8] 周西宽.体育基本理论教程[M].北京:人民体育出版社,2004:25.

[9] 林笑峰.体育和体育方法[M].长春:东北师范大学出版社,1982.

［10］樊浩."论语"伦理道德思想的精神哲学诠释［J］.中国社会科学,2013,(3):125—140,206.

［11］冯悦民,江翠萍.体育教学中德育教育的内容、途径、方法［J］.上海体育学院学报,1997,21(1):90—92.

［12］夏伟东.市场经济是道德经济［J］.新视野,1995,(3).

［13］王小锡.论道德的经济价值［J］.中国社会科学,2011,(4):55—67.

［14］杜威.杜威五大讲演［M］.张恒,编.北京:金城出版社,2010:83—84.

［15］顾明远.教育大辞典(增订合编本)［M］.上海:上海教育出版社,1998:249.

［16］李储涛.身体德育:学校体育的德育起点［J］.上海体育学院学报,2012,36,(6):72—75.

［18］庞蒂.知觉现象学［M］.姜志辉,译.北京:商务印书馆,2001:109.

［19］马丁・布伯.我与你［M］.生活・读书・新知三联书店,1986:158.

［21］包利民.生命与罗各斯——希腊伦理思想史论［M］.北京:东方出版社,1996:71.

［22］胥军,杜宇鹏.大学生生命观教育的哲学意蕴［J］.黑河学院学报,2012,3,(3):49—52.

［23］陈少明.哲学与论证——兼及中国哲学的方法论问题［J］.文史哲,2009:29—33.

［24］华敏,白广勇.大学生善良缺失的归因及对策［J］.思想政治教育,2009,25,(6):105—107.

［25］许冰杨.政府与社会组织关系治理的伦理路径［J］.领导与管理,2013,(4):140—143.

［26］刘生,马书琴.我国城乡二元结构转型的伦理路径探析［J］.学术交流,2011,(2):89—91.

［27］罗素.西方哲学史下卷［M］.马元德,译.北京:商务印书馆,1976:40.

［28］徐忠仁.20世纪80年代以来美国中小学校多样化研究［D］.西南大学博士学位论文,2014:14.

［29］李辉.中国公民社会发展的公共道德路径［J］.前沿,2013,(22):114—115.

［30］谢宏忠.大学生社会主义核心价值体系教育的文化路径［J］福建医科大学学报,2010,11,(4):9—11,17.

［31］伯纳德・巴伯.信任,信任的逻辑和局限［M］.牟斌,等译.福州:福建人民出版社,1989:31.

［32］安春华,张万玉.论构建大学生诚信道德体系［J］.宁夏大学学报,2003,25,(6):22—24.

［33］黄应杭.伦理学新论［M］杭州:浙江大学出版社,2004:185—192.

［34］汤颖,徐瑞.中国现代大学的功定位与分析［J］.教育导刊,2015,(2):12—15.

［35］马克思恩格斯全集(第3卷)［M］.北京:人民出版社,1960:507.

［36］马克思恩格斯全集(第1卷)［M］.北京:人民出版社,1972:82.

［37］马克思恩格斯全集(第1卷)［M］.北京:人民出版社,1956:438.

［38］孟德斯鸠：论法的精神（上）［M］.孙立坚,等译.西安：陕西人民出版社,2001：182.

［39］哈耶克.自由秩序原理［M］.邓正来,译.上海：三联书店,1997：4.

［40］王浦劬.政治学基础［M］.北京：北京大学出版社,2006：241.

［41］兰桂萍.大学生的自由缺失与生命教育［J］.教育评论,2014,(3)：66—68.

［42］亚里士多德.尼可马克伦理学［M］.邓安庆,译.北京：人民出版社,2010：53.

从儒家教育伦理看当代教师的职业尊严

吴海燕

（南京晓庄学院　马克思主义学院）

作为传统教育文化的主流，儒家教育伦理思想源远流长，博大精深。至圣先师孔子开创私学之先河，为实现其教育理想一生汲汲奔走，奠定了儒家教育伦理思想的基础。其后一代代儒家学人在教育实践中对教育中的伦理关系和价值取向等问题不断进行深入的阐发和总结，逐步形成了以尊师重教为精神前提的比较完整的儒家教育伦理思想，时至今日，依然闪耀着不可磨灭的智慧和光辉，这些宝贵的思想资源对于当前的教育伦理建设提供了强大的价值根基和理论启迪。我们应该借鉴儒家尊师重教思想中蕴涵的合理因素，结合目前教育发展的实际，构建符合社会主义核心价值观要求的教师职业伦理，使得教育真正承载起推动中华民族伟大复兴的历史使命。

一、尊师重教：儒家教育伦理的优良传统

在几千年的儒学发展史上，儒家教育伦理非常重视教师的社会地位，崇奉"天地尊亲师"，认为"善之本在教，教之本在师"，强调"师道尊严"，把尊师重教看作是教育活动

作者简介：吴海燕，南京晓庄学院马克思主义学院讲师，主要从事教育伦理及思想政治教育研究。

Email：2874565647@qq.com

能否取得成效的前提。孔子非常重视教育对于治国安邦的重要性，把庶（人口）、富（财富）、教（教育）作为立国的三个基本要素，《论语·子路》记载："子适卫，冉有仆。子曰：'庶矣哉！'冉有曰：'既庶矣，又何加焉？'曰：'富之。'曰：'既富矣，又何加焉？'曰：'教之。'"孟子充分肯定教育的地位和作用，认为："饱食、暖衣、逸居而无教，则近于禽兽。"（《孟子·滕文公上》）在其仁政思想中强调社会秩序要有保障，不仅要养民，更要教民，《孟子·滕文公上》记载了孟子关于兴办学校、发展教育的基本方针："设为庠序学校以教之。庠者，养也；校者，教也；序者，射也。夏曰校，殷曰序，周曰庠；学则三代共之，皆所以明人伦也。人伦明于上，小民亲于下。有王者起，必来取法，是为王者师也。"孟子认为只有通过教育才能使人民懂得人与人之间的伦理关系，这样就能理顺各种社会关系，恢复正常的社会秩序。

荀子也非常重视教育的作用，认为"不富无以养民情，不教无以理民性。"（《荀子·大略》）荀子还特别强调教师的作用，经常君师并称，认为"天地者，生之本也；先祖者，类之本也；君师者，治之本也。无天地恶生？无先祖恶出？无君师恶治？"（《荀子·礼论》）荀子还进一步把师礼并论，提出"礼者、所以正身也；师者，所以正礼也。无礼何以正身？无师，吾安知礼之为是也？"（《荀子·修身》）荀子还强调："有师法者，人之大宝也；无师无法者，人之大殃也。"（《荀子·儒效》）"不是师法而好自用，譬之是犹以盲辨色，以聋辨声也。"（《荀子·修身》）荀子的这些观点对儒家尊师重教思想的发展奠定了非常重要的基础。诞生于秦汉之际的《礼记·学记》强调"善歌者使人继其声，善教者使人继其志"，总结了春秋战国时期的儒家教育思想，明确提出了"师道尊严"的主张："凡学之道，严师为难。师严然后道尊，道尊然后民知敬学。是故君之所不臣于其臣者二：当其为尸，则弗臣也；当其为师，则弗臣也。大学之礼，虽诏于天子无北面，所以尊师也。"教师由此获得了崇高的社会地位和尊严。汉以后，在我国漫长的封建社会中儒家涌现了许多著名的教育思想家，对教育和教师的地位和作用提出了许多独到的见解，特别是韩愈著名的《师说》，对后世产生了极为重要的影响。[1]韩愈首先指出："古之学者必有师"，"人非生而知之者，孰能无惑？惑而不从师，其为惑也，终不解矣。"也就是说，没有老师的指导和教诲，任何人都不可能成才。针对当时社会对教育的轻视、对教师的不尊重、甚至以从师为耻的不良风气，韩愈进行了尖锐的批判："古之圣人，其出人也远矣，犹且从师而问焉；今之众人，其下圣人也亦远矣，而耻学于师。是故圣益圣，愚益愚。圣人之所以为圣，愚人之所以为愚，其皆出于此乎！"

儒家尊师重教的思想对于我们今天发展中国教育事业具有重要的启示意义,如何保持和发扬尊师重教的传统,在现代教育中把这个优良传统发扬光大,是摆在我们面前的一个重大现实课题。习近平总书记 2014 年 3 月 27 日在联合国教科文组织总部的演讲中指出:"我们要积极发展教育事业,通过普及教育,启迪心智,传承知识,陶冶情操,使人们在持续的格物致知中更好认识各种文明的价值,让教育为文明传承和创造服务。"[2]这是从世界文明发展的新的高度上对教育重要性的充分肯定,由此也是对教师重要性的充分肯定。教师在教育活动中能否获得应有的尊重,直接关乎教师的劳动积极性,直接关乎教育的成败。儒家教育伦理强调尊师重教,教师作为一个特殊的社会阶层,在传统社会一直享有较高的社会地位和道德尊容,所以能具备非常清醒的文化自觉意识和责任担当意识,在民族文化的传承和民族精神的维系方面起着中流砥柱的作用。

二、 当代教师职业尊严的保护与培育

改革开放 30 多年来,党和政府高度重视教育事业的发展,教育在推动经济繁荣和社会进步等方面作出了重大贡献,同时教师的经济和社会地位也有了很大改善,但是现实情况仍不容乐观。由于各种复杂因素的影响和制约,各种有损教师职业尊严的现象一直存在,极大地压制了教师从事教育活动的主动性和职业进取心,从而间接影响了教育事业的进一步发展。儒家教育伦理思想中的尊师重教,只要剔除教师对学生的专制管理这一弊端,在当代社会,依然具有现实合理性,因为教师的职业特点决定了在教育活动中教师必须具有基本的尊严,否则教育活动根本不可能得以顺利进行。"尊严即庄重而有威严。通常指人对自己的权利和社会价值的一种自我意识。人的尊严一方面表现为认识到个人担负的社会责任,努力作出与尊严相适应的行为,另一方面,也表现为要求别人和社会对自己的尊重。"[3]教师职业尊严的内在方面是教师在教育过程中所体现出来的高尚的道德情操、丰富的专业知识和精湛的业务技巧,这是长期以来的共识。比如孔子要求人们"正名",从内在方面规范行为、追求道德以维护尊严,强调"骨气"、"气节","士可杀不可辱"、"不为五斗米折腰"、"富贵不能淫,贫贱不能移"。王守仁云:"古之教者,莫难严师,师严道尊,教乃可施。"(《王守仁·严师箴》)这些都是强调教师做人的内在尊严和专业技巧,确实是十分重要的,没有这份内在尊严,

谈何去要求外在尊严呢？可以说,教师职业尊严的内在方面是外在方面的必要条件。但是,在内在方面具备的前提下,在制度的层面上培育和保护与内在尊严匹配的外在尊严也同样十分重要。因为不尊师不重道的恶劣的外在环境与教师内在尊严的不匹配,则必然导致教育的苍凉感和悲剧感,极不利于国家教育事业的发展。在当下的历史境遇中,在制度层面上复兴儒家尊师重教的优良传统,从内外两个方面提升教师的职业尊严,既是对教师职业的外在尊严的保护和培育,也是对教师职业内在尊严的保护和培育。通过制度来调节、保护和培育教师职业外在尊严,进而培育教师职业内在尊严,这是由外而内地提升教师职业尊严的一种不可或缺的进路。结合目前我国教育发展的现状,教师职业的外在尊严包含以下几个方面。

1. 教师的生命安全和人格尊严

教师在职业活动中应该得到最起码的生命安全保障,全社会应尊重教师的名誉、尊严和威信等,这是保护和培育教师职业内在尊严的首要外在条件。康有为认为:"师道既尊,学风自善。"教育之本在育人,育人之本在教师,目前在我国教育实践中倡导的各项教育伦理原则,都特别强调教师要"尊重学生"、"尊重家长",却都忽视了在教和学的双向互动中,教师作为一个平等的生命体,同样应该得到学生、家长以及全社会的尊重。近年来,学生侮辱、殴打教师的现象时有发生,甚至出现伤害老师生命的恶性事件,令广大教师心寒。安徽怀远一名中学教师背后被学生贴上写有"我是乌龟"等字样的字条;安徽省长丰县某中学一名学生用菜刀砍断了班主任的 4 根手指,原因竟是前一天下午该学生迟到后被老师批评;还有被媒体广泛报道的"开水门"、"少爷门"事件,在上述冲突中,教师都成为无辜的受害者。"人冀子孙贤,而不敬其师,犹欲养身而反损其衣食也。"(《王卓·今世说》)如果教师在职业活动中缺乏基本的安全感和为师之道的尊严,教师又怎么会有工作的积极性? 长此以往,伤害的就不仅仅是教师,更重要的是将影响教育的健康发展,伤害民族的未来。

在人类思想发展史上,对人的尊重一直是一个基本的道德原则和显见的道德义务。孔子的忠恕之道:"己所不欲,勿施于人"和"己欲立而立人,己欲达而达人"从正反两个方面强调人应该从自己的内心出发,推己及人,以仁爱之心平等待人,尊重自己,也尊重他人。对西方文明发展产生重要影响的"道德黄金律"——"你们愿意人怎样对待你们,你们也要怎样对待人。"其思想核心同样也是强调尊重自己和他人。康德把"人是目的"作为普遍的道德律令,强调人不应该像物一样被视为工具或手段,而应该被视为目的。人在任何时侯都既应把自己当作目的,也必需把他人当作目的。[4]这里的"人"是普遍意义上的人,康德的这个命题确认了人的终极价值,肯定了人至高无上的价值和尊严,是对人本身的尊重。我们应该看到,在教育活动中教师首先是一个人,一个独立的生命体,和芸芸众生一样享有平等的生命权利和人格尊严,这也是文明社会作为人的基本权利。对教师的尊重,首先就体现在保障教师起码的生命安全和人格尊严,教师才能拥有健康的道德心理素质,教师的职业活动才能正常开展,才能更好地发挥教师的劳动积极性。在教育活动中,教师教书育人责无旁贷,但必须以尊重教师的生命安全和人格尊严为前提,在一个任意践踏教师尊严和威信的社会里,教师的人格魅力被矮化和弱化,教育的效果将大打折扣,甚至和教育的初衷背道而驰。在教育民主化的今天,在肯定学生和家长权利的同时,必须呵护教师的生命安全和人格尊严,不仅看到教师的工具价值,同时也要把教师本身看作目的,尊重教师作为一个人应有的权利和尊严。只有在这样的前提下,教师才能自尊自信自爱自强,才能更好地调动教书育人的积极性,在爱生乐教的路上挥洒自己的汗水,引导学生进入更美好的人生。

2. 教师的经济尊严

教师在其职业活动中应获得和其劳动贡献相匹配的物质利益回报,包括工资津贴、专业进修、职称晋升等正当利益诉求应该得到保障。这是保护和培育教师职业内在尊严的外在物质条件。教师虽然肩负着教书育人、传承文明的神圣职责,国家、社会对教师寄予了不同于一般行业的更高的道德期望,但教师同样也是人民群众中的一员,也有其经济人的一面,和千千万万普通劳动者一样,也有自己正当的物质利益需求,在"点燃自己、照亮别人"的同时也应该得到合理的报偿,这也是对教师劳动的基本尊重。孔子云:"自行束修以上,吾未尝无诲焉。"(《论语·述而》)孔子是中国私学鼻祖,还接受学生的"束修"作为学费,老师哪能不食人间烟火呢?教师的薪资和待遇的合理性问题是一个重要问题。建国以来很长一段时间,受道义论伦理思想影响,社会舆论片面强调教师的道德义务和道德责任的神圣性,把教师仅仅看作"蜡烛"、"园丁"、"春蚕"、"人梯",希望教师能甘守清贫,能够非功利的、无条件的无私奉献。[5]"甘守清贫"和"无私奉献"没有错,错的是把"甘守清贫"和"无私奉献"作为终极目标来追求,"清贫"不是我们的奋斗目标,"无私"也不是合理的道德追求。正确的理解是,在社会经济发展普遍落后的情况下,教师仍然不能因为经济原因放弃教育的内在尊严和对教育事业的热爱,这并不意味着从制度层面上故意克扣教师合理待遇,人为制造教师的

"清贫感";教师应当在社会道德发展中起模范带头作用,具有自我牺牲精神,这也不意味着鼓励外在力量主观上"牺牲"教师的合法合理的利益。我国改革开放以后,随着社会主义市场经济的深入发展,教师的生活条件有所改善,但现实情况依然不容乐观,特别是广大基层教师的物质待遇不能与实际贡献相匹配。2012 年,全国公共财政教育经费支出 21 165 亿元,占国内生产总值(GDP)之比 20 年来首次突破 4%。这只是世界衡量教育水平的基础线,离世界平均水平 7%,特别是离发达国家 9%的水平还很远。从世界范围教师工资水平看,当今多数国家的教师平均工资,都高于类似的或同等资格的其他职业的平均工资,如美国中小学教师的工资一般高于普通企业职员工资额的 25%～35%,也高于政府工作人员平均年薪,在全国 13 大行业中排名第六位;英国中小学教师的平均工资比一般职员的平均工资高 35%;日本的中小学教师平均工资比同期毕业的其他行业职员平均工资高 16%左右;法国中小学教师平均工资比高级熟练工平均工资高出近一倍。而中国教师工资的平均水平并不高于类似的或同等资格的其他职业的平均工资,甚至远低于某些垄断性国企的平均工资。[6]2014 年 11 月 1 日《中国青年报》的一份关于农村教师福利待遇的调查报告表明:"虽然工资稳步提高,但大部分受访教师对于目前的工资收入水平并不是非常满意,相对于物价、房价的涨幅,工资的上涨幅度慢于基层教师的普遍预期。调查问卷显示,受访教师所在县城的房价大部分处在 2 000～3 000 元之间,少数甚至达到 3 000 元以上……一个基层教师的月工资收入也仅够维持基本的家庭消费支出。……为了追求较高的升学率,基层教师的工作压力较大,延长工作时间、节假日加班的现象比较常见。工资收入与基层教师的体力和脑力付出不相匹配。可以说,实现工资较大幅度的上涨是基层教师最主要的诉求和最迫切的希望。"2015 年 8 月贵州省教育厅副厅长李奇勇在参加"中国早教论坛第六届年会"时指出,我们今天的教育:"一边用大量资金堆砌校园,一边用空洞的师德鼓励教师艰苦奋斗、无私奉献。改善办学硬件条件不遗余力,可偏不愿为改善教师工作和生活状态多一点投入。爱建高楼大厦、喜看宽庭敞院,却无视在里面活生生的人。"教育与商业不同,商业以直接逐利为目标,而教育是百年大计,其经济利益不一定能从短期内看出来,所以我们应该从制度上深刻理解教育公平,把教师待遇放到合理的区间内解决。从目前国内教师待遇,特别是基层教师待遇看,与国家经济增长的实际情况不匹配,也远远低于先进国家。

美国行为科学家亚当斯(J. S. Adams)的公平理论认为,公平性直接影响人们的工作积极性。如果人们认为自己得到了公平的报酬,就会感到满意并激励工作的积极性;如果感到不公平,就会要求增加报酬或者减少投入甚至会选择离职。教师的经济尊严得不到保障,劳动报酬偏低,直接后果就是严重挫伤教师的工作积极性,导致部分教师对工作敷衍塞责,职业信心不足,职业认同感较差,一有机会就会选择离开教育行业。据 2015 年 8 月 14 日《中国教育报》,2014 年 11 月甘肃会宁的一次警察招录,引得大批基层教师离岗,转而成为公安战线的一分子,全县共招录 189 名警察,其中有 171 名来自教师行业,其中不乏校长和骨干教师,很多老师认为"警察地位比教师高",觉得"教师工作辛苦、平淡"。这样的教师大逃亡,折射出的是基层教师恶劣的生存环境。事实表明,职业尊严和职业地位必须有经济实力的支撑,只有通过一定的物质激励,才能更好地调动劳动者的主体积极性,所以必须切实改善教师的经济状况和生活条件,保障教师的经济尊严,这样才能增加教师的职业吸引力,教师才能真正意识到自己所从事职业的价值,才能树立职业荣誉感,坚定职业信心,使教师真正成为令人羡慕的职业。

3. 教师的教学科研尊严

在遵循宪法、法律和教育规律的前提下,社会和学校应尊重教师的教育理念、教学方式和治学方式,让教师在其职业活动中享有充分的民主和自由权利。这是保护和培育教师职业内在尊严的外在管理条件。民主、自由是社会主义核心价值观的重要内容,也是教育伦理应有之理念。教师的职业活动,无论是教学还是科研,本质上都应该是一种创造性活动。现在,举国上下都非常重视创新,创新人才的涌现当然要依靠教育,而其中的关键是教师怎样去培养和塑造学生。"木受绳则直,金就砺则利。"(《荀子·劝学》)教师"直",学生才"直";教师"利",学生才"利"。教师没有创新意识,没有创新方法,怎么能培养学生的创造性品质呢? 教师要培养学生的创造性,自身也应在教学实践中体现创新性,而要重视和推进教师的创造性,就必须在教育活动中给教师松绑,解除种种不合理因素对教师的束缚和压抑,充分尊重教师的民主权利,给予教师自由发展的空间,这样教师才能很好地呵护学生的好奇心和想象力,破除学生对标准答案的迷信,鼓励学生敢于质疑和挑战现有的知识和权威,进而形成自己独立的判断。在现行教育体制下,无论是基础教育还是高等教育都一味急功近利,用单一化的指标体系来衡量教师的工作,教师在工作中面临巨大的压力,很少有能够自由选择的权利,工作的积极性和创造性很难得到发挥,培养学生的创新能力也就无从谈起。广大中小学教师纷纷沦为分数的奴婢,为分数竞折腰,因为分数意味着升学率,意味着教学名次,甚至意味着职业生涯的成败;而大学教师则因为论文层次、科研项目被分为三六九等,深陷考核的噩梦,战战兢兢地生活在到某年年底前必须出多少成果的压力下。在这样残酷的现实面前,教师在教学和科研活动方面毫无尊严可言,只能紧跟教育主管部门的指挥棒,很难有自己独特的教学理念和治学方式,培养出来的学生千人一面,科研成果水平良莠不齐。

教师本应是教学和科研活动的主人,管理者应该相信教师的教育良知,允许教师按照自己的个性和步伐开展工作。只有尊重教师的民主和自由权利,保障教师的教学科研尊严,把教师从学生成绩、升学率、论文数量等束缚中解放出来,才能最大限度地激发每个教师的潜能,才能让每个教师充分发挥自己的聪明才智,从事创造性的活动,培养出真正具有创新能力的人才。雅斯贝尔斯有句名言:"教育的本质意味着:一棵树摇动另一棵树,一朵云推动另一朵云,一个灵魂唤醒另一个灵魂。"那么,我们也可以这样理解:只有自己的民主和自由权利得到尊重的教师,才可能去尊重学生的民主和自由权利;只有在职业活动中充分感受到创造的喜悦和幸福的教师,才能够把这份喜悦和幸福传递下去,培养出更多的能够自由创新的人才。

三、 提升当代教师职业尊严的现实途径

2015 年 9 月 8 日,在第 31 个教师节来临前夕,国务院总理李克强在北京会见全国教书育人楷模及优秀乡村教师代表并作重要讲话时强调:"强国必先重教,重教必须尊师。……要在全社会进一步营造尊师重教的良好风尚,不断深化教育体制改革,既要重视高等教育,更要重视基础教育和职业教育。全面推开中小学教师职称制度改革,拓展职业发展通道,使教师这个神圣的职业更具吸引力和成长前景。"[7]总理的讲话实际上提出了提升当代教师职业尊严的三个现实机制:营造尊师重教的良好风尚;不同层次教育协同发展;在中小学教师中实行职称分级。

1. 营造尊师重教的良好风尚。"营造"是全社会的共同责任,不是仅仅靠"官员"来营造,如果是这样,那么就已经预设了官员优位,尊师重教的风尚即便建立起来,也是流于表面,不可能是真的。所以,凡是我们社会中的人,做学生的,做管理的,做家长的,都有营造好尊师重教风尚的责任。因为在一个文化昌明的社会,没有一人未曾蒙

受师恩,教育的良知不仅是施教者有,受教者同样有。中国有句古话,"一日为师,终身为父",这体现了古人对老师的尊重,是教育良知的外在表达。在今天的中国,政府把每年9月10号定为"教师节",让整个社会意识到教师群体的存在和对我们社会的重要贡献,是营造尊师重教风尚的重要举措。但是,十年文革,造反派把教师当"臭老九"、"小资产阶级分子",严重破坏了中国传统对教师的尊重和爱戴,以至于即使是今天我们采取了很多措施来纠正,在社会意识中仍然残留鄙视教师的现象。特别是在目前的经济发展时期,人们特别注重物质财富的追求,相对忽视对精神财富的重视,教师群体很容易被边缘化。所以,提高教师的地位,使得教师成为令整个社会羡慕的职业,关键是从文化机制上创造条件,让整个社会都重视精神追求,重视美好心灵的塑造。在这一点上,教师群体自身也有重要责任。为人师表,以身作则,教师自身不能把教师仅仅理解为一个"授业"和"解惑"的谋生的职业,教师还应该"传道",传递做人的原则和尊严,做到孟子所言"富贵不能淫,贫贱不能移,威武不能屈"。只有这样,教师才能成为社会的精神财富和良知的象征。所以,教师要不断提高自身的职业荣誉感和使命感,要有为追求社会公平正义自我牺牲的勇气,"春蚕到死丝方尽,蜡炬成灰泪始干",唯如此不懈努力,才能化育天下,使得整个社会在自然的而非强制的状态中形成尊师重教的风尚。

2. 不同层次教育协同发展。高等教育、基础教育和职业教育在教育体系中具有同样重要的意义,但是,由于高等教育处于教育金字塔的顶端,更容易得到人们的关注,而基础教育和职业教育固然重要,但人们的目光常常因为喜好仰望而忽视了其重要性。所以李克强总理才说"既要重视高等教育,更要重视基础教育和职业教育"。国家应当在基础教育和职业教育上加大投入,使得资源在高等教育、基础教育和职业教育上得到更好的匹配,形成各个层次的教育协同发展的繁荣局面。教育体制改革是个系统工程,要统筹考虑和安排各种教育要素,使得不同教育层面都充分发挥各自的特色和功能,只有这样,我们才能在教育内部实现教育公平,让不同层面的教师都能在良好的制度安排中自我实现,充分成长,充分体验职业尊严感和荣誉感。无论是大学老师、中学老师,还是小学老师、幼儿园老师,也无论是从事基础教育的老师还是从事职业教育的老师,都同样重要,同样值得尊重。"国将兴,心贵师而重傅……国将衰,必贱师而轻傅。"(《荀子·大略》)我们应当充分认识教育是立国之本的道理,把儒家教育伦理的精神贯彻到教育体制改革中。教育体制改革还应当重新考虑教育管理者的角色定位。教育管理者不能把自己看成学校的"主人"和"老板",把教师看成"教学机器"、"学术苦力"或"智力打工者"。教育管理者的基本定位应该是"服务",不是"监督"。学校不是监狱,没有"管"和"被管"的区分,在学校这样的神圣单位,所有工作人员只有分工不同,没有贵贱之分。所以,"教育管理者"更名为"教育服务者"更好。一线教师好比冲锋陷阵的战士,管理者好比后勤保障的战士,同样重要。应当在制度上进行科学设计,打破管理优越论的观念,一方面,使得教师有教学科研的自主性和尊严,另一方面,使得教师能够安心工作,让好的教师愿意继续做教师,而不是把成为"管理者"当成终极归宿。

3. 在中小学教师中实行职称分级。国务院总理李克强 2015 年 8 月 26 日主持召开国务院常务会议认为,经过几年来的大面积试点,全面实施改革时机已经成熟。会议决定,将在全国全面推开中小学教师职称制度改革。这确实是一个令人振奋的消息。职称制度改革在中国大学中是先行的,也积累了丰富的经验,但全面推开中小学教师职称制度改革,还需要克服观念上和经济上的某些拦阻。在观念上,一般很容易把中小学教师的职业看成较低层次的,容易操作的工种,因而也没有职称分级的必要。其实,中小学教育与高等教育一样,是需要科学精神、职业精神和教学艺术的多重培育的,中小学教师把守着人生起步的黄金阶段,该阶段正是学生人生观、世界观和经验知识形成与积累的关键时期,如果学生在这个阶段出了问题,势必对将来的发展产生消极影响,而大学也不可能得到优势人才资源。在经济上,特别是一些基层政府,财政上困难,更容易忽视教育投入,中小学教师的整体工资水平和待遇还很低。在财政资源十分有限的情况下,如何提高中小学教师的待遇和工资水平是一个困难的问题。职称制度改革可以在一定程度上优化资源配置,缓解这一局面。在保障所有中小学教师基本生活待遇和工资水平的情况下,为鼓励他们在一定期限内努力工作,提升自我修养和专业水平,提高工作业绩,对职称进行分级是必要的。按劳分配,多劳多得,不劳不得,把这样的分配原则贯彻到职称改革中,就是让取得更大业绩的教师享受更多的经济尊严。这是一种鼓励先进,鞭策落后的制度安排。好的制度提供好的可能性,尊严不仅是外来赋予,也要靠教师自身努力,所以,师德、业绩、经历成为重要考核标准是理所当然的。

参考文献:

[1][3] 樊浩,田海平.教育伦理[M].南京:南京大学出版社,2000:79—81,208.

［2］习近平.在联合国教科文组织总部的演讲［OL］.2014 年 03 月 28 日 02:53:51.来源:新华网.

［4］王正平.尊重教师:教育伦理的一项重要原则［J］.道德与文明,2015,(4):19.

［5］赵敏.师德建设的伦理学困境与出路［J］.教育研究与实验,2013,(2):40.

［6］http://www.dzwww.com/synr/xly/200812/t20081222_4193832.html.

［7］李克强.进一步营造尊师重教社会氛围［OL］.2015 - 09 - 08.来源:中国政府网中国青年网.

师德建设理论研究

师德培训的核心原则：激发与传递感染力

戴双翔

（华南师范大学　基础教育培训与研究院）

开展师德培训是当前现实而重要的一条师德养成路径，它通过科学合理的师德课程研修，引领教师感知与传递道德关怀，驱动教师去参与、体验、感悟、反思与行动，在此过程中习得道德认知、涵养职业操守、确立职业信念、坚定道德意志，从而做一个温暖的师德实践者。我们体会、激发与传递教师的师德感染力，应视作当前师德培训必须遵循的一条核心原则，本文试对此问题做些简要讨论。

一、 感染力是师德培训的核心动力

教师培训作为一项旨在促进教师综合素质提升的实践活动，其目标大致存在于三个方面：提升学习力，增强行动力，传递感染力。提升学习力与增强行动力固然重要，但在这三者之中，传递感染力又是最核心的、第一位的，最有力量、最能打动人心的培训，就是具有感染力、能触动教师内心的培训。[1]师德培训作为一种特殊的教师培训实践，一种特殊的德性实践活动，它不能仅仅止于道德知识的授受、道德智慧的增进，也

作者简介：戴双翔，湖北应城人，教育学博士，华南师范大学基础教育培训与研究院副研究员、硕士生导师，主要从事教育伦理、教师教育研究。

Email：375561436@qq.com

不能仅仅满足于道德情感的陶冶,更重要的是,它本身应该成为一个道德体验、道德践履、实践感悟的过程,也就是一个师德知、情、意、行综合修炼的过程。这种修炼,必须要靠一种道德实践、道德感染来完成。从培训效果角度考虑,教师也绝不应该以仅仅掌握与完成师德发展的知识与能力、策略与方法为目标,更要通过参与培训实践活动,燃起那或许久已沉睡的内心,点燃、激发与传递心灵深处的那一份初心、情怀、想往、责任与使命。因此,感染力可谓是师德培训最重要、最核心的要素与特征,也是师德培训效果提升的核心动力。

分析以往那些低效的师德培训,之所以让教师心生反感与抵触,主要原因不是缺乏系统的师德知识讲授,也不是缺乏对教师学习力、执行力的强调,而是培训活动缺乏感染力,缺乏推动教师主动改变的内在动力。这些培训常常摆出一副板起面孔开展道德训教的样子,让教师觉得接受师德培训就是对自己划出道德条框,开出道德药方,提出种种红线要求,却往往忽视了教师自身的动力之源、内心感染力的神奇力量,这就是为什么教师们一谈起师德培训就会心生疑虑与抵触的根本原因。这种缺乏教师发展内在动力之源的培训,自然不可能激起教师的共鸣共振,最后流于低效甚至无效也是必然的了。总之,感染力是师德培训的灵魂,是促进教师主动觉醒、主动改变的动力之源,是促进师德发展从"必然王国"走向"自由王国"的钥匙。对教师而言,一次好的师德培训,一定不是在说教中、而是在被打动被感染中才能获得实效的。只有教师内心被点亮了,自身被感染了,主体意识被唤醒了,道德价值观的反思和触动才能直抵灵魂深处,进而激发自己主动反思并践行师德。

事实上,教师这种内心的感染如果贯彻得好,可以渗透于参训项目的每一次研修活动乃至活动的点点滴滴。在笔者组织实施的师德培训中,一位教师(山西省临汾市五一路学校张玉琴)曾这样记录自己的参训感受:"今天上午聋人学校的学习活动,再次震撼、再次感染了我。第一次零距离地接触聋人课堂,看到那些孩子们对知识的渴望,对美好生活的追求,我的眼睛不知不觉就湿润了。他们靠手语和喉咙深处蹦出的不规范的'语言'去交流、去读课文,而老师则用很大的声音、张大的嘴巴、夸张的手语及肢体语言费力地和学生开展可能是最简单的交流。这种场景,让我再次对教师这个职业肃然起敬。人们常说,爱自己的孩子是人,爱别人的孩子是神,我觉得这些特殊学校的老师,才真的更加不容易,才是当之无愧的师德楷模。是他们,撑起了特殊教育的坚强脊梁,给那些无助的孩子带来了温暖的力量。和他们相比,我们太微不足道了,也太平常了。"通过一次特殊的活动——考察特殊教育学校师生的日常活动,了解特教教师平日里是如何费尽心思地努力与学生展开交流、进行授课,进而联系并比较自己作为一个正常班级、平常教师的日常工作,教师自然而然就会被特教学校教师那种纯粹而没有功利性的教育坚持所深深感染,由此激发自己深刻反思"什么是教育?怎样才能做好教育?""什么是师德?我们需要什么样的师德?"等等根本性的教育价值问题。这样富有感染力的师德培训,自然深受教师欢迎。

教师的这种内在动力之源、核心动力一旦被激活,必将迸发出巨大的能量,引导着他们在行动中践行、在提升中传递,由此也自然会锻造出一批富有感染力、充满情怀与使命的教师群体。这种感染力的传递,会如同蒲公英般把美善的师德种子撒向更加广袤的教育原野。

二、 反思是感染力激活的加速器

有研究者提出,当前的师德建设必须实现师德观念的转换,推动抽象化师德转向实践性师德[2],将师德植根于教师丰富的教育实践中,推动教师发现、思考并尝试解决道德问题,师德境界通过反思才能获得提升。我们认为,教师应该着力抓好"反思"这个关键词,在培训中努力促进自身深度反思。

反思具有重要的意义。可以说,反思是人的生活的一部分。作为一个理性的人、一个道德存在物,人的生活中不能缺少反思。这就是苏格拉底说的,"没有反思的生活,是不值得一过的生活"。只有通过反思,一个人才能更好地实现苏格拉底所说的"认识你自己";也只有通过反思,一个人才可以始终保持一种激活的状态、一种积极探究的境地,从而不停歇、不间断地发现与整理自己的思想,整合外在世界以自主建构内在世界。因此,反思是人的自我提升的重要阶梯。有论者充分肯定,在师德培训活动中,教师作为师德活动的主体,只有通过对师德规范的领悟反思、理性认识和心灵对话,在心目中牢固树立道德理念,才能生成浓烈的道德情感并自觉地将道德理念付诸实践,实现道德理念与道德践行的统一。[3]因此,师德培训中的教师自我反思显得十分重要,它不仅仅是师德培训活动、师德课程实施的一个具体环节,甚至可以上升到一种师德培训模式,我们姑且称之为"反思型师德培训"。打一个形象的比喻,反思就是师德感染力激活的一个重要加速器。

因此,当前教师参加师德培训,应该努力贯彻"做中学"、"激发深度反思"的培训路线,积极主动地参加培训方组织的各种浸入式、参与式的研修活动,通过系列任务驱动式研修实践与达成,激发内在的学习动机,促进自我深度反思。情况往往是这样:教师在多重反思与分享行动中,会惊喜地发现,一个又一个创新型的成果、生成性的智慧在此过程中不断生成;同时,教师自身的师德感染力会被一层又一层地点燃与激发,从中获得了继续前行的无穷力量。这样的培训研修,对于教师而言,收效无疑远远超越了听取一个又一个的理论讲座。当然,为了实现这种反思性的培训目标,培训项目本身在师德课程设计上,也必须要多些精心安排和科学设计。如果像以往一样,简单采取菜单式、拼盘式课程组合,单纯采取专家讲座、师德报告等等单向式的培训方式,必定达不到预期的反思效果。

一位参训教师(浙江省嵊泗县初级中学范群)曾在参训研修日志中写道:"创新是提高培训实效的根本。这次培训,很多新的方式,我以前从未听说。'田野学习'、'锵锵三人行'、'世界咖啡'、'工作坊'、'体验学习'、'模拟师德论坛'和'电影鉴赏'等等,让我们一线老师耳目一新。""培训采取了学员全面浸入、主体参与的任务驱动型培训,以专题讲座、案例分享、锵锵三人行、小组合作探究、研讨与分享、现场观摩、事迹报告、学术论坛、电影赏析、世界咖啡、师德巡讲、微课诊断等多重方式,增强了师德培训的说服力、吸引力、和感染力。"因此从根本上说,参加师德培训,教师不是希望培训者简单给予他们什么,而是希望能够尽量给他们搭建平台、创设场境、安排活动,推动教师自身积极反思与体悟。通过反思这一加速器,激发和彰显教师内心的师德感染力,并继以实践行动。在经历与经验中,在深刻的多重反思中,教师会逐步明了自己需要什么、未来应该怎么做。

教师的师德反思,一方面既是成果的积淀和智慧的生成,是师德感染力点燃激活之后添加后续推进剂的过程;另一方面,它本身即意味着教师的成长和教师师德水平的改进提升。只不过这种改进提升,是在潜移默化的过程中完成的,是在随风入夜、润物无声的过程中实现的。当然,这种师德反思也存在不同的层次与合理的逻辑进路,我们简单将其概括为"三化"。一是将师德感染固着化。学、问、思、辨、行,反思是将这种生成与生长贯连起来的重要中间环节。教师在参训过程中,要通过"学"与"问"进而反思:今天的这次活动或者这堂课我的重要收获是什么?为什么会受感染?是师德课程的什么内容、什么场景打动感染了我?我是谁?我从哪里来?相比而言,我的落差或距离在哪里？由此，激发而出的内心感染明晰化、固着化。二是将师德感染提升化。通过自我反思、小组反思、团体反思，以及反思之后的小组分享、团体碰撞、价值澄清，从而进一步明晰：我作为一名参训教师，来这里做什么？我的内心灵魂受到了何种熏染？这种熏染为什么是有价值的？我应该如何改变与改造我自己？从而，教师的内心德性获得进一步激活与唤醒，感染力得到进一步扩大与升华。三是将师德感染实践化。通过多重深度反思，多次解剖与自我建构，教师进一步思考：我要到哪里去？如何去？如何坚定我的价值立场、笃行我的价值行动？也即将感染力外化为自身的行动力，落实到自己未来的教育教学生活，从而像火炬接力一样将这熊熊燃烧的火炬传递下去，实现感染力的传递。

三、 以实践活动传递师德感染力

真正有生命力、为教师喜闻乐见的师德培训，重要的不是它的"高大上"，而是能够紧接地气，让美善的师德种子能够有地方落地生根、发芽开花，让教师被激起的师德感染力在更大的区域内薪火传递。师德培训如何真正做到"有根"、"接地气"，激发与传递师德感染力呢？那必须要有实实在在的师德实践活动。要让教师在行动中践履、在活动中升华，使他们被激起的师德感染力有向外传播的原野，点亮的心灵有播撒光芒的天地。

点亮心灵，照亮世界。深受感染后的教师，行动会具有无穷的力量。因为感染，所以传递感染；因为关怀，所以传递关怀；因为幸福，所以传递幸福；因为温暖，所以传递温暖。这种师德培训价值理念下的实践活动，必定具有深度的活力。那么，到何处去传递教师的这种感染呢？教师的生活场境与活动舞台主要是学校、是课堂，教师的交往对象主要是学生、教师同侪、家长与社会，因此，上述场境与对象，就是教师实践活动展示、传递感染力的基本舞台。应该引导教师在教师与学生、教师与同侪、教师与社会、教师与世界乃至教师与自身交往的不同场境中，增进知识、扩展智慧、提升能力、陶冶情感与彰显德性，从而综合提升教师作为一个"凡人"、一个"好人"在活色生香、色彩斑斓的教育世界中的生活韵味。

事实上，师德培训过程本身就可以充分利用点燃激发而出的这种师德感染力，因势利导，使培训活动本身折射出耀眼的光芒。在此方面，笔者参与组织实施的教育部

"国培计划"2013、2014师德培训者研修项目，就非常积极地开展了一项尝试性探索，那就是及时而充分地利用"师德国培"的资源，走进当地教育、服务当地教育，让师德感染力即刻能够落地生根。培训项目方与当地教育部门联合组织举办了"践履师德规范，提升职业幸福——让师德建设之花开遍原野"系列活动，在项目实施当地，让这批接受师德培训、内心深受感染与激励的参训教师，带着内心的感染与冲动，带着问题与反思，走进当地的教育片区、学校，走近学校师生群体，通过行动使反思进一步沉淀固化，促进反思效果的提升。具体活动形式是，参训教师分组深入到当地不同区域的中小学校，运用刚刚学习到的师德反思与改进策略，进行学校师德建设现场诊断，开展师德大巡讲，举办师德演讲感染力研讨等等。通过这些活动，教师综合反思研讨"什么是好的师德？""什么是好的师德演讲？""怎样提升师德演讲的感染力？""自己的师德水平如何？""自己的师德演讲存在哪些不足？""自己做师德问题诊断还欠缺什么能力？"等等问题。凡此种种，一方面促进了参训教师在"被学习"中、在参与式研修中主动寻求师德自我提升改进的策略；另一方面，也通过激发感染、传递感染，在当地基础教育界激荡起了一股师德建设的旋风，彰显师德感染的能量。

总之，以点燃唤醒教师的内心动力之源、激发传递师德感染力为核心原则，以推动教师反思与行动来促进实践性师德的形成，是当前师德培训一条行之有效的路径。

参考文献：

[1] 戴双翔，王红. 如何做有感染力的师德培训[N]. 中国教育报，2013-7-9，(6).

[2] 王凯. 近年来我国师德观念发展的三大趋向[J]. 中国教育学刊，2013，(1).

[3] 张晔. 论师德修炼的内省—反思机理[J]. 道德与文明，2014，(1).

以"立德树人"思想引领高校职业道德提升

丁慧民

（合肥工业大学　马克思主义学院）

习近平总书记在党的十八大报告中指出："把立德树人作为教育的根本任务,培养德智体美全面发展的社会主义建设者和接班人。""立德树人"是对中华民族优秀传统文化的传承,是马克思主义同中国教育实际相结合的体现。习总书记的指示给高校发展指明了方向。高校教师的思想政治素质和道德情操直接影响着大学生世界观、人生观、价值观的养成,以及社会主义核心价值观的弘扬与践行,同时决定着大学人才培养的质量,关系着国家和民族的未来。因此,"加强和改进高校师德建设工作,对于全面提高高等教育质量,推进高等教育事业科学发展,培养中国特色社会主义事业的建设者和接班人,实现中华民族伟大复兴的中国梦,具有重大而深远的意义。"[1]

一、 以"立德树人"思想，化外在要求为内在觉悟

高校职业道德,是调节教师职业活动中人与人的关系和教师在教育教学活动中,

基金项目：国家社会科学基金项目："网络'审丑'泛化与'审美'复归研究"(13BKS097)

作者简介：丁慧民,合肥工业大学马克思主义学院副教授,硕士生导师,主要从事马克思主义与思想政治教育研究。

Email：dinghm2008@163.com

应遵守的道德规范和行为准则,以及与此相适应的观念、情操、品质、人格等的总和。高校教师肩负着为人师表、教书育人的重任,是社会主义核心价值观的传播者和建设者,更是大学生成长成才的引路人。"立德先立师,树人先正己",培养和造就一支学高身正的教师队伍,是"立德树人"成败的关键。高校教师应具有勤奋务实、开拓创新的精神,具有强烈的职业自豪感与无私的奉献精神。

"敬业爱生,教书育人。"高校教师通过把国家、社会、学校发展,以及学生及其家庭等对我们高校教师的规范、期望,与自身的角色定位、职业发展的需要贯通起来之后,才能将"立德树人"真正内化为自己从业的高度自觉,从而履职自己职业生涯。即使在各种社会思潮的抗击中,能做出正确判断和选择,使自己的人生与职业追求上,真正成为引领学生思想健康成长成才的良师与益友。

马克思曾经指出,"一切以往的道德论归根到底都是当时的社会经济状况的产物"[2],总是从"他们进行生产和交换的经济关系中,获得自己的伦理观念"[3]。道德作为一种社会现象,其源于生活,又需要在生活中实施和建设。"立德树人,师德为范。"知识可以言传,德行需要身教。"立德",强调和注重的是把外在的师德希望、师德规范,通过师德主体——教师的认同、内化、提升,转化为自己职业的意识、信念和自励动力、自律能力,把这种内功的修炼与"树人"的外化实践融合、互动起来,使自己德行修炼不虚空与脱节,做到内化于心,外化于行。

既然我们选择了教师这一职业,都希望自己的职业发展顺利、持续,并在其中有所作为和建树,经得起从业历程中的种种诱惑、磨炼与挫折。尽管社会上各种思潮、压力、诱惑都会对我们形成各种干扰,甚至会屡屡迫使我们选择放弃。但我们只有在教书育人的实践中,逐步牢固确立起"立德树人"的职业信念与境界,才会使自己的职业发展找到方向与精神的支撑。

二、 使"立德树人"思想的内在觉悟,提升职业信念

"立德"的内在修炼,不能脱离"树人"的外化实践,需要两者的结合与互动。高校教师要练就扎实的教育基本功,不断提高教育能力和技巧,做到因材施教、严慈相济、教学相长、诲人不倦。将"立德树人"的价值追求,融入到教育教学的具体活动中,有效地提升大学生的人文素养和科学精神,并将其转化为学生优良的思想道德素质,把对

高等教育的忠诚转化为对自己职业、岗位的热爱、敬重，并外化为用心提高从业素质。

我们在教学中要静下心来教书，潜下心来育人，言传身教，以身作则，为人师表，真心和热忱去关爱、尊重学生，以自己良好的道德风范和思想去影响和培养学生，并在教学互动中与学生一起成长。教育家徐特立先生曾说过，教师有两种人格：一种是"经师"，教学问的；一种是"人师"，教行为的。高校教师所追求的就是要能够把"经师"与"人师"相融合，真正有助于学生的成长成人和成才。

然而，我们也不可忽视，随着科学的发展与时代的进步，各种社会思潮相互激荡，各种文化相互交融，各种观念相互碰撞，对高校会渗透影响也是形形色色的。当以"立德树人"为核心的师德建设滞后时，在高校教师队伍中，出现了许多令人担忧师的德失范现象，值得我们深刻反思。

第一，经不起外界诱惑，热衷个人名利。在网络飞速发展的今天，在价值取向的多元化辐射，高校分配制度改革的冲击，岗位与职称等的激烈竞争，以及急功近利之风的影响下，有一些高校教师可能经不起外界诱惑，顶不住不良社会风气，没法静不下心来潜心教学，而是把主要心思、精力都聚焦与投向如何才能获取更高的荣誉、职称和经济收入，怎样才能找捷径多出、快出科研成果等等功利问题上；在治学与科研中急功近利、弄虚作假、学术腐败、剽窃他人成果等；从而导致一些教师职业理想趋向实际，价值标准趋向实用，职业发展寻求实在，行为选择更注重实惠，使职业追求与"立德树人"的内在要求渐行渐远。

第二，价值取向偏移，师德失范增多。一些高校教师从教不廉，受贿行贿；价值取向功利化、金钱化、利益化；很容易追求"票子"、"位子"、"车子"、"房子"等实际物质利益；有的教师消极怠工，以荣誉来作为教学的动力。这些高校教师从观念、态度到行为表现上：理想信仰模糊、职业道德淡化、课堂言行失范，背弃教师职业道德，悖于人师，甚至也不配称之为教师；有的人甚至触犯法律法规。一些教师道德不端行为会损害教师严谨治学、为人师表的整体形象，使一些涉世不深、辨识不强、心存困惑的学生受到消极影响而无心向学，重利轻义，价值观颠倒，甚至选择了错误的人生，与国家、人民和家庭的教育培养与殷切期盼背道而弛。

第三，高校出现重科研、轻道德的倾向。一些高校只强调"建设一流大学，建设一流学科"要求，一味追求科研的评价标准，甚至出现了重科研、轻道德的倾向。现代大学教师除了要完成教学任务之外，还要承担相应的科研任务，而随着大学教育水平的提高与学科建设发展的推进,科研似乎成为衡量高校教师教学水平和学术水平的唯一标准,而本该成为评价教师优劣与否的职业道德因素和标准,在考评教师绩效和职称晋升中明显被弱化,甚至到了可有可无、不起作用的地步。这种评价标准反映出一些高校在教师管理制度上,形成了高校重科研、轻道德的偏向评价趋势,对高校职业道德建设产生了负面影响。

因此,回归"立德树人"的角色地位,弘扬"立德树人"的指导思想,实为高校教师队伍提高自身从业境界、矫正职业道德取向和践行为师之道的当务之急。高校教师在职业发展中,应该用"立德树人"去引领自己积极向"前"看,而不能出现唯利是图、只向"钱"看的不良倾向。

为此,高校师德建设应按照教育部发出的《关于建立健全高校师德建设长效机制的意见》,建立健全高校教师违反师德行为的惩处机制,严格师德惩处,发挥制度规范约束作用。高校师德建设要在教学实践中去体验"德"、感悟"德"、实践"德",帮助教师树立良好的师德,规范教书育人的行为。强化教书育人职责,自觉履行师德规范。高校还可以建立"师德建设监督网站"与"教师职业道德考评指标体系",鼓励学生对高校的教师职业道德表现进行监督,帮助督促高校教师不断完善职业道德修养。

教师这一职业,如果只为"经师"而不为"人师",只注重知识的传授而不注重从学生的和谐与长远发展去真心和用心育人,那就只会在工作中把自己变为一个"制器"而已,而非育人的"人师",最终背离大学"立德树人"的本质,使教师的"授业、解惑"被扭曲与异化。有人曾这样评价说:能提升学生求知和做人境界的是大师;能教给学生求知与做人方法的是人师;只教给学生现成知识,视学生为盛装知识容器的是工匠。学生在这样的工匠那里,受到的只能是一种片面乃至畸形的影响,也防碍了大学生成长成人。

三、将"立德树人"职业信念追求,践行职业道德自觉行为

当前各高校都在不断完善各自的教师职业道德规范和师德评价考核机制。为了使"立德树人"的要求规范化、制度化,并使之对广大教师形成有效的导向与激励,在《教师法》、《高教法》和《高校教师职业道德规范》的基础上,贯彻教育部《关于建立健全高校师德建设长效机制的意见》。然而,这种外在的规范约束和引导激励要想真正、持

久地发挥作用,最终还要取决于教师能否通过自己的接受、认同、内化、升华,提升为自己的职业道德的内在自律,并在"立德树人"教书育人的各个层面和细节中,去自觉贯彻、自觉体现。但是离开了这种自律,任何外在的规范和评价、考核,不仅难以真正和持久地发挥影响,反倒会使高校教师感到承受了束缚、压制,或者视之为一种不值得去认同的教条。在这种心态的支配影响下,"立德树人"思想就会失去内在的认同与追求,就不会转化为高校教师职业道德自觉行为,也就不可能使教师在"立德树人"践行中获得成就感。因此,师德建设如果缺少了内在觉悟与行为自律,那么对外在的要求与约束的被动服从,会形成对这种要求与约束的藐视和违反。

"学为人师,行为世范。"需要高校教师去系统把握和不懈修养,《高校教师职业道德规范》就包括了教师应该如何对待国家、法律、职业、学生、教学、治学、社会和自己诸多方面。我们要将师德理想、从业信念辐射、运用到教师职业生涯方方面面,潜心教书、精心育人。我们对应立之德从理想、信念、情感到行为层面作了系统的构建,对师德的把握,有助于全面地了解、规划和推进自己的师德建设,有效地诊断和发现自身存在的差距与不足,使我们立德的思考与实践更加具有系统的眼光和理性的智慧,增强我们在以修促立中的自觉性、系统性、协调性和可操作性,摆脱盲目性、片面性。为此,需要强化师德建设的主体意识,深化对师德内涵、结构的把握、内化,自觉地担负起师德自我修养的责任。

只有把对职业和角色的理解、认同进一步提升为价值追求时,意志行为才会进入更高的境界,才会获得更强大和更持久的精神动力,从而表现出执着追求,对于高校教师这种既崇高又艰辛的职业更是如此。我们只有把对"立德树人"的理解、认同所获得的觉悟,在教书育人的体验、反思中,增强为人师表意识,养成反思自律习惯,不断提升为一种职业与人生的价值追求,才能成为"立德树人"的意志行为。在职业生涯中有信念坚定的支撑,才会有敬业爱岗的坚实根基,才会有教书育人的持久内在动力,才会有奋发进取的执着追求;有高境界的自我调节,才能成功抗拒和排除来自自己和外界的种种干扰。完成这样的提升,"立德树人"才能成为引领高校教师职业发展的灵魂。

总之,高校教师要在"德为人先、学为人师、行为世范"共同追求的职业生涯中,不断提高师德水平与职业道德修养,把社会主义核心价值观和教师职业道德规范内化于心,自觉地用教师职业道德规范指导自己的思想行为。坚持"立德树人"思想引领,把"立德树人"思想融入高校教书育人全过程,增强"立德树人"、教书育人的责任感和荣誉感,争做有理想信念、有道德情操、有扎实学识、有仁爱之心并引领学生成长与成才的好老师,自觉履行立德树人、教书育人的神圣职责。

参考文献:

［1］教育部.关于建立健全高校师德建设长效机制的意见〔2014〕10号,2014-9-29.

［2］［3］马克思恩格斯选集(第3卷)[M].北京:人民出版社,1995:435,434.

教育技术哲学视域下的师德建设策略

高尚荣

（南京科技职业学院）

随着我国工业化、现代化、信息化建设水平的不断提升,教育装备与教育技术随之有了巨大进步,高职院校更是在实习实训和教学设施建设中后来居上,投入了大量资金,奠定了坚实的教育技术基础。教育技术的出现在教育者与受教育者之间穿插了一个技术中介,从而改变了既有的伦理关系,提出了师德建设的一系列新问题。鉴于教育技术正在从根本上重塑教育教学的内容,改变教育教学形式,拓展教育教学发展前景,提出师德建设新挑战,这就需要从教育技术哲学的工具论、价值论与中介论的主要论域出发,研究分析教育技术与师德之间的深层关系,为教育技术环境下探索师德建设规律提供依据和参照。

一、 教育技术工具论视域下的师德建设

1. 教育技术工具论的基本内涵

所谓教育技术工具论主张各类教育技术均为实施教育教学的手段和方式,教育技术不存在伦理价值倾向,而是价值中立的,其伦理后果是在施教者使用过程中体现出

基金项目:2014 年度国家社会科学基金青年项目"现代技术风险伦理学前沿问题追踪研究" (14CZX059)阶段成果;2015 年度南京科技职业学院党建思政课题"新媒体背景下高职生科技道德教育研究"(NJCC‐2015‐SZYB‐02)阶段成果。

作者简介:高尚荣,河南南阳人,哲学博士,副教授,主要从事科技伦理与职业道德研究。

Email: gaoshr@126.com

来,受到教育者师德水平和道德习惯的影响,教育技术本身则是价值无涉的。教育技术工具论直接导出了教育技术乐观主义,即认为教育技术的应用对改善和提升教育工作水平有着直接的正面作用,教育领域中存在的各种问题都可以通过教育技术的进步加以解决。例如,通过多媒体技术的应用提升学生学习兴趣,通过信息技术提升学习的机会和优质课程的共享等。当下,大规模在线课程(慕课)的急剧扩张以及各种网络教育机构的兴起,是教育乐观主义的直接体现。

2. 教育技术工具论域中的师德问题

在教育技术工具论的影响下,教师热衷于先进教学工具的应用,有的教师开展教具开发与相关专利申报活动,更多的教师紧盯新兴技术的学习和应用,教育管理部门也适时开展了全国、全省和地方的教育技术水平大赛,如课件制作比赛、微课视频大赛、信息化教学大赛等,高职院校则根据自身实际开展了职业技能大赛。由于教育形势的发展和教学评价的推动,教育技术改变了教育工作者的师德观念,"见物不见人"的倾向有所抬头,学生从以前的"记笔记"变成了现在的"拷课件",做作业变成了搜索技能比拼,教师对学生道德习惯和健康心理品质的关注有所降低,技术技能水平成为评价学生素质的重要标准,并对传统的德才兼备的人才培养评价标准构成了一定的冲击。

3. 教育技术工具论域中的师德建设策略

首先,夯实师德建设工作的教育技术基础。

技术工具论是对现代教育技术正面教育作用的集中概括,历史地看,现代教育技术诞生于20世纪20年代,一开始出现的是幻灯、投影技术改变了课堂教学形式,而后,随着电影、电视、广播技术的快速发展,推动了电化教育和远程教育的发展,而当代以计算机、网络技术为核心的教育技术,促进了教育走向在线教育、网络课程与泛在学习新阶段。教育技术的发展变化,使传统的师德教育面临新的发展机遇。学校师德教育中可以借助于人工智能、知识管理、行为监测、数据挖掘等方面,突出先进技术在师德监控与管理中的应用,教师师德水平不是自发形成的,而是需要一个持续教育、感化与提升的过程。在此过程中,既可以将以往的师德教育内容学校领导要求、榜样示范、理论教育等,借助于先进教育技术进行积累和沉淀,成为师德教育的校本化内容,还可以贴近信息化时代与教师关心的热点问题,促进师德教育紧跟现实,回答教师关注的师德热点,具体问题具体分析,吸引教师兴趣,有针对性地避免悖德现象的苗头,促进优良师德得到保持和完善。

其次,明确师德工作的教育技术内涵。

师德建设的传统内涵主要是教师对师生伦理关系的体认与内化,随着教育技术在教师工作中的作用日益增加,需要明确教师师德工作的教育技术内涵。当代社会步入"科技是第一生产力"的发展阶段,教育装备也随着社会生产力的发展而不断更新,当一种新的教育技术进入教育领域,教师应当明确教育技术的产生与发展是社会科技进步的必然结果,从而能够怀着兴趣、好奇和提升自身应用能力的心态对待新技术,而不应该采取固步自封、厌恶变化的守旧心态。在对待教育技术设备的态度上,要树立严肃而规范的科学态度,对选择的教学设施应在课前试用,体现教师对学生负责、对课堂质量负责的职业素养。通过提前实验教学设施的可行性,熟悉媒体的操作步骤,掌握教学媒体应用过程中偶然事件的处理手段,做好充分的教学准备,有利于保障教学工作的顺利开展。在教学过程中,要对教学设施进行负责任的使用,规范操作流程,轻拿轻放,节约用电,按时开关、维护设施正常运行,防止违规操作,用后按时填写使用记录,并做好与下次课授课教师之间的交接,遇到问题主动承担设施保修责任,保障设施状况良好。教师对于教学设施使用的责任意识,通过言传身教,将潜移默化对学生产生积极影响,有助于培养学生良好的职业习惯和高尚的职业道德品质。

再次,促进师德建设工作科学化。

教育技术工具论推崇教育技术的积极作用,并在教育技术的规范化与标准化方面做了很多工作,也构建了以师德为基础的诸多教师职业技术规范,有助于在此基础上进一步推进师德建设工作科学化。从理论基础来看,教育技术哲学理论构成了师德科学化的逻辑前提。教育技术哲学为教育技术的应用性本质、实用理性态度和求新求效的方法论做了深入论证,为师德建设科学化测评、实时化监督和制度化建设提供了原则指导。教育技术哲学所提倡的直观经验、操作诀窍、学做一体学习方式,也符合师德建设实践性与体验性特征,在教育技术所涉及的实践活动、设备操作过程中,蕴涵着师德建设具体与普遍的关系,这一点正在引起教育技术学研究者和技术人员的关注,[1]有助于可操作性,有助于促进师德建设工作的操作机制构建。此外,"技术是思想史的重要组成部分"，[2]当代重要技术哲学理论如以哈贝马斯等为代表的技术批判理论、以海德格尔等为代表的技术本质理论、以芬伯格等人为代表的后现代技术哲学理论，都影响到教育技术哲学理论动向，[3]关涉到由教育技术应用而带来教育民主、教育公平等教育伦理问题，以及教师职责等师德规范问题，教育技术哲学理论为促进现代技术条件下的正确师德伦理价值取向与先进伦理精神构建，提供了理论启迪。

二、教育技术价值论视域下的师德建设

1. 教育技术价值论的基本内涵

所谓教育技术价值论是关于教育技术负荷、嵌入或蕴涵着社会伦理价值属性的理论主张。从教育技术价值论的观点来看，教育技术从整体上负荷或附着了社会政治、经济、文化与伦理等价值因素。从教育技术的设计、应用与结果来看，均需要对其价值观念进行分析，并开展相应的伦理评价。在教育技术设计环节，需要本着有利于师生成长和教学质量提高的价值理念开发教育产品，否则就有谋利的嫌疑；在教学技术应用阶段，需要本着有助于促进教学、丰富内涵的价值理念运用技术，否则就会陷入"为技术而技术"的怪圈；在教育结果评价阶段，需要从教育者和受教育者身心健康发展的角度评价教育技术，否则就有可能出现教育技术有害于人的"负价值"，这种情况下运用技术还不如传统教学，例如，电子书包的出现之初，就出现了学生沉溺于网络而影响学习的情况，这也是教育界对教育技术产品颇有微词的现实原因。

2. 教育技术价值论域中的师德问题

在教育技术价值论影响下，教育技术工作者倾向于从社会核心价值的角度批判教育技术的负效应，认为教育技术的应用虽然对教育工作具有一定的促进作用和正价值，但由于教育技术的应用扰乱了传统的教学组织和知识逻辑，使学生注意力和意志品质下降；教育技术虽然能够实时为学生学习提供技术支持、方法指导和海量资源，但也带来了价值观念的多元与混乱，有损师道尊严，对学生社会化和教师角色定位都构成了威胁；教育技术虽然有利于提升教学过程吸引力，但迫使师生要花较多的时间学习教育技术并适应技术环境，给人的自由精神和体力尤其是视力带来更多的负担，违

背了教育技术给人更多自由、更多知识和便捷化学习环境的原初价值预设，过分依赖教育技术尤其是网络技术有时反而会抑制人的创造力、计算力和听说读写的勤奋度。例如，教师倚重于使用多媒体教学，被学生称之为"懒汉教师"，过去在黑板上板书、推导的过程让位于多媒体教学课件，教师对着课件照本宣科、课堂对话与真实的现场交流消失殆尽，教师应变能力下降，甚至遇到教学楼停电、电脑故障的情况就无法进行正常的教学工作，教学活动失去了应有的人文向度和价值属性，形成了教学活动的"异化"。由于教学技术被纳入教师教育工作考核范畴，教师为了体现所谓的规范而"一切围着教学课件转"，其创造性和个性就会被教学活动中的技术逻辑所排斥，教师的主体性逐渐丧失，他们专注于"对教学技术的学习和模仿"，甚至被"被结合到机械体系中"，成为"单向度的人"，造成教师思想感情贫乏，沦为"技术"的"工具"，失去在教学活动过程中体验、感悟与反思的宝贵机会。[4]为了督促教学过程，有的学校在督导工作中片面强调监控设施，使教学随时都处于监督之下，人的自由和尊严受到损害，教师的师德规范也成为深受外力约束的机械应付，降低了师德的高尚性和自律意识。

3. 教育技术价值论域中的师德建设途径

首先，贯彻教育技术管理政策。

随着教育技术逐渐发展成为现代教育教学过程的技术基础和实践环境，技术设施与技术路线成为影响教育行为和规范的重要因素，促进了教育工作的现代化。教育现代化不仅包括教育观念、教育内容、教育装备、师资队伍、教育管理等方面的现代化，还包括教师观念与师德规范的现代化。根据教育部《教育信息化十年发展规划（2011—2020 年）》等文件规定，要加强现代教育技术尤其是信息技术的应用，促进信息技术与教育的融合，建成人人可享有优质教育资源的信息化学习环境，形成学习型社会的信息化支撑服务体系，发挥教育信息技术对教育改革和发展的支撑与引领作用。与此同时，在教育技术应用的过程中，要重视加强和改进师资队伍和师德建设。教育部在《国家中长期教育改革和发展规划纲要（2010—2020 年）》等文件中，结合教育技术升级换代的背景指出了新时期师德建设要求，主要包括：提高教师的思想政治素质，树立正确的教师职业理想，积极推进师德建设工作改进创新，增强广大教师教书育人的责任感和使命感。国家出台的教育技术发展政策对师德在思想政治、学术规范、师生关系、责任使命等方面有着相应的规定,是现代教育技术发展时代必须面对和防范的问题,也是师德建设与信息化同步加强与推进的必要保障。

其次,构建适应教育技术的师德规范。

教育技术价值论的理论特色在于从伦理价值的高度对技术开展分析与批判,其优势在于以伦理规范的形式矫正"技术理性"的篡越,从而保持技术与道德之间的必要张力。就教育技术而言,也需要从师德意识与规范的角度促进教育行为的合理化,克服教育技术带来的负效应。为此,教育部在《关于进一步加强和改进师德建设的意见》等文件中,列举了师德建设的基本规范,包括教师要关爱学生,严谨笃学,淡泊名利,自尊自律,形成良好学术道德和学术风气,以人格魅力和学识魅力教育感染学生,做到爱国守法、敬业爱生、教书育人、严谨治学、服务社会、为人师表,做学生健康成长的指导者和引路人,克服和杜绝学术浮躁和学术不端行为,使教育技术始终为教育的伦理目的服务。富于理性批判哲学传统的西方国家对此也十分重视,其中,美国教育传播与技术协会(AECT)将教育技术描述为伦理实践,体现了对教育技术应用实践过程中伦理道德层面的重视,该协会下设行业道德委员会,详细制订教育传播技术的行业道德准则,从个人、社会、行业等具体的责任对象出发,明确规定了现代教育技术应用的道德规范和行为规定,其中,关于师德方面的规定包括:通过教育技术应用促进教学民主、学生团结、师生权利与发展机遇等;避免教育技术有可能带来的风险,维护师生健康与安全等。

再次,明确教育技术主体的岗位责任。

教育技术价值论在分析与批判教育技术负效应的基础上,结合不同技术主体的角色与功能,为教育技术主体确立了伦理规范。从伦理特征来看,伦理规范在先进分子和模范人物身上体现得更为充分,示范效应能得到有效发挥。为促进伦理规范从自觉能动的范围向普适性的群体效应转化,就要把伦理规范转变为具有一定强制性的岗位职责加以贯彻。对教育技术专业人员来说,其岗位职责在于:在从事教育技术设计、开发、管理、应用、评价的过程中,既要有利于促进当前学生的知识学习,还要有助于师生未来发展,在教育技术开发中灌注关爱与利人原则,使教育技术产品符合人体工程学特征,避免有害影响,并对已出现的负效应担负起革新与剔除的职责,确保教育技术应用有助于教学质量持续改善,体现对师生的人文关怀。对教师的师德来说,在原有的职业道德基础上,还应增加合理利用教育技术的职责,这就要树立谦虚谨慎的态度,及时学习先进教育技术,充分考虑到教育技术应用给学生带来的多重影响,使教育设备发挥促进知识教学和学生全面发展的作用,不能为了图省事、贪便宜而盲目使用录播功能,在应用现代教育技术中讲求适度、适宜,使教育技术成为促进教学的得力工具。

三、 教育技术中介论视域下的师德建设

1. 教育技术中介论的基本内涵

教育技术中介论是围绕教育技术处于师生交流的中间环节与角色而形成的理论主张,它认为教育技术设备与产品是现代教育条件下,沟通师生教学关系的必要渠道,通过教育技术的中介作用,师生交流对话可以跨越时空,摆脱了物理空间的束缚,同时,也避免了面对面交流中一些限于环境和文化因素而无法直接展开的话题。在网络教育时代,透过网络教育设备,师生关系发生了部分质变,即从原来的师徒关系、熟人关系或依赖关系,走向平等对话、陌生人关系或选择关系。教育技术设施还可以跨越时空,使现有的教育内容和场景在网络空间中沉淀下来,供未来年级、其他地域中的学生在线学习,从而实现知识传授的多方位与多元化。教育技术中介在运行中还出现了"前置"的趋势,即通过学生预先"预习、学习、反馈",教师"解答、拓展、讲授"的形式开展新型"翻转"课堂教学,学生预先通过网络学习、课堂反馈学习内容、教师根据实际讲授。翻转课堂教学过程中,网络教育设施起到了某种独立因素的作用,调动了教学双方的积极性,有助于课堂教学内容的深化。但是,这种新的课题形式还没有相应的师德规范与之匹配,以至于出现了教学互动中答非所问、他人代答、延时回答、字面意思与真实意思表示脱节等问题,对师德建设成效构成了挑战。

2. 教育技术中介论域中的师德问题

教育技术中介论着眼于师生之间知识传承和心智教化的活动过程看待教育技术,由于教育技术充当了教学活动的中介环节,从而使教育超越现实的生活理想与价值实现的预设面临新的过程,理想的教育技术应当成为教学过程的基本要素和有机组成部分,而不是因为教育技术的"替代功能"而采用。实践中学校和教师为了提升教育装备

水平与学校教育实力而追求新技术,客观上造成了教育的"物化"。而在以教育技术为中介的教学环境中,人际之间直接面对面的沟通与交流下降,相反,人与物之间的直接交互增多,师生关系退隐到了人机关系的背后,人在智能教育技术网络中减化为一个视觉符号,传统人际交流中特有情感、意志与德行砥砺、热情感染度逐渐流失,引起心灵上的失落、阻碍与隔阂,导致人的情感被放逐和单调化,引起师生关系冷漠化。教育技术传输的知识简化为数字信息,舍弃了传统教学中教师的背景知识介绍与个性化态度、表达方式,乃至教师肢体与表情等,师生成为没有感情色彩的信息输出输入"机器",在一定程度上使人的心理距离疏远,师生关系趋于冷漠。这种状况极有可能引发学生在社会关系、家庭亲情关系中的道德冷漠行为,也与哈贝马斯所谓"交往行动理论"中道德共识的构建,形成了明显的差异与抵牾效应。

3. 教育技术中介论域中的师德建设途径

首先,发挥教育技术的交往中介功能

诚如有学者所指出,现有教育技术是被"纳入"、"嵌入"或"楔入"教育过程之中,而不是"引入"或有机"融入"教育系统,因而导致教育过程中的技术作用凸显出来,其功能和定位还需要进一步调整和优化。从教育伦理的视角看,教书与育人从来都是一个整体的过程,仅重视知识传授而缺乏师德示范的教师被喻为"匠"而非"师者"。在教育装备现代化的过程中,需要进一步发挥优良的师道伦理传统,在新的条件下贯彻教书育人的基本规律。从教育技术的实质来看,教育技术是人类在教育实践活动中,为了达到特定的育人目的而采用的各种手段、方法的总合,其功能在于优化教育过程,提高教育质量,促进教育事业发展。教育与技术的关系应当是"本与用"的关系,即"教育为本,技术为用,教育统摄技术,技术服务教育",学校和教师通过管理体制、制度、督导、评价等机制实现对教育技术进行现实的、有效的控制和利用。就教学中的师生互动而言,需要根据课程属性、师生特点和教学需要,调整教育技术参与教育过程的程度,并根据实际需要,以我为主,对教育技术提供机构提出要求,设计开发实施动态、实名认证和视频交流的教育技术,弥补匿名化和历时对话的弊病,从而使现有的教育技术发展成为有利于师生互动和交流的独特的、专门化技术,[5]并随着教师应用熟练程度的提升,成为校本化、实时化地实施学校交流通讯工具,从而为师生交流互动创造更加有利的条件。

其次,丰富教学过程中的师生交往内容

教育技术发展至今,已形成了一个从文字表达、画面展示、声效控制、远程教育到实时互动相结合的技术体系,如果加以整合与二次开发,每种教育技术都应当也必须成为师生交往的媒介,从而使交往更加有效和深化。由教育技术所构建的教学环境实现了多媒体化、网络化与数字化,但其基础仍然是由书本、图片、模型、实物等教学资源所支撑,在知识传递方面,可以通过教学技术使静态的知识活动起来,从而形成新的学习方式,提高学习效率。在教学交流方面,可以通过通讯工具开发,使课堂单向度的传授转化为多维互动。在历时性方面,可以通过组建长久数据信息系统,使学生的信息终身化。有的学校已经通过对学生信息保存和编码,使学生终身保持校友资格,并能够运用身份编码随时访问学校资源系统,不仅加深了学校与校友之间的感情联络,也拓展了学校服务社会功能开发的新渠道。在各类交流和数据系统中,教师在群体活动中的指导者身份也实现了终身化,既是对教师育人贡献的充分肯定,也有利于师生不忘初衷,相互砥砺,保持良好的师德风尚。

再次,构建教育技术环境中的"交往行动"

教育技术促进师生人际交往的作用和内容都需要在实在的交往行动中得到实践。在符号化、数字化的交往环境中,作为交往手段的网络语言包含了文本、图像、视频、音频、表情符号等多种表现形式,交往的内容涵盖了叙述、提问、反驳、答疑等,交往的过程包括开始、讨论、合作学习、总结、评价等。在知识交流的基础上,不同世界观、人生观、价值观的学习者通过网络学习社区开展思想交流,进而发生观念上的碰撞与融合,同辈群体之间的相互点化往往起到众"智"成城的作用,使虚拟环境下摆脱了现实熟人社会中身份、地位等羁绊的交往更加坦诚与直接,从而能够创造一种更加单纯、自由、全面的交流状态,更好地展示出于内心意愿和兴趣的交流互动,彰显个性,培育和强化尊重、平等、理想的交往环境,在一定意义上符合哈贝马斯所谓"主体之间符合伦理的诚实对话"的合理性的交往行为,[6]并对现实的交往有着良好的促进作用,使师生在交往中实现认识自我社会评价的统一,达到寻求知识与砥砺德性的一致。这样,教育技术就超越单纯的工具价值而具有了交往伦理意义,[7]并作为一种有效的德育方法而起到促进师德建设现代化的积极作用。

参考文献:

［1］林小琴.教育技术哲学探析[J].重庆教育学院学报,2011,(4):95—97.

［2］刘大椿.科学技术哲学导论[M].北京:中国人民大学出版社,2000:233.

［3］谢娟.现代教育技术应用的伦理审视[D].山东师范大学博士学位论文,2013,6:21.

［4］索磊."教学技术理性批判"的反思[J].全球教育展望,2014,(3):54—63.

［5］安素平.教育技术中"技术"研究再认识[J].集美大学学报,2013,(4):30—33.

［6］弗兰克·梯利.伦理学导论[M].何意,译.桂林:广西师范大学出版社,2002:97.

［7］Cortes Pascual, Pilar. *Educational Technoethics:As a Means to an End* [J], AACE Journal, v13,n1, Jan 2005:73 - 90.

大学章程与大学的自主发展

黄富峰　王胜利

（聊城大学　发展规划处）

一个社会组织，若没有章程或者类似的规定，只能是一种自发的存在，还没有达到存在方式的自觉。建国后，我国的大学章程建设在很长时期处于空白阶段，直到1995年《中华人民共和国教育法》规定，设立学校必须有章程，大学的章程建设才开始起步。2005年《中华人民共和国高等教育法》要求，高等学校的设置必须提交章程，并规定了章程的10项基本内容，2010年《国家中长期教育改革和发展规划纲要（2010—2020年）》提出加强大学章程建设。此后，教育主管部门强力推动，各高校积极跟进，我国大学章程建设步入正常化阶段。大学对章程制定的重视，反映了大学自身存在意识的觉醒，大学正走向自觉的存在，大学的自主办学意识不断增强。大学章程建设成为促进大学走向自觉存在的关键性措施，为高校的改革和发展提供了规范和持久性动力。因为，大学只有在自觉存在的基础上，才有可能进行自我反思，对发展方向和目标进行合理定位，克服同质化办学倾向，形成各自的办学理念和风格，也才有可能在不同层次、不同领域办出特色，争创一流，不断提升办学质量和水平。

作者简介：黄富峰，聊城大学发展规划处教授；王胜利，聊城大学发展规划处讲师。主要从事教育学研究。

Email：hff@lcu.edu.cn；wangshengli@lcu.edu.cn

一、 存在性质的自觉规定

由于历史的原因,我国公办高校曾被认为是党政机构的延伸部分,高校内部的管理人员设有行政级别,教师参照公务员进行管理,高校按照党政部门的指令在运行,本身缺乏自主性发展动力和要求。随着我国改革的深化发展,高校在社会经济发展中的地位和作用不断提升,承担了更多的社会事业发展责任,同时,政府通过改革也在逐步放权,高校自主办学的需求越来越强烈,大学章程建设适得其时,成为大学自觉思考自身的存在,转向自主发展的重要转折点。按照社会组织产生和发展的规律,应该先有章程,再有组织。"高等学校制度可以划分为基本制度、一般制度和具体制度。基本制度指大学章程,即关于大学性质、任务及其组织构成和主要行为活动等最基本内容的原则规定或框架。大学章程是大学的宪法,大学办学的依据。大学的一般制度和具体制度都是围绕这一基础性制度设计的。"[1]我国大学章程的建设,是在政府逐步放权和高校自身自主性不断增强的双向互动中进行的,在一定程度上具有补课性质,它通过确定高校的基本存在形式和基本制度框架来确立高校相对独立的存在。

大学章程的制定过程意味着高校对自我存在的不断反思,其中,最为核心的是对存在性质的自觉规定,即大学是什么,与其他社会组织相比有何本质性区别。这些虽然在大学章程中没有明确的文字规定,但它却是制定一所大学章程的基本前提,需要思考清楚,作为一种核心理念体现在章程之中,渗透到章程的方方面面。"纵观大学发展的历史,无论大学制度如何变迁,学术性始终是大学最根本的属性,学术群体始终是大学发展最基本的内生力量,大学自治和学术自由始终是支撑大学制度的根源。"[2]教师和学生组成学术群体进行高深知识的学习、传播和创新,追求学术自由,获得真理和智慧,造就社会经济发展所需要的高层次人才,是大学区别于其他社会组织的根本规定,也是大学存在的根本价值所在。如果一所大学缺乏这种根本规定,就不成其为一所大学。"推行大学章程的初衷是为了规范大学办学行为,推进大学办学自主。改革的经验表明,我国高校在长期的计划经济体制管制之下,缺乏的不仅仅是自主权,更是自主的意识和能力。"[3]大学章程的制定过程,促使大学明确自身存在的性质,使大学充分认识到大学是什么,认识到自身在社会经济发展中的地位和责任,在此基础上不断提升大学的自我意识和自主发展能力。

大学有了自主意识和能力,就能对自身的办学定位和发展目标进行合理设定,并根据社会需求和高等教育发展趋势以及自身的发展状况进行合理校正,进一步确立具有自身特色的人才培养目标等。大学的性质表现于外部,就是大学所具有的特征,最为常见的就是大学的类型,这在大学章程上都要有明确规定。它规定一所大学在高等教育序列中,处在何种办学层次,是何种办学类型,自身追求的办学目标是什么等等。广东管理科学研究院的武书连研究员在其做中国大学评价时,将我国的高校从"类"和"型"两个方面进行划分,认为"类"反映大学的学科特点,分为综合类、理工类、文科类、医药类、农林类、师范类等,"型"反映大学的科研规模和研究生的比例,并由此将大学分为研究型、教学研究型、教学型和专业型等。在联合国教科文组织 1976 年发布的《国际教育标准分类》中,高等教育处在第 5 级和第 6 级教育,第 5 级为大专、本科、研究生教育,第 6 级是博士研究生教育。无论是对大学的分类归型,还是对其进行级别的划分,其根本要素指标是学术,是基于不同类型高深知识的学习、传播和创新及其所达到的程度。只有高校对自身存在的性质有了明确意识,才能明晰这些分类和层级的内涵,对照和参考这些分类和层级,量身定做出适合自身"类"和"型"的人才培养和科学研究等目标设计,凸显自身特征,形成自身的办学特色和办学风格。

二、 治理结构的积极构建

我国大学的运行,以往主要依靠行政管理,外部有政府对大学的行政指令,内部有大学按照党政框架组成的教学科研等管理机构进行管理。这种依靠行政管理运行的模式,致使高校在社会中被当作党政部门的延伸部分,也导致了高校内部行政权力至上,学术权力得不到有效发挥,造成了大学运行自主性的缺失。《国务院办公厅关于印发分类推进事业单位改革配套文件的通知》(国办发〔2011〕37 号)提出,要把建立和完善以决策层及其领导下的管理层为主要构架的事业单位法人治理结构,作为转变政府职能、创新事业单位体制机制的重要内容和实现管办分离的重要途径。《高等学校章程制定暂行办法》(中华人民共和国教育部令第 31 号)也明确提出要按照政校分开、管办分离的原则制定学校章程,科学设置学校内部的治理结构和组织框架,构建现代大学制度。2015 年 5 月《教育部关于深入推进教育管办评分离促进政府职能转变的若干意见》,要求推进依法行政,形成政事分开、权责明确、统筹协调、规范有序的教育管理体制。这些都说明,大学依靠行政管理的运行模式正在发生改变,大学的主体性不断增强,自主办学能力不断提升,正在通过章程的建设积极构建具有生机和活力的治理结构。

现代社会的治理与传统社会的管理在主体、客体、手段、内容、范围、目的等方面都发生了根本的变革,尤其是体现在手段和方式上,由过去的法规命令、制定和实施政策等硬手段转向参与、谈判、协商等软手段。"在治理的语境下既频繁出现以往政治领域的民主、参与、自主、自治等概念,也大量出现市场领域中耳熟能详的契约、合同、谈判、交换、协商等话语,尤其是'参与'、'谈判'和'协商',更是治理的三个关键词。"[4]高等学校作为一类特殊的社会组织,理应有适合自身运行的治理结构,更应走在由传统的管理向社会治理转变的前列。高校的特殊性主要体现为高深知识的传授与创新是一项十分复杂的高端智力劳动,不仅需要有效调动高校教师和学生从事学术研究和学习的内在主动性和积极性,更需要一种自由和安静的环境,要求高校师生耐得住寂寞,拒绝浮躁和浮华,因为无论是权力的压制还是物质利益的诱惑都不利于高深知识的传授与创新。所以,高校的治理不能依靠行政命令,应该有更多民主、参与、自主、自治,以保障学术自由,防治行政权力对学术权力的僭越。在大学章程制定的过程中,通过各方的民主参与和讨论协商,就能够以高深知识的传授与创新为核心,厘清学术权力和行政权力的边界,明晰大学运行的内外关系,构建起符合现代大学制度要求的治理框架,使大学逐步由传统管理走向现代治理。

党委领导、校长负责、教授治学、民主管理作为我国现代大学制度建设的基本要求,也是构建大学治理结构的基础。大学章程的制定,首先要确保高校的依法自主办学权,它不仅是国家法律赋予学校的法定权利,也是国内外高校治理的共同选择,并且要根据学校实际在法律框架内落实和细化办学自主权。在此基础上,还要完善学校的内部治理结构,明晰党、政权责及相互关系,明确各级学术组织的权责分配和运行管理,保障学校各层次主体的民主管理与监督,为构建高效有序、科学合理的内部治理结构奠定基础。例如,应把党委领导下的校长负责制作为基本制度予以坚持,突出党委领导的重点,明确校长负责的内涵;应明确学术委员会在学校学术组织体系中的最高学术机构定位,促进学术权力与行政权力的相对分离、相互配合;应突出教师和学生在办学中的主体地位,明确教师和学生的各项权利和职责,尤其是民主参与权、知情权、批评建议权、监督权申辩、申诉权等;还应强化学院治理,推动办学重心下移,扩大学院的办学自主权,发挥其办学主体作用等。所有这一切,都要在大学章程中有明确规定,并通过大学章程确立起来,再以此为基础制定学校运行的具体制度和规定。

三、 外部关系的主动调适

随着我国高等教育的迅速发展和综合改革的不断深化,高校在社会经济发展中的作用日益凸显,成为推进现代社会发展的必不可缺少的重要因素。大学办学自主性的不断增强,逐渐成为相对独立的社会主体,形成了自身的需要和利益,高校之间出现了竞争态势,尤其是党的十八届三中全会确立了市场在资源配置中的决定性作用,高校获取支持的方式由原来以向国家争取纵向资源为主,逐渐转到向市场争取横向社会资源,高校之间的竞争日趋激烈。高校外部资源配置方式的变化传导到内部,也引起了高校办学理念和内部资源分配制度的变革。"市场化对高等学校的影响,首先表现在资源配置上。政府对学校经费的资助方式发生了根本性的变化,表现为政府拨款方式从直接拨款为主转向竞争拨款为主(如招收学生的多少,争取项目的多少等),高校之间的资源竞争激烈。外部资源的市场化又促进校内资源配置方式的变化,竞争也被引入高校内部。"[1]大学只有通过自身内部的一系列改革,更加积极地承担特定的社会责任,发挥自身应有的社会功能,才能彰显自身存在的价值,获得自身存在和发展的客观条件。大学如何建设好其所面临的各种外部关系,成为大学获得社会支持,有效获取自身发展资源的重要课题。大学与政府、与社会再不是过去直接的、平面的、浅层的关系,而是间接的、立体的、深入的关系。大学为了获取更多的社会资源,处于激烈竞争的优势地位,需要高度重视这种错综复杂的外部关系,主动调适各种外部关系,建设好各种外部关系。

《高等学校章程制定暂行办法》明确要求章程应当明确学校开展社会服务、获得社会支持、接受社会监督的原则与办法,健全社会支持和监督学校发展的长效机制。这就需要高校高度重视其外部关系,以新的视角重新审视外部关系,在新的认识高度主动构建良好的外部关系,以获得有效办学资源,同时提升自身的社会地位,赢得社会的尊重和支持。例如学校可设立理事会,由学校举办者、主管部门、学校、地方政府及关心学校发展的行业组织、企事业单位、杰出校友、社会知名人士、国内外知名专家等组成,负责与海内外各界人士广泛联系,通过交流合作、决策咨询、筹集资金,支持学校建设与发展。可设立校友会,在联系和服务校友的同时,鼓励海内外校友为学校的发展贡献力量。也可设立教育发展基金会,接受社会捐赠,支持学校事业发展。在某种意义上,关系就是资源,理事会、校友会、基金会等就会成为学校协调各种外部关系的有效渠道,不仅需要通过章程明确规定下来,更需要根据章程规定,采取各种有效措施,积极主动地去构建这些关系。

高校外部关系的调适,需要以高校自身的积极作为为基础,其中的核心就是充分发挥高校的服务社会功能,这一点在大学章程中要作为重点进行强调和规定。如高校要坚持政、产、学、研、用相结合,探索为经济建设和社会发展服务的有效途径,通过合作办学、合作研究、技术开发、社会实践等多种方式,充分发挥其知识源、思想库和智囊团作用,努力服务国家和区域经济社会发展。但在服务社会的过程中,要坚守一个基本原则:服务社会应围绕人才培养这个核心来进行,要通过服务社会反馈学校的教育教学。如此审视,许多高校在服务社会的过程中还存在不少误区,如仅仅是为服务而服务,服务社会有时会脱离人才培养这个高校应有的核心目标。同时还应该注意的是,服务社会不能仅仅是适应社会经济的发展,还需要有一个主动引领的意识。不仅先进的科学发明和科技创新可以引领产业和行业的发展,大学所形成的独特文化、精神、环境,大学教师和学生的良好行为规范等,也可以在社会经济发展中起到引领作用。无论是适应社会还是引领社会,其本质就是在社会发展中充分发挥高校应有的作用,体现高校的知识优势和精神价值优势,使大学成为社会发展的重要推动力,这也是大学作为一类社会组织服务社会发展与进步的特殊性和特殊价值之所在。"大学不是风向标,不能什么流行就去迎合什么。大学应不断满足社会的需求,而不是它的欲望。"[5]大学在调适外部关系时,需要时刻注意这一点。在服务社会的过程中,高校要时刻处理好学校与社会的界限,界限太清,就难以融入社会,界限不清,就难以保持独立性,失去自身的优势。无论出现哪种情形,高校服务社会的功能都不能充分发挥出来。

四、 办学特色的自主追寻

我国高等教育已进入大众化阶段,但我国高等教育还不完全适应经济社会发展和人民群众接受良好教育的要求,传统的高校类型、培养目标和教学模式已经不能满足高等教育大众化的需要,高等教育要克服同质化,就需要使高等教育的类型、层次、培养目标由单一走向多样化,努力办出特色,不断提高办学质量。《国家中长期教育改革和发展规划纲要(2010—2020)》提出:"促进高校办出特色。建立高校分类体系,实行分类管理。发挥政策指导和资源配置的作用,引导高校合理定位,克服同质化倾向,形成各自的办学理念和风格,在不同层次、不同领域办出特色,争创一流。"高校在社会中主体地位的确立,使其追求办学特色成为可能,它要通过组织理念、组织制度和组织行为显示自身特殊存在,呈现各自的办学特色和办学风格。组织理念、组织制度和组织行为正是作为一所学校组织大纲即大学章程所要做的基本规定,对此进行反思和设计,主动追寻自身的办学特色,是大学制定章程的必要环节,也是判定一所大学章程质量高低的重要标准。

虽然《高等学校章程制定暂行办法》对大学章程制定的基本原则、内容、程序等方面作了统一要求,但并非是要求大学的章程都要千篇一律,它在总则中特别提出,高校的章程应该反映学校的办学特色。一所大学章程的制定过程,就是高校自身通过梳理自身的办学积淀,根据高等教育发展趋势,把握自身的优势和长处,凝练特色办学理念,并将特色办学理念作为所有工作的指导思想和价值追求,贯彻到学校运行的方方面面,使之起到对内统一思想、引领行动,对外彰显学校特色、办学风格的重要作用。在特色办学理念的指导下,确立自身的办学定位和人才培养目标,根据办学定位和人才培养目标构建高校的管理体制和内部治理机制,优化学科专业、类型、层次结构,凸显自身在人才培养、学术研究、国内外学术合作交流、机构设置、人员配备、学生管理、资产管理等方面的优势和特色,形成独具一格的办学文化和办学风格。"文化是一所大学赖以生存和发展的重要根基和血脉!是大学内涵建设的核心要素。大学需要大楼!离不开大师!但更要有师生共同创造的能够持久传承的文化!建设大学文化比硬件建设更重要。因为大学本身是一个文化组织!文化性是大学的基本属性。"[6]一所大学的文化作为其核心竞争力,渗透在大学发展的方方面面,具有其独特性,不可复制,是其办学特色的综合表现,从而定型为独特的办学风格。

"分类发展是世界高等教育所呈现出来的基本发展轨迹,最直观的体现就是高等教育机构的不断分化所产生的不同类型的高校。不论是基于何种原因所产生的分化,每类高校都有着自身独特的使命和办学定位。"[7]大学独特的使命和办学定位主要体现在人才培养、科学研究、服务社会、文化传承与创新四大功能之中,四大功能的发挥过程就是一所高校特色的具体体现。就人才培养而言,学术型、研究型高校应定位于博士研究生和学术型硕士研究生或者为攻读学术型研究生学位做准备的拔尖创新型本科生；职业型高校应定位于技术工人或者是高素质的劳动者；而应用型高校则应定位于专业博士、硕士和面向生产、管理、服务就业的具有深厚专业知识又有较强实践能力的本科生。就科学研究而言，学术型、研究型高校应把学科建设作为学校发展的龙头和核心，注重理论和技术的原始创新，应用型高校应注重学科建设对专业建设的促进和带动作用，围绕专业建学科，注重先进理论和技术的引进、改造和应用性创新，而职业型高校则是做好技能的改进和教学工作。就服务社会而言，学术型、研究型高校主要服务于国家的经济建设和社会发展，应用型高校主要服务于区域经济社会发展和行业建设，而职业性高校主要就某些行业进行技能型人才的培养和培训服务。就文化传承和创新而言，学术型、研究型高校主要是研究性创新和传承，应用型高校主要是应用性创新和传承，职业性高校主要是传播和传承。高校只有对自身有了合理定位，才会在人才培养、科学研究、服务社会、文化传承与创新等方面体现出特色，从而克服同质化倾向，形成各自的办学理念和风格，在不同层次、不同领域办出特色，发挥自身的优势，赢得社会的支持。

参考文献：

[1] 刘献君.论高等学校制度建设[J].高等教育研究,2010,(3):35,34.

[2] 史秋衡.大学章程的使命在于提高内生发展质量[J].教育研究,2014,(7):25.

[3] 姜国平.论我国公立大学章程制定主体[J].宁波大学学报(教育科学版),2015,(3):34.

[4] 龙献忠,杨柱.治理理论:起因、学术渊源与内涵分析[J].云南师范大学学报(哲学社会科学版),2007,(4).

[5] 弗莱克纳斯.现代大学论[M].杭州:浙江教育出版社,2001:3.

[6] 李喆.地方高校聚力内涵发展的思考[J].山东高等教育,2015,(4):10.

[7] 唐景莉.高校转型:突破"围城之困"——访新建本科院校联盟名誉理事长、南通大学党委书记成长春[J].中国高等教育,2015,(8):34.

现代化视域中的高校师德建设

王　伟

（南昌工程学院　马克思主义学院）

　　习近平总书记在同北京师范大学师生代表座谈时的讲话中指出，教师要争做有理想信念、有道德情操、有扎实学识、有仁爱之心的"四有"教师。"四有"教师是新时期师德建设的基本要求。高校教师不仅是科学技术、先进文化的继承者和传播者，而且肩负着培养下一代高素质人才的重任。在这个代继承接的关键环节，发挥高校教师在现代化教育中的先锋模范作用显得尤为重要。高校教师以其职业的特殊性，使其现代化形成了一个内涵丰富的多层次结构。

一、 高校教师应该是教书育人的典范

　　教师是一种职业。这种职业的特点是角色与自我的水乳交融。我国著名教育家陶行知有句名言："千教万教，教人求真。千学万学，学做真人。"这就是说，教书是育人的手段，育人是教书的出发点和归宿。高校教师面对的是具有一定文化知识水平、生理和心理已经趋于成熟的学生，所以教育难度更大，责任也更艰巨。在这样的情况下，

作者简介：王伟，吉林四平人，南昌工程学院马克思主义学院副教授，博士，主要从事中国特色社会主义道德理论与实践研究。

Email：rwxww@163.com

高校教师必须加强自身修养,不断提高业务水平,发挥自身的示范和感召作用,以德服人,以情感人,以魂导人。

1. 加强师德修养,以德服人。教师首先是社会人,高校教师应该是章显人性美德的表率。教师要为人师表,在做人上就要站得住脚。做人要善良,真正做到与人为善;做人要真诚,架起心与心沟通的桥梁;做人要正直,在善恶是非面前站稳立场……就是要用几千年来人类文明积淀下来的价值观念来装备自己。其次教师还是一种职业,高校教师应该有高尚的职业道德。职业道德要求诸多种种,不外乎以下三点:一是敬业,即对教育事业的忠诚与敬畏。这源于对教育事业意义的理解和感悟。二是爱业,即对教育工作的高度热情。从事教育事业决不仅仅是一种牺牲和付出,教师在教育过程中应该体验到幸福和快乐,感受到人生价值的实现。三是精业,即对业务精益求精,对现有的成绩永不满足,始终追求更好。

2. 塑造教师风范,以情感人。教师是人类灵魂的工程师,同时也是人类的形象大师。正如布鲁纳说:"教师也是教育过程中最直接的有象征意义的人物,是学生可以视为榜样并拿来同自己作比较的人物。"[1]所以,高校教师应该注重生活中的细枝末节形成良好的教师风范。教师风范一般通过仪表和风度表现出来。高校教师的仪表应该具有美感、职业感、时代感等等,但是要达到教师仪表的最高境界——优雅,不是简单模仿就能得到的,也不是一蹴而就的,是通过长期的学习、修养才能达到。风度是人的精神、气质综合性的外在表现。风度总是因人而异、不拘一格,但是总的来说,应该朴实整洁而不呆板,稳重端庄而不矫饰、热情大方而不做作、谦逊文雅而不庸俗。教师风范是无声的语言,是教师情感的流露。高校教师应该有意识地进行修养,求得自我完善,增强为人师表的魅力。

3. 铸就时代师魂,以魂导人。教师是太阳下最光荣的职业,而爱是人间永恒的阳光。师魂不仅是内在修养与外在风范的和谐统一,更是一种精神的升华。尽管师魂有着诸多的内涵,而师爱是最核心的要素,是师魂的最高要求。教师的爱应该是伟大的。爱自己的孩子是本能,爱别人的孩子是无私,用一生去爱别人的孩子就是伟大。教师的爱应该是明确的。列宁曾经说过:"在任何学校里,最重要的是课程的思想政治方向,这个方向由什么来决定呢? 完全只能由教学人员来决定。"[2]所以,教师的爱不能限制在狭隘的教学活动中,要与社会主义社会的任务联系起来,做学生成才之路的导航。教师的爱还应该是细腻的。春风化雨,润物无声。爱是无形的,也是具体的,对学生尊重,就是对学生自尊的呵护。让学生真心从心灵感化和触动,这就是教育对爱的诠释。任岁月更迭,任青春流逝,爱会铸就不朽的师魂。

二、 高校教师应该是科学研究的先锋

教师是知识分子。知识分子在建设中国特色社会主义的今天,在实现中华民族伟大复兴的中国梦进程中肩负着重要的使命。高校教师应该努力成为科学研究的先锋,为经济社会的发展贡献智慧和力量。

1. 高校教师应该高扬科学精神。科学精神是科学研究的价值准则和行为规范。这种价值准则和行为规范具体来说就是承认宇宙万物的客观规律,不以神的意志为转移的无神论思想;就是承认客观世界有自己的规律,不以人的意志为转移的唯物论思想;就是在人的活动中合目的性与规律性相统一的理性思想;就是体现世界客观性与人的主体性相统一的人文思想。高校教师要用科学的理论武装人,自己必须有科学精神,并且通过人格化、教育化使科学精神高扬。

2. 高校教师应该坚持求真精神。求真是科学研究的目的。追求真理是知识分子与众不同的价值观念和操守。古希腊著名哲学家亚里士多德为此发出了"吾爱吾师,吾更爱真理"的感叹。马克思主义是真理,是社会主义革命和建设的指导思想。毛泽东思想和中国特色社会主义理论体系,是马克思主义基本原理与中国实际和时代特征相结合的产物,是中国的马克思主义,也是我们追求真理的科学指南。真理与谬误往往只有一步之遥,高校教师要在科学研究的道路上一路领先,就必须与一切世俗权力、偏见、迷狂斗争,成为追求真理、捍卫真理的权威。

3. 高校教师应该具有创新精神。创新是科学研究的本质,创新是民族进步的灵魂,是国家兴旺发达的不竭动力。创新精神具体表现为开拓能力和创造能力。菲律宾大学赫兰德博士在总结 20 世纪科学技术对社会发展所起的作用时提出:"对教师来说,开拓能力是使教育内容符合社会的需要,适应自然科学和社会形式的变革,对国家的社会和经济发展做出贡献而必备的某种能力"。创造能力是在开拓基础上,在学术、教学等方面的求异性、新颖性、高效性的协调一致。所以,高校教师在理念和行动上,必须由校园封闭型向社会开放型转变、由教学主宰型向知识向导型转变、由单一知识型向综合素质型转变。

4. 高校教师应该具有奉献精神。奉献精神是科学研究的生命线。自古贤人多清贫,科学研究的道路上不乏失败、挫折、诱惑,只有具有奉献精神的人才能继续真理之路。教师被喻为园丁、春蚕、蜡烛、人梯、梅花……,就是因为教师有着无私奉献的精神。今天,高校教师要成为这种奉献精神的楷模,首先,必须坚持全心全意为学生服务的宗旨,把培养和教育作为自己一生的使命。其次,必须树立终生学习观,适应现代社会飞速发展的需要。最后,要有一种境界,教育是人类的事业,教师不但要对社会有贡献,而且应该对宇宙有贡献。这种境界可以与天地参拜,与日月齐光,这是奉献的最高境界。

三、 高校教师是校园文化建设的引领者

教师是学校大家庭的一员。要培养现代化的人才,不仅要有现代知识、现代精神还需要有现代化的氛围。优秀的校园文化为培养现代化人才提供了良好的环境。校园文化内容丰富多样,高校教师是高校建设校园文化的骨干力量,这主要表现在共建和谐环境、发展和谐文化、打造和谐团队等主要环节。

1. 共建和谐环境。校园是高校师生赖以生存和发展的主要空间,因此共建和谐环境是建设校园文化的保障。高校教师不仅是校园环境的享受者,更是和谐环境的缔造者。和谐校园应该是家园,安全的校园环境使人有归属感,是一切工作、生活、学习的前提条件。和谐校园应该是乐园。快乐是人类永恒的追求,而快乐的基本前提是人人平等,所以高校教师必须努力做到师生平等、生生平等,关爱残疾及家庭贫困的学生,给他们足够自尊、自信。和谐校园应该是公园。和谐的自然环境是和谐校园的应有之意,所以高校教师要努力成为绿化、美化、净化校园的榜样,实现人与自然和谐相处。

2. 发展和谐文化。高校是社会主义先进文化建设和传播的重要阵地,因此和谐文化是和谐校园的重要标志。和谐即合而不同,发展和谐文化要求高校教师努力创造多元文化与主流文化的和谐,在传统文化与现代文化、东方文化与西方文化、主流文化与非主流文化、本土文化与外来文化的交融与碰撞中,坚持发挥社会主义核心价值观的引领作用,实现百花齐放,百家争鸣的文化格局。

3. 打造和谐团队。和谐校园最重要的是教育和谐。现代教育是协作教育,一个

教师本事再大,也只能完成教学的一部分,全面发展的人才是教师集体劳动的成果。因此,打造一支具有团队精神的教师队伍是建设和谐校园的关键。打造和谐团队一方面要形成和谐的人际关系,队伍要有凝聚力必须是团结的,而和谐的人际关系是团结的前提。另一方面要增强合作感。合作不是对错的简单较量与交锋,合作的目的在于形成团队合力,从而带动整个团队和促进个人素质的提高。因此,高校教师要在和谐团队建设中善于互相协作和沟通,促进教师之间心与心交流,情与情融汇,理与理沟通。

高校教师是社会主义现代化建设事业的中流砥柱。"国强靠科技,科技靠人才,人才靠教育,教育靠教师。"高校教师作为教书育人的典范、科学研究的先锋和校园文化建设的引领者应该准确把握现代教育和社会发展规律,为社会培养更多的现代化人才而努力奋斗。

参考文献:

[1]布鲁纳.教育过程[M].邵瑞珍,译.北京:文化出版社,1982:98.

[2]列宁全集,第15卷[M].北京:人民出版社,1985:438.

当代高校教师师德建设探析

王　翼[1]　张菁菁[2]

（1 南京晓庄学院　马克思主义学院；2 南通学田幼儿园）

作为人才培养的摇篮，高校是新思想聚集、涌现的高地，承载着文化发展与传承的重任。百年大计，教育为本；教育大计，教师为本。"一个学校能不能为社会主义建设培养合格人才，培养德智体全面发展、有社会主义觉悟的、有文化的劳动者，关键在教师"[1]而能否建设一支具有高尚师德的教师队伍则是提升育人质量，推进人才强国战略，实现和谐社会的重要基础。因此，对当代高校教师师德建设进行多维度探析，构建师德建设的长效机制具有重要的现实意义。

一、师德建设的理论内核

1. 提高学习能力是师德建设的重要前提

当今社会，教育尚未发展成为独立专业形态，师德依旧需要承担着更多的教育任务，其最终目的是促使教师更好发挥教育工具的价值属性，通过言传身教向学生们传递社会期望的价值观念及要求。因此，但凡教育所求的社会价值，包括政治、经济、文化等等，只要是需要学生掌握的接受的，也必将成为对教师的要求。可见，教师师德的

作者简介：王翼，博士，南京晓庄学院讲师，主要从事马克思主义与社会思潮研究。

张菁菁，佳儿安亲教育培训机构，2428981081@qq.com，南通学田幼儿园教师。

建设离不不开教师专业能力的提升。"师德是隐含于教师的专业能力之中,体现在教师的教育教学过程之中,是通过教师的实践智慧呈现出来的。"[2]而教师专业能力的提升离不开专业知识的储备,随着社会的进步,知识的大爆炸,教师必须完成"给学生一碗水,老师需要一桶水"到"给学生一碗水,老师需要一潭水"的转变,这也迫切要求教师的知识素养必须与时俱进。习总书记提出一个优秀的教师是"经师"和"人师"的统一,既要精于"授业"、"解惑",又要以"传道"为责任和使命,这就需求教师必须储备各种知识。所以教师不仅要纵向发展,精通本学科的知识,熟悉每一个知识点并且能够通过形象化的教学方式教育学生,更要横向发展,集百家于一身,了解其他学科的知识,这些无疑对教师的学习能力提出了更高的要求。

2. 培养教师爱心是师德建设的核心内容

师德,是教师在其教书育人过程中所要承担并履行的职业行为规范和职业意识,包含了诸如教师与学校、社会、学生、家长等多个方面的关系准则,内容可谓广泛且复杂,但也并非杂乱无章,教师的爱心便是贯穿其中的一条重要红线。教育家苏霍姆林斯基曾说:"我生活中什么是最重要的呢? 我可以毫不犹疑地回答'爱孩子'"[3]可见,爱是教育的关键,良好的教育必须以爱学生为支撑,优秀的教师必然以爱学生为表征,并且,教师对学生的爱是一种集合体,它既不同于亲子之情也不同于兄弟之情或友人之情,而是一种特殊的感情。良好的师德必然要求教师具有大爱之心,因为现实生活中学生是一个独立的个体,是发展中的人,更是与成年人身心完全不同的独特的人。这一独特的角色必然要求教师要作为朋友、父母等来关爱学生,从而也使得教师对学生的爱心成为师德建设的重要一环。

3. 铸造光辉师魂是师德建设的不竭动力

师德是教师的灵魂,是教师的精神风范。师魂是教师的精神支点和力量源泉,是教师内心的道德律令,是师者所以为师的标志,是教师职业道德的核心,更是师德的崇高的价值追求和精神境界。而坚定的政治信仰和爱岗敬业的职业精神则是当代师魂的重要组成部分,坚定的政治信仰是教师能够关爱学生,热爱职业,热爱学校的精神动力,是教师自主建构师德的指向标。另外,教师只有认同教师职业,才会热爱教师这一职业并且奉献出自己的精力与时间。热爱教师岗位,才能做到热爱学生,提高教学技能并且能够为人师表。

4. 树立高尚师风是师德建设的主要目标

从某种意义上说,师风是师德建设的外在表现机制,是作为一名教师在教学过程中的责任与表现,表达"为人师表"的主旨更是师德建设的重要目标。而这一目标主要在以下几个方面得以体现:首先,能够正确认清和处理教师与学生的地位与关系,认识到教师与学生在教学上是授受的关系,在人格上是平等的地位,在道德上相互促进的关系,从而有效促进学生全面而有个性的发展;其次,注重自身在非课堂教学中的表现。一般而言,学生具有向师性和可塑性的特点,教师的品质礼仪会潜移默化地影响学生,试问当一名喜欢随地吐痰的老师在课堂上大谈爱国情感时,又有几名学生能够对其信服?再次,在教育过程中应树立法治思维,这就要求教师既要维护好自己的合法权益,也不能侵害学生的身心健康,同时,教师还应加强学生的法制教育,培养学生学法、守法、用法、护法的优良品格。

二、 高校教师师德的现实之殇

1. 课堂言论有失偏颇

一般而言,在教学过程中教师将对受教育者的全方位发展起到主导作用,只有教师树立起正确的价值观与世界观,才能对学生的行为选择产生正面影响。与普通民众不同,高校教师具有独特的思想,并且国家赋予了其崇高的社会地位,因此他们的言论很容易在社会上形成一定的影响力,这个时候他们便已经跨出了高校,影响的是全国人民。2014 年,教育部明文要求高校在引进人才时候要全方位核实人才的政治方向和政治立场;教育部部长袁贵仁甚至明确指出高校教师"决不允许教师在课堂上发牢骚、泄怨气,把各种不良情绪传导给学生"。因此,一名优秀的且具有高尚师德的教师,必然要求其具有政治敏感性和政治鉴别力,这也是我们师德建设必不可少的重要组成部分。但由于受西方多元化思想的影响,极少数教师借助网络平台大肆渲染违背中国主流价值观的不当言论;甚至有老师在课堂上对国家领导人和民族英雄进行抹黑和妖化,以借此表达自己对社会主义制度的失望,从而错误地引导了学生的价值观与政治立场,甚至有人将这种"乱言"错误地认为是"敢言",造成了极其恶劣的社会影响。

2. 学术道德修养丧失

除课堂教学,科研任务是高校教师的重要工作之一,具有高尚师德的教师必然要求具备优秀的学术道德修养。但是目前,高校教师队伍中普遍存在着学术腐败的问题。具体表现为抄袭剽窃,将他人成果占为己有;拼凑学术论文,包装成自己的成果;浮夸、吹嘘,制造"学术泡沫",只管数量,不管质量。"学术界的不正之风和腐败,现在我们要去研究恐怕已经不是'是'或者'不是'的问题了,而是'已经严重到什么程度'的问题。……尤其是高校存在学术不正之风与腐败现象,已严重到了让人触目惊心、痛心疾首的程度了。"[4] 2015 年 3 月 27 日《华盛顿邮报》报道,英国大型学术医疗科学文献出版商现代生物出版集团近日撤销了 43 篇论文,其中 41 篇是中国作者,撤回原因是这些论文出现"伪造同行评审的痕迹"。

3. 师生关系处理不当

《中国人民共和国义务教育法》第二十九条明确地列出:"教师应当尊重学生人格,不得歧视学生,不得对学生实施体罚、变相体罚或者其他侮辱人格尊严的行为,不得侵犯学生的合法权益。"但是少数教师将体罚手段愈演愈烈,严重危害学生的身心健康。不仅如此,极个别教师侵犯学生,与学生发生不正当关系,个人道德素质沦丧殆尽。"红七条"中禁止"教师对学生实施性骚扰或与学生发生不正当关系"的条例便是严肃的指控。北大副教授与女留学生发生不当关系的新闻,一时之间将师德问题推到了风口浪尖,可见教师侵犯学生和学生发生不正当关系是社会最不能容忍和最严峻的师德问题。个别教师通过自身的职业地位和学术权威侵犯或者是威逼学生与其发生不当关系是师德缺失中最低劣的行为,一方面教师自身未摆正正确的位置,另一方面更是其人格扭曲和性格缺陷的体现。这样的个别行为对学生、学生家庭将造成不可磨灭的影响,进而影响社会对教师的信任和国家教育的进步。

4. 对待教学态度不端

高校教师对待教学工作的倦怠具体表现为:不坚守工作岗位,有突发事件难以寻人;课前不认真备课,教学过程中照本宣科,一本老教案应付多年;课中只赶教学进程,对学生违纪行为置若罔闻;课后不进行教学反思,上完课就是结束任务;有的教师甚至上课只完成部分教学任务,课后要求学生花钱补课;变相卖题,牟取暴利;一些教师直接把教师工作当作一种"稳定的饭碗",主要从事第二职业,"人在曹营心在汉"。因此教育部将"教师具有影响正常教育教学工作的兼职兼薪行为"划为"红七条"之一。

三、 高校教师师德建设的现实隐忧

1. 市场经济下个人意识的觉醒

计划经济体制是在国家百废待兴,生产力萎靡不振的前提下实施的由政府统一决定生产、资源分配和消费的体系。领导性、指令性的计划经济体制迅速将人民凝聚在一起,强化了人民的集体意识,促进资源的节约和社会的大生产。随着社会过分强调集体主义,忽视个人价值的追求,人们无法通过实践活动获取自己的利益和实现自我人生价值,逐渐产生消极、萎靡的情绪,出现不思进取的情况。而教师作为计划经济下的特殊群体,更是被视为知书达理的君子、道德的楷模、良知的体现,远远高于基本道德标准的一种形象,一开始就剥夺了自然人作为经济人渴望拥有合法利益的权利。市场经济作为我国改革开放后采用的经济体系,是激发企业活力,推动经济迅速发展的一把利剑。但是市场经济本身是把双刃剑,我国仍处于社会主义初级阶段,就不可避免地出现了重个体轻群体、重利益轻道义、重权力轻知识的价值取向失衡问题。这些价值观的扭曲现象不可避免地影响教师师德建设。在市场经济等价交换原则的诱发下,教师的拜金主义逐渐强化,比如个别教师通过收取礼金表达虚情假意,贩卖"师爱"。在市场经济竞争原则的刺激下,教师产生投机心理萌芽,少数教师通过剽窃、造假等手段掠夺别人的论文成果使自己获名获利。随着市场经济的效益、盈利观念滋生,教师为利不仁的思想行为产生,例如个别教师以教谋私,通过课余时间辅导赚取外快,从事第二职业。

2. 高校师德考核制度的困境

师德考核制度是将师德作为教育管理对象的制度设计,是师德建设的规范要求,

也是师德建设的不竭动力。师德考核制度一旦产生问题不仅严重影响师德建设,更会让师德缺失问题愈演愈烈。目前,高校师德考核制度面临以下困境:

首先,师德考核制度的矛盾性。去年教育部制定出台了《关于建立健全高校师德建设长效机制的意见》,规定师德考核不合格者年度考核评定为不合格,并在教师职务评审、岗位聘用、评优奖励等环节实行一票否决,但是师德考核制度本身考核的是教师道德性问题,是去功利化的,所以师德考核要实现其预定的目标,就必然要以利益的影响为条件,这种师德考核制度的矛盾性可能会倒逼教师"装道德人",而非真正"做道德人",从而使德考核制度失去其存在的意义。其次,师德评价对象的不明确性。师德作为一种意识形态,它的评价方式难以度量,一般把关键性的事件作为考量的重点,但是这样就将师德转变成一个个具体的问题,忽视教师整体师德状况。不仅如此,关键性的事件在具体问题中具有不确定性,是考核事件的动机,还是考核事件结果,是针对教师个体,还是看教师的行为,都最终影响师德评价的结果。师德评价的不明确性直接带来的影响是"图简单",将教师教学成绩作为教师师德评价主要因素,这就完全的摒弃了师德考核机制。再次,师德监督机制不到位。教师教育教学活动具有个体化特征,这将使得除了学生和教师自己外,其他教师很难对教师的道德行为进行完全监督。而教师的自我监督缺乏实效性,学生监督又迫于教师的权威,从而导致师德监督机制的不到位,容易滋生一系列的问题。

3. 社会对教师形象的认知偏差

目前,社会对于教师的形象认知源自教师对学生的作用,却没有从教师这一角色本身出发,这就导致社会对教师的形象认识产生两种认知偏差:在计划经济时期,教师表现为"所有的都要管"和"所有的都要负责"。"所有的都要管"是指社会公众普遍认为教师是万能的钥匙,学生学习完全是教师的任务,家长的任务仅仅是每年准备好学费。"所有的都要负责"是社会公众认为教师就应该呕心沥血,做一个只燃烧自己,无私奉献他人的蜡烛。这样就导致学生不管是出现学业或是人品问题,家长都将其归结为教师没有尽职,不够努力,完全由教师负责。在这一时期,教师没有自我地位,却成了学生附庸。在市场经济时代,教师的形象开始畸形,一方面是教师自身素质的问题,当然社会的推波助澜也不可否认。教师对学生的关爱与送礼的多少相挂钩,家长要想教师对自己孩子的多些关心与帮助,就必须送礼,小到一个礼物,大到每年的几千,几万块钱,掀起一股送礼的不良之风。究其原因,家长认为教师也不可避免地受物欲横流的社会的影响,也需要通过卖"师爱"赚外快,甚至很多家长认为教师收礼是一种正常的行为,不收礼就是等于不喜欢自己的孩子,不愿意关心帮助自己的孩子,这无疑助长了不良之风。

四、 高校教师师德建设的机制建构

1. 教师应强化自我道德修养

教师的道德品质是由自我的内在本性和外在的环境相互作用的结果,但只有内在因素才是本质。莲出淤泥而不染,教师应该强化自我的道德修养,在自身知、情、意、行等方面完成不断提高的过程。"知"即知道师德的内容,是教师提高道德修养的基础。要做到"知",就必须学习党的方针政策;学习时政热点;学习师德模范;学习专业知识,光学习理论知识还不够,必须在实践中检验知识,不断提升认识水平,使得教师对师德内容由了解到理解的转变。"情"是指教师对社会向教师提出的道德义务拥有高度的自觉意识和情感认同,是教师形成师德形象的内部动力。时代在不断地变迁,教师需要的不仅是情感认同,更需要教师不断地进行反思,不管是对教学过程还是国家提出的方针政策,都必须思考,在与实践的检验过程中丰富内涵,优化自我的价值观。"意"是"情"的深化,教师将道德修养内化为自身的习惯与意志,是调节教师行为的精神动力。在实践过程中,当外部价值观与师德产生矛盾时,能够秉持自我坚守,并且坚定说出其错误性,而不是人云亦云。"行"即实践,锻炼出一种自觉履行各种教育职责的使命感、责任感,最后能够调控和评价自己的教育行为。"行"是师德规范的唯一来源,是师德建设的最终目的,是师德发展的不懈动力,是检验真假师德的客观标准,同样也是最难的环节。前三个阶段是内在的转变,"行"要求教师将内在转化为一种行为,需要教师花费精力与时间,更需要教师在实践中不断调整自我的行为,促进"行"的进步。

2. 学校应建立行之有效的师德考核制度

首先,应建立恰当的教师考核机制。正如上文所述,实行师德一票否决制度一定

程度上体现了国家对师德建设的重视,但也造成了师德考核制度的矛盾性与无效性。解决师德考核制度的矛盾性不能全面否定师德考核制度的有效性,需要从教师考核制度的内容来着手。一直以来,在教师评职称中主要考虑"硬指标",比如学历、学位、外语水平、权威报刊杂志发表的论文等容易考量的因素,而实际能力、工作态度、思想道德、人际关系等没有具体标准的抽象化的因素所占比例甚少,职称评定过于僵化,灵活不足。将"软指标"作为教师考核制度的重要因素将使教师考核制度本身更具道德性,从而成为解决师德考核机制矛盾性的关键。其次,建立恰当的师德评价机制。师德评价主体的不明确性要求师德评价机制必须采用以同事、家长、学生等多元化主体,将定量评价与定性评价相结合,确保考核机制的公平公正。师德评价内容的异化,必须要求学校将师德的评价内容具体化,制度化以便于评价与监督。师德评价的形式化要求学校建立相应的反馈机制,方便监督与考核。再次,建立师德惩罚与激励相结合机制。师德激励机制的功利化要求必须建立师德激励与惩罚相结合的机制。师德激励机制不仅要求师德优秀者给予物质奖励,更重要是给予精神鼓励与支持。物质与精神的鼓励让教师认识到自我价值实现、内心的满足感才是最重要的奖励,从而减少功利化的行为。教师惩罚机制从外部着手,发挥制度规范约束作用。一方面发挥惩罚机制促使师德沦丧者从自身的行为改正,"被迫"使自己行为规范;另一方面对于明显型、过分型的师德功利者处以几年之内无法评职称的处罚,打击其功利性。最后,建立多元的师德监督机制。师德监督机制的不健全要求在监督过程中采用外在监督和内在反思相结合的师德监督体系,遵循全面系统的原则,真正将师德监督有效落实,而不能只是单一形式。建立经常性的监督机制,通过公示将每个教师每个阶段的师德状况直接公布出来,增强教师对师德的重视和方便他人的监督,真正落实教师道德提高的目的。

3. 社会应引导对教师形象的正确认识

上文已经提到社会对教师形象的认知偏差一方面是教师自身素质的问题,另一方面是社会的不良影响,所以问题的解决也应着眼于这两个角度。社会对教师的形象主要是"道德化"和"功利化"的形象,要想解决这两种形象的认识偏差,教师必须正确平衡两者的关系。在作为经济人的基础上强化自我的道德修养。教师提高自我的道德修养前提是职业的认同,在理解职业的情景中形成一种职业良心,并将其作为道德自律机制调控教师行为,促进教育工作的效率与质量。习近平总书记在十八大上提出的社会主义核心价值观,是当代社会主义基本道德规范和社会主义风尚的本质要求。教师是培养社会主义事业建设者和接班人的引领者,理应成为践行社会主义核心价值观的时代标杆。各级党组织,政府机构必须把树立社会主义核心价值观作为师德建设的首要任务,引导广大教师学为人师、行为世范,在工作岗位上以自身言行来加强思想道德建设。当然,引导社会对教师形象的正确认知除了要加强党和政府的积极作用,学校本身更应发挥更积极的作用,学校对于纠偏社会对教师形象的错误认知发挥着不可替代的作用,可以通过举办宣传师德建设的学校活动,寓师德建设于校园文化建设之中以及借助网络新平台,建立"网络师德"教育阵地等方式,加大尊师重教的宣传力度,营造尊师重教的良好校风,并以此作为一种精神力量潜移默化地将正确的价值导向和行为准则渗透到教师思想中,落实到教师的职业行为中,引导学生去理解、思考和感悟对教师形象的正确认识。

参考文献:

[1] 邓小平文选(第2卷)[M].北京:人民出版社,1983:108.

[2] 董岩芳.师德教育与教师的专业发展[J].浙江教育学院学报:2011,(1):20—23.

[3] 苏霍姆林斯基.把整个心灵献给孩子[M].天津:天津人民出版社,1981:80—82.

[4] 杨玉圣.杞人之忧,忧怀天下——关于学界不正之风与学术腐败的对话[J].福建师范大学学报(哲学社会科学版),2004,(4):7—10.

论社会转型视域下高校教师的伦理困境与价值冲突

邹平林　　杜早华

（井冈山大学　马克思主义学院）

　　任何职业都包含着一定的伦理规范以及从业者对这一职业的价值认同。而高校教师作为一种特殊职业，更是承载着整个社会的价值期待，维系着整个社会的伦理风尚。然而，随着社会转型时期社会结构、生活方式、价值风尚等大环境以及高校教育模式、管理体制、评价机制等小环境的深刻变迁，部分高校教师在职业认同、教学方式、师生关系处理等各个方面程度不同地陷入了伦理困境和价值冲突，从而在一定程度上对高校教育教学效果产生了负面影响。教师自身思想价值观念的调适是应对这些伦理困境和价值冲突的内在因素和根本方式，而社会大环境的合理优化以及高校教育模式、管理体制、评价机制的改进与完善，则是不可忽略的外部条件。

一、　职业认同方面的伦理困境与价值冲突

　　中国有着悠久而深厚的"尊师重教"传统。在中国传统社会中，"师"主要不是一种

项目基金：江西省艺术科学规划项目"'伦理'视域下教师职业道德规范研究"（YG2014135）阶段性成果。

作者简介：邹平林，井冈山大学马克思主义学院，讲师，博士；杜早华（1979—　），女，井冈山大学马克思主义学院，讲师，博士。主要从事教育伦理学研究。

Email：nayigehuang@163.com

作为谋生手段的专门化职业,而是一种享有崇高地位的社会伦理"身份",它所传授的主要不是某一特殊领域的专业化技能知识,而是关涉人生整体的伦理性价值知识。也就是说,"师"之为"师"者,主要不在于他的专业技能水平,而在于他对人生之道、人伦之理的掌握以及由此而形成的人格品性。由此可见,无论人们对"师"的理解与期待,还是"师"之从业者自身对"师"的认同与践行,都主要不是知识技能性的,而是社会伦理性的。正是对"师"的这种带有伦理性的理想期待,使人们对"师"怀有一种普遍的敬畏与尊崇,从而赋予"师"超越于专门化职业之上的崇高社会地位和伦理身份。无论是"天地君亲师"的地位排序,还是"一日为师,终身为父"的伦理诫命,都印证了"师"在中国传统社会中的这种尊隆地位。也正是"师"所享有的这种尊崇的社会地位和伦理身份,维持着"师"之从业者最为稳固的职业价值认同。

然而,伴随着中国社会由"传统"向"现代"的结构性转型,"师"在传统社会中所享有的那种尊崇的社会地位和伦理身份,以及"师"之从业者在这种尊崇的社会地位和伦理身份基础上所持有的稳定的职业认同,受到了巨大的冲击乃至瓦解、失效,代之而起的,是"师"的专业化、职业化以及随之而来的教师职业认同的困境与危机。尤其是高校教师,由于其自身社会文化层次较高,加上其所处的包括管理体制、考核评价机制以及师生关系在内的伦理情态的特殊性,所遭遇到的伦理困境和价值冲突更为突出。

当然,职业化并不必然导致职业认同的困境与危机,相反,职业化恰恰是职业认同的前提。没有职业化,也就无所谓职业认同。然而,在人们的传统观念中,教师与其说是一种"职业",不如说它是一种社会地位和伦理身份。因此,在传统社会中,"师"之从业者对自身的认同,更多的是一种身份认同,而不是职业认同。这种身份认同的基础或来源在于,"师"有权力或者说有责任,为受教育者提供如何为人处事的总体性伦理知识,并因此而受到人们和社会的尊敬与推崇,而"师"者也从中体验到自身工作的意义和价值。然而,在现代社会中,高校教师作为众多社会职业中的一种,不能像传统社会中的"师"那样,有权力或责任为受教育者提供关于社会人生的总体性伦理知识,也不能因此而享有传统社会中"师"所享有的那种崇高的社会地位和伦理身份。因此,当高校教师将自身的这种职业化处境,与传统的"师"所享有的崇高社会地位和伦理身份相比较时,这种落差就很可能导致职业认同方面的困境。

所谓职业认同,就是对职业的价值认同,这种价值主要包括两个方面,一方面是对他人和社会的价值,一方面是对自身的价值。而高校教师对自身职业的认同,在这两个方面都可能遭遇到困境和危机。高校教师主要地承担着科研和教学两项功能。因此,对高校教师职业价值的评价,也主要集中于这两个方面。一般地讲,科研与教学当然具有社会价值和个人价值。但具体到当前高校教师的现实处境中来,这种社会价值和个人价值也可能被贬损及至消解。

传统社会的"师"无须承担科学研究的功能或任务,但现在却日益作为高校教师所必须承担的任务被纳入到对其工作的考核当中来,从而直接或间接地影响高校教师的自我认同与物质收入。对于那些没有经过正规科研学术训练的高校教师而言,科学研究无疑是一项苦不堪言甚至不可能完成的任务。当他不能按照职业考核要求完成相应的科研任务时,不仅收入有可能减少,而且其作为教师的信心也会受到来自他人和自我的打击,产生职业挫败感,并从而贬损其职业认同感和幸福感。而当他迫于考核压力,去进行自己并不胜任的科研工作并从而生产出一些并无真正社会价值的"科研成果"时,尽管可能因此而达到职业考核要求,并从而获得虚假的自信以及得以避免收入的减少,但也可能会因此而产生更严重的价值危机。因为他心里清楚,这些所谓的"科研成果"实际上是毫无价值的,并且这是一种不诚信的行为。以一种不诚信的行为制造一些无价值的东西,这无疑会给人们造成道德上的折磨,久而久之,就会导致人们道德人格的扭曲,甚至人生价值的毁灭。即使对于那些经过正规学术训练的高校教师而言,繁重的科研任务也是难以负荷的负担,与此同时,这些与职称和收入直接挂钩的强制性科研任务考核,也会严重地破坏高校教师的科研自由以及由此带来的享受与幸福感,而有时不得已而为之的虚假"科研成果",也同样会扭曲他们的道德人格,毁灭他们的职业认同和人生价值。

教学本应既是社会托付给教师的最为本质的工作,也是教师借以获得自我价值认同的最为基本的方式。但是,一方面,由于"科研成果"比教学成绩更容易纳入到一种量化了的考核指标体系中来,因此,高校对教师的考核与肯定日益突出了科研而相对忽视了教学,从而导致那些擅长教学而拙于科研的教师难以通过教学获得应有的成就感、认同感和幸福感。另一方面,与传统的"师"相比较而言,现代高校教师主要是传授分门别类的专业技能知识,而不是关于为人处事的总体性伦理知识。传授专业技能知识当然也具有重要的社会价值,但相对于总体性伦理知识的传授而言,其所具有的社会价值似乎就要逊色得多,因为专业化技能知识的传授对学生的影响局限于某一特殊领域,而伦理知识的传授对学生的影响则是关乎人生整体的,或至少从理论上讲,这种影响应当是总体性的。这就是说,当知识的传授所提供的只是满足人们某一方面需要的特殊价值,而不是关乎人生的总体性价值,那么它所提供的社会价值就与其他社会职业所提供的社会价值没有本质的区别。况且,其他社会职业所提供的价值往往是比较直观的、可测度的,而知识传授所提供的价值则较少具有这种直观的可测度性。更为严重的是,随着知识更新换代的不断加速以及知识载体、知识传播技术的不断进步,高校大学生通过自主学习获取知识,相对于通过教师传授所获取的知识,其比重正不断加大,从而使得高校教师在知识传播、传承中的贡献比例不断减小。由于上述这三方面的原因——知识传授所提供的价值与其他社会职业所提供的价值没有本质区别,知识传授所提供的价值比其他社会职业所提供的价值往往更少直观的可测度性,高校教师在知识传播、传承中的贡献比例不断减小——,高校教师在教学活动中获得价值成就感和职业认同感正遭受持续的挤兑而不断弱化。

对于高校教师而言,科研和教学的个人价值主要体现为两个方面:一是科研教学满足高校教师的自由兴趣、体现高校教师的本质力量并从而带来精神上的愉悦;二是科研教学提供和增加高校教师的收入并从而改善其物质生活。

就第一个方面的科研活动而言,它日益表现为由外在的考核及职称晋升所规定的强制性活动,这种由外在目的规定的强制性活动往往与人们的自由兴趣相背离,而在这种强制性压力下生产出来的"科研成果"也未必体现人们的本质力量。因此,科研未必能够体现和增加高校教师的个人价值,相反,却可能是对个人价值的贬损与消解。就第一个方面的教学活动而言,学校对教学内容、教学模式、授课方式的标准化的管理、考核与评价,以及知识的专业化对课程教学的标准化要求,都在日益挤兑着高校教师在教学活动中发挥自身个性、特色与创造性的自由空间,教学活动日益蜕化为既有知识的一种枯燥的机械灌输和被动接收。当教学活动蜕化为这样一种缺乏自主性与创造性的机械传声活动时,它当然难以使高校教师身心愉悦并从而彰显和提升教师的个人价值。

就第二个方面而言,高校教师的收入基本上能够保障其相对体面的物质生活水平。但与其他社会职业相比较,尤其是与那些对从业者的知识水平要求与高校教师的知识水平大致相当的其他社会职业相比较,高校教师的收入则相对偏低,并且差距甚大。即使那些科研做得比较好的高校教师,其因此而增加的收入与其付出的努力之间的比例,也往往要小于其他社会职业中的这个比例,文科类的高校教师尤其如此。而教学活动,往往既不受学校重视,也难以纳入到量化考核指标体系中来,即使教学工作做得好,也往往难以得到应有的肯定,更难以得到相应的实际回报。因此,从收入的角度来看,高校教师职业也越来越难以有效地实现和彰显教师的个人价值。有学者对高校教师职业认同情况进行调查,调查结果表明,人们对工作薪酬、工作环境及发展空间的认同相对较低,只有35.1%的教师认同"工资收入与我的辛苦劳动相符"。[1]

总之,在现代社会中,高校教师失去了传统社会中"师"作为一种社会伦理身份所具有的那种神圣光环,成为了一种普通的社会职业。而作为一种普通社会职业,如果说它曾经确实具有轻松、自由、收入高等优势的话,那么,这些优势如今也正在不断丧失。如此,高校教师在职业认同方面就日益陷入这样的伦理困境与价值冲突:一方面,当他试图参照传统的"师"进行自我理解时,他既不能像传统的"师"那样给予人们关于人生的总体性伦理指导,也不能获得传统的"师"所具有的那种崇高的社会地位、伦理身份以及社会和人们所给予的相应的尊崇与敬畏;另一方面,当他以参照普通社会职业来自我理解时,他承担了其他社会职业相当的任务与压力,付出了与其他社会职业相当的努力,却又难以获得与之具有相当知识水平要求的其他社会职业所能获得的高收入,也难以获得这种高收入所带来的高水平的物质生活享受以及人们给予高收入阶层的那种肯定与尊重。

二、 教学方式方面的伦理困境与价值冲突

在传统社会中,尽管在教学内容上主要局限于一些公认的经典,但由于教学活动主要采取私塾或学院的形式,既没有国家行政力量的直接干预,也没有凌驾于私塾或学院之上的机构对私塾或学院的教学活动进行统一的或标准化的管理与考核,"先生"或"老师"是教学活动中拥有绝对主权的唯一主体,完全有自由根据自己和学生的具体情况选择个性特征十分明显的教学方式,甚至在教学内容上,在这些公认的经典中仍然有着相对的自由选择空间。正因为如此,传统社会中的私塾先生尤其是学院老师,不仅在学识上和教学方式方法上有着自身鲜明的个性特征,而且教出来的学生也往往深受老师的特定影响,从而也往往具有较为明显的师承性。

即使是在新中国成立之后的很长一段时期内,高校教师的教学活动仍然是比较有个性和自由的。但是随着知识的累积性发展,学科门类的不断完善与规范,尤其是高

校教育规模的急剧扩大以及高校教育的市场化、功利化，一方面导致了国家教育主管部门对高校管理的统一化要求，另一方面也迫使高校自身在教学、管理、考核、评价等方面日益标准化乃至机械化。由于这种统一的、标准的及机械的管理、考核与评价机制，教师在高校中的自主性日益丧失，其在教学活动中发挥自身个性的自由空间也日益萎缩。

绝大多数课程有相对固定的教材和相对固定的教学大纲，学校一般也要求教师按照教材和大纲进行教学，并作为规范教学的基本要求纳入到相应的评价与考核中来，教师因此在很大程度上受制于教材与大纲的基本框架、基本内容而无法按照自己善长的方式进行内容的选择与取舍、知识框架的整合与编排，从而在很大程度上影响教学心理和教学效果。近年来高校规模的急剧扩张，一方面降低了学生的入学门槛，从而总体上降低了生源素质，另一方面则使班级人数过多，尤其是一些通识类公共课程，上课人数达一二百人之多。生源素质降低体现在接受能力、理解能力、学习方法、自控能力、学习态度等各个方面。学生的接受和理解能力差、学习方法落后，教师就难以开展对学生要求较高的探讨式教学。学生自控能力差、学习态度不端正，加上班级规模大，教师需要花费大量的额外时间和精力来维持一定的课堂纪律。此外，由于班级规模过大，教师没有那么多的时间和精力根据学生的不同能力和层次进行有针对性的教学和辅导。以上这些因素严重影响教学进度和教学效果，从而可能使教师产生挫败感。久而久之，教师很可能放弃自身的努力，采取一种在形式上完成教学任务的消极心态，照本宣科而不过问课堂纪律和教学效果，从而使得师生之间的教学生态进一步恶化，形成恶性循环。

高校教育的市场化、功利化也同样会造成高校教师教学方式上的伦理困境和价值冲突。一方面，高校教师有相对稳定的知识结构和由此决定了的相对固定的思维方式，教育的市场化、功利化则要求培养能够直接满足满足市场需求的人才，而市场对人才类型的要求却随着现代科学技术和社会生活方式的急剧变化而不断变化。这种变化的速度显然大于教师知识结构和思维方式的更新速度，甚至远远大于相关教材的更新速度。要使远离市场一线的高校教师的知识结构、思维方式、教学方式的更新完全跟上市场的变化频率，即使不是完全不可能的，至少也是一个极为艰难而痛苦的过程。另一方面，高校人才教育已经具有批量生产的性质，而市场化尤其是功利化的办学导向则进一步降低了部分高校人才培养质量，甚至有的高校根本就把教学质量和人才培养质量当一回事,无论学生成绩如何,最后都能顺利毕业,有不及格或挂科的学生,最后一定想方设法让其通过。这样一来,学生有恃无恐,根本不把学习成绩当一回事。无论老师如何教,就是不配合,上课不听讲,布置的作业不完成。这样一来,老师就根本无法认真贯彻自己的教学方式。

另一个给高校教师的教学方式造成伦理困境和价值冲突的因素就是信息传播技术和互联技术的迅速普及与不断更新。一方面,信息传播技术和互联技术的普及和更新必然要求教学方式的改变,而高校教师尤其是那些基本上没有接受过电脑和互联技术教育的老教师,要改变自己多年来已经习惯了传统教学方式,以适应并跟进新的技术以及由新技术导致的新教学方式,无疑是困难的。而当其不能很好掌握新技术并从而快速适应新的教学方式时,其相对陈旧的教学手段和教学方式很可能使其与学生之间产生隔膜,从而在影响教学效果的同时也使自己产生挫败感。另一方面,现在学生人手一台智能手机,通过手机上网,学生要么自主学习,要么看自己感兴趣的东西,要么干脆玩游戏,如果没有很好的教学方式来激发学生的兴趣并从而将其注意力集中到课堂上来,课堂将会十分枯燥、沉闷而滑稽,学生既不听讲也不回应,老师则在独白。这样的课堂既让学生无精打采,更让老师产生严重的挫败感,教学效果则可想而知。

可见,上述原因使高校老师在教学方式上陷入了这样的困境与冲突:他想认真讲课并严格要求学生,但学生并不买账;当他沿用传统的教学方式时,根本就无法满足学生的要求;而当他想要更新自己的教学方式以满足学生的新要求时,又往往力不从心。

三、 师生关系方面的伦理困境与价值冲突

师生关系的处理是教师获得成就感和价值认同感的重要内容。在传统社会中,师生之间的关系往往持久而亲密,师生一起学习、一起探讨甚至一起生活,深度交往,彼此了解,学生恭敬地伺奉教师,甚至如伺奉父亲般地伺奉老师,而老师也往往在学习、生活等各个方面报之以耐心而有针对性的教导与指点。正因为如此,所以传统社会中的师生关系往往是一种亦师亦友的关系,甚至视同于父子关系。也正因为如此,一个老师门下出来的学生,往往在学识和品行方面带有鲜明的师承特性,学生才能对老师有强烈的感恩心态且终身不忘师门,而老师也才能在自己学生的成就中获得成就感、自豪感、价值感和幸福感。然而,随着社会生活方式、思想价值观念以及师生关系模式

的改变,现代社会中的教师不仅很难再获得这种成就感、自豪感、价值感和幸福感,甚至在师生关系问题上往往面临着诸多伦理困境和价值冲突。尤其是高校师生关系,表面看来似乎更平等、自由,但实际上面临着更为严重的伦理困境和价值冲突。

首先,高校师生关系是一种很外在的关系。高校作为集中化的教育机构,招生规模庞大,并且老师是按照不同的专业分别给不同班级和学生上课。这样一来,学生面对多个教师,而老师则面对更多的学生,且彼此在一起的时间少,某一特定的老师只上某一门或几门课程,下课后各走各路,连碰面机会都很少。因此,老师不认识学生,甚至学生都不认识老师,更别谈彼此的了解与感情。师生双方对这种关系的外在化都负有一定的责任。老师可能忙于科研或疲于应付其他来自学校的考核、评选等非教学事务,心思根本不在学生这里,或者心有余而力不足。学生则可能忙于恋爱、兼职、参加社团或学生会等非学习性事务,学习积极性不高,因而也就没有与任课老师交流的动机与兴趣。不仅专科和本科教育如此,甚至人数规模较小的研究生教育,也是如此,尤其是那些担任了行政职务或学术活动繁忙的研究生导师,一年甚至整个研究生培养阶段,也难得与学生见面几次,也同样存在老师不认识自己学生的情况,师生之间的关系名存实亡。由于师生关系的这种外在化,一方面,学生对老师并没有真正深厚而持久的感情,几乎很少有学生毕业后还会主动与老师联系,老师名义上"桃李满天下",但实际上却很少有真正意义上的学生,因而也就没有"桃李满天下"的真正感受。另一方面,师生之间在学识上的师承关系也很弱,以至于一个学生将来的成就大小几乎难以与特定的老师关联起来,因而老师也就不会因学生的成就而感到自豪,也不会因学生的失败而自责。这两个方面使得老师很少能够通过学生培养而获得成就感、价值感和幸福感。

其次,师生之间还存在教育合法性问题。传统社会中的"师"作为一种身份,有权力甚至有责任对学生进行伦理价值观方面的批评、教育与引导,也有权对学生进行责罚,甚至严厉的体罚,学生无权也不会对此提出合法性质疑。然而,受现代自由、平等、人权观念以及在此基础上产生的价值中立观念的影响,以及受教育专业化的影响,老师仅仅被看作某一专业领域的知识传授者,而不再被看作人生观、价值观方面的导师,他无权在人生观、价值观方面对学生进行太过严厉的批判,也无权进行责罚,当然更无权做出体罚,甚至试图向学生倡导某种价值观的合法性也会受到质疑。这样一来,师生之间的关系就更为外在,并且当学生学习态度不好或不遵守课堂纪律时,老师不能有效地对其进行教育或维持必要的课堂纪律,从而影响老师的信心和积极性,同时也面临着价值观上的冲突——既希望以自己的价值观和人生经验来教育和影响学生,却又遭遇合法性质疑。

再次,师生之间甚至存在某种冲突关系。一方面,很多高校都设置了学生对老师的评教环节,并且学生对老师的这种评价被纳入到学校对老师的考核,差评可能影响老师的地位、晋升、收入和发展机会。这原本是为了更好地发挥学生对老师的监督作用,及时发现老师在教学过程中的问题与不足。但另一方面,老师对学生的评价却往往最终归于无效。老师约束学生的主要手段是成绩,但很多高校却出于各种考虑,例如嫌麻烦或担心毕业率低而影响招生,最终并不真正将成绩作为学生毕业的必要条件,往往会用各种补救措施使学生能够顺利毕业。这样一来,学生往往不必担心成绩不好毕不了业,从而也就不会真正将成绩看作老师对自己的有效约束手段。在这种情况下,原本是为了凸显学生主体性的评教做法,最终却使老师处于一种尴尬的弱势地位,使其教学过程更加顾虑重重。[2] 处于这种弱势地位的老师,出于遭学生报复的顾虑,宁愿姑息学生甚至迎合学生,而不愿对学生进行严格要求。但是,当老师姑息、迎合学生并从而没有真正按照教学要求进行教学时,他又陷入另一种担心,即担心有的学生根据真正的教学要求而给这种不按教学要求教学的行为差评,或者向学校检举、反映,从而同样会因为这样的差评或检举而影响其地位、晋升、收入和发展机会。

可见,高校教师在师生关系方面面临着这样的伦理困境与价值冲突:当他希望与学生建立起某种比较稳固而亲密的关系并从而给予学生影响、关心和帮助时,往往在时间和精神上力不从心;当他想在人生观、价值观等方面给予学生更多的关心、教育和影响时,却又面临着合法性质疑;当他试图严格要求学生时,却又担心遭到学生的误解与报复;而当他姑息甚至迎合学生从而未能真正按教学要求进行教学时,他既受到自己良心上的谴责,又担心学生对此做出差评和检举行为并从而在地位、晋升、收入和发展机会方面对自己的产生负面影响。

上述分析表明,在当前社会转型时期,造成高校教师伦理困境和价值冲突的,既有社会结构、生活方式、价值风尚等社会环境的因素,也有高校自身教育模式、管理体制、评价机制等方面的不足,同时也有高校教师自身观念上的欠缺。社会大环境显然在短时间内难以有根本性的改变,而高校教育模式、管理体制和评价机制或许正处于一种不断调整的合理化过程之中,但这也将是一个相对漫长的渐进过程。因此,对于高校教师而言,他所能把控或所能调适的,主要还是其自身的观念、心态、思维和行动。而其自我调适的方向或许可以集中于以下几点:第一,他不能完全参照传统社会中"师"所享有的那种地位和身份,来理解自身在现代社会中的地位与身份,接受教师日益成为一种普通社会职业的现实与趋势;第二,充分认识到专业技能知识的传授同样也值得去做的有意义的事情,努力将科研与教学结合起来,多参加相关的培训与交流活动,从而不断提升自身的专业知识水平、优化自身的教学方式,同时不要过于看重职称、收入等相对外在的东西;第三,用更多的时间和精力去主动而真诚地关心、帮助学生,相信能够与学生建立起真诚、平等、互信的良好关系,相信真诚的付出会得到学生的相应的回报,并从而在这种真诚的奉献和真诚的回应中体验到充实、快乐、价值与幸福。

参考文献:

[1] 李蓉.高校教师职业认同现状分析及对策研究[J].中国成人教育,2015,(4).

[2] 田小凤.高校教师伦理困境的现状分析与策略研究[J].中国成人教育,2015,(13).

加强教师专业道德建设　提升大学育人质量

刘东菊[1]　汤国明[2]

(1.天津职业技术师范大学　世赛中国研究中心;2.天津职业技术师范大学　理学院)

2011 年教育部颁发了《高校教师职业道德规范》,明确了教师职业道德内容,但是关注这项制度建设的高校教师并不多。作为各级各类人才培育基地的高等学校,如何引导和培养人才,需要高校教师发挥各自的专业优势,也需要教师以良好的师德师风给学生以影响和熏陶,才有利于铸就德才兼备的人才。

本文立足对大学教师专业道德的探讨,分析教师专业道德对教学的影响,在此基础上,提出加强教师专业道德建设,提升大学育人质量的措施,以利于发挥高校在培育人才方面的优势。

一、 教师的专业道德与教学的相关性

教师专业道德是伴随教师专业化的发展而提出的与教师生涯规划相结合的概念。

基金项目:天津市教育科学"十二五"规划课题一般项目"加强高等学校师德建设的研究"(HE3008)

作者简介:刘东菊,天津人,天津职业技术师范大学研究员,主要从事教师伦理、教育理论研究;汤国明,天津职业技术师范大学教授、理学硕士,主要从事教育理论、应用数学研究

Email:jkyldj1963@126.com

有研究指出,"专业道德是将教师的职业道德理解为专业生活的必需"。专业道德是教师专业化实施的基本保证,避免教师在行使专业权利时遭受非专业人士的非理性指责与侵犯。制定教师专业道德规范必须在承认专业性存在的前提下进行。

1975年美国全国协会制定的《教育专业伦理守则》中,在关于"对专业的承诺"中指出,"基于深信教育专业服务品质直接影响国家人民的福祉,教育工作者应当全力提升专业水准,带动行使专业判断的风气、吸收值得信任的人投入教育生涯,防范不合格的专业实习"。同时在具体条目要求中包括"不得蓄意运用专业职权发表虚假言论,或隐藏有关能力与资格的资料事实","不得协助已知在品格、教育或其他相关属性上不合格者获得专业职位"[1],等等。这一内容既明确了教师职业应实施专业化标准,也提出进入教师职业领域有相应的道德水准要求。

"教学能力和学科竞争力是教师专业道德规范的基本岗位要求。"[2]加拿大高等教育教学协会对大学教师的道德规范明确表示,大学教师首要的是具有把握课程内容的能力,能给大学生提供高水平的知识。教师应能把握前沿学科的发展动态,以维护学科的竞争力,确保课程内容有代表性、最新和准确。课程定位要适应学生的学习计划。教师还要具有制定合理的研讨规划,引领学生学会处理敏感问题,鼓励学生相互尊重等能力。为此,教师就要为提升自己的教学水平、学科研究能力,投入更多的精力。该协会还提出,"教师重要的职责是促进学生的专业发展,养成学生自治和独立思考的能力;注意保持适当的师生关系,促进学习和身心健康发展;学生的发展高于一切,教师有责任采取适应的措施,确保对学生的评价是正确的、开放的、公平的和符合课程目标的。"因此,教师专业道德明确了教师必须努力实现在教学上,使学生获得应有的发展,要确保教学符合学生发展的要求。

英美等国在构建教师专业道德规范制度时,同样将促进学生发展放在师德规范的核心地位,明确"在处理敏感问题时关注学生的感受,注重学生对课程教学目标的理解"。美国将道德规范置于大学教学设计中的总的指导方针地位,就是为了促进学生学习、自立和独立能力的发展。将自由和职责纳入道德规范的范畴,明确要尊重不同的意见、尊重他人的尊严,培养对知识的忠诚和人格尊严,享有校园内言论的自由、调查和指导的自由。"重视学术规范,打击学术剽窃行为,对大学教师招聘和辞退有明确的道德规范界限,要能处理政府或个人资助的研究利益冲突。厘清教师的道德行为细则和责任,包括教师的权利和自由,学生成绩的评定规则,性操守,师生的沟通。"

构建教师专业道德的核心是促进学生发展。推行教师专业化的国家,都在制定教师专业道德规范的内容中,体现对教师教学水平、研究能力的要求,明确教师要尊重学生,尊重学生的言论自由,实现学生自立和独立能力的培养。有的大学还明确"研究工作和教会学生如何研究,是教师道德规范的重要内容之一"。

我国对教师专业道德研究主要集中在如何规范教师道德行为、论证道德属性等内容,缺少对大学教师专业道德建立后教学行为的引领内容。

当前我国高校对专任教师入职的岗位标准要求为博士毕业生,经过专业培养的博士生进入教师岗位,便成为实现教师队伍专业化建设的基础和条件。但是如何在教师岗位发挥专业化的作用,需要用专业道德规范来确保教师教学水平和研究能力的发挥。有研究揭示,教师达到专业道德水平需要的从教时间为 22 至 27 年。鉴于不同阶段,教师对师德的认识层次和自律行为表现的不同特点,就要研究并明确专业道德的实施主要用以规范教师,使教学在如何促进学生发展上发挥作用。

破除长期根植于教学领域中的教师权威思想以及照本宣科的教学方式,自觉落实专业道德规范,是落实教师队伍专业化建设的目标。一些新入职教师职业的博士,在教学最初阶段,因专业道德意识不强,又在受迫切的学习投资回报心理驱使下,对教学不顾专业化水准,上课即是背知识、念书稿,不考虑学生对知识的认知与需要,不关心学生对学习的态度,对学生的质疑置之不理,要么施展教师权威,以考试给学生施压,不想通过改变教学方式,提高教学质量来吸引和改变学生学习态度和兴趣,使我国高等教育质量,虽然在专业队伍建设上实现学历学识的高水平,却因教师低水平的教学重复而导致教学质量滑坡。

建设专业化的教师队伍,要以实现教师个体的专业化道德为保障。教师可以通过发挥个人学术研究优势,以学术研究思想的权威观点,替代教师个人权威思想,使教师以通过学识、人格魅力来获得学生的尊重。同时通过教师对学生研究意识和能力的培养,使教师转变观念,尊重学生以及他们的思想和人格。教学才是教师的生存之道,高水平的教学,引导学生学会学习、学会研究的教学,才是教师立命之本。因此,在高校教师队伍建设进入专业化发展阶段,教师的认识和观念必须与专业道德思想取得一致,要认识到自我的生存与促进学生发展息息相关。教师必须以良好的师德师风践行专业道德,以提高教学水平、提升研究教学的能力,使自己具备专业领域前沿知识,才能吸引学生学习兴趣,也才能使自己的研究体现专业学术价值。

二、重视专业道德建设 提升教学质量

1. 建立专业道德的监督机制 促进教师教学质量的提升

为约束教师的不道德行为,许多高校制定了师德考核制度。也是为保证高校育人质量而采取的应有措施。这一制度的制定,是对教师道德的监督,以引导教师把精力用在提升教学水平,用在为学科发展所做出的研究贡献上。也同时让教师明确,其所从事的岗位与社会其他人员所从事的专业岗位一样,必须恪守专业道德要求,履行专业道德职责,以发挥自己的专业能力和研究水平,为所培养的人才提供应有的服务。

为了引领教师明确自身的职责,认真负责的教学,建议高校建立教师专业道德监督机制来替代师德考核制。道德是人的一种自律能力,专业道德的提升与教师专业学识、专业品质密切相关,同时与人获得的尊重程度也密切相关。许多国家对教师师德都建立了外在的约束机制,从其内容上看更多体现对教师教学道德的要求,而我国有的高校制定了师德考核百条内容,显然已严重背离了国家制定师德规范的初衷。也会妨碍教师专业道德的进步。必须纠正当前高校中存在的针对师德建设的考核办法,纠正以往高校对教师的不客观、不全面、不科学的评价方式。突出对教师专业道德发展的重视,引领高校教师充分发挥自己的专业优势,提升自身在专业领域发展的影响力,为学生发展服务。

2. 严格教师准入制度 杜绝不良品德人员入职教师队伍

教师教学过程是一个比较复杂的信息传递和情感交流过程,同时也是对学生思维方式的影响和人格的塑造过程。教师在对学生"传道、授业、解惑"中,将个人的认识、道德观念、心态、人格、品行等个人素质暴露给学生,并潜移默化地影响着学生。不同品格的教师都会通过教学方式、教学内容,把个人的思维方式、心理感受、情感态度、价值观、世界观等在课堂上与学生进行交流,并输送给学生,尤其对于大学生,他们更愿意听取教师对问题的分析,特别是代表教师个人观点的思想认识,但我们的大学课堂,缺乏与学生互动交流、甚或辩论的环节,容易使教师的思想观点,久而久之潜移默化地成为一部分大学生的思维模式、行为准则和价值观,进而决定他们的行为和人生发展。

由于教学传递方式容易将教师自身的修养、行为模式、兴趣爱好、思维方式等因素

转化为教育因素,影响学生,教师个人品格、思维方式、情感等,又通过影响学生而进一步得到巩固并转化为自身素质,为避免教师在传递教学内容上存在问题,所以需要重视教师专业道德建设,改变教师传统的灌输式教学方式,教师要研究设计与学生讨论的教学计划,培养学生主动思考问题、分析问题和解决问题的能力。社会对大学教学质量下降的一个重要评价就是认为大学生存在能力缺陷,这种能力缺陷表现之一首当独立思考与解决问题能力低。重视高校教师专业道德建设,对提升大学生能力培养非常重要。

鉴于我国高校教学普遍存在着忽视学生独立思考问题能力的培养,更应严格高校教师准入制度,杜绝存在道德缺陷的人员进入教师队伍。目前,我国高校在录用博士毕业生入职教师岗位时,仍看重研究学识,很少考虑其对教师职业的认同感及道德认知。至今我国尚未出台对新入职高校教师的人员,必须接受师范课程的规定。为了解决高校教师必须取得教师资格证书,各地方教育管理部门采取统一措施,组织新入职教师进行教育学、心理学等课程的统一培训、考试,考试合格颁发教师资格证。而发达国家早就规定入职教师职业,必须专门接受两年的师范课程。并且明确进入教师职业必须遵守的道德守则和应具备的道德品质,违背教师道德要自觉接受惩罚。而我们毕业于师范类院校的博士生,仍然同非师范院校毕业的博士生一起,再次接受获得教师资格证书的培训。这种制度定位的缺陷,显然对在师范类高校取得博士学位的人是不公平的。如此定位高校教师入职标准也是有缺陷的。说明我国在高校教师入职资格和标准上,需要出台相关的政策,要尽早研究制定教师入职的道德细则,严格杜绝有道德或人格缺陷的人员入职教师行列。

3. 鼓励教师开展与专业教学结合的学术研究　助力教学质量的提升

德国教育家雅思贝尔斯说:"最好的研究者才是最优秀的教师。"[3]教师的教学研究能力直接影响教师专业能力的发挥。"专业能力不足的直接后果就是教学活动失效、教师自我满意度降低、师生关系不和谐等,间接后果就是师德的失范。"[4]

西方国家提出,学术是大学立足之本,对于教师应是立身之基。我国有研究者将大学教师的研究取向划分为"原创型研究"和"解释型研究"两种。原创型研究是指以知识创新为指向的研究;解释型研究为以诠释前人的、经典的、代表性的、前沿性的研究成果为主的研究。两种研究都指向教学，但认为解释型研究更贴近教学。认为大学教师可以依自己的兴趣和所长做适合自己的研究，最大限度地发挥自己特长，为教学服务。[5]

我国高校学术研究氛围不浓，对教学的影响力小，主要是我国高校教师科研工作主要围绕职称评定、获得科研奖励，以及应对考核而进行，教师从事研究表现为发表论文、承担课题研究任务。如此，很难培养出学术大师。虽然学术自由是大学引以自豪的特殊权利，学者可以从工作中获得无边界的研究允诺，但是学术研究也形成了一套科学的范式。康奈尔大学前校长佛兰克·罗德斯认为，"大学必须指导学生在专业的范畴内获得'某一特定领域的职业竞争力'、'准确而清晰的表达和书写能力'……'投身于劳动市场的能力'"。换言之，大学教师要具有从事学术研究的职业能力，还要培养自己的学生具备基本的学术修养和本学科的专业修养。鼓励教师开展与专业教学结合的研究，不仅有利于加强教师对教学内容的认识和理解，提升教学质量，也有助于培养学生的学习能力、研究意识与能力，更主要是"大学学术的理性思维和创新精神能够为社会公共生活提供一种兼容并包、温和中立的环境，促进人们形成有利于民主和革新的思想理念"。[6]

鼓励大学教师开展与专业教学结合的研究，一方面养成教师自觉的研究意识和能力，能够掌握更适合学生接受的教学方法，将教学内容有效的与学生进行交流，引起学生的学习兴趣；另一方面鼓励教师通过与专业结合的研究，了解自己应当通过怎样的努力和成就获得职业晋升的资格与机会。此外，通过提升教师的学术研究水平，提升大学课堂学术文化。大学课堂文化存在是一种批判精神、自由精神、创新精神的。其本质就是育人的文化。大学课堂最重要的就是培养具有独立人格、独立思考能力、独立判断能力和独立承担自己建设责任的人才。形成这样的课堂氛围，必然依靠教师的学术能力来实现。[7]

参考文献：

［1］檀传宝.论教师"职业道德"向"专业道德"观念转移[J].教育研究,2005,(1):48—51.

［2］史秋衡.加强专业道德规范深化高校师德建设[J].中国高等教育,2005,(15.16):9—11.

［3］雅斯贝尔斯.什么是教育[M].邹进,译.北京:生活·读书·新知三联书店,1991:152.

［4］陆道坤.师德"师范"现象折射出的教师专业发展困境与困境[J].教育科学,2013,(4):

69—75.

［5］刘铁芳.大学教师之德：走进学与教的人生［J］.教育研究,2014,(6)：102—108.

［6］崔延强,邓磊.论大学的学术责任—现代大学学术研究的四重属性［J］.教育研究,2014.
　　(1)：84—91.

［7］朱旭东.论大学课堂学术文化的重建［J］.清华大学教育研究,2011,(3)：57—63.

师德建设实践研究

高校师德建设工作的一种探索

——以福建师范大学教师伦理委员会师德建设工作为例

福建师范大学教师伦理委员会秘书处

2011 年 12 月,教育部、中国教科文卫体工会全国委员会联合印发了《高等学校教师职业道德规范》。这一《规范》的出台,一方面体现了国家对高校师德建设的重视,另一方面也折射出当前高校师德建设的严峻形势。《规范》出台后很快在全国高校掀起了新一轮师德建设的高潮。正是在这种大背景下,我校筹备成立了教师伦理委员会,并以此作为重要的工作抓手,在师德建设中进行了一些尝试和努力。

一、 创新制度,推进师德建设工作

在师德建设工作中建立健全长效机制,是由制度建设的基本特征决定的,邓小平曾指出:"领导制度、组织制度问题更带有根本性、全局性、稳定性和长期性。"[1]制度建设的基本特征,不仅保证了师德建设工作有章可循,而且保障了师德建设工作的制度化和规范化。

1. 成立以校工会为组织依托的教师伦理委员会

"高校教师的思想政治素质和道德情操直接影响着青年学生世界观、人生观、价值观的养成,决定着人才培养的质量,关系着国家和民族的未来。"[2]2012 年 2 月,鉴于师德建设的重要性,以及传承和发展百年师大精神的重要意义,我校成立了教师伦理委

员会。我校教师伦理委员共有 25 名委员,其构成包括伦理学、法学、心理学专家,学校下属学院、附校的教师及一些机关部处负责人(应具有教授或研究员职称),校友、校研究生会和学生会主席等。为了加强教师伦理委员会的权威性和影响力,福建师范大学章程第七十条专门写入学校成立教师伦理委员会条目,并赋予教师伦理委员会决策咨询、师德评议、协调工作三大职能。同时,为了使教师伦理委员会的工作能够落到实处,学校专门设立了教师伦理委员会秘书处来运行教师伦理委员会的日常工作事宜。而在秘书处的结构安排上,考虑到校工会是作为校党委联系广大教职工的桥梁和纽带,是学校评选劳动模范、"师德之星"、"三育人"先进个人和十佳青年教师等的载体单位,学校决定将成立的教师伦理委员会挂靠在校工会,由校工会常务副主席兼任秘书处秘书长;同时,考虑到师德建设工作的协调性及学生的参与性,决定由校党委宣传部部长、校工会专职副主席和校团委书记兼任副秘书长;此外,增设一个人员编制来担任教师伦理委员会秘书处秘书。

2. 制定《福建师范大学教师伦理委员会章程》

章程是经特定的程序制定的关于组织规程和办事规则的法定文书,是组织或团体的基本纲领和行动准则,它在一定时期内稳定发挥作用,同时也具有一定的规范作用和约束力。2012 年 2 月,校党委根据教育部、中国教科文卫体工会全国委员会《关于印发〈高等学校教师职业道德规范〉的通知》(教人[2011]11 号)文件精神,认为学校应成立教师伦理委员会,以进一步加强师德建设工作,由此也提出了应制定福建师范大学教师伦理委员会章程的要求。2012 年 5 月 21 日通过的《福建师范大学教师伦理委员会章程》由总则、主要职责、组织机构、权利与义务、议事规则、附则六章 24 条组成,分别对成立教师伦理委员会的目的,功能定位和宗旨、职责,机构设置,委员任职条件和产生程序、任期,委员的权力、义务和纪律,教师伦理委员会的议事规则和办事机构及其工作范围,经费,委员资格的终止、取消、增补及解释权等情况做了说明。《章程》的制定使教师伦理委员会的工作从此有章可循,形成了制度化和规范化。

3. 形成《福建师范大学教师伦理规范》

特定的伦理规范是人类社会进化对人的精神、言行进行特定的引导和约束,它对促进人类社会进步具有重要的意义。基于新时期加强高校师德建设的需要,2013 年后,我校教师伦理委员会多次召开委员会议,专题讨论福建师范大学教师伦理规范问题。通过反复认真的讨论研究,依据《中华人民共和国高等教育法》、《中华人民共和国教师法》、《高等学校教师职业道德规范》,并结合本校实际情况,制定了《福建师范大学教师伦理规范》。《规范》包括总则、基本要求、教学伦理、学术伦理、校园伦理和社会伦理六个方面,共 30 条,以对我校教师职业道德和伦理行为加以进一步规范。

二、 项目带动,加强师德建设实践探索

注重项目带动是我校教师伦理委员会推进师德建设工作的一个特点。近年来,我校教师伦理委员会通过开展师德问卷调查、劳模感言和劳模访谈、师德访谈以及编撰师德建设蓝皮书等项目,对师德建设工作进行了一些有益的探索。

1. 开展师德问卷调查,了解师德现状

为了全面、深入地了解我校教师职业道德的现状及其形成和发展的原因,更好的预测师德建设的重点和难点,以便提出推进我校教师职业道德建设的合理化建议,我校教师伦理委员会于 2014 年 4 月开展了师德状况问卷调查活动。本次调查活动是以 2011 年 12 月 23 日教育部、中国教科文卫体全国委员会联合印发的《高等学校教师职业道德规范》中所规定的高校教师职业道德的内涵为基本脉络而展开的,其中面向学生下发调查问卷 2 000 份,面向教师下发调查问卷 800 份。

目前,根据师德状况调查的统计数据分析,已经形成了福建师范大学师德建设工作的调查报告。从总体上看,当前我校师德状况是较好的。比如,在本职岗位方面,我校大部分教师对此认同度都比较高;在敬业爱生方面,我校大部分教师能够忠于人民教育事业,树立崇高的职业理想,能够坚持育人为本,立德树人,遵循教育规律,实施素质教育;在严谨治学方面,我校绝大部分教师有较强的严谨治学意识,坚决反对各种形式的学术造假行为;在社会服务方面,我校有相当部分教师能够积极参加各种形式的社会公益活动,积极为社会服务。但另一方面,调查中也发现当前我校师德状况存在着一些值得研究和关注的现象和问题。比如,一些教师对师德评价重要性认识不足;

对本职岗位的认同度不够高;与学生交流不够;有些教师"重教书轻育人";有些教师更多的是出于个人利益而参加社会服务等等。

基于师德状况调查,我校教师伦理委员会提出了相应的加强师德建设的对策措施。第一,全员参与,努力形成师德建设整体合力。首先,领导重视,将师德建设纳入学校事业总体规划。其次,部门联动,在完成本部门工作中共同推进师德建设。再次,师生互动,在师德建设方面形成教学相长的良好局面。第二,全过程介入,切实增加师德建设的实效性。首先,在新进教师录用时加强师德考核,严把入口关。保证教师队伍的质量。其次,注重采取多种有效方式,加强教师队伍的师德师风教育,力求取得实效,做到"讲师德、练师能、树师表、铸师魂"。再次,大力选树宣传师德优秀典型,增强说服力,激励更多的教师自觉加强师德修养,提升师德整体水平。第三,全方位强化,积极构建师德建设长效机制。首先,建立制度导向机制。其次,建立优胜劣汰机制。再次,建立和强化教师伦理委员会制度。

2. 开展劳模感言和访谈,激励师生加强自身修养

为了教育引导广大师生学习劳模务实敬业、创新进取、乐观向上的崇高精神和吃苦耐劳、淡泊名利、自强不息的优秀品格,激发广大师生以劳模为榜样,积极践行社会主义核心价值观,根据学校《关于构建社会主义核心价值观微传播教育体系的方案》,2015 年 4 月结合校工会工作,教师伦理委员会在我校劳模中开展感言征集和主题访谈活动,将征集到的劳模亲笔感言和访谈中的精彩片段分别制作成感言图秀和微视频,并发布到学校官方微博和微信中,然后在微博、微信中发起"榜样在身边"微话题,以先进人物的视角理解和阐释社会主义核心价值观的生动内涵,以期营造积极向上、争先创优的校园氛围,激励我校师生自觉以劳模为榜样,加强自身修养。

3. 开展师德访谈,掌握师德建设重难点

访谈法是社会科学研究中的一个重要的方法,它与观察法、文献法、问卷法并列为社会科学研究的四大经典研究方法。访谈法与其他研究方法相比,具有独特的优点:访谈法可以通过访员和受访人面对面地交谈,从而获得客观的、不带偏见的事实材料,

进而对调研结果加以深入分析,以期对我校师德建设发挥指导作用。为了深入基层,我校教师伦理委员会决定通过访谈的形式,对我校教师、管理人员、服务人员与学生展开访谈。从 2015 年 6 月起,教师伦理委员会在先前开展师德问卷的基础上,进一步以专题调研和随机调研的方式在广大师生中开展师德主题访谈,对我校教师伦理道德状况进行深化调研,以期进一步掌握我校师德现状,深入分析我校师德建设的重点和难点,以便为下一步推进师德建设工作提供项目创化依据,同时也为师德建设蓝皮书的编撰提供进一步的调研支撑。

4. 开展师德建设蓝皮书编撰工作,提升师德建设水平

编撰师德建设蓝皮书是学校师德建设工作的构成部分之一。师德建设蓝皮书将起到弘扬高尚师德、记录师德建设历程、评价评比师德建设工作及促进师德建设工作持续发展的作用。经教师伦理委员会思考和讨论,目前已架构出《福建师范大学师德建设蓝皮书》的初步框架。我们将深入调查研究,进一步掌握学校师德状况,明确或预测师德建设的重点和难点,提出对策思路和措施,加快师德建设步伐,在此基础上,不定期发布学校师德建设蓝皮书。

三、 强化研究,注重师德建设工作落到实处

师德建设工作需要开展伦理道德理论研究,特别是在社会大变革时期,要探索师德意识的变化发展规律,形成有效的师德建设工作机制,进而使高尚的师德蔚然成风,感召学子励志学习、服务社会、报效祖国,更需要开展艰苦的理论研究和务实工作。在这方面,近年来我校教师伦理委员会主要是做了以下几个方面的工作。

第一,通过协同运作,发挥马克思主义学院、公共管理学院、文学院、社会历史学院等相关专业力量和校党委宣传部、校工会和校团委等的组织力量,深入开展师德建设理论研究和调研活动。我们知道,理论研究有利于弄清事物发展的来龙去脉,预测事物发展的趋势,而调查研究是做好任何工作的一项基本功,正如习近平总书记指出:"调查研究是某事之基、成事之道。没有调查,就没有发言权,更没有决策权。"[3]我校教师伦理委员会开展师德建设工作,不仅调动了相关理论工作者投入研究,更是注重

通过深入调查研究形成师德建设的问题发现、前瞻思考和活动开展的工作机制。第二,依托学校教工之家开展师德工作沙龙活动。师德建设工作具有全方位和细雨润无声的特点,因此一定阶段如何选好师德建设工作的切入点,并达到预期的工作效果,开展前期细致的策划工作是很有必要的。我校教师伦理委员会依托教工之家,以任务和问题为导向,采取灵活汇聚的方式,开展师德建设工作的沙龙活动,以研究制定符合我校具体实际的、具有针对性的师德建设的工作计划、师德建设的项目创设,并进一步明确师德建设工作的阶段性目标和推进工作的方式方法。第三,统筹师德建设资金使用,通过项目带动,努力使师德建设工作取得实效。在这一点上,我校教师伦理委员会主要以工作计划为基础,通过认真分析师德建设项目的效率特点,进行资金统筹使用,进而使开展的师德建设活动避免因资金问题而虎头蛇尾,做到少花钱,多做事,做实事。第四,坚持"请进来、走出去"相结合。在师德建设中我校除了注意挖掘身边的模范教师,加以表彰宣传,发挥其榜样现身说法的教育作用之外,还采取"请进来"的办法,让外部先进集体、个人和专家智库介绍感人事迹并传播知识,为我校师德建设提供智力支持和先进经验。同时,我校师德建设工作中还坚持"走出去",将我校师德建设工作的经验总结与外部交流,进而在"走出去"中发现不足,加强学习,以进一步提高师德建设的工作水平。第五,注重教师伦理委员会自身建设。我校教师伦理委员会作为师德建设工作的一个研究和运行载体,需要不断提高其自身的理论水平和组织能力。因此,我们在日常工作中,特别是在"请进来和走出去"的过程中,强调要及时发现自身的不足,不断加强自身的学习,努力把教师伦理委员会建设成为学习型组织,并以此带动师德工作队伍的建设。

四、 回顾工作,开展师德建设的几点体会

我校教师伦理委员会自 2012 年 2 月成立以来,对师德建设工作进行了一些尝试和努力。回顾这几年走过的历程,我们的体会主要有以下几个方面。

第一,我校教师伦理委员会顺利成立并开展工作,主要得益于三个保证。首先,倡导师德建设的方向保证。工作方向影响工作目标、左右工作路径,正确的工作方向是一项工作取得成功的基本前提。我校筹备成立教师伦理委员会并顺利开展工作,首先是顺应了新形势下弘扬社会主义核心价值观,进一步推进高校师德建设的客观要求。

我校教师伦理委员会只有坚持正确的工作方向,服务于学校,服务于社会,才能得以顺利发展。其次,章程的制度保证。大学章程是一所大学办学的纲领。福建师范大学章程第七十条专门写入学校成立教师伦理委员会条目。同时,学校教师伦理委员会的章程又赋予了教师伦理委员会决策咨询、师德评议和协调工作的三大职能,这些均保证了教师伦理委员会的权威性和影响力,使它开展制度化和规范化工作有了依据。最后,百年师大的文化底蕴保证。福建师范大学是中国最早的师范大学之一,其渊源从1907年清朝帝师陈宝琛创办福建优级师范学堂发展至今,109年的春华秋实,积淀形成了学校"重教、勤学、求实、创新"的优良校风和"知明笃行、立诚致广"的校训精神。悠久的办学历史及其形成的教育理念和精神传承使我校师德建设有着深厚的文化底蕴。

第二,师德建设是一项复杂的系统工程,工作中需要克服困难,更需要加强实践探索。我们知道,价值文化的形成就其深层而言,在于人内心的审美感受和认同。价值文化进化的这一特征,决定了我们在开展师德建设工作中既要遵循文化发展规律,又要立足实践,深入研究,充分考虑价值文化发展的多元性、融合性、创化性和导向性,注意从深层次中把师德建设工作抓到点。就此而言,我们认为,当前如何根据全球化进程和区域现代化发展特色,乃至地方建设特点,形成本单位科学的师德建设方略;如何根据学校事业发展需要形成有创意的师德评价体系等等,都是我校教师伦理委员会今后工作中需要认真思考和加强探索的问题。

第三,教师伦理委员会应充分发挥专家委员的研究和引导作用。要推进师德建设工作,充分发挥专家委员的研究和引导作用十分重要,只有这样,才有利于形成具有前瞻性和可操作性的师德建设的活动方案。正如习近平总书记所说,"研究问题、制定政策、推进工作,刻舟求剑不行,闭门造车不行,异想天开更不行,必须进行全面深入的调查研究"。[4]我们的实践表明,经过专家委员有计划、有针对性的研究和调查及其形成的师德建设活动方案,对推进我校师德建设工作作用匪浅。

总之,加强和改进高校师德建设对人才培养、教育进步、国家发展都具有重大而深远的意义。开展高校师德建设必须以社会主义核心价值观为导向,立足学校实际,建立健全长效机制,注重项目带动,并开展多方协作。只有这样,才有利于做到师德建设工作的常态化常效化。

参考文献：

［1］邓小平文选（第二卷）［M］.北京：人民出版社，1996：333.

［2］教育部关于建立健全高校师德建设的长效机制的意见（教师［2014］10 号［M］. http://www. moe. gov. cn/srcsite/A10/s7002/201409/t20140930_175746. html）.

［3］习近平总书记系列重要讲话读本［M］.北京：学习出版社、人民出版社，2014：181.

制度伦理视野下的教师职业道德建设

——以武汉市常青第一中学为例

魏义华

（武汉市常青第一中学）

目前，教育综合领域的改革正进入全面深化阶段，教育现代化的蓝图也日渐明晰，然而教师职业道德缺失的事件却屡屡见诸报端，严重危害了教师职业的崇高地位和教育改革的有效开展。教师是教育的核心，教育质量的提高关键是要提高教师的素质水平；教师职业是一种特殊的职业，教师职业道德的高低直接决定了他为社会培养了怎样道德水准的劳动者。在新媒体日渐发达的今天，师德问题因其话题的敏感而受到人们越来越广泛的关注，师德建设也因此成为了教育行政部门和各个学校工作的重中之重。

针对这一问题，笔者拟从制度伦理的视角，并结合笔者在武汉市常青第一中学所进行的师德建设实践，探讨有关中小学教师职业道德建设的若干问题。

一、 何谓制度伦理?

人类文明的一个重要标志就是国家制度的建立，人类文明发展至今，各领域、各层

作者简介：魏义华，武汉市常青第一中学，中学高级教师。

Email：503051430@qq.com

次的制度不计其数。一般认为,制度是制约人们的行为,调节人与人之间的利益和矛盾的,并为社会所承认的一些规则。而道德规范也有制度性道德和日常生活中的道德之分,制度性道德存在于社会基本结构之中,并以原则和规范的形式体现在诸如经济制度、政治法律制度等社会制度之中。制度伦理既包含这些存在并体现于社会制度中的道德原则和道德规范,还包括对制度本身的正当、合理与否的道德评价。

制度伦理一方面强调伦理的制度化、规范化、法律化,试图将"软"的道德理论、道德规范和道德教育变为"硬"的伦理制度,把内在的道德自觉变为外在的道德约束,监督或"强制"社会成员在家庭生活、公共生活和职业生活中自觉履行道德义务、责任和使命。另一方面,制度伦理还强调制度本身的伦理性,制度的建立必须合乎一定的伦理要求,缺乏伦理基础的制度难以产生长久有效的力量。制度没有伦理性,社会就无法形成讲道德的风尚;而没有制度化的道德措施,伦理的要求也难以转化为现实的人们的道德行为。因此,制度伦理的这两方面内容是辩证统一的。

制度伦理是相对于个体的道德修养而言的,一个人的道德修养是一种内在的对自我的约束和超越,我们无法保证一个道德修养较高的人时时刻刻都能做出符合道德要求的行为,因为个体的道德修养具有主观性,它很难客观地、公平公正地面对一切人和物。而制度伦理则不同,它是一种他律性的道德,它是通过外在的、强制性的制度规范来达到道德约束的作用,因而具有客观性和稳定性。

人类社会的发展规律和根本目的是人的发展,人的发展是历史进步的基本标志。人的发展过程也就是人的最高本质——人的主体性不断实现的过程。制度不是纯粹的冰冷的国家机器,它与人具有内在而紧密的联系。制度作为调节个体活动与个体间关系的规范或规则是在人们的实践活动中产生和形成的。因而,它体现或满足了人类自身存在和发展的需要,是人类发展自己,完善自己,不断满足自己需求的结果。制度的发展是主体摆脱其原始本能的动物存在而不断拓展其社会性的标志。因而制度是主体社会属性的一种物化形式,是社会关系的整合机制。制度一旦产生和形成,既成为人的发展的社会客观条件,又成为实践主体运用社会客观条件的主要方式。为此,制度的建立与选择、变革与创新是否与人的发展的根本目的——人的全面而自由的发展相一致,即制度是否有利于调动主体的积极性、主动性、创造性,是否有利于人的个性解放,是否有利于培养和提高人的素质,就成为制度伦理存在的目的和意义。

二、 何谓教师职业道德?

在人们的道德普遍缺失的今天,教师职业道德问题因其与教师的专业教育活动密切相关而成为大家普遍关注并急切想解决的问题之一。然而,要做好教师职业道德建设,有效提升教师的职业道德素养,必须首先弄清何谓教师职业道德? 只有对这一问题有了透彻的理解,我们才不至于盲动,我们的措施也才会产生切切实实的效果。

第一,教师职业道德不是一般性的个人道德,它是与教师职业相关的,是一种职业性道德。

在一般情况下,教师的职业道德也是教师个人道德的一部分,个人道德水平高的教师,其职业道德水平也相对较好。然而,在具体教育过程中,教师的个人道德与职业道德的标准常常不尽相同,个人的道德水平并不一定代表职业道德的水平。如果教师的教育行为对社会或学生造成伤害,而个人的奉献精神再好也不能被视为正当的教育行为。此外,个人道德的原则在日常生活中是普遍适用的,人们可以依据常识来判断一个人的行为是否道德,但教师职业道德则必须由教育活动的特点来决定。在常人看来是高尚的行为,对孩子的教育来说却未必是积极的,甚至可能是应当受到谴责的。

教育过程中的许多行为,在日常生活中往往不存在道德问题。所谓职业道德问题,很多时候是因为其"专业性"而具有"道德性",即在教育过程中某些行为存在发生道德问题的风险和可能。比如,教师是否应与学生建立教育关系以外的私人关系,这一问题在日常生活中可能并不存在道德上的问题,只是在教育关系中才会转变为一种道德问题。由此可见,教师个人道德与职业道德是范畴不同的两个概念。所以,我们不能站在个人道德的角度来思考教师职业道德建设的问题,而要寻求适合职业道德建设的独特思路和方法。

第二,教师职业道德是通过教师的职业行为表现出来的,它常常与教师的专业规范相一致,有时甚至可以等同。

职业道德也是一种专业道德,是对教师在教育活动过程中的道德要求。然而,正是从这个意义说,在许多情况下,教师的职业道德及职业道德规范实际与其专业规范实际上是等同的。或者换句话说,教师的职业道德规范,其实就是专业规范的一部分,而不是专业规范以外的道德规范。

专业规范和道德规范是有紧密的内在关联的,教师职业道德规范不仅是一种道德规范而且更是一种专业规范。从这个立场来看,教师职业道德建设必须建立一种"专业化"的眼光,必须更多地从专业标准的角度去设计,而不是一味地从道德标准的角度去思考。教师专业规范是一个拥有完整结构的大的体系,它需要教师职业道德规范的支撑,缺少了道德支撑的专业规范是不完整或不科学的。由此可见,教师专业规范的建立必须以道德规范的建立为前提,只有将道德标准与教师的专业标准完美地结合在一起,才有可能建立起真正具有影响力的教师职业道德规范体系。

三、 以制度伦理理论为指导的教师职业道德建设实践

通过对教师职业道德这一概念的详细界定和分析,我们认为,制度伦理理论是可以用来指导教师职业道德建设的,学校的教师职业道德建设一方面要寻求道德伦理的制度化,另一方面还要时刻以教育的核心——人为向度来制定和衡量学校的一切制度。而且,以笔者近几年在武汉市常青第一中学的管理实践所取得的成绩来看,制度伦理应用于教师职业道德建设是大有可为的。

首先,要以制度的设计来规范教师的职业道德要求,进而才有可能真正建立具有实际影响力和约束力的教师职业道德规范体系。为了规范教师的职业道德行为,我校专门制定了教师忌语 40 条、忌事 20 件、教师规范 30 条,从仪表、行为、举止、言谈、行事等方面,对教师的教育教学行为提出要求,要求男教师"儒雅",女教师"优雅",并一以贯之,收到了良好的效果,学生及其家长对我校教师形象明显多了许多积极的评价。此外,我们还针对教师在学校整体教育教学工作中所承担角色的不同,对各科任教师、班主任、备课组长、教研组长、实验室管理员等岗位所应履行的具体工作职责进行了细致、明确的规定,并将这些责任制度上墙公示,展示于执行者面前,让制度来约束和限制教师的教育教学行为。此举实施之后,教师因岗位职责不清而造成的职业懈怠现象有了明显的改善,教师的工作积极性也有了较大程度的提高。

其次,要将人的发展作为教师职业道德建设的核心伦理价值,以确保教师职业道德规范在实施过程中可以更好地为教师专业发展服务。教师的专业发展程度是一种极具潜力的教育因素,它直接制约着学生接受教育的程度,影响着教育过程甚至决定着教育的质量和效果。针对我校青年教师居多的实际,在工作实践中,我们坚持把师德师风建设作为加强学校教师队伍建设的一个重要突破口。为此,我们制定并实施了

《常青一中青桐计划管理办法》。自 2012 年以来,学校每年投入五万余元用于该项计划,要求专业发展比较成熟的市区学科带头人、老教师和骨干教师与青年教师结成对子,对青年教师的班主任工作,教育教学以及为人师表等方面进行全方位指导,以帮助青年教师更快、更好地发展。而且,我们还相应地制订了《新教师、骨干教师引进的有关规定》和《常青一中优秀青年教师、学科带头人评比办法》,从入口开始严把教师质量关,将对教师的职业道德要求融入到其专业发展之中,引导教师既要重视个人专业发展,又要注意自身职业道德素质的提升。学校从成立至今,短短十几年的时间先后有 26 名教师被评为市区师德先进个人。

最后,教师职业道德建设要寻求以制度的建立来达到提高人的积极性和主动性的目的,如此,才能够让教师以良好的精神风貌来促进学校教育的发展。当前,中小学教师职业道德存在的一个最为突出的问题就是敬业精神不足,大部分教师存在着一种得过且过的思想,对自己的教书和育人工作缺乏积极进取的投入。面对这个普遍存在的问题,我校率先在武汉市实施了岗位设置、全员聘用和绩效工资等三项人事制度改革,实现了学校人事管理的科学化、规范化和制度化。尤其是以人的积极性和主动性为伦理基础的全员聘用制度的建立,在"全员聘用,双向选择,竞争择优,绩效考核"的原则指导下,教师的竞争和责任意识油然而生,其精神面貌焕然一新,工作内驱力也由此得到唤醒。伴随这一制度的实施,学校教师积极投身教育教学工作,教师发展出现井喷,不到 5 年时间就有 31 人先后获得市区"学带"、"优青"称号,学校也在成立后的第 16 个年头顺利通过了省级示范高中评估。

经过多年的探索实践,我们不断以制度伦理的思维开展卓有成效的教师职业道德建设活动,学校初步形成了教书育人的良好氛围,成为武汉市师德建设"零事故"、"零投诉"学校。

参考文献:

[1] 詹周毅.教师专业道德的困境与超越[J].浙江教育学院学报,2008,(4).

[2] 张桂春.国外教师职业道德建设的经验及启示[J].教育科学,2001,(1).

[3] 王丽佳,洪洁.解读"教师专业伦理"[J].湖南师范大学教育科学学报,2009,

[4] 梁禹祥,等.诠释制度伦理[J].道德与文明,1998,(3).

[5] 陈筠泉.制度伦理与公民道德建设[J].道德与文明,1998,(6).

高校教师师仪现状调查与研究

杜应娟　卢　宁

（暨南大学　社会科学部）

师德师风是高校的灵魂,对学生智博雅的培养、对高校的整体发展以及社会风气具有重要的引领作用。经过多年的师德建设,我国高校师德师风整体呈现积极、健康、向上的状态。但面对我国转型时期社会生活多层次、多领域变化对高校的影响,高校师德师风出现失范现象而使其突破了高校乃至教育界的范畴,成为全社会普遍关注的热门话题。我国多学科学者都曾对师德师风问题进行了深入研究,取得了很多成果[1—5]。但是这些研究忽略了把高校教师在学生中展现的仪表、情绪、态度、姿势、语言等(以下简称"师仪")作为师德师风的重点内容研究,而教师的这些表现对学生将产生重要影响。正是基于以上认识,我们进行了课题研究。

基金项目：广东省教育厅"思想政治理论课教育与物质文明建设的关系研究"；广东省教科文卫工会"高校师德师风建设的深度模式和执行方案"

作者简介：杜应娟,暨南大学社会科学部中国近现代史教研室副教授,通讯作者；卢宁,暨南大学社会科学部国情教育教研室副教授；主要从事教育理论研究。

E-mail：tduyj@jnu. edu. cn

本次问卷调查和教师座谈数据分析,由暨南大学教育工会、师德师风建设课题组承担。调查数据统计、图表制作及座谈整理由暨南大学工会彭蕾、朱丽君完成。

一、 调查目的和数据来源

师仪是师德师风的重要组成元素。荀子说："人无礼则不生，事无礼则不成，国无礼则不宁。"同样，教无礼则无效。师仪，是指教师在课堂上面对学生所展现的仪表、情绪、态度、姿势、语言等举止。每个人都有自己的风格，任何人无法限制。但只要是具备"大学精神"的学校，都会共有一个指导原则：教师应该具备良好的师仪，或昂扬向上、精神抖擞，或谆谆善诱、引导启发，或仪表端庄、大师风范，以营造一种良好的教学情境，起到吸引学生注意，引起他们兴趣，引导他们思考的作用。因此，我们对高校有关师仪的现状及其教师认知进行了调查分析探讨，提出了建议。

本次调查采用了问卷调查、座谈讨论、实地考察等方法。调查对象为广州某 211 高校任职教师和部分学生。其中向教师发放问卷 1 452 份，收回 1 281 份，回收率 88.22％。向学生发放问卷 600 份，收回 556 份，回收率 92.67％。问卷以单项或多项选择形式作答。

二、 调查结果分析

1. 教师对师仪价值认同情况的分析

高校教师师仪价值的指向是教师师德规范。师仪与师德息息相关，两者都是用来处理师生关系以及教师关系的一种行为规范。师仪的践行是以师德为原则的，而好的师德往往可以从师仪行为上得到检验。因此，对师仪价值的认同，不仅反映师德水平，同样也直接影响教学情境和教学效果。对教师调查显示，64.49％的教师认为教师要注重个人形象，上课着装要"得体"，26.23％的甚至认为教师上课要着正装上课、女教师最好化淡妆。66％的认为教师遵守礼仪规范是"为人师表"的重要体现，22％的认为遵守礼仪规范也是维护学校教学秩序的要求，4％的则认为是"没有用的'清规戒律'"，见表 1。教师自然得体，端庄大方的仪表仪态是"对学生的尊重"，对此，赞同率也最高，见表 2。而对学生调查结果显示，其与教师师仪价值认同度持基本一致的态度，见表 3。

表 1　对遵守教师礼仪规范的态度统计

选　项	在有效问卷中所占比例
认为是维护教学秩序的要求	22%
认为是衡量教师教学质量的尺度	8%
认为是教师为人师表的重要体现	66%
认为是没有用的"清规戒律"	4%

表 2　问题:教师自然得体,端庄大方的仪表仪态可以起什么作用

选　项	在有效问卷中所占比例
维护自我形象	34%
表示对学生的尊重	49%
赢得学生的好感	10%
有利于教学效果	7%

表 3　教师是否重视自身形象、言行对学生的影响(学生问卷)

选　项	在有效问卷中所占比例
多数很重视	70%
一半左右会重视	24%
多数不太重视	5%
没有教师重视	1%

上述调查数据表明:教师对师仪的价值认同度较高,体现了大部分教师具有良好的职业精神和师德素质。

2. 教师师仪的实际状态分析

在对教师师仪价值认同度较高的情况下,教师师仪的实际表现如何? 调查显示如下:

1) 情绪方面。教学情绪关乎课堂教学对学生的感染力或吸引力。72%的教师赞同教师上课时应保持饱满的情绪;22%的则表示"尽量保持饱满的情绪";3%

的认为还"要看学生配合情况",另 3％ 的认为"把课讲完就行",见表 4。表明仍有不少教师在课堂教学中,不能严格区分教学情绪与个人情绪,从而正确把握两者的关系。

2）态度方面。教态反映教师的个性和品味。85％ 的教师赞同温文尔雅、平实近人,与学生心目中的教师类型基本相同,见表 5；15％ 的则认为应严肃认真、长者威风,见表 6。

3）姿势方面。站姿是课堂教学中一种最基本的举止。绝大部分教师在课堂上采用"站姿"讲课,见表 7；与学生调查结果接近,见表 8。

表 4 对"教师上课时应保持饱满情绪"的反应

选 项	在有效问卷中所占比例
赞同	72％
尽量吧	22％
把课讲完就行	3％
要看学生配合情况	3％

表 5 学生喜欢的哪一类谈吐举止的教师（学生问卷）

选 项	在有效问卷中所占比例
A. 温文尔雅	9％
B. 平实近人	42％
C. 严肃认真	3％
D. 长者威风	3％
选 AB	2％
选 ABD，或 ABC	均为 3％
选 BD	4％
选 BC	2％
选 AD 或选 ABCD 或选 CD	均为 1％

表6　如果自己是学生，喜欢哪一类谈吐举止的教师

选　　项	在有效问卷中所占比例
A. 温文尔雅，平实近人	85％
B. 严肃认真，长者威风	15％

表7　在本科大课堂上讲课，教师自己的习惯

选　　项	在有效问卷中所占比例
站着讲课和视情况而定	76％
坐着讲课	5％
走动讲课	19％

表8　对教师在本科大课堂上讲课的姿势的评价（学生问卷）

选　　项	在有效问卷中所占比例
站着讲课	49％
坐着讲课	5％
走动讲课	21％
视情况而定	25％

4）表达方面。语言是传递思想和知识的载体，也是课堂教学的主要手段。教师上课时的语言表达可以有自己的风格，见表9，宜言简意赅、生动夸张，或熟练流利、幽默风趣，各有千秋。

5）行为方面。有72.52％的教师主张，应该以学生对教师的行为要求作为衡量教师课堂"行为美"的尺度，而18.97％的则不这么认为。但被问及"教师上课时是否可以接打手机"时，80％的教师予以否定，见表10。

6）方法方面。除了语言有感染力，并配合适当的体态语言之外，良好的课堂互动同样重要，对此，大多数教师持赞同态度。87％的教师对经常提问的学生，会给予鼓励，并解答学生的问题，见表11。而所有教师都认为要用情、用心、用功去和学生沟通，以建立良好的师生关系，见表12。但课余时间教师能否主动与学生沟通，从学生调查结果可见并不尽如人意，反映学生的需求还不能得到满足，见表13。

表 9　问题：你认为上课时的语言表达宜注重哪方面

选　项	在有效问卷中所占比例
言简意赅	39％
生动夸张	15％
熟练流利	26％
幽默风趣	20％

表 10　对教师上课时接打手下机的态度

选　项	在有效问卷中所占比例
上课应该关机	80％
急事时必须接打	19％
无所谓	1％

表 11　学生经常在课堂上提问题，老师自己的反应

选　项	在有效问卷中所占比例
鼓励学生并解答	87％
遇到问题答不上来，很尴尬	4％
建议学生从课本内容中自己找答案	7％
很讨厌学生打断自己讲课	2％

表 12　对维系师生之间良好关系途经的选择

选　项	在有效问卷中所占比例
情	8％
心	29％
功	4％
以上三者	59％

表 13　教师在下课时间或其他课余时间里,能与学生交谈的比数(学生问卷)

选　项	在有效问卷中所占比例
80%以上	12.25%
60%左右	14.59%
50%左右	29.91%
不到20%	43.24%

上述表明:教师的师仪行为趋同,并与学生的要求基本一致;一些体现师仪指标的教学方式,教师都普遍采用了,表明大部分教师具有良好的师仪素养。至于少数教师对师仪不够重视,一方面源自这些教师的师德素质有待进一步提高,另一方面不排除这些教师对师仪的基本要求及其重要性不甚了解。

三、 高校师仪建设的建议

1. 将师仪建设纳入师资队伍建设轨道

师仪,简单地说,是在师生交往中为了维护正常的教学秩序而逐渐形成的行为规范。其在教学过程中的表现主要有:

1)沟通作用。在教学中,教师传递的知识信息是通过与学生的双向互动来进行的。教师的内在涵养、素质、心态等的外在显现,以及言行举止,无不成为传递知识信息的外延符号,而被学生自觉或不自觉地接受、利用,从而直接影响师生之间的相互了解和认识。因此,礼仪是师生沟通的桥梁。

2)维护作用。良好的师生关系需要用心去维持。"礼义"一词在日文中的意思是"以诚相见,以心贴心"。孟子也曾说"尊敬之心,礼也"。在教学过程中,倘若学生时常感觉被教师尊重,就能缓解或避免不必要的情绪对立与障碍,使教学工作更加顺利开展。因此,师仪是维系师生关系的粘合剂。

3)审美作用。礼仪的制定和践行并非艺术活动,却包含着审美因素。礼仪规范是在被群体认同下所形成的。如果教师在践行礼仪规范时,自己做得合乎标准,又能以美的形式和语言表达出来,就不仅可以满足自己以及学生的审美需求,还能达到更为融洽的师生情感交流,从而营造出理想的教学情境。

由于师仪是师德的直接反映,是教学活动中不可或缺的元素,因此,高校应当充分认识师仪的重要性,并将师仪建设纳入师资队伍建设的轨道。

2. 建立教师师仪规范

礼仪具有约束功能。礼仪的约束性不仅体现在对秩序的维护上,而且还体现在对人们行为的具体规范和调整上。传统的师生关系往往强调学生对教师和学校的行为要求,却忽视从为学生服务的角度出发规范教师的行为。从上述学生调查所显示的结果看,高校教师在敬业精神和教学态度上,与"为人师表"的职业要求还存有差距。因此,学校在对学生行为做出规范要求的同时,也应相对地对教师行为做出规范要求,使教师师仪也"守则化",以体现现代师生关系的相互平等和相互尊重,这更有利于构建和谐校园秩序。

3. 开展师仪教育培训

孔子曰:"不学礼,无以立。"礼仪教育自古就被列为综合素质教育的首要科目,儒家六种科目:礼、乐、射、御、书、数,"礼"被列在第一位。这是值得我们今天借鉴的。现代礼仪教育是大学教育题中之义,也是提高教师职业素质需要。学校在开展师德教育的同时,应纳入师仪培训的内容,使教师树立师仪观念,明确师仪要求,掌握师仪规范。可以通过多层次、多形式的教育培训机制,举办培训班、经验交流座谈会、观摩教学、学习典型等,使师德师仪教育培训制度化、科学化、有形化、经常化。

4. 营造良好师仪的校园环境

良好的师仪环境是良好的师仪行为的客观条件之一,所谓"人逢喜事精神爽"说的就是这个道理。1922 年,埃米莉·波斯特的《西方礼仪集萃》第一版问世时,她曾写道:"表面上礼仪有无数的清规戒律,但其根本目的却在于使世界成为一个充满生活乐趣的地方,使人变得和易近人。"因此,学校应该积极创造条件,建设良好的校园环境,以舒缓教师工作的压力,使其释放轻松的心态和展现向上的师仪面貌。

1) 建立有效地激励机制和奖惩制度。可以设立师德师仪监督岗,建立师德师仪评议与投诉制度,并通过问卷调查、召开座谈会等形式,让广大教师接受领导监督、学生监督、同事监督。将教师的师德师仪表现与人事分配制度改革、年度考核、职称晋升等有关工作有机结合起来,奖优罚劣,以起到激励先进、鞭策后进的作用。

2)"榜样的力量是无穷的"。可以通过定期开展"师德师仪教育月"、评选表彰师德师仪建设先进单位、先进个人,举办师德师仪标兵先进事迹报告会等系列活动,树立身边的典型,大力营造教书育人、管理育人、服务育人的良好氛围。对于优秀教师在师德师仪实践中创造和积累的鲜活经验、先进做法,要积极挖掘和整理,以便用这些活生生的事例来感染、鼓舞和带动更多的教师。

3)强化学校的人本管理。加强师德师仪建设必须同推进学校民主建设、落实教师主人翁地位、维护教师合法权益、改善教师工作和生活条件紧密结合起来,这样才能使广大教师工作的积极性和创造性得以充分发挥。因为好的管理能形成好的干事创业的氛围,能够充分发挥人的优势和潜能,改变和提升人的精神面貌。高校应坚持以人为本的亲情化管理理念,实施管理创新,积极创造一种团结、和谐、民主、进取、有为的工作氛围,建立以自我激励为主、外力约束推动为辅的师德建设新机制,为教师实现工作目标创造有利条件。让每个教师都感到工作的快乐和成功的喜悦,从而把加强师德师仪修养变成教师的自觉行动。

参考文献:

[1] 张建奇,吴京洪.广东高校教师师德现状调查与思考[J].大学教育科学,2008,(5):102—106.

[2] 谢丽娴.论社会主义核心价值体系对高校青年教师师德师风建设的价值引导[J].高教探索,2011,(4):150—152.

[3] 龙显成,彭斌,刘英.地方高师院校师德师风建设调研报告[J].学校党建与思想教育,2009,(8):58—60.

[4] 王有存.高校教师师德师风建设中存在的问题及对策研究[J].长春教育学院学报,2011,(11):35—36.

[5] 祖智波.高校教师师德师风建设现状调查与分析——以湖南省某高校为个案[J].湘潭师范学院学报(社会科学版),2009,(4):117—120.

师生关系与师德评价研究

论道德期待

何云峰　张　蕾

（上海师范大学　知识与价值科学研究所）

　　道德期待是社会对个体在道德上达到更高层次的期盼,在社会生活实际中,不同的群体总会有不同的道德要求,人们针对不同的群体会有各异的期待表现,与对待其他群体的态度不同,社会上对教师、官员、律师、医生群体会比其他群体的总体期待高一些,即使是在某些特殊时期的社会混乱状况下,出现比较普遍的大范围道德低下或者道德滑坡现象,人们仍然期望某些人道德品行能高一些,对他们有较高的期待。这是一种存在范围较广的客观的现象,不仅中国是这样,在西方社会中也存在,这种现象理应得到我们的关注。笔者早先提出一个关于社会风气的示范性群体的概念[1],示范性群体更多地是这个群体自身的行为,现实的表现,在道德上率先示范。但是实际上有些群体除了有自我约束和自我要求以外,他人或者社会对他也会有期盼,这种期盼是很多方面的,而不仅仅是道德方面的。所以,道德期待是众多期待的一种。

基金项目:上海市高等学校高峰高原建设计划之上海师范大学哲学学科项目

作者简介:何云峰,上海师范大学知识与价值科学研究所教授、博导,哲学博士,主要从事马克思主义哲学、社会管理和教育心理学等领域的研究;张蕾,上海师范大学知识与价值科学研究所特聘副研究员,哲学博士在读,主要从事马克思主义哲学研究。

E-mail:yfhe@shnu.edu.cn

一、道德期待的概念界定

道德期待在英文中可以用 moral expectation 表示,就是期待或者期盼,是对道德方面的一种希望,作为种属概念,可以归为社会期待(social expectation)的一种。道德期待是一种特殊的社会道德心理现象,反映的是社会公众对特定群体满足伦理应然规范要求的程度所持有的期待感[2]。

道德期待所涉及的影响因子很多,第一个相关因子是文化习俗,道德期待同文化习俗氛围是相关联的,既有社会的,也有家庭的影响。道德期待与社会文化习俗有很大的关联,不同的文化习俗对人的道德规范要求有所差异,因而对道德的期待是不一样的。家庭教育比较好的有修养的家庭,家长对孩子有比较高的期待感,包括成就方面和道德上的期待,这和家风、家教是相关联的。家规比较严格的家庭往往会有较高的道德期待,这种家庭的孩子就很懂礼貌,知道怎样的行为是妥当的,怎样的行为是不妥当的。比较低俗的社会文化习俗和修养一般的家庭,对其成员和孩子的道德期待不会很高。文化习俗的不同导致不同的道德期待,这是第一个相关因子。

道德期待的第二个主要相关因子是社会规范。社会规则或者生活的道德规范与道德期待有很紧密的关系。常规社会状态下,人们通常能够按照法律和道德规范去选择行为,并寻求自我和他人德行修养的提升,形成较高的道德期待。然而,如果整个社会处于失范状态,人们更多地就会对社会运行基本规范进行关注,对道德期待的要求会降低或者会减少,社会规范状态作为相关因子,会引起道德期待的变化。公众希望这一群体或个体作为道德个体能满足某些规范要求,遵守某些道德规范。显然,道德期待跟道德规范有密切关联,但不同于道德规范。事实上,在绝大多数情况下,公众既会把规范转换成期待,但同时也会把期待外化为规范。正是在这样的转换中,期待本身不断演进,规范也会不断调整。所以,很显然,规范和期待之间是互动的关系。这里不是讲成因或因果关系,而是讲相关因子,原因比较复杂,需要我们要做进一步分析。到底是规范是期待的原因,还是期待是规范的原因,需要做专门研究。

道德期待的第三个相关因子是规章制度,比如法律规定、制度约束、不同单位的规章制度纪律等。这些规定要求在程度和范围上的不同也与道德期待有相关性。法律法规本来是不同于道德的社会规范,但是在道德期待中遵章守纪常常会自然而然地被当作期待的内容之一。在道德期待中,法律法规非常容易被"道德化";反之亦然,在许多期待的目光中,道德也会变得更加刚性化。道德期待似乎容易把刚性的法律和柔性的道德中和起来。

道德期待的第四个相关因子是公众形象。道德期待和公众形象有密切的关系。主体良好的公众形象有赖于对人们道德期待的满足和实现,公众形象差的原因可能是主体对道德期待的了解和认识不足,或者主体行为同道德期待不符,即没能满足人们对主体角色的道德期待。所以道德期待与公众形象有相关性。追求良好的公众形象时常会成为主体准确把握道德期待并进一步准确地进行自我角色定位的内部驱动力。

道德期待的第五个相关因子是社会评价,道德评价和道德期待相关联,在实际中道德评价要转换为道德期待才能发挥作用。直接的道德评价是对行为结果的评价,是事后性的,而结果评价要发挥引导作用,就必须通过道德期待才能实现,道德评价转化为道德期待成为道德行为的指导,道德期待起着中介的作用。

道德期待的第六个因子是社会角色。从社会学角度来说,每个人在社会中都发挥着不同的角色作用,与不同角色相关联的是不同的道德期待,人们在发挥自己角色作用时不是同社会相隔离的我行我素,人们的行动会关涉到他人的感受和评价,不顾及他人道德期待的角色行为会导致社会评价的降低。所以社会角色的选择要和道德期待联系起来。

总之,道德期待有很多相关因子,单独看道德期待不能发现它的重要性,但是把道德期待同相关因子联系起来就会发现,道德期待的重要性正是蕴含在诸多相关因子之中。

二、 道德期待的作用

个体准确把握道德期待对其德性成长有很重要的意义。美国著名心理学家罗森塔尔和雅格布森在小学教学的过程中曾经做过一个著名的实验,他发现:赞美、信任和期待等等具有一种能改变人的行为的正能量。这样的能量实际上就是一种社会暗示,因此它证明的是心理暗示的力量。这种能量被称为称"罗森塔尔效应(Robert Rosenthal Effect)"或"期待效应",又叫皮格马利翁效应(Pygmalion Effect),也有译为"毕马龙效应"、"比马龙效应"的。这表明,道德期待的作用已经得到科学研究的验证。罗森塔尔效应告诉我们,"对一个人传递积极的期望,就会使他进步得更快,发展得更好。反之,向一个人传递消极的期望则会使人自暴自弃,放弃努力"[3]。道德期待正是一种积极的期望,所以会对人的行为发生巨大的正向作用。

首先,从习惯成自然和道德性反思的角度来看道德期待的作用。习惯成自然,就是养成某种习惯以后便自然而然地按照道德规律去办事情,按照道德规范去做,符合道德要求。比如说不好的交通习惯,大家慢慢地经过遵守交通规则的宣传和违反交通规则的惩治,最后就形成习惯,自觉做到不乱穿马路。将道德规范变成行为习惯的作用不容忽视,但是道德行为的展现并不是简单的对规则的遵守或违背,很多时候是在各种矛盾的场下,行为主体通过对现实状况的分析衡量而进行相应的道德行为决策,这是一个决策过程。而道德的决策过程,也是道德性的反思过程。没有道德性的反思过程,道德行为就容易受冲动和情绪所控制,道德决策本身就会出现问题。如果道德受情绪控制,它本身的不稳定性使得习惯成自然难以实现。道德行为不应该完全受冲动和情绪等感性因素控制,而应更多地由理性支配,即通过道德反思,将道德行为同社会规范、社会期盼相关联进行考虑和选择。道德反思的结果是超我境界的实现,通过反思使习惯按照道德期待的要求得到提升,道德期待以经过反思的习惯的形式内化为道德主体行为选择的自觉标准。

其次,道德期待有助于提高道德成就感,降低道德被迫感。道德行为的选择是主体根据实际存在条件进行衡量和判断,从而做出妥协的过程。根据弗洛伊德的人格结构理论,人格由本我(id)、自我(ego)和超我(superego)构成,受自然欲求的唯乐原则支配的本我,分析判断并接受妥协于现实条件形成自我,超我是在理想和良知的影响下形成的道德个体,是由至善原则规范的人格中高级的、道德的、超自我的心理结构[4]。在现实道德决策过程中,对道德的认识和接受程度不同,而会出现两种结果:一个是道德成就感,一个是道德被迫感。道德被迫感是主体迫于道德的压力而不得不做出某一种选择,或者个体的行为不符合某一道德要求而表现出的羞愧,是被动的接受过程,这一状况下行为主体的道德水平并不太高,在道德选择中会出现被迫感。道德成就感是主体做出的某种道德行为选择达到了某种道德规范要求,符合某种道德标准,从而表现出个体道德的高尚和境界的提升,是主动的追求过程,体验到道德上的成就感和快乐感。道德成就感是一种道德自觉,它推动主体无论处于何种状态和条件下都努力选择符合道德要求的行为。然而,道德被迫感是处于压力下才选择的符合道德规范的行为。尽管被迫的道德选择具有非自愿性,但它跟不道德的选择还是有区别的。换言之,尽管道德被迫感会导致一定的道德行为,但仍表现为道德境界的不够理想,因为它是被迫的道德选择,缺乏主体意愿性和快乐感。真正的境界高尚的道德选择,应该要依赖于道德成就感而做出。道德成就感的获得是同道德期待相联系的,道德成就感的获得是道德行为选择不断向道德期待靠拢的过程。道德期待是道德行为的目标和标准,当主体行为达到道德期待的要求时,主体能从中获得成就感。由此可见,道德期待通过道德成就感而对主体的道德选择具有指向作用。

其三,道德期待往往将道德可视化,产生润物细无声的良好道德浸润效果。这跟道德的教化性有很大关系。道德教化主要是通过潜移默化实现的,通过一定道德氛围的长期浸润,使人们的道德境界得到提升。但是,如果润无声的东西没有可视化的表现形式,人们很难从中获得成就感,因而道德的可视化使道德境界提升能够被直接感知到,这对于行为主体的道德自我意识提升是很重要的。道德的可视化有很多形式。例如,对违反道德的惩戒措施(道德后果)的恰当语言表述,可以看成是可视化的一种方式;对某些行为明确地发出禁止性指令,也是可视化的重要形式。在道德教化中,至于具体采用哪一种可视化的方式更加合理和有效,要视具体情况而定。通过可视化的形式向人们传达社会对道德行为的期待,使人们根据可视化的要求引导采取行动,以符合社会道德期待,这有利于道德境界的提升和道德风尚的改善。

总之,道德期待的作用已经得到心理学等研究成果的验证。它既可以展现习惯成自然的良好道德自觉性,也可以体现道德成就感从而提高道德选择的自我意识和意愿性,还可以将道德教化和道德浸润变成可视化的道德效果。

三、 道德期待的三个领域

道德期待会表现于道德的各个方面,大致可分为三个领域,即私域道德期待、公域道德期待和职域道德期待[5]。

私域道德期待即社会对私人领域的道德要求。人们对私域的态度是强调私人性、私密性,不希望被他人知悉和窥探到,因此,私域道德往往被当作个人私事而被排除在道德之外,但实际上私域并不完全是纯个人的领域和行为,私域分为两部分:是纯个人的私域和非个人的私域。纯个人的私域,较少涉及到道德的问题。比如私人空间的个人物品放置位置,这是纯粹个人的习惯爱好等因素决定的,同他人无关。但是一旦涉及到同他人共享的空间就不能是无关道德的纯粹私人问题了,只有在纯私人空间里才是纯个人的私域。在同他人有交集的一些场合是非个人的,具有涉他性和共享性,这种情况下的行为不完全是私域的行为,而是牵涉到他人或对他人产生影响,比如楼上楼下邻居之间的关系,这是涉他的非个人的私域。还有一些私域具有共享性,主体的行为可被他人所见,比如网络社交平台的信息资源共享,个人发布的信息可为他人所见,这时私域的行为并不是纯粹个人行为,它是非个人的私域,具有共享性,是共享性非个人私域。因此私域可以分为纯个人的私域和非个人的私域,非个人的私域可以进一步划分为涉他性非个人私域和共享性非个人私域。

公众对于不同的个体所持有的道德期待并不完全一致,对于有些个体,即使是他们的私域道德,也被赋予很大的关注,这在很大程度上是由其社会角色本身的公众性所决定的,以教师为例,公众对于教师这一角色的私域道德期待比其他多数角色的群体要高很多,即使是教师的私人事务,在众人看来具有象征和示范意义,因为教师不仅是知识的传播者,也是道德的示范引领者,为人师表的道德期待是包括私域道德在内的各个方面的道德高尚,就个人道德来讲,教师应该有一个高尚的人格[6]。

第二个领域是公域道德期待。道德很多时候是涉及公共领域的,社会对个人涉及公共行为的道德要求,比私人领域要求更高。公共领域可以划分为无限公共领域和有限公共领域。无限公共领域是没有任何限制的共享领域,就像空气、阳光,人们可以无差别共同使用。但并不是所有的公共区域都是无限制地对所有人群和行为开放,有些特定的公共领域是仅限于某些人或进行某些特殊活动的场所,这种公共领域是有限的公共领域。像学校,作为公共领域是具有有限性的特征,只允许特定群体进行特定的行为。有限公共领域可分为两种:一种是物理性的有限公共性领域,一种是规制性的有限公共性领域。物理性的有限公共领域是具有空间规定性的公共领域,要求人们在特定的空间位置进行活动,这是物理性的隔绝、隔裂。规制性的有限公共领域,是对人们某些行为的具体规则要求,人们在进行这个行动时应该具备什么样的仪态或遵守哪些规则,比如某些运动的着装要求、礼仪要求等。公域有进一步的划分必要,对这些不同的公共领域的道德期待是不一样的。无限公共领域和有限公共领域的道德期待是不完全等同的。

对于不同公域的道德群体和道德行为,社会道德期待也有很大差异。对于无限公共领域的道德期待是对于全体社会成员的道德要求,在实现自己对公共资源利用的同时不损害他人利用公共资源的权利,这是社会对无限公共领域人们行为活动的最低道德期待。这其中最典型的表现是自然资源的利用和保护,要求我们进行开发和利用自然资源时,在满足当前人们需要的同时不应危及他人及子孙后代的生存需要。在有限公共领域中,社会对不同领域的行为具有不同的道德期待,在某些场所需要人们展现出较高的道德素养,同时社会对一些群体的道德期待不同于其他群体。由于受关注程度和对他人的影响等因素,在某些特殊的素质要求上,他们应该具有出色的表现。比如公众人物、教师、公务员等,社会对这些角色群体会有高于普通社会成员的道德期待。这些角色群体在一定程度上是社会的示范性群体,他们的行为并不是仅仅关涉本人或所属群体内部,他们所受到的关注范围很广泛,因此他们的行为所影响的范围较大,公众将他们的道德行为作为标杆或榜样,自然要求他们在道德层次上是高尚和完美的。公众希望他们具有规则意识,没有违法乱纪行为,遵守诺言,在公众场合自我约束,注重公众形象。公众的这些希望也是社会对社会示范性群体在公共领域的期待即公域道德期待。

第三个是职域道德期待,职域是一个特殊的道德领域,它不完全属于公域,也不完全属于私域,是属于两者交叉的领域,既涉及公域,又涉及私域。职域是特定群体所从事的活动的领域,职域具有一定的有限性特征,职业活动中的信息有很多都只能在职业范围内的特定区间进行交流,而不能向所有人公开。从主体来看,职域道德的主体是特定职业领域内的从业者,它的规定范围是有限的,对于不同职域范围内职业主体和职业行为的规范具有很大差异,社会对不同职域有不同的道德期待,对农民和医生的道德期待是不可能一样的。但同时,每一个职域的从业者都不是孤立的个体,他们的职业活动也不是仅关乎个人的私事,任何职业活动都是职业领域内分工的一个环节,每个人的工作都是为满足社会的需求而进行的活动,需要同他人进行交流合作,或者活动结果对他人产生影响,甚至很多职域所面对的是作为主体的人,因此职域也是同公域不可分离的领域,此时公域的道德同样适用于职域。职域作为一个"同时跨越私域和公域的领域,属于具有有限公共性的私域,也是具有涉他隐私性的公域,也就是不完全公开的公域"。[7]职域作为公域和私域的交叉领域,不同职域所涉及的公域和私域的程度有所差异,因此社会对于职域的道德期待在内容和程度上也会有所不同。以教师为例,教师这一职业并不仅仅是教授知识,更要培养学生形成良好的世界观、人生观和价值观,因此为人师表的要求对于教师提出了较高的道德期待,教师要有敬业精神、专业水准、专业特长,同时教师还应具备良好的工作作风以及个人作风等等,"他应该是个具有高超的德行、持重、明达、和善的人,同时,又要具有能够经常庄重、安适、和睦地和学生交流的本领".[8]这不仅是对教师的职域道德的期待,也对教师的私域和公域道德提出了较高的要求。

总而言之,笔者以为,根据道德划分为私域、公域和职域,道德期待可以分为三个领域:公域的道德期待,私域的道德期待和职域的道德期待。每一个领域的道德期待是不一样的,但这三个领域并不是相互隔绝孤立存在的,它们之间是相互关联,相互联接的,因此不能将这三个领域的道德期待彼此孤立起来,在检视其各自的相对独立性时,必须要看到它们之间的相互交叉、相互影响。

四、 道德期待与人的个性化发展

道德期待是和人的发展密切联系的,道德期待并不是道德规范和评价,除了最低层次的道德要求是每个人都必须做到的,道德期待更多的是对道德主体的道德期盼,期待每个人都能在基本道德要求的基础上有更高层次的道德境界的提升。人们对每个领域的道德期待都有层次上的不同,如果可以形象地用分数来表示的话,最低层次的道德期待(道德底线)是从及格的分数开始的,在这个层次之下的是不符合基本道德的要求,而不属于道德期待的范畴。也就是说,人们不会期待个体或群体连基本的道德底线都没有,而是要期待道德主体尽量达到或者靠近道德的最高层次。最高层次的道德水平当然是满分 100 分。不过,事实上人们的道德水平不可能达到 100 分的,总是在及格分和满分之间的某个具体刻度上。如果一个人在每个道德领域能达到道德期待的及格水平以上,按分数计 60 分以上,他就是一个道德良好的人,如果他能达到优秀的水平,按分数计 90 分以上,他就是个道德高尚的人,假如有人能做到最高的层次,按分数计 100 分,达到的是人格的理想状态,他就是道德完美的人。事实上,很难有人能达到道德期待最高层次的完满水平,在每个领域都能达到道德期待的最高层次的人,是道德期待的理想状态,是不断追求的和完善的目标和方向,能达到这一道德境界的人是"完人"或"真人",古今中外很少人能达到这一层次。但是仍然有很多人以此为理想目标而努力地提升自己的道德层次。道德期待的高度也是人的发展方向,人们根据道德期待不断完善自己,道德期待的高度是人们不断提高个人道德修养而接近的目标。

社会对每个社会个体和职域中的群体都有道德期待,但道德期待不是整齐划一的道德标准和规范,社会对每个个体和群体的道德期待依据条件的具体性而不同。在现实的三个道德领域中,尽管人们努力根据社会道德期待不断完善自己,但因为具体的社会现实、文化背景以及个人潜能、喜好、选择的差别,个体达到社会各领域道德期待的程度不一样,每个个体的道德选择就会有不同的表现。于是,每个个体的整体道德水平就必然展现出差异性。人的个性化发展就是个体根据三个领域的道德期待进行自我角色选择和定位。社会公众对不同群体的关注程度不同,因而不同群体的行为活动对社会造成的影响也会不同,社会对他们会有不同的道德期待高度,社会关注程度高的群体作为示范性群体,他们的举动会引起他人的关注和效仿,社会对这一群体的道德期待无论在私域还是在公域,都明显高于其他群体;同时,在不同的职域,由于职业内容的不同,社会道德期待的内容也会有不同的要求。每个个体因为所选择的社会角色和职业定位不同,而满足不同的社会期待。这样,从道德养成角度来说,现实中的每个个体都是不同的,具有彼此不可重复性,即使处于同一群体中,个体之间也会存在差异,再加上每个个体的自我选择、自我设计、自我完善的不同,形成了个体之间更多的差异性。由此可知,道德期待同人的个性化发展并不是相悖的,道德期待和人的个性化发展可以统一起来。同样的道德期待,却通常会有不同的个体造化。

社会对不同的社会群体在私域、公域和职域的道德期待是不同的,这是道德期待本身的存在理由之一。如果所有道德期待都相同,那么道德期待就变成没有意义的了。对于一些群体,道德期待会明显高于其他群体,例如教师群体、律师群体、医生群体等,社会对他们的道德期待很高。道德期待不同,会导致人们思考道德公平的问题。其实,在笔者看来,道德期待不同,并不影响道德公平。社会对某一个群体过多地去指责,以及比较苛刻地提出要求,这在表面上看来会涉及道德公平的问题,但是实际上道德期待内容和程度的不同对公平不会产生大的影响。道德期待更多地是对一个群体的期待,而个体作为一个群体当中的个体而存在,个体的道德期待是因个体是特定群体当中的个体。实际上道德期待是对群体的一个期盼值,这个期盼值不是规范,不是对个体的评价和要求,而是对个体的个性化发展符合社会期待程度的衡量,是对个体的个性化发展目标的期盼。在群体成员内部,道德期待具有相对一致性。在这个意义上讲,道德期待的不同不会损害公平。公平是权利与义务相对等的意思,有义务就有相应的权利。在现实中,主体没有达到社会道德期待也不会受到谴责,个体的某些行为会受到谴责并不是因为没达到道德期待,而是因为不符合基本道德规范。"尽管人们的合理计划的最终目标的确各不相同,但在执行中他们都需要某些基本善,自然的或社会的善。由于个人的能力、环境和需要不同,他们的计划也就各异;合理的计划是按照这些偶然情况而进行调整的","他们对社会基本善都想多得,而不愿少得"[9]。

人的个体性的形成不是道德规范强制性要求的结果,而是自由选择的过程。个体如何进行角色定位,在选择的参考系中,有伦理要求、规范、奖惩制度以及法律要求等。每一个个体有自己的心智能力,道德判断能力,个体会根据公众期待和伦理要求去做出道德推理、道德反思、道德选择,从而形成自己的道德角色。这个道德角色客观上反映了我们是一个什么样的道德现实个体,以及与道德期待有多大距离。这个道德现实个体的形成机制就在于个体怎样发挥自己的道德心智能力,并不断提升自己的道德心智能力,从而能够准确地把握公众的道德期待和社会伦理规范要求,并做出合理的道德推理和反思,最后导致一个符合伦理道德要求的行为发生。这是一个复杂的机制,从个体的角度看可以分为两个层面,有社会的层面,也有个体的层面。如图 1 所示:

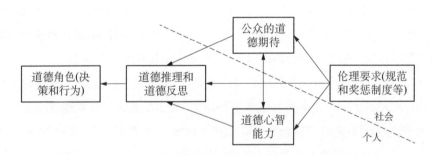

图 1　个体的道德角色定位过程

虚线上面的部分是社会的规范、要求和期待,下面部分是个体的道德心智能力。从个体层面讲,他在进行道德角色选择时内部的心理过程,就是心智能力进行发挥的过程,是道德推理和道德反思的过程,同时也是道德决策的过程。个体根据道德期待进行自我角色定位,最后达到个性化的现实道德个体。正是个体在现实中的道德决策形成道德角色同道德期待的现实差距。道德个体并不是通过某一个道德行为所产生的,而是全部道德行为的综合,因而现实中道德个体同道德期待的差距也不是固定不变的,这就给了个体不断完善自己以向道德期待靠拢的空间。个体每个道德行为大都是通过这一机制形成,这一机制的无数积累就形成相应的现实道德个体。个体的每一个具体道德行为都有自我判定和选择过程,通过道德反思,不断地克服自己的道德上的缺陷,以达到同道德期待差距的缩小。这一过程的动力虽然有社会评价对个人的承认,但更高的是内部驱动力,即个体对永恒的追求。个体道德的完善主要靠内部动力驱动,特别是道德主体不断地反思并认识到自己在现实中同道德期待的差距,从而不断地进行自我道德完善方面的追求。对道德善的追求是个体发自内心的对幸福渴望的满足,而不是外部规制或法律惩戒。"幸福总是这样一种东西,虽然对于拥有它的人是愉悦的,但就它自身而言并不是绝对地和在所有方面善的,而是在任何时候都以道德上合乎法则的举止为先决条件。"[10]道德期待不是一成不变的、永恒的,随着社会的发展会有新的道德内容出现,也会有旧的道德内容消失,在不同的社会发展时期也会有道德期待的提高或降低。因此,个体在进行道德行为的选择时根据具体的道德期待进行,并导致个人的发展适应现实社会阶段的要求。个体的道德选择会影响到所在群体的整体形象,虽然个体的道德选择是个人的事情的,但自己的形象是由自己根据社会期待选择和定位的,个体不断完善的结果会影响到到整个群体以及社会。根据恩格斯"合力说",社会历史"最终的结果总是从许多单个的意志的相互冲突中产生出来的,而其中每一个意志,又是由于许多特殊的生活条件,才成为它所成为的那样。这样就有无数互相交错的力量,有无数个力的平行四边形,由此就产生出一个合力,即历史结果,而这个结果又可以看作一个作为整体的、不自觉地和不自主地起着作用的力量的产物"。[11]道德的发展同样符合社会历史发展的这一规律,个体的道德实践会影响社会道德的发展,社会道德状况反映为个体道德的"总和",道德的发展表现为个体道德的合力。

总而言之,道德期待是一种特殊的社会心理现象,是对人们基本道德之上的更高层次的发展要求,因而道德期待对于人们在德行上实现自我发展和完善的道德选择有着非常重要的意义。人的个性化发展主要是个体根据私域、公域和职域三个领域的道德期待进行自我角色选择和定位。社会对道德个体在私域、公域和职域有不同的道德期待,道德期待针对不同群体有不同内容和高度。个体能满足道德期待的程度是由自由选择完成的,不存在道德期待的强制规定的情况,道德期待是从发展的角度来讲给予个体的一种期待,以促进主体个性的发展。因此,社会道德期待不同于道德规范,社会道德期待涉及的是人的个性化发展目标期盼,本质上是促进个体的全面而自由发展,不会损害道德公平。人的道德完善和个性化发展是一个无止境的过程,道德的完善同个人的个性化发展并不相悖。

说明:本文主要观点来源自何云峰教授于 2016 年 4 月在西南大学的讲座。上海师范大学哲学与法政学院马克思主义哲学专业硕士研究生汪璐,为本文的录音整理做了大量工作。张蕾主要负责文章的起草和观点梳理工作。特此致谢。

参考文献:

[1] 何云峰.社会风气的改善需要示范性群体引领[J].探索与争鸣,2012,(1).

[2] 何云峰.教师道德:期待与角色定位[J].伦理学研究,2015,(4).

[3] 百度百科.皮格马利翁效应.见网页:http://baike.baidu.com/view/41268.htm.

[4] 弗洛伊德(Sigmund Freud).弗洛伊德文集(6)自我与本我[M].车文博,主编.长春:长春出版社,2004:108.

[5] 何云峰.教师道德:期待与角色定位[J].伦理学研究,2015,(4).

[6] 靖国平.教育智慧伦理:教师职业道德的新境界[J].上海师范大学学报(哲学社会科学版),2015,(1).

[7] 何云峰.教师道德:期待与角色定位[J].伦理学研究,2015,(4).

[8] 洛克(J. Locke).教育漫话[M].傅任敢,译.人民教育出版社,1957:161.

[9] 罗尔斯(Rawls,J.).正义论[M].谢延光,译.上海:上海译文出版社,1991:103.

[10] 康德.实践理性批判[M].韩水法,译.北京:商务印书馆,1999:122

[11] 马克思恩格斯选集(4)[M].中共中央马克思恩格斯列宁斯大林著作编译局编译.北京:人民出版社,2012:605.

高校学生诚信教育存在的主要问题及对策研究

潘小宇

（南京晓庄学院　马克思主义学院）

　　诚信教育是当前高校思想政治教育的重要组成部分,大学生的诚信教育直接关系到每一位大学生的前途发展,影响到全社会诚信机制的建设,是和谐社会背景下,每一位公民素质的体现。因此,高校的思想政治教育将诚信教育纳入其中,将其作为考核学生素质的一个重要方面。当前许多高校也开展了一系列的诚信教育活动,取得了比较显著的效果。但是,有一些突出问题依然存在,需要进一步深入分析,寻求解决方案,完善高校诚信教育。

一、 高校学生诚信教育存在的主要问题

1. 学校的原因

　　1) 高校对于诚信教育的重要性认识不够。诚信是大学生非常重要的素质,关系到学生人格的培养。但是,从目前的情况来看,很多高校对于诚信教育的重要性认识不足,诚信机制只做表面文章,不付诸于实际。很多领导认为,诚信教育应该是幼儿园和中小学德育的重要方面,所以在实际操作中,几乎忽略了其存在的重要意义。而高校思政教育对于诚信教育的考查,局限在认识,仅仅体现在课堂上,认为能说到,就能做到,不能真正在"行"方面体现出来,就失去了诚信教育机制最本质的作用。

　　2) 校园不良风气的影响。俄国教育家乌申斯基说过:"在教育中,只有人格才能

影响人格。"广大的教育工作者,应该以身作则,言传身教,才能在学生中起到良好的示范作用。但是,有的学校校园氛围不好,存在很多的"不诚信"现象。作为教育工作者,招生宣传,过分夸大学校优势;就业率统计造假;学术论文、课题抄袭他人成果等;与此同时,大学生自身的行为也有很多"不诚信"现象,考试作弊、作业抄袭、简历作假等现象屡禁不止,影响了学校整体的氛围。也充分表明了当前思想政治教育工作责任的重大。社会提倡诚信经商,诚信做人,而还未踏上社会的青年学生就开始弄虚作假,那如何还能在社会上诚信做人呢。学校提倡诚信却重形式轻内容,表面文章做的很好,可实际却做不到。青年学生正处于思想急剧变化、可塑性极强的时期,当大学生所学与所做出现严重偏离甚至相互矛盾时,本来正确的诚信观念遭到冲击,日渐淡泊,最终会导致行为与认知的分离。所以,只有教育工作者都阳光做人,诚信做事,才能培养出有诚信、有志向、有担当的青年学生。

3)诚信教育惩罚制度执行力不强。目前,高校诚信教育仍以"灌输"为主要模式,教师在课堂教学中,注重知识的传授,忽视了对学生科学精神的培养,这种只重视知识灌输的传统教学方式,使得教育的执行力大打折扣。很多高校虽将诚信教育写进了培养方案,通过笔试的方式对学生的道德教育进行评分,但却得不到应有的实施。如《学生手册》上明明写着考试作弊留校察看处分,取消学位资格,毕业证书缓发一年。可是真正到执行时,老师抓到了作弊的学生,首先学生求情,一哭二闹三上吊,求老师不要上报,有的老师心软了,就算了。如果老师不同意,继续上报,那学生的处分率与院系的年终分配挂钩,领导为了不影响老师的年终分配,批评一下,出个通报批评就了事。就算真有上报到学校里,学校最后也不会严格按照规定执行,出个通报批评,或者记过处分吓唬吓唬学生,一年后评议通过,处分就撤销了,学生照样能正常毕业,也不会计入档案。学校诚信惩罚制度执行力不强,不诚信的学生得不到应有的处罚,助长了学生的不诚信行为,也败坏了大学校园的风气。

2. 社会原因

在社会主义市场经济条件下,市场经济的运行机制使得诚信受到了不同程度的冲击,特别是诚信的保障机制未能完全建立起来的时候,经济生活中出现了一系列违背正常经济运行机制的行为,究其原因主要有拜金主义的影响,在经济运行过程中很多人追求金钱至上、金钱万能的价值取向，为了最大的经济利益放弃诚信。

党的"十八大"将"诚信"写进了社会主义核心价值观，正是希望我国能快速建立诚信机制，但是目前我国正处于社会转型期，与社会主义市场经济相配套的法律法规尚未建设成熟，不能有效地杜绝社会不诚信现象，使不诚信者有利可图，而诚信者的利益不能有效地得到保障。有些生活领域的诚信问题属于道德层面，不能用相关的法律来制约，而政治生活中诚信问题时有发生，影响恶劣，但又难以制裁。社会法律制度的不健全，加大了诚信教育的难度。

社会诚信管理体系尚未建立。当前市场经济环境中，人们的法律意识还不强，社会个人信用制度尚不成熟，社会信用基础薄弱，社会信用管理体系的缺位使得社会对于诚信的整体监管不能保证。大学生的诚信体系还没有纳入社会整体监管体系，因此，缺乏足够的社会诚信管理体系约束，导致部分大学生知行不一，责任心不强，诚信意识缺失。

3. 家庭原因

在当前的家庭教育中，普遍存在着成绩第一的观念，家长衡量孩子好坏的唯一的标准是成绩，唯有成绩好，才算是好孩子。而对于孩子的道德教育关注很少，家长把大把时间用在提高孩子的学习成绩上，奔波于各类兴趣班、补习班，遇到同龄孩子的家长，谈论的依然是谁的成绩好，谁的成绩不好，成绩不好的家长为此会觉得很丢脸，除了成绩之外，没有发现孩子身上的闪光点，从而扭曲了孩子的成长，也忽视了孩子诚信等道德品质方面的教育。

我亲身经历过一件事情。女儿班里有一个小男孩，长的很帅气，孩子的母亲是大学教师。的确，他在同龄的孩子中，也显得尤为聪明伶俐，老师也很喜欢。可是，有一次，在幼儿园着急要小便，已经到了卫生间了，可是他妈妈竟然让他小便在拖把上，其实旁边就是小便池了。生活老师发现了，家长和孩子都没有道歉，似乎还觉得理直气壮，说小孩来不及了。这或许是一件小事，但这个孩子长大了，踏上社会，会是怎样的一个人呢？值得所有的家长深思。

家庭道德教育的缺失，也是造成孩子道德缺失的一个重要的原因。有教养的父母，会潜移默化地影响孩子。著名教育家叶圣陶说过："什么是教育？简单一句话，就是养成良好的习惯。"教育的目的就是培养习惯,不光是培养良好的学习习惯,还要培养良好的生活习惯、道德习惯,才能增强能力。父母就是孩子的镜子,父母的品德影响着孩子的品德,家庭教育在孩子的成长过程中尤为重要。

4. 自身原因

当前的大学生群体均为 20 世纪末出生的 90 后,从小家庭条件优越,父母娇宠。而二十左右的年龄,人生的阅历还很浅,对自己人生的方向难以有准确的定位,他们所接触的社会环境,影响着他们的人生观和价值观。社会环境的变化,会影响他们的价值取向和道德判断,使他们难以辨别正确的方向。其次,大学生普遍存在急功近利的思想,在面对利益的诱惑、面对就业等压力时,部分学生会选择投机取巧的方式,企图通过捷径获得最大的收益,以致于上当受骗的事例频频发生。最后,中国的大学生都是经过艰苦的高考"独木桥"而考上大学的,想着十多年寒窗苦读的日子终于结束了,终于可以离开父母,过上自由自在的大学生活,所以在相对宽松的大学校园里,享受着幸福的大学时光。很多的学生只是为了一张毕业证书,可以回家向父母交差,从而错过了人生能量积聚最美好的黄金期,思想上不求上进,行动上无拘无束、为所欲为,养成了不好的习惯。

二、 加强高校学生诚信教育的对策

诚信教育不是单方面的行为,不仅需要学生个人内在修养的提高,而且需要外在良好的社会环境熏陶,这是社会、学校、家庭和个人共同的责任,任何一方的缺失,都有可能使诚信教育失去意义。这要求高校的诚信教育需站在一个高的起点上,采取切实有效的措施,取得实际的效果。

1. 学校方面的措施

1) 教育管理者阳光做事,明白做人。高校教育管理者在平时的教学、管理工作中,要以身作则,对学生起到很好的表率和示范作用,自觉接受教师和学生的监督。对于高校管理者出现的不诚信现象,应该严加惩罚,作为警示。用自己的行动取信于民,才能在学生中树立良好的形象,为学生起到很好的示范作用。可以通过辩论、演讲、话剧等同学们喜闻乐见的形式提高大学生的诚信意识,对于不诚信的事实,要有针对性地进行教育,杜绝再有类似的事情发生。

2）加强诚信教育建设。针对高校诚信教育中存在的不足,要积极从教育的目标、日常管理以及教育的内容上不断加强大学生诚信教育建设。

在高校教育培养目标上,要将诚实守信作为重要的道德目标,引导学生诚信做人,诚信做事。在日常的管理中,杜绝不诚信行为,培养良好的人格,树立良好的师德形象。诚信的内容丰富多彩,既可以结合中华民族传统文化中诚实守信的典型事例,也可以结合学生身边的典型事件,贴近学生,贴近生活,贴近实际,才能真正提高诚信建设实效。

3）完善诚信建设制度。制度建设在大学生的诚信教育活动中起到非常重要的作用。首先要不断地建立健全诚信制度,包括诚信学习制度、诚信考试制度、诚信学术制度、诚信档案制度等,逐步建立完整的体系。其次,要不断提高诚信制度的可操作性,一方面,在强调诚信制度原则性规定的同时,制定可操作性的实施细则;另一方面,建立健全诚信制度、奖惩制度。表彰奖励诚实守信行为,惩罚不诚信行为,使得诚信制度能有效实施,保障诚信制度作用的有效发挥。第三,建立健全有效的监督机制。诚信制度的发挥需要监督机制的监督,明确监督人员、责任人,并且结合学校的奖惩制度,制定相应的奖励措施,从而提高诚信制度的效能。第四,不断提高诚信制度的执行力。如果执行者执行不力,诚信制度的建立也只能流于形式,不能起到真正的效果。最后,要完善大学生的诚信档案。大学生诚信档案主要记录和考察学生在校期间学习、生活和社会活动等各个方面的诚信表现,具体包括学生的基本情况、出勤状况、考试情况、作业或者论文完成情况、学费缴纳情况、就业情况、日常行为表现以及奖惩记录等方面。通过建立大学诚信档案电子数据系统,将学生在校期间的学习、工作和生活等方面的具体情况进行记录,并将其与大学生的奖学金评比、推优入党、推荐免试读研、推荐就业等环节联系起来,使诚信档案成为大学生走向社会的通行证,从而约束不诚信行为。

2. 社会方面的措施

1）改善社会环境,提高公民素质。社会环境对大学生产生很大的影响,无声无息,潜移默化,大学生尚不能很好的把握自身人生观、价值观。因此,要不断加强社会主义精神文明建设,弘扬中华民族的优良传统,不断提高全民族的素质,营造良好的社会氛围,建立和谐社会,改善社会诚信状况,提高公民的诚信意识。

2)改革和完善目前的教育体制,建立多维的学生评价体系。当前的教育体制存在的弊端是导致目前大学生诚信缺失的重要原因。学生评价体系的单一化和陈旧的教育观念、教育手段,是开展大学生诚信教育亟待解决的问题。当前,教育体制改革已经成为各界讨论的热点,教育部门也出台了一系列相应的措施。只有真正以人的全面发展为教育的根本目标,而不是为了"分数"、"学分"而学习,才能从根本上杜绝大学生失信行为的发生。大学生的素质是道德素质、学习成绩、身体素质、心理素质等方面的综合评分。但是目前对于大学生的评价主要还是依据学习成绩,在各类奖学金的评定、研究生的保送、学生就业、出国进修等活动中,学习成绩占据了70%。因此,盲目追求学习成绩成为学生评价的一个误区,如何让诚信更好地纳入到学生的评价体系中,是加强大学生诚信教育的关键。

3. 家庭方面的措施

构建学校与家庭互动的诚信教育网络。首先,教师和家长要在学生和子女面前做出诚信的表率,积极地引导大学生做诚信的人。其次,要把诚信纳入到家庭教育的内容中,家长发现孩子的不正当的行为,要及时教育并制止不正当行为的继续发展,同时,对于其诚信行为,要加以赞扬。再次,学校和家庭要经常沟通,及时了解学生在校和在家的诚信情况,监督学生的诚信行为,培养学生良好的诚信品质。

三、结语

诚信是社会主义核心价值观内容之一,诚信是当今社会需要重点关注的一个问题,它关系着社会的发展,国家的命运,为此,大学生的诚信教育显得尤为重要。因此,在进行大学生的诚信教育的过程中,只有加强学校、社会和家庭的协调和配合,才能取得事半功倍的效果,才能探索出一条解决当代大学生诚信道德危机的有效途径。虽然目前还存在着很多问题,在短时间还不能解决,比如,大学生诚信档案的建立和完善,大学生诚信评估体系的建立等,但是大学生诚信教育机制的实施刻不容缓。加大力度抓好大学生诚信教育建设,可以吸收我国优秀的传统道德教育,也可以学习借鉴国外诚信教育的经验,使得诚信成为大学生自觉追求的价值观和人生观。诚信教育是一个长期的、艰巨而紧迫的任务,我们要充分认识到他们的重要性和必要性,才能真正建立一个"民主法治、公平正义、诚信友爱、充满活力、安定有序、人与自然和谐相处的社会主义和谐社会"。(胡锦涛语)

参考文献:

[1] 苏茂芳.高职院校学生诚信教育的四重维度[J].湖南工业职业技术学院学报,2012,(4).

[2] 顾沁麟.从现阶段我国大学生学习失信现象看高校诚信教育[J].群文天地,2012,(4下).

[3] 蔡益华.高校大学生诚信教育问题探析[J].企业家天地,2012,(7).

[4] 赵果.我国大学生学术诚信认知和态度状况的调查和思考—以上海部分高校为例[J].江西师范大学学报(哲学社会科学版),2015,(3).

[5] 张忠哲.大学生诚信教育初探[J].改革与开放,2015,(3).

[6] 蔡斌.新时期大学生诚信档案建设的若干思考[J].兰台世界,2015,(3).

师生关系的古今之变

金富平

（南京晓庄学院　马克思主义学院）

　　师生关系的状况对教育效果的影响甚巨，只有良好的师生关系才能真正地落实教育目的，发挥应有的教育功能。在教育的理论和实践中，建立一种良好的师生关系一直是不懈努力的重要目标。然而，与这种努力形成反差的是，当前我国的师生关系出现了许多不和谐现象，其层面之广泛、程度之严重已成为社会关注的焦点问题。以师生关系的紧张化、功利化、冷漠化为主要特征的师生关系异化正在不断地侵蚀和损害当前我国各级各类学校中的师生关系，它对整个教育事业乃至社会各项事业已经造成并将造成不可估量的损失。师生关系何以会出现诸如此类的恶化，尤其在新时期我国教育事业大发展、教育法律制度不断健全完善、教师职业道德建设不断加强的教育形势下，师生关系作为教育事业发展的核心组成部分，何以会逆势而行，成为现代教育的一个重大症候呢？要回答这个问题，我们必须跳出现代性的窠臼，将目光放远，通过现代师生关系与前现代师生关系的镜照，来诊断病根之所在。

一、以成德为中心的古代师生关系

　　中国古代的师生关系以爱为纽带，集中体现为尊师与爱生。在中国古代，教师的

作者简介：金富平，博士，南京晓庄学院讲师，主要从事伦理学研究。

作用被视为至关重要,教师的地位极为崇高。《国语·晋语一》中说:"民生于三,事之如一。父生之,师教之,君食之。非父不生,非食不长,非教不知生之族也,故壹事之。"《学记》中说:"君之所以不臣于其臣者二:当其为尸则弗臣也,当其为师则弗臣也。大学之礼,虽诏于天子,无北面,所以尊师也。"前者将教师的作用与君、亲并列,后者讲即使天子也不能以其师为臣,可见教师作用之大、地位之隆。在师生关系中,教师的这种作用和地位也是被学生所服膺的。比如孔子死后,其弟子均服丧三年,子贡守墓六年,其后,弟子们还常常思念孔子。宋代大教育家胡瑗深得学生爱戴,学生信爱其如父兄,"东归之日,弟子祖帐,百里不绝。"(《宋元学案·安定学案》)宋代理学大师朱熹晚年遭受政府迫害,他去世时,官方曾严加监视,不让送葬,但四方弟子不避风险前来者仍达千人之多。同样的,教师对学生也有很深厚的感情。颜渊死后,孔子痛惜地说:"噫!天丧予! 天丧予!"随即亲自到颜渊家吊唁并恸哭不已,如父之丧子。朱熹十分关心学生的德业长进,他与诸生讲论,随问而答,略无倦色。这样的例子不胜枚举,在中国古代,这种融洽和谐的师生关系的确是普遍存在着的。

中国古代这种以爱为纽带的师生关系之所以能够建立,是与它的教育目的和学习内容密不可分的。儒家所谓的"学",是一个特定的概念,它不是泛指对知识和技能的理解和掌握,而是特指对"道"的体悟和践行。孔子说自己十五有志于学,即是说自己尚是少年时便有志于道,"志于道,据于德,依于仁,游于艺"。(《论语·述而》)所以学的首要任务是志于道,最后才是游于艺。对此,《学记》中也说得很明确:"人不学,不知道。"与"学"相对应的行为是"教",何谓"教"?《中庸》中说:"修道之谓教。"可见,教的内容也是关于"道"。教的人被称为"师"。只有能传道的人才可以被称作师。贾谊说:"师,道之教训。"(《新书》)周敦颐说:"先觉觉后觉,暗者求于明,而师道立矣。"又说:"天地间至尊者道、至贵者德而已矣。至难得者人,人而至难得者,道德有于身而已矣。求人至难得者有于身,非师友则不可得也。"(《通书》)在儒家的教育理论和实践中,师生关系是基于学"道"与教"道"而形成的。那么"道"又是什么呢?《中庸》中说:"天命之谓性,率性之谓道。"朱熹解释说:"率,循也;道,犹路也。人物各循其性之自然,则其日用事物之间,莫不各有当行之路,是则所谓道也。"(《中庸·章句》)也就是说,让自己的言行举动都合乎性理而不出现乖张,就是得"道"。道得之于心,就是德,因此,学道的目的是为了成德,如果说道德是生而为人这生命的本质规定性,那么学道成德就是人之所以为人的根本途径也是唯一的途径。故儒家学者对此有这样的认识:"人失

其道,则失所以为人。"(《章学诚遗书》)

当人们认识到成就道德对于一个有意义人生的至关重要性,同时又认识到一个人若成就道德必须要有教师的指导,那么教师对于学生的重要性顿时就凸显了出来。孔子曾说:"朝闻道,夕死可矣。"(《论语·里仁》)而教师正是让学生闻道的人,正是在这个意义上,我们可以理解"一日为师,终身为父"这句话蕴含的师恩之浓。《吕氏春秋·劝学》云:"事师之犹事父也。"晋葛洪云:"明师之恩,诚为过于天地,重于父母矣。"也许正是由于这种原因,中国古代民俗立"天地君亲师"之牌位予以祭祀,将师与天、地、君、亲同祭。若老师去世,弟子服三年心丧,《礼记·檀弓上》云:"事师无犯无隐,左右就养无方,服勤至死,心丧三年。"郑玄注:"心丧,戚容如父而无服也。"

教师的作用本身固然赋予了教师应享崇高地位,但更为重要的是,通过传道与学道,在理解、体悟、践行道的过程中,师生之间的爱也在不停地流淌,并日渐强盛,可以这么说,中国古代的师生之间是在培育爱、体验爱、享受爱的过程中结成关系的。为什么这么说呢?原因非常简单,因为道的核心不是别的,正是爱。儒家的道不同于佛老之道,这一点韩愈在《原道》中已说得很明确,他的这一说法也得到了儒家的公认。韩愈说:"博爱之谓仁,行而宜之之谓义,由是而之焉之谓道。""其(老子)所谓道,道其所道,非吾所谓道。其所谓德,德其所德,非吾所谓德也。凡吾所谓道德云者,合仁与义言之也,天下之公言也。"(《原道》)孔子曾对曾子说:吾道一以贯之。曾子理解孔子所谓的道,即是忠恕而已。《中庸》中说:"天命之谓性,率性之谓道。"儒家认为性即五常,乃仁、义、礼、智、信是也。仁包四体,分而言之,是仁、义、礼、智、信,统而言之,就是仁。因此,道就是求仁、得仁、行仁的整个过程。儒家的教学以道为内容,实际上其目标就是求仁、得仁、行仁。众所周知,儒家所谓的仁,是以爱为其本质规定的。仁爱是源于人类本性的爱,它是彻上彻下,可以无限推广的爱。儒家讲仁者浑然与天地一体,实质上是讲仁者推其充沛的爱及于天地万物,使天地万物莫不与己相关,以致无法漠视它们的痛痒疾苦,好似与天地万物同体一般。正如朱熹所说:"以仁为体,则无一物不在所爱之中。"(《周易本义·乾文言》)又说:"视天地万物皆为一体而无所不爱矣。"(《答张钦夫·又论仁说》)

在儒家教育中,教师与学生结成仁爱共同体,在这个共同体中,有资格担任教师的必是自身具有仁德且能指导他人求仁的人,教师自身首先要有仁德,这是中国古代对教师资格的基本要求。而一个有仁德的人,他是乐于帮助他人也能成为有仁德的人。

孔子说:"己欲立而立人,己欲达而达人。"(《论语·雍也》)朱熹解释说:"以己及人,仁者之心也。"因此,我们有理由相信,教师教学生求道成德,其出发点不是为了谋生获利,而是先觉觉后觉,以一个火种点燃起更多的火种。这是爱的传播,将更多人的内心爱的种子通过适当的方式予以萌发、成长直至成熟。中国古代以孔子、朱熹、胡瑗为代表的教育家,他们的教育思想和实践可以说最好地诠释了这种爱的教育的本质。中国古代无数的教育家,就是这样,他们自身是有仁德的人,同时,又培育了无数有仁德的学生。在这个仁爱共同体中,师生的关系必定是融洽和谐的——学生敬爱老师,老师爱护学生。当然,仁爱的德性不止于此,也就是说,仁爱不会仅限于教育领域内的师生共同体,而是势所必然地会扩充到整个社会,乃至于自然界,不但对自己的同类,即使对于禽兽草木,也会给予关爱。《大学》开宗明义点出大学之道在于"明明德,在亲民,在止于至善。"指出"修身、齐家、治国、平天下"。有德之人教化大众,扶正世道,这不仅仅是他们的责任,而更是仁德本身所不可遏制的内在要求。由此我们不难理解,这种伟大的教育何以能够培育出许许多多铁肩担道义、能够关心民瘼、报效国家,乃至为国捐躯的忠义之士。

如上所述,中国古代的师生关系之所以能够建基于爱,是由儒家教育的性质所决定的,这种教育的目的是为了培养有仁德的人,这本身就是一项培育爱、体验爱、扩充爱的事业,所以,师生之间能够做到融洽和谐,是一个最起码的效果。在此,我们需要进一步追问的倒是,儒家将教育的目的定为培养有仁德的人,其依据是什么呢?这就涉及到儒家对人的认识和体悟的问题,具体言之就是,儒家之所以将教育目的设定为培养有仁德的人,是取决于儒家对人究竟是什么这一人文科学中最根本问题的认识和体悟。儒家认为人先天的具有道德本性,即《中庸》所谓的"天命之谓性",这是人之所以为人的根本之处,所以成就自己的道德本性是儒家的人生意义观,也就是说,一个人要获得人生意义感,必须要成就自己的道德本性,除此之外,都是人生的歧途。而一个人人都成就了自己的道德本性的社会,必定是一个和谐美好的社会,即儒家所谓的王道社会。由此,通过成就个体的道德本性,就实现了个体与社会的至善。所以无论对于个体的人生意义之实现还是对于王道社会之实现,问题的关键与起点就是成就个体的道德本性。然而个体的道德本性是潜在的,它很容易被各种私欲所压制,因此,如何不断地使私欲服从于道德本性而不是让道德本性屈从于私欲,就成为学者求道的中心任务。这也正是儒家教育目的之所在。

二、以求利为中心的现代师生关系

现代性对于中国社会来说是个舶来品,随着现代社会的闯进,儒家关于人的认识就被现代的人们所抛弃,取而代之的是:人是求利的理性者。现代性对人的这种认识肇始于欧洲的文艺复兴,之后,随着现代科学技术的一步步演进,理性的统治地位从自然科学领域扩张到人类社会的各个领域,而这种理性的最核心动力无非就是求利。

现代教育就是在这样的场景中为了这一目标而进行运作。现代教育要培养的是能够用自己的本领最大程度地实现自己欲望的人才。现代教育的教学内容不可能再是师生之间探讨如何增长德性的问题,而是全面系统地学习自然科学知识和人文社会科学知识,增长征服自然、控制社会有效运作的知识和技能,只有这样,才能安全、有效地持续满足人们的各种欲望。在这样的教育机制下,学生不可能再是求道者,而是知识的购买者;教师也不可能再是传道者,而是知识的贩卖者。他们之间形成的是知识、技能交易的契约关系,一方获得知识、技能以便今后能找到好工作,由此过上好生活,另一方则获得报酬。正如韦伯所说:"美国人对站在自己面前的教师的观念是,他卖给我他的学问和方法,为的是赚我父亲的钱,就像菜市场的女商贩向我母亲兜售卷心菜一样。"[1]

在现代教育中,学生和教师都是作为利益主体而出现,他们的相遇是一种利益盘算面对另一种利益盘算。为了避免和解决现代教育教学活动中各种利益主体之间的利益冲突,现代教育都建立了较为完备的教育法律制度,以此来规范各方的教育教学活动,维持正常合理的教育教学秩序。除了法律制度,还有各种伦理规范,比如学生守则和教师职业道德规范等等。然而尽管如此,师生关系并不由此而走上良性循环的轨道,师生关系的冷漠与功利并未从根本上得到解决,在这样的紧张关系态势下,毫不奇怪地就时不时地有师生冲突的事件出现。

现代教育中的师生关系是由利益维系的,正是这种以利益为基础的关系,不断地制造着师生之间的疏离和冷漠,师生之间没有了真正意义上的爱,只有各自的利益盘算,教育的灵魂由此被丢掉了。师生之间的爱正是被一个个求利的个体亲手扼杀的,本应沐浴在浓浓爱意之中的师生关系,现在却被抽干了这爱的河流,只剩下赤裸裸的利益关系,那么任凭什么外在的力量来维持这种利益秩序,都不会真正有效,因为没有了爱,也就无从培养德性。没有爱,缺失德性,即使在实力相当的成年人世界中,也是难以得到规范的,何况在校园中,聚集的是一群未成年人或涉世未深的年轻人,他们很容易被学校和教师伤害,同时,他们也会伤害教师,以及他们之间的相互伤害。所以说,没有爱,教育就陷入了绝境。

那么求利为何会扼杀爱的呢？这是由人的心理机制所决定的。求利的动机把他人主要看作是满足需要者的供应来源,因此他不再把人看作完整的、复杂的、独特的个体,而是用实用的眼光看待他们。"知觉者越是渴望满足缺失性需要,那么,无私心地、非报偿地、无利益地、无所求地把别人作为独特的、独立自主的人,在他自身限度内认知他,换句话说,把他作为一个人而不是作为一个工具看待,也就越困难。"[2] 这就是说,求利的动机往往把他人和环境当作工具,他们存在的价值只在于他们是他可利用的满足需要者。因此,受利的动机支配的人,他们在行为处事时,只看有没有利,如果有利可图,即使违背了道德本心也不会顾及。所以孟子说:"且夫枉尺而直寻者,以利言也;如以利,则枉寻直尺而利,亦可为与。"(《孟子·滕文公下》)八尺曰寻,枉尺直寻,即所屈者小,所伸者大,就是说牺牲小小的一点道义,却因此斩获较大的功利,孟子认为,用牺牲小量的道义来获得大量的功利,这完全是从求利的角度来看问题,既然从求利的角度来看问题,那么即便牺牲大量的道义来获得小量的功利,人们也会去做的。这就充分地显示了利的动机对道义的漠视性。一味求利的人是没有道义心的,即便对于法律,他们也只是从成本收益的角度来考虑是否遵守。所以,在由受利的动机所支配的人所组成的社会关系中,出现爱的衰亡和道德的沦丧是一点也不奇怪的。

现代师生关系的恶化,并不是现代教育不重视师生关系的建设,而是由现代教育性质所导致的。因为有这样性质的教育所以有这样性质的师生关系,这是不以人的意志为转移的。通过更严格的法制和职业道德行为规范约束,可能在秩序上会有所改善,但无法从根本上改变师生关系的功利与冷漠,更唤不回教育所最不能缺失的养分——爱。现代教育要改变师生关系的现状,应该借鉴儒家教育,从中汲取有益的成分。

参考文献:

[1] 韦伯.学术与政治[M].北京:生活·读书·新知三联书店,1998:42.

[2] 亚伯拉罕·马斯洛.存在心理学探索[M].昆明:云南人民出版社,1987:32.

论教育评价的根本伦理准则

丁念金

（上海师范大学　教育学院）

　　教育评价是系统化教育实践的至关重要的一环。我们可以相对地将系统化的教育实践划分为三个大的环节：一是教育构建，即在展开教育活动之前进行各种预设性的构建，具体包括课程构建、师资构建、教育环境构建、教育制度构建等；二是教育展开，即教育活动的实际展开，包括教学、课外活动、班级活动、团队活动、学校管理等；三是教育评价，即在教育进程之中和之后，对教育实践活动及其价值进行评判。教育评价对整个教育实践活动有着引导、激励和调控的职能。为了使教育实践得以健康、顺利、有效地发展，就需要把好教育评价关，而要把好这一关，就需要建立一系列的教育评价伦理的准则。长期以来在中国，教育评价一直备受重视，但教育评价伦理准则尚未系统地建立起来，这是导致教育评价问题严重，并且致使教育评价成为我国教育改革与发展的桎梏的原因之一。建立一系列的教育评价伦理准则，已成为摆在我们面前的一项紧迫任务。笔者认为，在教育评价伦理的一系列准则中，根本的准则是：积极地对待人性。

作者简介：丁念金，湖南隆回县人，教育学博士，上海师范大学教育学院教授、博士生导师。主要从事教育理论研究。

Email：jfpxy2005@163.com

一、 主要依据

为什么说教育评价的根本伦理准则是积极地对待人性呢？其主要依据可做以下几点分析：

1. 教育评价直接涉及到人的价值

所谓教育评价，是指"在系统、科学、全面地搜集、整理、处理和分析教育信息的基础上，对教育的价值作出判断的过程，旨在促进教育改革，提高教育质量"[1]。简单地说，教育评价的宗旨在于评判和提升教育的价值，而教育是培养人的活动，教育的价值实质上就是人的价值，主要是人的素质发展方面的价值。所谓素质，是指人的身心发展水平和特征，包括性格、价值观、品德、知识、技能、智力、学习力、创造力、实践力、身体素质等。素质是人的基本内涵，是人从事各种活动、在社会中发挥作用的首要内在条件，素质发展是人内在的深层追求，也是教育的基本宗旨，这是教育活动与其他社会活动的本质区别所在。要评判教育的价值，根本的是要看一种教育对于人的素质发展已经起了多大的作用，并且存在多大的潜在趋势，对人的素质的未来发展将会起多大的作用。人的素质发展的价值，是人的价值的基本内容。

2. 人的价值基于人性

人的问题的基本内容之一是人性，人的价值也是如此。人的价值是基于人性的。人性是哲学研究的基本领域之一[2]，也是一直特别受人们关注的一个领域。那么，什么是人性呢？关于此，人们意见分歧很大。综合多种不同观点来看，可以认为，人性即人的相对共通的基本的属性，主要包括人的需要、人的基本机能、人的潜能、人类生存与发展的基本倾向性等。不同学者研究人性往往侧重不同的具体领域，例如，中国古代多数学者研究人性往往注重人类生存与发展的基本倾向性，尤其是围绕人性的善恶问题展开探讨；英国休谟(David Hume)和我国清代戴震对人性的研究侧重于研究人的基本机能；马克思对人性的研究侧重于人的需要；当代人本主义哲学家对人性的研究多数侧重于人的潜能，包括人性能够达到的境界。大量的研究表明，人性与整个自然界的性质之间存在一定的融通性，例如，中国古代的"天人合一"的重要含义之一是指人性与自然之间的融通性。我国著名哲学家冯契把世界划分为本然界、事实界、可能界和价值界，人直接生活在价值领域之中[3]，这些"界"之间存在连续和对应关系，人性属于本然界的一个领域，与此对应的价值界是人的价值。

人类的活动要基于人性，这是人们的共识。教育活动的主体是人，教育的宗旨也在于培养人，增进人的价值，要真正体现和增进人的价值，就需要基于人性。教育评价要评判和增进教育的价值，显然应该评判和增进人的价值，因此应该基于人性。如果教育评价是基于人性的，那么是符合人类的根本宗旨，这种教育评价从根本上讲是一种好的教育评价。因此，近年来，人们在努力探索基于人性的价值导向与基于人性的评价，例如，钟启泉教授指出，人性化的课程评价是课程评价的一种根本转型[4]。

3. 对待人性的合适态度是积极地对待

教育评价要基于人性，那么，怎样基于人性呢，采取怎样的对待人性的态度呢？简单地讲，合适的态度就是积极地对待人性，而不是消极地对待人性。为什么需要特别强调"积极地对待"呢？这主要是因为以下三点：

第一，在历史上和现实中，存在大量地消极对待人性的情况，如果不强调积极地对待，就有可能重蹈历史和现实的覆辙。例如，在古代中国，由于错综复杂的原因，人类对待人性的主导性的态度是防范人性，这是采取一整套消极的办法，来严厉地防范人性变恶，这套消极地防范人性的取向和办法，导致了许多严重的后果，如创造力被压制，一定范围内的人性扭曲，人性在压制下不断地决堤因而导致不断的社会动荡等[5]。再如，欧洲中世纪对待人性的主导性的态度是从身体、理智和情感等方面来严密地控制人性，结果导致中世纪长期的黑暗和"冰冻"状态。又如，在当前我国的教育评价体系中，基本上是有意或无意地采取消极地对待人性的态度和一套办法。例如，强调将学生引向激烈而狭隘的人际竞争，而激烈的竞争是导致人不快乐甚至很痛苦的一种因素[6]，于是，众所周知，我国现行教育评价体系不仅很不利于学生的全面发展，而且导致大量学生的不快乐。

第二，积极对待人性是社会、尤其是教育的责任，是教育评价的高远立意。整个自然界都存在一种进化的趋势和历程，即向着更加美好的方向进化，这是进化论的要旨之一。基于达尔文进化论的进步观念认为，物质世界和精神世界都是在不断进步和进化的过程中,都在不断地向着完美进步[7]。人性也是如此,而且人类是有自觉目的性的存在,因此应该自觉地推动这种进步历程。约翰·杜威(John Dewey)更是指出,衡量一个国家和社会制度之优劣的根本标准是看这个国家和社会对发展人的机能、能力、品性等的功能[8],这也是部分地促进人性发展的功能。那么,人类社会如何才能促进人性的进化和发展呢?这首先靠教育,而教育要有效地实现这一目标,就要借助于积极地对待人性的教育评价。只有这样积极地对待人性的评价,才是立意高远的。

第三,人性具巨大的改变空间,积极地对待能够促进人性的改善和提升。过去有些人研究人性时,往往将人性视一种固定不变的东西,认为人性不可改变,因此只能机械地去遵循。但大量的事实和后来大量的研究表明,人性是可以变化而事实上也在不断变化的。例如,马克思就强调:"整个历史也无非是人类本性的不断改变而已。"[9] 又如,约翰·杜威也借助于大量的证据而强调:"人性的确改变……激主义者……关于人性的无限制的可塑性的看法是正确的……如果人性是不变的,那末,就根本不要教育了,一切教育的努力都注定要失败了。因为教育的意义的本身就在改变人性以形成那些异于朴质的人性的思维、情感、欲望和信仰的新方式。"[10]

二、 基本内涵

教育评价要积极地对待人性,这一根本准则的内涵是很丰富的,其中主要的内涵包括以下三层:

1. 基于对人性的基本把握

教育评价要积极地对待人性,首先是正确地认识和对待人性,而这就要求教育评价要基于对人性的基本把握,通过对人性的基本把握,来正确地认识和估计人性,合适地以人性为准绳来研究、策划和实施教育评价。那么,教育评价中,要把握人性的哪些内容呢?这主要有如下几个方面:

其一是把握人的需要,这里指与教育直接相关的人的需要。然而,与教育直接相关的人的需要也是很复杂的,因为人是作为整体的人进入到教育领域的,教育往往会反映人的几乎全部问题。整合关于需要的各种理论,可以认为,教育直接涉及到的人的各种需要中,最核心的需要是个体素质发展的需要。促进个体素质发展也是教育的根本性的职能。教育评价的根本任务在于评价教育在促进学生素质发展方面实现的价值如何。

其二是把握人的基本机能。人本来具有各种各样的基本机能,这些机能是人的特性,是人性的重要组成部分。例如,英国哲学家休谟从知性、情感、道德等维度论述人性,强调这些方面的机能就是人性的构成;我国清代戴震认为人性就是人的"欲"、"情"、"知"等"血气心知之自然"[11],也是强调这些机能是人性的构成。教育评价的重要任务包括评价教育是否基于人的机能、是否损害人的机能、是种有利于人的机能的发展、如何有效地促进人的各种机能的发展。

其三是把握人的学习与发展的潜能。人是具有学习与发展的巨大潜能的,这是人性的一个重要方面。教育的基本宗旨在于促进学生素质的充分发展,那么,怎样才算是促进了学生素质的充分发展呢? 如何发现学生学习与发展进程中与理想状态的差距从而进行合理的评价呢? 这就需要对人的学习与发展的潜能有比较合理的把握。这样,我们才能评判现实中的教育在多大程度上促进了学生的学习、实现了学生的发展。

其四是对人类生存与发展的基本倾向性有一个总体的把握,例如,对人性的善恶有一个整体的把握。中国古代的人性论文献,多数是从善恶角度来探讨人性的,但关于人性的善恶有多种不同的观点。同时,我们看到,人们会形成各种不同的品性、各种不同的人格,等等,将这些观念和现象整合起来就可以发现,原来人性具有高度的复杂性,其表现之一就是人类生存与发展的基本倾向性很复杂。我们要评判教育对人性的变化发展起了怎样的作用,就需要对人类生存与发展的倾向性有一个总体的把握。

2. 尊重作为评价对象的每一个人

大量事实和研究表明,每个人都有尊重的需要。正如伊斯雷尔·谢弗勒(Israel Scheffler)所强调的,人类具有共同的人性,即获得基本的尊重的需要,无论在何种情况下,都应该珍视人的尊严,并将此放在首要的地位[12]。我国台湾学者殷海光也强调,文化发展的一个重要方向是尊重每一个人[13]。尊重的需要是植根的人性的,这一需要应该在社会生活的各个领域受到重视,包括在教育评价活动中。尤其是,教育本身是增强人类尊严感和价值的一种活动,对这种活动之价值的评价,就更加应该注重人的尊重的需要了。这里,最重要的是要落实到尊重教育评价中每一个评价对象。较长时间以来,我们较多的教育评价活动没有足够关注评价对象被尊重的需要,而有时是把评价对象视为工具、视为为社会服务的工具,我们的许多评价工作是以管理为本,而不是以人为本的。现在,我们应该实现根本性的转变,即转向以人为本,尊重每一个评价对象,使每一个评价对象都在评价活动中体验到尊严感。

3. 致力于引导人性的优化

为什么要进行教育评价?其根本目的在于有效地促进人的发展,而人的发展的深层是人性的优化,教育评价应该积极地作用于此。

事实和研究表明,人性存在善的倾向性,也存在恶的倾向性。关于恶的倾向性,许多思想家有分析。例如,裴斯泰洛齐(J. H. Pestalozzi)指出:人性具有愚昧、粗心、无知、懒怠、轻佻、妄信、胆怯等恶的倾向,还有可能形成诡诈、狡猾、恶毒、猜疑、强暴、冒险、寻仇、残忍等品质的倾向性,我们需要通过教育、政治等手段来抑制这些恶的倾向[14],来改善人性,这就是优化人性的工作。所谓优化人性,就是消除或减弱人性中的消极因素及其力量,而增强人性中的积极因素及其力量,从而使人性逐渐地趋向于完善的过程。

人性中具有许多恶的倾向性,这正是导致许多社会问题的深层根源之一。就中国而言,古代由于主要是消极地防范人性,而较少地去疏导和优化人性,因此不但导致了人们熟知的人性扭曲现象——正如鲁迅所尖锐批评的,而且使整个社会经常缺乏发展活力且丑恶的现象大量发生。到了近现代,人们有感于传统社会中出现的人性扭曲现象,因此大力提倡改造人性。例如,梁启超从新制度、新政府、新国家的角度提出系统地转向"新民"[15]。林砺儒在《儿童保育与人性改造》一文中特别强调通过整体性的教养来改造儿童的人性,尽管他强调人性的改造依赖于社会的改造[16]。在笔者看来,就对待人性的态度而言,改造人性是一种过于激烈的做法,这种做法在我国并未获得成功。

笔者认为,对待人性的合适态度是优化人性。大量事实和研究表明,人性是需要优化的,也是能够优化的。我们的教育,不仅要引导学习者充分有效地掌握知识技能等,而且要从更深的层次去优化学生的人性品质,教育评价应该在优化人性上起一个积极引导和推进的作用。

三、体现思路

那么,如何体现教育评价的上述根本伦理准则,即如何积极地对待人性呢? 为此,要在教育评价上体现如下的几条主要的思路:

1. 在评价设计的总体方向上,为评价对象提供自由发展的广阔空间

评价要积极地对待人性,最根本的是要为人的发展尤其是是人性的发展提供广阔的空间。思想家、教育家们早就认识到,人性是有待于发展的。例如,早在中世纪晚期,夸美纽斯就提出了在教育中发展人性的主张[17];又如,当代我国台湾学者贾馥茗强调,教育要"以发展人性为本"[18]。当然,我们还需要在发展人性的基础上优化人性。无论是发展人性还是进一步优化人性,都有一个前提:要为人性的生长提供广阔的空间。"人性不是一架机器,不能按照一个模型铸造出来,又开动它毫厘不爽地去做替它规定好了的工作;它毋宁像一棵树,需要生长并且从各方面发展起来,需要按照那使它成为活东西的内在力量的趋向生长和发展起来。"[19]那么,如何才能不压制人性、不窄化人性,而是为人性的生长提供广阔的空间呢? 特别重要的是为每个人人提供广阔的自由发展的空间。为此,马克思曾强调未来共产主义社会的基本原则是"每个人的全面而自由的发展"[20],这既是目的本身,就是社会发展、繁荣与和谐的一个根本条件,今天,我们应该向着这个方向前进,首先应该在教育评价领域为评价对象(学生、教师等)向这个方向努力。

那么,要求教育评价为评价对象提供广阔的发展空间呢是否可行呢? 是可行的。思路可以简要地表述如下:国家建立一个相对完整的教育评价资源库,它包括了个体发展的几乎各个领域的评价内容、评价指标、评价工具、评价标准、评价结果分值等,各个个体可以自主地选择多个评价内容领域参与或接受评价,之后我们对其评价结果进行得分加总,之后,在此基础上,评判个体在发展上取得的总体成效、优势与劣势等,并发现、分析和解决个体在发展上的问题从而有力地促进个体的更好发展;或者基于此

而引导个体选择未来发展方向,为个体提供适合于未来发展的相应的准入条件和配备教育资源。以这样的教育评价为指针,在相关指导之下,个体之前会基于自己的条件和兴趣广阔地学习,从而实现广阔的发展。我们应该用这样的发展空间广阔的教育评价设计,取代现行的狭窄的、刻板化、划一的标准化测试之类的评价设计。另外,大量事实和研究表明,个体发展的潜能极其巨大,如果实现教学思路的整体性转变,是可以显著提高学习质量和效率的[21],再加上评价体系的一系列革新,那么人的全面而个性化的发展是可以实现的。

2. 在评价内容上,注重个人意义与社会意义的统一

好的教育评价应该具有充分的意义。我们现在的教育评价体系,立足点是社会意义,个人意义是附属于社会意义的,至于社会意义应该基于什么,教育评价设计者们则审思不够。例如,我国现代教育评价中学生评价的重心是学业考试,而学生应对学业考试的基本目的是为了获得社会资格和资源,这是基于社会的认定、选拔和排序功能[22]。众所周知,大量的学生对现在的学业考试兴趣较弱,甚至感到很痛苦和无奈,没有看到其充分的个人意义,同时,这种学业考试的社会意义也并不丰富、并不高远。

积极地对待人性的教育评价思路,应该做到个人意义与社会意义的统一。如何实现这一点呢?这特别需要注重三点:第一,在已经较长时间地广泛提倡素质教育的今天,教育评价的重心不应该再是学业考试,而应该转向素质发展评价,即全面地评价具体的素质及其发展进程,因为素质发展很好地体现了既具有丰富、直接而深远的个人意义,也具有丰富、直接而深远的社会意义;第二,学业考试当然还可以继续保留,但应该从素质发展评价的理念、视野和思路来调整学业考试的设计,而不能再停留于过去那一套刻板、划一、表面化的答题式考试;第三,教育评价体系(包括素质发展评价)应该体现个性化理念[23],注重个体完整个性的发展和自主选择,通过此而在评价中充分展现每个人的长处,以充分地体现个人意义又丰富社会意义,这可以基于上述教育评价资源库的设计、实际运作和评价内容的妥善设计来实现。

3. 在评价标准上,让每个评价对象都体验到尊严感

真正健全的社会,应该让每个人都能够体验到作为人的尊严感。在教育评价伦理

上应该特别注重这一点。过去的教育评价体系,往往把主要的努力用于以划一的评价及其标准来甄选评价对象,为了甄选工作的方便,所制定的评价标准,使得许多评价对象遭受挫折和失败,从而缺乏尊严感。久而久之,就导致多数人缺乏尊严感、自信心和进取心,这既不利于个人的发展,也不利于社会的健全、和谐和发展。按照"积极地对待人性"这一根本伦理准则,我们需要重新考虑教育评价标准的设计思路。

那么,在教育评价标准的设计思路上,如何做到让每个评价对象都体验到尊严感呢?这特别要注重以下几点:第一,在总体上,评价标准不宜太高而应该适度,使绝大多数评价对象都达到"及格"或"体面"的水平,在此前提之下甄选出优秀的人员,或激励所有评价对象都在现在基础上继续前进;第二,在必要的情况下,教育标准应该弹性化,每个评价内容领域的标准设计,一般应该给出弹性变化的空间,在将一个个体接受的多个内容领域的评价进行整合或组合时,将评价标准作出适当的多元化、弹性化的变化;第三,评价标准还应该具有引领性,即评价标准要留出并指明进一步提高的开放的空间,以指导评价对象不断地前进,这能够指导评价对象不断发展,从深层来讲,能起到优化人性的作用。

4. 在评价方式上,注重自我评价及相应的指导

在教育评价中,怎样真正落实尊重每一个人、有效地促进每个人的进步并从而优化人性的宗旨呢?这就要在评价方式上注重自我评价及相应的指导。过去,多数教育评价是"防评价对象"的,及评价对象在许多情况下只是被动地接受评价,甚至成为"防"的对象。现在,应该进行一个大的转变,要让评价对象积极地参与评价,并注重评价对象的自我评价,这直接地是对人性的尊重,间接而长期地看,更有利于发挥人性中正能量的作用,优化人性。

在教育评价中,为什么要注重评价对象的自我评价呢?因为:第一,教育评价是随时随地地进行着的,几乎所有的审慎的行为举止,一般都包含着评价[24],如此繁多而复杂的评价,许多情况下,只有借助于自我评价,才能顺利地实施,离开自我评价,谁有这么多的时间和精力来开展?第二,教育评价是评判人的价值,人的价值是元价值,而元价值应该是"自决自明"的,即由评价对象自己决定、自己证明的[25],至少半数以上的情况应该如此;第三,评价对象一般能够进行自我评价的,例如学生,一般都能够对

自己的学习做出切实的、持续不断的自我评价[26]，而且，自我评价与对外评价活动一样是人类的本质特征，具有普遍性、非私人性和可靠性[27]；第四，自我评价有助于增加评价对象的自我认识能力、自主性品质和责任感，从而有效地自我引导和激励，实现持续不断的素质发展和深层的人性优化。

当然，在增加自我评价方面，一般还需要注重如下几点：第一，评价要有一些精巧的设计，包括显性或隐性地相互印证的设计，以提高自我评价的客观性；第二，在注重自我评价的同时，他人评价仍然不可少，两者要相互配合、相互补充；第三，要加强对自我评价的指导，例如评价专家和教师对学生的指导。

可以看出，上面四条思路的落实虽然还需要一些时间，但却是可以实现的，其实现的首要条件是加强相关的研究。教育评价革新的政策和实践要以研究为先导。在科学昌明的年代，研究可以避免低效和错误，带来事半功倍的效果[28]。

参考文献：

[1] 顾明远.中国教育大百科全书[Z].上海：上海教育出版社，2012：0841.

[2] 罗伯特·保罗·沃尔夫.哲学是什么[M].第10版.黄小洲，张云涛，译.重庆：重庆大学出版社，2011：3.

[3] 冯契.人的自由和真善美[M].上海：华东师范大学出版社，1996：87.

[4] 钟启泉.走向人性化的课程评价[J].全球教育展望，2010，(1)：8.

[5] 丁念金.人性的力量——中西教育文化变迁[M].福州：福建教育出版社，2011：410—413.

[6] 罗素.幸福之路[M].第2版.吴默朗，金剑，译.北京：中央编译出版社，2011：30.

[7] 约翰·伯瑞.进步的观念[M].范祥涛，译.上海：上海三联书店，2005：235.

[8] 杜威.哲学的改造[M].许崇清，译.北京：商务印书馆，1958：106.

[9] 马克思和恩格斯.马克思恩格斯选集(第1卷)[M].北京：人民出版社，1995：172.

[10] 约翰·杜威.人的问题[M].傅统先，邱椿，译.上海：上海人民出版社，1965：150—155.

[11] 冯友兰.中国哲学史新编(下)[M].第2版.北京：人民出版社，2007：323.

[12] 伊斯雷尔·谢弗勒.人类的潜能——一项教育哲学的研究[M].石中英、涂元玲，译.上海：华东师范大学出版社，2006：38—39.

[13] 殷海光.中国文化的展望[M].上海：上海三联书店，2009：366—368.

[14] 张焕庭.西方资产阶级教育论著选[M].北京：人民教育出版社，1979：174.

［15］梁启超.新民说——少年中国的国民性改造方案［M］.黄珅,评注.郑州:中州古籍出版社,
 1998:48.

［16］林砺儒.儿童保育与人性改造［A］.刘铁芳.新教育的精神——重温逝去的思想传统［C］.
 上海:华东师范大学出版社,2007:197—205.

［17］夸美纽斯.大教学论·教学法解析［M］.任钟印,译.北京:人民教育出版社,2006:306.

［18］贾馥茗.教育的本质——什么是真正的教育［M］.第2版.北京:世界图书出版公司北京公
 司,2006:174.

［19］约翰·密尔.论自由［M］.程崇华,译.北京:商务印书馆,1959:63.

［20］马克思和恩格斯.马克思恩格斯全集(第23卷)［M］.北京:人民出版社,1972:649.

［21］丁念金.重建教学体系:一种必然［J］.湖南师范大学教育科学学报,2015,(1):55 –56.

［22］吴康宁.课程社会学研究［M］.南京:江苏教育出版社,2004:410.

［23］丁念金.论学生素质发展评价的个性化理念［J］.上海师范大学学报(哲学社会科学版),
 2014,(4):146.

［24］约翰·杜威.评价理论［M］.冯平,余泽娜,译.上海:上海译文出版社,2007:5.

［25］韩东屏.人是元价值——人本价值哲学［M］.武汉:华中科技大学出版社,2013:47.

［26］Grant Wiggins.教育性评价［M］.国家基础教育课程改革"促进教师发展与学生成长的评
 价研究"项目组,译.北京:中国轻工业出版社,2005:3.

［27］陈新汉.自我评价论［M］.上海:上海人民出版社,2011:131.

［28］孙中山.建国方略［M］.北京:中国长安出版社,2011:43.

中国教育伦理研究

《礼记·学记》之教育伦理思想探赜

张自慧

（上海师范大学　哲学与法政学院）

教育伦理学作为一门教育学与伦理学的交叉学科,其产生可以追溯至 18 世纪,但教育伦理思想在中国古代早已有之。中华民族有着五千多年的文明史,与此相伴,中国有着悠久的教育发展史和丰富的教育伦理思想。在我国最早的教育专论《礼记·学记》中,对教育和教师的地位、师德、师生关系、教学之序等皆有论及。本文拟对其中的师道之尊、教学之序、为师之德、为学之道等进行挖掘和梳理,探讨中国古代的教育伦理思想,以期对当下的教育生态环境、教师伦理、师生关系和学生成人成才等问题的研究和解决有所启迪和借鉴。

一、 师道之尊：教乃国之本，师乃学之本

中国自古就有尊师重教、崇智尚学的传统,为人"传道、授业、解惑"的教师具有至

基金项目:国家社科基金项目"先秦元典中的中华民族文化基因研究"(15BZS034)、教育部人文社科基金一般项目:"'三俗'文化冲击下的道德失范和文化救赎"(12YJA710096)的阶段性成果之一。

作者简介:张自慧,河南南阳人,博士,上海师范大学哲学与法政学院教授,主要从事礼文化、先秦哲学、伦理学研究。

Email:zhangzihui2010@hotmail.com

高的地位。"天地君亲师"是中国传统社会崇奉和祭祀的对象,这一排序源于荀子的《礼论》篇:"礼有三本:天地者,生之本也;先祖者,类之本也;君师者,治之本也。无天地恶生？无先祖恶出？无君师恶治？三者偏亡焉,无安人。故礼上事天,下事地,尊先祖而隆君师,是礼之三本也。"这就将为人师者提升到了与"天地君亲"并列的高位。《学记》指出:"君子如欲化民成俗,其必由学乎！""玉不琢,不成器;人不学,不知道。是故古之王者建国君民,教学为先。"可见,我们的先祖早就把教育和教师放到了治国安邦、提高国民素质的重要位置。

古人认为,教乃国之本,师乃学之本,尊师重教即是务本。《学记》云:"古之学者,必物丑类。鼓无当于五声,五声弗得不和;水无当于五色,五色弗得不章;学无当于五官,五官弗得不治;师无当于五服,五服弗得不亲。"在这里,古代学者用类比的方法形象地说明了教师的重要性:鼓的声音并不相当于五声中的哪一声,但当乐器演奏时,没有鼓则五声就没有和谐的节奏;水的颜色并不相当于五色中的哪一色,但绘画时没有水则五色就不鲜明;有学问并不等于就可以做官,但如果没有学问,官员就不能很好地治国安邦;老师并不相当于五服中的哪一种亲属,但如果没有老师的教诲,五服之亲的感情就不会亲密融洽。这段话说明教育活动和教师对于做官任职、亲和人伦、家庭和睦、社会和谐的重要作用。古人认为:"大德不官,大道不器,大信不约,大时不齐。察此四者,可以有志于本矣。"(《礼记·学记》)此言告诉后人,教育对于国家和民众而言,就像德、道、信、时那样居于根本的地位。《学记》以此为喻,强调教育和教师能使国民立大德、求大道、讲大信、明大时,并由此得出教育为立国之本,教师为立人之本的结论。

《学记》云:"凡学之道,严师为难,师严而后道尊,道尊然后民知敬学。是故君之不臣于其臣者二:当其为尸则弗臣也,当其为师则弗臣也。大学之礼,虽诏于天子,无北面。所以尊师也。"古人认为,教育教学活动中最难做到的是尊敬老师。老师受到尊敬,其所传之道才能受到尊敬;而道受到尊敬,国民才会把学习看得很重要。因此,古代天子或国君在两种情况下不敢把臣子当作臣子来对待:一是当臣子在祭祀中担任尸的时候,二是当臣子做自己老师的时候。天子、国君对自己的老师行臣子之礼,将面南之位让给老师,旨在倡导师道之尊,并以此垂范世人。由此可见,中华民族尊师的高度和力度,正是这种自天子以至于庶人皆能尊师重教的社会氛围,延续了中华民族的文脉和繁盛。

二、 教学之序：教育成功之保障

教育是一项复杂的活动,学习内容的繁杂性和学习主体的差异性,要求教师和学生在教与学的过程中有明确的目标,也要求学校根据受教育者年龄的不同,遵照循序渐进的原则安排其学习和生活。《学记》对教学之序的重要性、规律性和合宜性都有深刻的论述。

《学记》对学生学习的不同阶段提出了不同的目标和定量考察的标准,并将其分为"小成"和"大成"两个阶段。"一年视离经辨志,三年视敬业乐群,五年视博习亲师,七年视论学取友,谓之小成;九年知类通达,强立而不反,谓之大成。夫然后足以化民易俗,近者说服,而远者怀之,此大学之道也。"古代的学校每隔一年对学生的学习情况考核一次,其考核内容依次为读经断句能力与学习志向、学业兴趣与人际关系、知识领域与尊敬师长、学术见解与交友能力、灵活运用知识与独立思考和判断能力,这体现了古代学校教学育人的步骤和宗旨。可以看出,古之圣贤所提出的考核标准不仅是循序渐进的,而且是综合全面的,既有学业方面的读经断句、触类旁通,又有做人方面的树立志向、处世交友、尊敬师长、化民易俗等。《学记》还就教学内容的循序渐进性作了详尽论述:"大学之教也,时。教必有正业,退息必有居。学,不学操缦,不能安弦;不学博依,不能安诗;不学杂服,不能安礼;不兴其艺,不能乐学。故君子之于学也,藏焉、修焉、息焉、游焉。夫然,故安其学而亲其师,乐其友而信其道。是以虽离师辅而不反。《兑命》曰:'敬,孙,务,时,敏,厥修乃来'。"古人认为,大学的教学必须顺着时序来开展。不练习指法,琴瑟就弹不好;不广博地学习比兴的表现手法,就不能学会作诗;不学习洒扫等应对各种杂事之礼,就不能学好礼仪;不广泛学习技艺,学习正业的兴趣也就不会高。在这里,我们既看到前后相继的学习顺序之重要,也能体悟到教学内容丰富、学生兴趣广泛、志向高远对教育效果的影响。

从教育本质的视角看,教师必须知晓和遵循教育、教学的规律,了解"教之所由兴"和"教之所由废"。对此,《学记》云:"大学之法,禁于未发之谓豫,当其可之谓时,不陵节而施之谓孙,相观而善之谓摩。此四者,教之所由兴也。"在学生不正当的欲望发生之前就加以禁止,这叫做防患未然;抓住最合适的时机进行教育,这叫做合乎时宜;不超越正常的顺序进行教育,这叫做循序渐进;学生互相观摩,学习他人的长处,这叫做切磋琢磨。而教育一旦丧失最佳时机,学生不当的欲望就会发展成为错误的行为,受教育者就将付出沉重代价,就会导致教育的失败。其原因在于"发然后禁,则扞格而不胜;时过然后学,则勤苦而难成;杂施而不孙,则坏乱而不脩;独学而无友,则孤陋而寡闻;燕朋逆其师,燕辟废其学。此六者,教之所由废也。"(《礼记·学记》)因此,把握教育的合宜时机,有条不紊,循序渐进,严守教育教学之序,就可以避免教育之失。

三、 为师之德:教育伦理之关键元素

教师是教育的核心元素,教师的职业道德是教育伦理的关键元素。"教师"一词的英文 teacher 具有丰富的含义,其中 T＝tireless(不知疲倦的),E＝elevating(提升修养的),A＝amiable(和蔼可亲的),C＝confident(自信满满的),H＝humble(谦逊有礼的),E＝experienced(经验丰富的),R＝rewarding(具有意义的),上述词义汇集在一起,揭示出一位教师所应具备的能力、素养和品行。在西方,教师被称为"唤醒者",即通过对人性的唤醒来解决社会的道德危机,这不仅体现了教师地位之尊,更彰显出社会对教师品德期望之高。卢梭在其《爱弥儿》一书中告诫教师:"你要记住,在敢于担当培养一个人的任务以前,自己就必须先要造就一个人,自己就必须是一个值得推崇的模范。"在我国古代,教师被称为"先生"、"贤士"和"君子",教育的功能被定位于"明人伦"。西汉思想家扬雄在《法言·学行》中说:"师者,人之模范也。"师德是教师所具有的一种人格感化力和影响力,它是教育伦理中最重要的道德规范,其对协调教育活动中的各种关系发挥着至关重要的作用。《学记》关于师德的论述主要有以下几个方面:

1. 爱生敬业。德国哲学家雅斯贝尔斯曾说,"爱是教育的原动力"。"教育的本质是唤醒。教育意味着一棵树摇动另一棵树,一朵云追逐另一朵云,一个灵魂唤醒另一个灵魂。"[1]爱心是师德的基石,从古到今,优秀的教师都是爱生如子、有教无类的典范。据史书记载,当孔子听到其弟子颜渊、子路去世的消息时,放声痛哭,悲伤之至,爱生之情令人动容。敬业是师德的保证,学识浅薄、孤陋寡闻者只能误人子弟。《学记》以"记问之学,不足以为师"之语,抨击了那些只会记诵书本而没有融会贯通、缺乏敬业精神的庸师。《学记》云:"今之教者,呻其占毕,多其讯言,及于数进而不顾其安,使人不由其诚,教人不尽其材。其施之也悖,其求之也佛。夫然,故隐其学而疾其师,苦其难而不知其益也。"这段话指出只会照本宣科的人不足以为师,那些只是看着简册念书的教师,讲解多而快,不考虑学生能否接受,不以诚心教育和尊重学生,致使学生厌恶

学习、憎恨老师，导致师生关系恶化。无疑，这是违背教育伦理和师德的行为。

2. 循循善诱。教育活动的对象是具有丰富的思想情感和心理活动的人，因此，善教之师善于引导、鼓励、启发学生，能够运用适宜而有效的教学方法调动学生的积极性和创造性。雅斯贝尔斯说，"所谓教育，不过是人对人的主体间灵肉交流的活动"，"教育的过程是让受教育者在实践中自我练习、自我学习和成长。"[1]《学记》中有着更为深刻的教育教学理念阐释："君子之教喻也，道而弗牵，强而弗抑，开而弗达。道而弗牵则和，强而弗抑则易，开而弗达则思。和易以思，可谓善喻矣。"这表明，善教之师教育学生的方法是，加以诱导而不强迫其接受，加以鼓励而不抑制其进取，加以开导而不直接告诉其答案。只诱导而不强逼，则师生之间就感情融洽；多鼓励而不压抑，则学生学习时就会变易创新；只启发而不详解，则学生就用心思考。孔子常常以"不愤不启，不悱不发"《论语·述而》)的方式教学，引导学生举一反三，其弟子颜渊称赞"夫子循循然善诱人，博我以文，约我以礼"。《论语·子罕》)朱熹则以"博文约礼，教育之序也"的总结充分肯定这一教学方法的科学性。《学记》以生动的笔墨描述了一位善教之师提问有术、教学有方的形象："善问者，如攻坚木，先其易者，后其节目，及其久也，相说以解。""善待问者如撞钟，叩之以小者则小鸣，叩之以大者则大鸣，待其从容，然后尽其声。"这段话把教师的提问比喻成砍伐坚木，由易到难、有浅入深、层层剥离，既遵照了循序渐进的教学规律，又有助于培养和保护学生的学习兴趣；把教师的答问比喻成撞钟，教师要从容不迫、井然有序地针对学生实际进行答疑，时而是轻轻敲击的启发、诱导，时而是用力敲打的解疑释惑，给人以拨云见日、石破天惊之感。教师循循善诱的教育教学方法，既是对学生的尊重和信任，也是对育人规律的遵循，是师生关系和谐的基石，更是学生成人成才的要诀。

3. 因材施教。教师作为人类灵魂的工程师，其雕刻与塑造的是学生的灵魂，因此教师必须具备洞悉心灵的能力，并能因材施教，帮助学生扬长避短。《学记》云："学者有四失，教者必知之。人之学也，或失则多，或失则寡，或失则易，或失则止。此四者，心之莫同也。知其心，然后能救其失也。教也者，长善而救其失也。""学高为师"的古训表明，渊博的学识是一个教师必备的专业素质。但要将满腹经纶表达出来为学生接纳并吸收，教师还应具备流利的口才、良好的表达能力、丰富的教学经验和高超的教学艺术。《学记》中写道："善歌者使人继其声，善教者使人继其志。其言也约而达，微而臧，罕譬而喻，可谓继志矣。"一个善教之师，对学生没有体罚，没有歧视，只有因人而异、灵活多样的教育方法,以及温馨和谐、如沐春风的师生关系。

4. 教学相长。"教育是及其严肃的伟大事业,通过培养不断地将新的一代带入人类优秀文化精神之中,让他们在完整的精神中收获、工作和交往。"[1]这就要求教师对自己的职业有虔敬之心,对三尺讲台有敬畏之感,同时,教师还要有渊博的知识和高涨的工作热情,有虚怀若谷的心胸,与学生在探求真理之路上相互切磋,教学相长。《学记》中写道:"学然后知不足,教然后知困。知不足,然后能自反也;知困,然后能自强也。"身为万世师表的孔子以谦虚博大的心胸与其弟子平等相处,教学相长,他公开评价自己,论仁爱不如颜渊,论辩才不如子贡,论勇猛不如子路,论认真不如子张。今日之教师,应以孔子为榜样,学而不厌,发愤忘食,诲人不倦,不断提高自己的学识和教学艺术,使自己成为善教之师,可敬之师。

四、 为学之道:成人成才之必由路径

学生是教育教学活动的主体之一,其学习、交友、生活、做人的状况和成败是教育伦理关注的重要内容。《学记》对此有着较为全面的阐述。

《学记》指出:"独学而无友,则孤陋而寡闻。"《学记》提倡学生在学习生活中要"相观而善之",即互相观摩,学习他人的长处,通过彼此之间的切磋琢磨来共同提高学业与技能。交友能使人博闻广识,成为拥有智慧的强者,但交友需慎重,因为"燕朋逆其师,燕辟废其学"(《礼记·学记》)。如果与不好的朋友交往,就会导致不听师训;与不良的人闲逛贪玩,就会导致学业荒废。孔子给出的区分和选择朋友的标准是:"益者三友,损者三友。友直、友谅、友多闻,益也。友便辟、友善柔、友便佞,损也。"(《论语·季氏》)他告诫弟子要同正直的人交友,同信实的人交友,同见多识广的人交友,只有这样,才能增进学业、提升素养。

美国教育家杜威说"教育即生活",我国教育家陶行知则说"生活即教育"。礼教作为中国几千年一以贯之的教育模式,就是通过让受教育者和民众践履生活中的礼仪规范(如"父慈、子孝、兄良、弟悌、夫义、妇听、长惠、幼顺、君仁、臣忠"),来引人向善,提升素养,和谐家庭和社会关系。雅斯贝尔斯在研究中国古代的"礼"之后,得出结论:"领导一个民族的是礼俗而非知识","中国的礼教几千年来成为深入一切生活方式的规范",礼教是"生活秩序的教育"[1]。孔子所说的"克己复礼为仁"正是以教育回归生活

为实现前提的。教育只有回归了生活世界，才能帮助受教育者认识人与世界、人与社会的应然关系，使人在领悟人的使命中去除生活事实的遮蔽，达至澄明和无蔽的自由存在状态。《学记》十分强调生活和实践活动在学生获得真知中的重要作用，指出"良冶之子必学为裘；良弓之子必学为箕；始驾马者反之，车在马前"。意思是，优秀的冶铸工的儿子一定会用零碎的兽皮补缀成裘衣，优秀的弓匠的儿子一定会把柳条弯曲编成畚箕，刚开始学驾车的小马，一定要把它系在车的后面，让它跟在老马后面逐步适应。这说明学习贵在实践，只有在实践中长期模仿，多见多习，才能领悟真谛并触类旁通。

从某种意义上说，教育的首务是让学生学会做人。"教育的最高目的绝不是对任何功利主义的灌输，而是适应人性的对美、真、善、爱的唤醒。"[2]儒家"不学礼，无以立"的礼教模式、修身齐家治国平天下的人生递进理想，都将立身做人置于教育的首要位置。汉代大学者郑玄说："学，修德学道。"孔子亦言："德之不修，学之不讲，闻义不能徙，不善不能改，是吾忧也。"（《论语·述而》）可见，修德讲义是做人的根本，一个人只有先学会做人才能学会做事。《大学》开篇指出"大学之道，在明明德，在亲民，在止于至善"（《礼记·大学》），而达到明德至善的路径则是格物、致知、正心、诚意、修身，只有做到了这些，才能实现齐家、治国、平天下的理想。

五、 古代教育伦理的现代启示

改革开放三十多年来，中国的教育事业快速发展，在很多方面取得了显著成绩。但毋容讳言，由于市场法则的影响，各级各类学校存在着应试教育倾向，面临着功利主义危机。前者无视学生的主体性和自主性，把学生变成了"知识容器"和"考试机器"；后者则视学校为"不冒烟的工厂"、把课堂当作生产"教育产品"的流水线，把人当成了掌握各种技能的会说话的工具。这一切导致了教育的异化和人的物化，造成了"学校繁荣、教育衰败"的怪象。教育活动中存在的上述问题，诱发了师生关系的不和谐，以及学校与学生、学校与家长、社会与学校的冲突，致使教育伦理成为全社会关注的热点。《学记》中蕴涵的教育伦理思想对上述问题的解决具有启发和借鉴价值。

1. 再造尊师重教的教育生态环境。"一个民族的将来如何，全在父母教育、学校教育和自我教育。一个民族如何培养教师，尊重教师，以及在何种氛围下按照何种标准和自明性生活,这些都决定着一个民族的命运。"[1]在21世纪的中国,科教兴国是根本国策。《中国教育改革和发展纲要》指出:"振兴民族的希望在教育,振兴教育的希望在教师。"然而,近一百多年来,由于各种反传统文化运动的冲击,儒家礼文化几乎遭遇灭顶之灾,礼学几成绝学。随着万世师表孔子一次次被打倒,师道之尊严已不复存在,教师作为一种职业,在人们的心目中已渐渐抹去了神圣的光环,沦为仅仅谋生而已的手段。因此,今天我们应挖掘和吸纳儒家礼文化中教育之道、教育伦理思想的精华,弘扬中华民族几千年尊师重教的优良传统,在全社会重新树立重教尊师的价值理念,恢复教师职业的庄严和神圣。一是借助于礼文化资源,对古代的拜师礼、谢师礼、敬师礼等进行与时俱进的仪式改造和内容完善,在新生入学、毕业典礼以及教师节等庆典中加以推广运用。二是学习借鉴世界上一些国家尊师重教的经验。例如,美国通过设立"国家年度教师"奖,引导全社会尊重教师。该奖项每年只选一人,由美国总统在白宫亲自为其颁奖。获奖者在当选之后的一年中全薪留职,作为教育界的形象代言人,肩负着向政府和社会发声、传达教育理念的重要职责。三是国家及学校的各级管理部门,应在教育政策制定、教学科研制度设计等方面,尊重教师的个人劳动和人格尊严,让教师过上物质体面、精神满足、职业自豪的生活。只有这样,教师才能全身心投入教育事业,才能以自己安稳、愉悦的身心去关爱学生,雕琢灵魂。

2. 教师应既为"经师"又为"人师"。德国哲学家康德认为,教育是人能完成的最大且最难的问题。站在教育第一线的教师要完成这一重任,需要有高超的教学艺术。教学艺术是教师渊博的学识、高尚的师德、超常的口才、得体的教法、丰富的经验、典雅的风度等的综合体。《学记》阐释的为师之德值得今之为师者珍视和学习。"学高"者为师,此乃"经师";"德高"者为范,此乃人师。学校不仅是社会文化、文明的集散地,而且对整个社会的精神文明建设起着示范和辐射作用。因此,《学记》提醒世人要慎重择师,即在道德、学识和教学艺术等方面对教师应高标准严要求。对一所大学而言,满腹经纶、学富五车的"经师"是办学之本,教师要避免沦为"记问之师"或"照本宣科之师",就应该学而不厌,博学多识,"为了使学生获得一点知识的亮光,教师应吸进整个光的海洋"。"青少年是实现中华民族伟大复兴中国梦的主力军,广大教师就是打造这支中华民族'梦之队'的筑梦人。"[3]教师的言行举止、道德素养对学生世界观、人生观、价值观的影响不可低估,这就要求教师言教与身教并重,在品行上成为学生的楷模。同时,

"人师"还需是仁爱之师。教师要以一视同仁之心爱护尊重每个学生,时刻记住陶行知先生的告诫:你的鞭子下有瓦特,你的冷眼中有牛顿,你的讥笑里有爱迪生,真正做到有教无类。教师职业是需要奉献的事业,教师应以"捧着一颗心来,不带半根草去"的精神投身于教育事业。

3. 学生要尊老师、重实践、会做人。教师对学生而言,不仅是知识的传授者、真理的引路人,更是灵魂的雕琢师。孟子曰:"爱人者,人恒爱之;敬人者,人恒敬之。"(《孟子·离娄下》)对"一颗仁心爱学生、两袖清风为教育、呕心沥血育人才"的老师,每个莘莘学子都应尊敬之、爱戴之、感恩之,并将老师传授的为学之道、成人之道、成才之道传承下去,发扬光大。中国虽为教育大国,但并非教育强国。今天的教育仍存在着重做事、轻做人,重文凭、轻人品的弊端,导致了部分受教育者高分低能、有才无德的后果。孔子强调"不学礼,无以立",主张"君子不器",反对教育将人变成工具,并将德才兼备的君子作为育人的目标,将做人置于教育的首位。陶行知则说:"千教万教,教人求真;千学万学,学做真人。"联合国教科文组织提出 21 世纪教育发展的目标是要让学生"学会求知,学会做事,学会共处,学会做人"。无疑,学会做人是教育的根本目标,是一个人能否全面发展、成为"全人"的关键。另外,教育不能脱离生活实践。我国教育存在着重理论轻实践、重知识轻素质的现象,不少家长把本来用以丰富孩子们生活、促使其健康发展的素质教育也变成了追求名利的工具,学生们在考试的指挥棒和强烈的名利欲的支配下,两耳不闻窗外事,埋头读书,没有时间交友或参加社会实践活动,致使很多同学不会关心他人,缺乏合作精神,难以与人相处,甚至出现严重的人格问题和心理障碍。因此,让学生学会做人、学会共处已成为当代教育伦理建设的一大任务。

古代的教育伦理观虽有囿于历史和时代的局限性,但更有跨越时空的普适价值。《礼记·学记》中的教育伦理思想对当代中国教育具有重要的启迪和借鉴意义。吸纳和弘扬古代教育伦理思想的精华,有助于形成尊师重教的社会风尚;谨守爱生敬业的师道伦理,有助于构建教学相长、和谐友善的师生关系;倡扬"尊其师"、"亲其师"、"信其道"的校园风气,有助于奠定学生成人成才的心理基石;厘定立德树人、唤醒灵魂、成人为要的教育本质,有助于教育界乃至全社会对教育发展方向和未来的掌控。

参考文献：

［1］雅斯贝尔斯.什么事教育［M］.北京:生活・读书・新知三联书店,1991:92,3—4,44,90—91,54.

［2］柯领.追问教育的本质［M］.北京:人民日报出版社,2011:6.

［3］习近平.习近平同北京师范大学师生代表座谈时的讲话［N］.人民日报,2014-09-10.

中国古代教育的人本审思

柳 媛

（中山大学 马克思主义学院）

人本主义一向被视为西方文化尤其是自文艺复兴以来的西方近代文化的重要产物，西方教育的人本主义传统也就源远流长。而中国传统的儒家文化，特别是早期的儒家文化重视人伦和人的实践智慧，从伦理实践的角度肯定了人作为主体的道德自觉的意义，也被认为具有鲜明的人本主义因素。有学者指出："中国古代儒家学说不仅有其极为鲜明的人本主义的思想传统，而且以其历史之悠久、思想之精湛而堪称人类人本主义思想中之大成和典范。"[1]所以，中国古代人本主义文化影响下的教育思想和实践同样具有丰富的人本教育资源，本文略做梳理。

一、古代人本主义教育的理论源头

在我国古代，德育是教育的中心问题，孔子把教育主要归结为"德教"，中国古代的教育不仅具有提高人们知识文化水平的功能，更重要的作用在于提高人们的伦理道德水平。所以，古代教育从个体层面而言始于人们对人性的不同认识及施予的道德教化。在《论语·阳货》中孔子对人性提出"性相近也，习相远也"的命题。在先秦时期的

作者简介：柳媛，中山大学马克思主义学院副教授。主要从事教育理论研究。

Email：edsly@mail. sysu. edu. cn

百家争鸣中,我国古代先哲有坚持人性本善、人性本恶、人性有善有恶、人性无善无恶和人性善恶混杂等各种观点。有学者指出:"人本主义早熟和定位于先秦的早期儒家学说里,而孟子的理论堪称其出类拔萃的杰出体现。"[2]孟子的"性善说"可以说是我国古代人本主义教育的理论源头。《孟子·滕文公上》云:"孟子道性善,言必称尧舜。""性善"是孟子对人性的理解,并依此提出了很有价值的教化方法,其一整套修身养性的方法,强调了道德修养的主动性,即人的道德品质高低优劣根本上依靠个人主观的履践和追求,只要坚守善的天性,并且持续不断地努力向善,就一定能达到君子的高尚道德境界。后人对孟子性善论大体上有"人性本善论"和"人性向善论"两种理解,无论人性"本善"还是"向善",都明确和强调了人在教育中的主体性地位。

1. "心善":"人性本善"说奠定人本教育的伦理依据

孟子认为,人性是与生俱来的自然天性,"犹水之就下",在人的自然天性中,存在着某种先验的道德本根即善心,"水信无分于东西,无分于上一乎? 人性之善也。犹水之就下也。人无有不善,水无有不下。""人性本善"即是将性善还原为心善,认为人具有道德自觉的本然之善心,仁义礼智四端不是外面强加于人,而是原本就在每个人心中的,是人之为人的先验要素,也是人区别于动物的关键所在。孟子认为人生而具有恻隐之心、羞恶之心、辞让之心和是非之心以及由这"四心"扩充而生成的仁义礼智这"四德",他说:"恻隐之心,人皆有之;羞恶之心,人皆有之;辞让之心,人皆有之;是非之心,人皆有之。"[3]"四心"如同人有四肢一样,是人与生俱来的东西,并且是区分人与非人的标准,是人性的固有内容,他说:"无恻隐之心,非人也;无羞恶之心,非人也;无辞让之心,非人也;无是非之心,非人也。"[4]"四心"是仁义礼智这四种道德的发端,"恻隐之心,仁之端也;羞恶之心,义之端也;辞让之心,礼之端也;是非之心,智之端也"。[5]故"四心"又称"四端","四端"发展起来便成为仁义礼智"四德"。可见,孟子是以心善言性善,徐复观说:"因心善是'天之所与我者',所以心善即是性善;而孟子便专从心的作用来指证性善。"[6]因仁义礼智四端皆由心来,故孟子说:"仁义礼智,非由外铄我也,我固有之也。"[7]孟子进一步提出,人心之所以善在于人先天具有"良知良能","人之所不学而能者,其良能也;所不虑而知者,其良知也"[8]。心善是人内在必然具有的而不是可能具有的性向,只要是人,就内在必然地具有向善的能力,良知良能使心在发用时所产生的思想、观念和情感等都是善的。所以,良知良能作为心天生的能力,制导着心向善的方向运思,在良知良能的制导下的心理活动就是自然而然地去行善,人之性善"非所以内交于孺子之父母也,非所以要誉于乡党朋友也,非恶其声而然也"。[9]良知良能必然地使心乐于向善,如"礼义之悦我心,犹刍豢之悦我口"。[10]

同时,人之性并不只是呆板的天生资质,孟子把人之性理解为顺从自己的性向,具有体现内在能动性的含义。同样在"以水论性"之辩中,孟子顺着告子以水喻性的思路进一步突出了对人之性的能动的理解。在孟子看来,水固然如告子所说的没有往东流或往西流的定向,但它有向下流的定向。水之性是从上至下,人之性善,亦正如水之性那样,具有自己如此的趋向。相反,如果水从下往上流就是"其势则然",是外力作用的结果而非水之本性。这就是说,人之性如同水之性,是一种自己如此,自己能动的趋向。可见,孟子认为人之性是人内在具有的能动主体性。是人内在必然地、主动地具有而不是可能地、被动地具有的性向。如孟子自己所说,人之性善在于人具有为善之本,具有为善的能动性、自主性、自足性。

2."存心养性":"人性向善"说的主体性道德实践是人本教育的重要内容

人的良知良能为人的为善提供了充分的内在根据,良心本心是性善的基础,人人都有善良之本心,但这也只是仁义礼智之端倪,只有将四端扩而充之才能发展为完整的善性。因此,性善是人心的一种倾向性,人还需通过存养的功夫,靠人的不断主观努力,坚持凭自己的精神能动性来达到一定的道德境界,四端之心就可以向仁义礼智四德转化。所以,孟子所谓的"性善"不是说每一个人生来都是道德完全的人,而是说每个人生下来,在其本性里面都自然含有善的因素或都具有善性,都有向善的可能,向善的资质趋向。他说:"乃若其情,则可以为善矣,乃所为也。若夫为不善,非才之罪也。"[11]对此,胡适说:"孟子叫做'性'的,只是人本来的质料,所以孟子书中'性'字、'情'字、'才'字可以互相通用。孟子的大旨只是说这天生的本质,含有善的'可能性'"。[12]冯友兰也说:"孟轲所谓性善,也还不是说,每一个人生下来都是道德完全的人。他是说,每个人生下来,在其本性里面,都自然有善的因素,或者说原则。"[13]所以,从人的本性角度看,人皆有"四端",如果每个人都能把它扩而充之,则都可以成为圣人,故他认为"人皆可以为尧舜",[14]圣人就是把"四端"发展到最完全程度的人。所以,性善也即"存心养性"的向善过程,就是将"善心"扩而充之的人的道德实践。

首先,存心就是养性,养性就是存心,一旦将仁义礼智之端存于内心,就是滋养自己的诚善之性。存心养性在性善论中占有特殊的地位,要使人保持其善,主要通过养心的方法,使心保持其原有之性。孟子强调"存夜气",区分大体和小体以求"寡欲"以及"养浩然之气"等,他所说的"气"主要指精神力量,不是物质之气,这种精神力量的养成既要靠理性的自觉,又要靠意志的锻炼,通过坚持不懈的努力来增强精神力量。故其修养之法是通过主体的道德实践抵御外界的诱惑,注重以内制外的教化途径。孟子认为个人应该而且能够保持和扩充心中固有的善端,认为每个人只要履行养心寡欲之法即可保持人性固有之善,而不需要外在力量的强制,从而高扬了个体人的主体能动性。其次,孟子的道德实践主要是通过内省或自我教育来达到自我完善,强调人的主观努力和自觉性,自反是重要的修身途径。自反即反身内求自己的良心本心,将良心本心发现出来。所以,性善论的践履重于思,孟子认为,人的良心本心需要切己自反、反躬自问,这个过程是通过个人自己的思考、反思来完成的。"仁义礼智,非由外铄我也,我固有之也,弗思耳矣。"[15]人人都有仁义礼智之端,这是性善的内在根据,成就道德就是要不断反思自己的良心本心。所以,扩充善性的过程就是通过返求诸己使个人善的内在根据充分展开的过程。孟子强调,"尽心"方能"知性",只有静观内心,切身自反,把自我内在良心、善端完完全全的体察出来,才能够知性,完满道德;另一方面,自反的展开也是充分肯定人的内在潜能在德教中的基础作用,因为尽管善端是以萌芽的形式存在,但是其隐含的内容已经非常丰富,德育实质上是一个如何复归个人善性的过程,后天涵养功夫只是先天善端得以自然展开的外在条件,其作用在于辅助善端的发展,把自发的东西变为自觉的要求,可见德教不是一个违逆本性的过程,要出于人性之本又归于人性之本,强调要遵循人的身心发展规律的主动过程。自反的修身途径不仅某种程度上预设了人本德育的重要前提即社会的道德规范以萌芽的形式存在于每一个体之中,成为个体社会化和成就圣人的内在根据,而且通过充分发挥主观能动性的道德实践就能使自我实现成为可能。

孟子作为儒学的重要代表,其"性善"说的理论内涵是十分丰富的,从人本教育的角度看,他将人性本善作为理论出发点,以心性本体论建立了教育的内在性根据;同时将教育的重点放在主体自觉的道德完善上,强调人的自身修养对善性的实现具有决定意义,以道德实践的后天修养学说为人成就道德提供了现实性,这些理论上的可贵探索具有鲜明的人本主义特色。

二、 古代人本主义的教育原则和教学方法

中国古代教育思想源远流长,博大精深,两千多年前我国伟大的思想家、教育家孔子就被誉为人本教育思想的始祖。《论语》集中体现了孔子的教育思想,他说:"朝闻道,夕死可矣。"[16] 这里的"道"即"人道",所谓"非天之道,非地之道,人之所以道也"。[17],孔子的教育主张和教育思想在人本主义早熟的春秋战国年代使儒家教育具有鲜明的人本主义特色,呈现强烈的人文关怀;古代另一部典籍《易经》"蒙"卦的卦辞说:"匪我求童蒙,童蒙求我。"意为"不是我求蒙昧的童子(学习),而是蒙昧的童子求我(施教)"。《易经》把教育看作学生自身的需要,不管儿童是否意识到这种需要,都不影响教与学过程中学生的中心地位,注重发挥学生的主体地位成为古代人本主义教育的重要体现。

1. 古代人本主义的教育原则:学思结合和知行统一

教育原则是指教育活动必须遵循的基本要求,学思结合和知行结合的教育原则是我国古代教育思想的精髓,旨在充分调动学生在教学活动中的能动性,积极发挥人的潜能,并且注重将教育活动与生活实践结合起来,是我国古代人本教育的充分体现。

第一、学思结合 最早明确提出学思原则的是孔子。《论语》中说:"学而不思则罔,思而不学则殆。"[18]孔子认为一个人只注重学习、知识的积累而不思考,就会遭蒙蔽,影响学习效果;另一方面,如果只是苦思冥想而不学习、积累知识,也会越想越疑惑,百思而不得其解。所以孔子主张学思结合、学思并重。《论语·为政》在思与学的辩证关系问题上认为学是主导的,要在学习的基础上思考,不学而思是没有任何意义的。孔子说:"吾尝终日不食,终夜不寝,以思,无益,不如学也。"[19]战国时期的荀子也表达过相同的思想:"吾尝终日而思矣,不如须臾之所学也。"[20]同时,思是学的深化和系统化,人们在感性认识的基础上进行思考就可以向理性认识过渡,孟子明确指出:"心之官则思,思则得之,不思则不得也。"甚至说"尽信书则不如无书"[21],学习必须与思考相结合,勤于思考而不盲从。《礼记·中庸》把孔子学思并重的思想发展为"博学

之、审问之、慎思之,明辨之、笃行之"五个学习步骤,充分肯定了学、问、思、辨、行的相辅相成关系。

学思结合的原则强调了学生在教与学过程中的中心地位,特别凸显了在尽量学习吸收前人留下的知识的同时,更要调动学生的主观能动性,通过思考发挥其聪明才智,消化吸收巩固知识,"耳目之官不思,心之官则思,思则得之,不思则不得也"。[22]后代的思想家也继承和发挥了这一思想,王夫之说:"致知之途有二,曰学、曰思。学则不恃己之聪明而一唯先觉之是效。思则不徇古人之陈迹而任吾警悟之灵。"[23]这说明学思各有其特点和重要性,在汲取古人经验知识的同时,不惟古人为是的思考更强调了学习者的独立性。朱熹说:"学便是读,读了又思,思了又读,自然有意。……若读得熟而又思得精,自然心与理一,永远不忘。"[24]可见,学与思的结合能够互相促进,"学非有碍于思,而学愈博则思愈远;思正有功于学,而思之困则学必勤"。[25]博学能够使思考更加深刻,而思考则能使学习的知识更系统化,更有思想深度。

对于如何做到学思结合,古代的思想家们都认为必须让学生在学习的过程中产生不解的疑问,从而引起学生深入的思考,存疑、释疑的不断思考过程就是以学生为本的学习过程。北宋张载曾说:"可疑而不疑者,不曾学;学则须疑,譬之行道者,将之南山,须问道路之自出。若自安在,则何尝有疑。"[26]多读书,多思考,学思结合才能存疑、释疑,才能取得学习上的进步。"所以观书者,释己之疑,明己之未达,多见多知所益,则学进矣。于不疑处有疑,方是进矣。"[27]学生通过思考而产生疑问,要求解答疑问,存疑、释疑成为学思结合的重要途径,是从"学"到"思","思"促进"学",发挥学生主体性的具体形态。

学思结合原则的运用则实质上也是对"内省"的重视,"内省"就是积极开展主观的思想分析活动,自觉地进行思想监督,使对道德规范的遵循成为受教育者内在的自觉要求。先秦儒家确信道德价值的源头在一己之心,教育注重个人的自我修养,进行谨慎而虔诚的内心自省。"内省"的积极意义在于不是闭门修养,而是充分发挥个人的主观能动性。《劝学》篇中说,"君子博学而日参省乎己,则知明而行无过矣",即在学习广博的知识的同时要每日思考省察自己,通过对自己的不断反思才能知道什么是正确的,怎样在行动中无过错,从而具有高尚的道德修养。孟子也认为"爱人不亲,反其仁;治人不治,反其智;礼人不答,反其敬;行有不得者皆反求诸己"。[28]反求诸己意即任何得不到预期效果的行为都应当反躬自问,从自身查找原因,注重自我的追问与思考、反省。朱熹进一步发挥了这一思想，强调"内无妄想"、"外无妄动"，外在的教育必须为受教育者认同才能发挥作用，体现了对受教育者主体自觉的依赖和重视。

古代教育思想中大量对学思关系的深切体验和精辟总结，对于学生培养正确的学习方法和独立思考的能力有着重要的启发意义。学思结合这一教育原则的贯彻充分调动了学生的主观能动性，坚持让学生在学习中居于主体地位，在现实教育活动中仍然意义重大。

第二、知行统一　知行统一的原则是儒家强调教育应该面向学生的现实生活，反对将教育变成脱离生活实践的求知活动，主张将教育活动与生活实践统一起来的人本主义教育思想。首先，古代的思想家们认为生活实践是知识的真正来源，学生只有将学习和自身的生活实践相结合，才能真正学到知识和提升道德水平。王夫之以下棋来说明真知源于行的道理，"格致有行者，如人学弈棋相似，但终日打谱，亦不能尽达杀活之机，必亦与人对弈，而后谱中谱外之理，皆有以悉喻其故。且方其逐著心力去打谱，已早属力行矣"。[29]同时，即便是通过读书获取的间接经验也必须与习行结合起来，古人颜元说："周公之法，春秋教以礼乐，冬夏教以诗书，岂可不读书！但古人是读之以为学，如读琴谱以学琴，读礼经以学礼。"[30]所以，真正的学问须在实践中才显示出其价值，"读得书来，口会说，笔会做，都不济事，须是身上行出，才算学问"。[31]其次，知行统一是强调学习的目的是为了学生的生活实践，反对脱离实践的无用知识。孔子说："诵诗三百，授之以政，不达，使于四方，不能专对，虽多，亦奚以为？"[32]孔子认为《诗经》读得再多但无实践中的行事能力也是无用的。荀子同样认为实践是学习的目的，"学至于行而止矣。行之，明也，明之，为圣人"。[33]朱熹也有相同的主张，如果学生不能将学习的知识运用在实践中就和不学是一样的，他认为：为学之实，固在践履，苟徒知而不行，诚与不学无异。[34]所以，学生要获得真知，所学能够解决实际中的问题，必须将知识学习与生活实践统一起来，学习和实践脱离不仅不能获得真知，同样也不能解决任何实际问题，"讲得一事，即行一事；行得一事，即知一事，所谓真知矣。徒讲而不行，遇事终有眩惑"。[35]所以，"君子之学，未尝离行以为知也必矣"，[36]可见，学习必须以学生的实践为中心，某种程度上也是以学生为本的重要体现。

孔子把"身体力行"作为教育的一个最重要原则，极力反对那种言而不行或言过其行的人。孔子在德育实践中总结出：对人不能"听其言而信其行"，而要"听其言而观其行"。[37]受教育者的行才是决定性的因素。墨子发展了孔子主张的言行一致的教育思想,提出一种善行,如果不是出自内心的认识,就不会持久;一种德行,如果不是出于切身的自觉,就不能坚定,这都强调受教育者在教育中主体性的发挥,以受教育者的实际行动作为教育的落脚点。

2. 古代人本主义的教学方法:问答法、因材施教法和启发诱导法

教学方法是教师在教学过程中所采取的具体方法和手段。儒家教育中也有很多坚持学生在教学过程中主体地位的教学方法,倡导以学生为中心,充分调动学生的积极性与主动性,激发学生的学习兴趣和内在潜能,在教学过程中引导学生独立认识、自我探索,具有显著的人本特色。

第一、问答法 在古代教学实践中,问答法是运用得十分广泛的教学方法,无论是学生提问老师回答还是老师提问学生回答,目的在于学生都可以在提出问题、思考问题、解决问题的过程中发挥其主体作用,充分调动学习的积极性和主动性。《论语》中孔子与诸弟子论学的言论,大都一问一答,一事一议,师生对话漫谈。朱熹认为:"读书无疑者须教有疑,有疑者却教无疑,到这里方是长进。"[38]教师提问的目的是启发学生思考产生疑问,通过思考解答使疑问得到解决;教师对于学生的提问,应该在学生积极思考的基础上根据学生的实际疑问作出准确而有针对性的解答。荀子就教师如何解答学生的问题时提出:"故不问而告,谓之傲;问一而告二,谓之嚾。傲非也,嚾非也,君子如响矣。"[39]就是说教师恰如其分地回答学生的问题才能真正解决学生的疑难,最好地调动学生的学习积极性。学生如何能提出问题呢?《礼记·学记》是论述我国古代为学之道的著作,其"学学半"的教育观点认为,古代教育以自学为主,教师讲授很少,设课不多,学生在教师的引导下自学,即向老师学习和自学各得其半,明确了自学的重要性。所以,通过自学中的积极思考才能提问,才能向老师学习,这就以通过自己学习、提出问题的方式突出了学生在教与学中的中心地位。

第二、因材施教法 因材施教是指针对不同教育对象的特点和实际情况,采取不同的教育方式。孔子是古代最负盛名的教育家。他最早提倡"因材施教",要求教育者对学生要"视其所以,观其所由,察其所安";要"听其言而观其行",[40]即要求教育者了解学生的所作所为、兴趣爱好、性格特点等,在此基础上针对学生的不同情况,确定不同的教学内容,采用不同的教学方法。有时不同学生提出同一问题,他也根据学生的

不同情况给予不同的回答。孔子还主张针对学生智能的高低进行不同的教育："中人以上,可以语上也;中人以下,不可以语上也。"[41]孟子也非常强调因材施教,强调教学方式的变化。他说:"君子之所以教者五:有如时雨化之者,有成德者,有达财者,有答问者,有私淑之者。"[42]根据学生的个别特点,以安排不同的教学内容、进度和施行不同的教学方法。《学记》把这一方法称之为"长善救失","知其心然后能救其失",指要了解学生的心理特征和才能,发挥学生的优点、长处,克服学生的缺点、短处。所以,因材施教强调学生在教学中的中心地位,教师要深入了解学生的特点,才能因势利导,取得好的教学效果,王夫之说:"教思之无穷也,必知其人德性之长而利导之,尤必知其人气质之偏而变化之。"[43]因材施教不仅要发挥学生的长处,纠正其短处,而且在教学过程中,因材施教还指要根据学生的知识水平和接受能力,分别确定不同的教学内容和进度,教学要注意"使辞足以达其智慧之所至,事足以合其性情之所安,弗过其任而强牵制也"。(《中论·贵言》)因材施教还注意到每个人都有自己的特点和专长,教师据此重点加以教育,就可以使之成为某一领域的优秀专门人才。所以,朱熹说,"孔子教人,各因其材",概括的就是我国古代教育通过因材施教培养优秀的专门人才而言的。因材施教法是我国古代德育最为重要的教育原则和方法之一。比如孔子在答复别人"问仁"、"问孝"时,常常针对不同的对象作出不同的回答。因材施教是建立在对学生充分了解基础上的,孔子就十分熟悉学生的个性,注意在个性的基础上扬长避短,发挥学生的能力。德育实践证明,德育的效果取决于教育者能否将学生置于中心地位,从其实际出发,如果脱离学生的思想实际,是不可能取得理想的教育效果的。荀子在他的德育思想中也明显地继承和发展了孔子因材施教这一思想,提出教育者要针对每个人的个性特点进行教育,他说,"治气、养心之术:血气刚强,则柔之于调和;知虑渐深,则一之于易良;勇毅猛戾,则辅之于道顺",根据每个人的个性差异,施以不同的教育内容。对于学生思想实际的把握,荀子说:"问楛者,勿告也;告楛者,勿问也;说楛者,勿听也;有争气者,勿与辩也。故必由其道至,然后接之,非其道则避之。"[44]楛,指不正当的事;气,指意气用事;区分了受教育者不同的情况才去讲道理,谈论"道"的最高境界。在教育过程中,古代教育家很注意师生之间互尊互爱和谐氛围的营造,孔子在弟子中的形象是"温和而严厉,有威信而不凶猛,庄严而安详"。教学中师生之间可以互相切磋,互相启发,学生对孔子的评价是"夫子循循然善诱人"。

第三、启发诱导法 启发诱导式教学是调动学生积极性,提高其学习兴趣,而不是让学生消极被动地接受知识的一种方法。中国古代教育家特别重视对学生进行启发诱导,强调学生在教学过程中的自觉性、积极性,肯定、尊重学生在教学过程中的主体地位,注意培养和锻炼学生自主学习的能力。孔子最早完整论述启发诱导法运用的特点,他说:"不愤不启,不悱不发,举一隅不以三隅反,则不复也。"[45]孔子要求学生在教学中要积极主动的思考问题,教师的启发要在"愤"即学生想弄懂却又没有完全理解,"悱"即口里想说却又不能表达的时候才是最有效的。因为"愤""悱"恰恰是学生正处于一种积极主动、思维十分活跃的心理状态之时,这时候的启发诱导就能达到举一反三、触类旁通的目的。朱熹注云:"愤者,心求通而未得之意。悱者,口欲言而未能之貌。启,谓开其意。发,谓达其辞。""愤、悱"强调自觉的学习态度,只有在学生这样的精神状态下,教师的启发讲解才是有效的。孟子也很重视启发式教育,他有一句名言:"君子引而不发,跃如也。"[46]即教师如同射手,张满了弓却不发箭,做出跃跃欲试的姿势,以启发诱导学生。孔子认为,为让学生达到愤悱的境界,宁可不启不发。为了使学生举一反三,宁可不讲不教。培养自学能力和思维比获取知识更为重要。只有当学生提出问题又讲不出究竟的时候,才讲给他听。《学记》对此也有完整论述,指出:"君子之教,喻也。道而弗牵,强而弗抑,开而弗达。"[47]所谓"喻"就是启发诱导,"君子之教"意思是说,教师要善于启发诱导学生,让学生自己思考求得理解。启发诱导的途径应当是:引导学生而不是给以牵掣;激励学生而不是强制其顺从;启发学生而不是一下把结论告诉他们。引导而不是牵掣,就能处理好教与学之间的矛盾,开导学生积极的思维;激励而不是强制,学生就会积极主动而不是消极应对,培养学生主动的学习精神;启发而不代替学生得出结论,就可培养学生独立思考的能力,而非牵着学生生硬地灌输知识。《礼记·曲礼》曰:"礼,闻来学,不闻往教。"孟子在阐述启发诱导教学法时提出"自得"的说法,"君子深造之以道,欲其自得之也"。[48]孟子倡导的这种"自得",就是要求学生在教学过程中以一种积极的认识主体的姿态而获得知识,变外在知识为内在所得,变外在之道为自身的内在之德,只有学生具备积极主动的学习态度、独立深入的思考活动才能真正地掌握所学知识,使外在的道德准则内化为自身的坚定信念。

就以上的教育原则和方法而言,中国的古代教育可以说是一种强调受教育者在教育中主体性的"生本教育";另一方面,古代教育重视人伦、人格,早在儒家经典《周易》中就有"观乎人文,以化成天下"的记载,即以人为中心,施以教化,以成天下;无论是"修身、齐家、治国、平天下"的儒家理想,还是"有教无类"、"人人皆成尧舜"的平民教育观,以及如梁漱溟所说:"中国人的教育在偏着情意的一边,例如孝悌……之教"等都具有鲜明的人本取向,凡此种种,对今天以人为本的教育来说应该是可以挖掘出颇多值得借鉴的合理因素。

参考文献:

[1][2] 张再林.中西哲学比较论[M].西安:西北大学出版社,1997:197.

[3][7][10][11][15][22] 孟子·告子上[A].孟子译注[C].杨伯峻,译.北京:中华书局,1960:259,261,259,259,259,270.

[4][5][9] 孟子·公孙丑上[A].孟子译注[C].80,80,80.

[6] 徐复观.中国人性论史·先秦篇[M].上海:上海三联书店,2001:149.

[8][42][45] 孟子·尽心上[A].孟子译注[C].307,320.

[12] 胡适.中国哲学史大纲[M].北京:东方出版社,1996:256—257.

[13] 冯友兰.中国哲学史新编(第二册)[M].北京:人民出版社,1984:78.

[14] 孟子·告子下[A].孟子译注[C].276.

[16] 论语·里仁[A].杨树达校.论语疏证[C].上海:上海古籍出版社,1986:95.

[17][33] 荀子·儒效[A].章诗同校.荀子简注[C].上海:上海人民出版社:63,73.

[18][40] 论语·为政[A].论语疏证[C].50.

[19] 论语·卫灵公[A].论语疏证[C].40,47.

[20][39][44] 荀子·劝学[A].荀子简注[C].2,7,7.

[21] 孟子·尽心下[A].孟子译注[C].325.

[23][25] 王夫之.船山全书(第八册)[M],长沙:岳麓书社,1990:301,302.

[24] 朱熹.学规类编[A].

[26] 张载.经学理窟·学大原[A].张载集[C].北京:中华书局,1978:178.

[27] 张载.理窟·义理[A].张载集[C].259.

[28] 孟子·离娄上[A].张载集[C].259.

[29] 王夫之.船山全书(第六册)[M]长沙:岳麓书社,1991:409.

[30] 颜元.存学篇[A].颜元集[C].北京:中华书局,1987:50.

[31] 颜元.斋记余[A].颜元集[C].189.

[32] 论语·子路[A].论语疏证[C].304.

[34] 朱熹.朱文公文集·答曹元可书[A].

［35］王廷相.家藏集•与薛君采二首［A］.

［36］王夫之.尚书引义（卷3）［A］.

［37］论语•公冶长［A］.论语疏证［C］.121.

［38］朱熹.学规类编［A］.

［41］论语•雍也［A］.论语疏证［C］.143.

［43］王夫之.船山全书（第七册）［M］,长沙:岳麓书社,1990:656—657.

［45］论语•学而［A］.论语疏证［C］.178.

［47］礼记•学记［A］上海:上海古籍出版社,1987:124.

先秦儒家孔孟荀师德观研究

杨　冰
（南京晓庄学院）

儒家是中国古代最有影响的学派，春秋末期由孔子所创立，是对中国文明发生过重大影响并持续至今的意识形态，尤以先秦儒家孔子、孟子、荀子为代表。师德是随着人类教育活动的产生、发展而形成和延续的，师德的内涵与我国儒家思想渊源深远。儒家思想是中国传统文化的核心，先秦儒家师德观是中国传统师德文化的溯源，师德理论可以从先秦儒家思想中找到根芽，中国古代系统地论述师德，也是从春秋末期的大教育家孔子开始的，他是我国古代第一位对此有过深刻思考和系统论述的教育家。可以说，先秦儒家师德观是教师发展之魂的根芽、源泉，对当前师德建设倡导确立崇高的职业理想、倡导以人为本、倡导和谐的师生关系、反对功利主义教育、提高教育教学质量，具有重要而深刻的现实意义。

一、孔子的师德观

我国教师职业道德的系统化，是从春秋战国时期的孔子开始的。孔子是中国古代伟大的思想家、杰出的教育家，是给中国历史乃至整个东方文化以深刻影响的卓越先驱。他开私学之风，而且对师德进行了总结和概括，形成了我国教育史上第一个教师职业道德规范体系。

1. 学而不厌，诲人不倦的敬业精神

孔子一生热爱学生，忠于教职，在教育这片芳草地上辛苦耕耘，硕果累累。"学而不厌，诲人不倦"是教师最可宝贵的品格，是一种崇高的修养和精神境界，也是孔子对为人师者所提出来的第一要求。孔子把"学而不厌"与"诲人不倦"联系起来，而且把"学而不厌"视为"诲人不倦"的前提。

"诲人不倦"是教师奉献精神与敬业精神的写照，要把自己的知识毫无保留地传授给学生，并不知疲倦地为他们工作。孔子立志从教 40 载，其"三千弟子，七十二贤人"，对传承孔子学说做出了重要贡献。孔子对文化教育事业的追求与忠诚，这种"发愤忘食，乐以忘忧，不知老之将至"的精神境界，为后世树立了光辉的师德风范。他的弟子子贡这样称道夫子："学不厌，智也；教不倦，仁也。仁且智，夫子既圣矣。"对此孔子还谦虚道："若圣与仁，则吾岂敢？抑为之不厌，诲人不倦，则可谓云尔已矣。"

2. 身体力行，为人师表的人格风范

孔子要求教师以身教胜言教，成为学生效仿的榜样。孔子认为教师不仅要向学生传授知识，而且要向学生传授做人的道理，教书育人是教师义不容辞的责任。言教在说理，旨在提高学生的道德认识，身教在示范，旨在指导学生行为的方式与方法。孔子认为，教师身教的示范性作用对学生道德品质的形成影响更大，身教重于言教。因此，孔子非常主张自身的端正，他说："其身正，不令而行；其身不正，虽令不从"，"不能正其身，如正人何？"又说："子帅以正，孰敢不正。"主张以自己的高尚品行去影响和塑造学生，用这种无声的语言去渲染熏陶学生，凡是要求学生做到的，教师首先做到；凡是要求学生不做的，教师首先不做。

他自己的言行很坚持原则："非礼勿视，非礼勿听，非礼勿言，非礼勿动。"在是非面前，立场坚定，旗帜鲜明，他说："不义富且贵，于我如浮云。"他严于律己，宽厚待人，孔子说，"躬自厚，而薄责于人"，"君子求诸己，小人求诸人"，"己所不欲，勿施于人"。孔子对自己严格要求，对他的学生则是宽厚相待，他"不以言举人，不以人废言"。他允许别人犯错误，只是对"过而不改"者，才真认为是"过矣"。

他经常通过"内省"进行自我检查，自我批评，不断提高自己的道德品质和修养水平。孔子说过"君子之德风，小人之德草，草上之风必偃"，因此，他十分重视自己的道

德示范作用。他认为"人而无信,不知其可也"、"言必信,行必果"。从他的言语行为中,可以看到一个以身示教的教师风范。

3. 关爱学生,有教无类的师爱关怀

孔子主张教师应以一颗仁爱之心来对待所有的学生,人与人之间没有天生的等级差别,不应对个别予以歧视,他提出了"有教无类"的主张,认为对待学生要一视同仁。孔子办学,不分阶级,不分地域,不分贫富和智愚善恶,只要虚心求教,都予以热心地教导。处于学在官府的时代,这种有教无类的办学思想具有划时代的意义。

孔子最早提出"仁爱"原则,孔子认为一个有德性的人,心中一定是充满爱的,反映在师生关系上,就是对学生的关心和爱护。孔子对学生极其热爱,全面关心,从政治思想、品德作风、学业才能,以及日常生活无不关怀备至。孔子从不吝啬对弟子的赞美,也从不掩饰对弟子的批评,总是一语中的地指出弟子们的优缺点,鼓励他们有则改之,无则加勉,对弟子们寄予厚望:"后生可畏,焉知来者之不如今也。"孔子的弟子冉伯牛生病了,孔子亲自去探望他,他的得意门生颜回死了,他痛哭不已,并说"天丧予! 天丧予!"正因为孔子爱护学生,真诚无私地对待每个学生,才使得师生之间情深意笃,赢得了弟子们深深的敬意:"仰之弥高,钻之弥坚,瞻之在前,忽焉在后。夫子循循然善诱人,博我以文,约我以礼。欲罢不能,既竭吾才,如有所立卓尔。遂欲从之,末由也已。"

4. 循循善诱,因材施教的教学方法

孔子是我国古代首创启发式教学法的教育家。孔子说:"不愤不启,不悱不发。"就是说:在教学中要让受教育者自己先发生困难,有求知的动机,然后再去启发他,这样的教学效果才会好。他对学生循循善诱,或提问、或讨论、或品评人物事件,适时诱导,不断激发学生的思维,使之能"闻一以知十"。他的学生颜渊赞叹他:"夫子循循善诱人,博我以文,约我以礼,欲罢不能。"

因材施教是孔子运用得最成功的教学方法,在教学过程中,孔子善于从学生的实际出发,根据不同的情况,有的放矢地进行教育和教学。他承认学生在个性与才能上的差异。孔子对自己的学生了如指掌,往往能够一言以蔽之。他说:"求也退,故进之;由也兼人,故退之。"他知道冉求总是退缩,要鼓励他;仲由好勇过人,要约束他。以及

对每个学生个性的了解:"柴也愚,参也鲁,师也辟,由也彦。"孔子认为他的这些学生各有所偏,对他们的品质和德行分别加以纠正。

二、孟子的师德观

孟子是战国中期儒家思孟学派的杰出代表,他毕其一生热衷于教育,将教育天下英才视为人生一大快乐,在长期的教育实践中总结出一套卓有成效的教学方法,他关于师德的论述很多,是后世"为人师表"者的一笔精神财富。

1. 深造自得,博学详约

孟子曰:"君子深造之以道,欲其自得之也。自得之,则居之安;居之,则资之深,则取之左右逢其原,故君子欲自得之也。"就是说君子对"道"进行深刻研究,是要吸取精髓,丰富自己,将其变为自己所有,就能掌握牢固、积蓄深厚,就能够灵活运用而左右逢源,所以,君子学习要达到自得。孟子说的"自得",就是深刻钻研而领悟精华,融会贯通而成为自己的智慧,这样的知识牢靠,积累多了,便可以随时随地灵活运用,在观察事物、解决问题时运用自如,达到厚积薄发、左右逢源的境界,这才是真正获得了学问。

为了能达到这样的境界,孟子提出:"博学而详说之,将以反说约也。"意思是要广博地学习,做到能够详细地叙述,反过来又能作扼要的说明。就像是读一本书,"详"就是要把一本书读厚,即能够作详细的解说,用自己的知识积累再加以充实;"约",指把一本书读薄,即能够简明扼要地概括书的大意,用几句话阐明书中的精要。将学习化为自己的智慧,尽力广博的学习,就要把博学和详约结合起来。

2. 贤者昭昭,以身作则

有着"亚圣"美誉的孟子,十分重视教师自身的品德。他说过:"贤者以昭昭使人昭昭;今以其昏昏使人昭昭。"也就是说,贤明的人先让自己彻底明白,再教别人明白;现在的人自己还糊糊涂涂却去教别人明白。又如:"周于利者凶年不能杀,周于德者邪世不能乱。"意思是平时注意积累财富的人到荒年就不会窘迫,平时注意修身养德的人到乱世也不会感到迷惑。从这些论述里我们看到,孟子对自身道德品行的修养很是看重,他认为,圣人是百世之师,他们在百代之前奋发努力,而百代之后,听说他们事迹的人没有不奋起努力的。

孟子在 40 岁以前就办学教书,到他 84 岁逝世,大半生当教师。对于当教师,他经过切身的体会,曾说出一句名言:"人之患在好为人师。"意思是说人的毛病在于喜欢充当别人的老师。孟子认为"人之患在好为人师",正是基于他对教师的严格要求,不敢处处以"人师"自居,在履行教师职责上自我严格要求,事事以身作则,处处修己修身。

3. 因材施教,教亦多术

孟子在教学过程中提出"教亦多术"的教学原则与方法,他说:"教亦多术矣。予不屑于教诲也者,是亦教诲之而已矣。"孟子认为学生的学习应是自由的,愿意学就来,不愿意学就走,来去都应自由,但是对那些不愿意学的人可以采取"不教之教"的教学方法。孟子认为教学的方式方法是多种多样的,应当根据实际灵活运用。孟子的"教亦多术"这一提法是很有意义的,我们今天还是应当根据教学实际情况,诸如教师、学生、环境、设备等等来选择教学方法,以达到满意的教学效果。

孟子根据学生的不同情况确定教育内容,选择教育的方式与方法。他说:"君子所以教者五:有如时雨化之者,有成德者,有达材者,有答问者,有私淑艾者。"对不同知识结构、智力水平、品德修养和处于不同客观条件的学生,所应传授的内容,采用的方式方法和确定的发展目标都应该各有不同。

4. 持之以恒,改过迁善

孟子认为学习必须专心致志,努力进取,持之以恒,才能成功。孟子认为,人的知识只有经过不断积累,才能达到渊博。获得知识既然是一个长期积累过程,那么就必须持之以恒,具备坚强的耐力和毅力。教师不论是对待自己的工作还是对待学生都要持之以恒,要对自己和每一个孩子有信心,把教育当做一件快乐的事,不断努力坚持。

孟子对待自己或弟子犯了错,持有"改过迁善"的态度。孟子曰:"子路,人告之以有过则喜,禹闻善言,则拜。"意思是说,子路,当别人指出他的过错的时候,他就感到高兴,大禹听到别人嘉善的话,他就向别人致敬。可以看出孟子对子路和大禹的敬拜,要敢于承认自己的过错,只要改正过来就好。

三、荀子的师德观

荀子是战国末期先秦最后一位儒学大师,是中国伟大的思想家和教育家。荀子对教师应具备的基本品德有自己独到的见解。

1. 尊严而惮,耆艾而信

荀子认为:"师术有四,而博习不与焉。尊严而惮,可以为师;耆艾而信,可以为师;诵说而不陵不犯,可以为师;知微而论,可以为师。"意思是说,教师必须具备这样一些基本条件:有尊严,使人肃然起敬;有崇高的威信和丰富的教学经验;表达问题条理清晰,逻辑性强,语言简练、规范,且不违背师说;能体会礼法的精微之处,进行恰当的阐发。

荀子认为教师的工作是崇高而伟大的,只有儒者和君子圣人能承担,他特别强调教师的地位与作用。"天地者,生之本也;先祖者,类之本也;君师者,治之本也。""天地君亲师是礼之本。""礼者,所以正身也;师者,所以正礼也。无礼何以正身? 无师,吾安知礼之为是也?""国家兴,必贵师而重傅;贵师而重傅,则法度存。国将衰,必贱师而轻傅,则有快;人有快,则法度坏。"教师的地位和作用,直接关系到国家的前途和命运。国家兴盛,必定使教师受尊重、有地位;教师受尊重,国家的法律制度就能得到保存。所以,尊师重教,事关国家的兴衰存亡。荀子十分强调教师的尊严,认为教师具有绝对的权威。他说:"非礼是无法也,非师是无师也。"因此,把"尊严而惮"作为教师必备的条件之一。

2. 安礼正身,反省自察

在道德修养方面,荀子强调"礼",提出了一套以礼为核心的修养方法。荀子说:"礼者所以正身也;师者所以正礼也。无礼,何以正身? 无师,吾安知礼之为是也? 礼然而然,则是情安礼也。"他强调教师应该以礼为标准规范人们的行为,规范社会道德。

教师是学生的榜样,教师的一言一行都会被学生直接模仿,所以教师自身要严格要求自己的言语和行为。

荀子说过:"君子博学而日参省乎己,则知明而行无过已。"要广博学习而且每天多次省察自己,就会智慧日明而且行动不出差错。荀子曰:"见善,修然必以自存也;见不善,愀然必以自省也;善在身,介然必以自好也;不善在身,菑然必以自恶也。"意思是说,见到好的品行,一定要认真的检查自己有没有这种好的品行;见到不好的品行,一定要心怀忧虑地反省自己有没有这种坏品行;自己身上有好的品行,一定要意志坚定地珍视它;自己身上存在坏的品行,一定要像被玷污了脏物一样地抛弃它。可见荀子对自己时常进行反省自察,作为教师必须经常反省自己的言行,"安礼正身,反省自察",是教师必须所要具备的师德。

3. 教学相长,青出于蓝

荀子在关于师生关系上,有更精辟的见解,他指出"青,取之于蓝,而青于蓝;冰,水为之,而寒于水"的论断,鼓励弟子后来居上并勇于超越自己,在教授知识中,教师要毫无保留地将自己的学习经验和体会传授给学生,在传授知识的同时,还要用摆事实讲道理的方法告诉学生是非分明,做有益于社会的人。

作为一名教书育人的人民教师,不要害怕自己的学生在某些方面超过自己,要乐于看到学生身上的闪光点,帮助学生,共同进步,要有坚定的信念,相信学生会有超越自己的时候,"教学相长,青出于蓝"更是教师应该具备的美德。

参考文献:

[1] 王凌皓.中国教育史纲要[M].北京:人民教育出版社,2005.

[2] 华珍珍.简述孔子的师德观对当今师德建设的启示[J].时代人物,2008,(4).

[3] 赵万祥,肖丹.论孔子的师德观[J].长春师范学院学报,2006,25,(2).

[4] 申继亮.师德心语[M].北京:北京师范大学出版社,2006.

[5] 庄丽榕.儒家师德观的主要特征及现实意义辨析[J].长春工业大学学报,2010,31,(1).

[6] 刘震.孟子教学方法浅论[J].河南师范大学学报(哲学社会科学版),2006,33,(4).

[7] 夏凤.孟子的教育思想[J].河北师范大学学报(教育科学版),2008,10,(5).

[8] 许梦瀛.孟子对孔子教育思想的继承与发展[J].河南师范大学学报(哲学社会科学版),

2002,7,(1).

[9] 孙利.从《论语》看当代教师职业素养[J].北京理工大学学报(社会科学版),2009,11,(2).

[10] 王建梁.中国古代师德观的主要特征及其现代价值[J].北京理工大学学报(社会科学版),

2002,4,(3).

论儒家"知行合一"的伦理道德意蕴

迟成勇

（南京铁道职业技术学院　思政部）

儒家"知行合一"是儒家传统伦理文化的重要理念，是儒家道德修养论的特色内容。儒家"知行合一"是一种伦理智慧，是一个基于心性修养的道德实践问题，它具有丰富而深刻的道德理性精神和伦理道德意义。

一、 儒家 "知行合一"的道德实践理性精神

儒家"知行合一"作为一种文化理念，虽然是明代心学大师王阳明提出的。但是自儒家创始人孔子以来，儒家学者如孟子、荀子、程颐、程颢、张载、朱熹、陆九渊、王阳明及王夫之等，都对"知"与"行"的关系问题进行深刻的探讨。关于"知行合一"概念，不同的儒者有不同的表达。《尚书·说命》云："非知之艰，行之惟艰。"《左传·昭公十年》云："非知之实难，将在行之。"两者都强调"行"比"知"重要，亦即"行重知轻"。孔子说："君子欲讷于行，而敏于行。"（《论语·里仁》）孔子虽然没有直接探讨"知"与"行"的关系，但都认为孔子把"言行一致"作为区分"君子"与"小人"的的一个道德标准。孟子认

作者简介：迟成勇，安徽合肥人，哲学博士，南京铁道职业技术学院思政部副教授，主要从事思想政治教育、道德哲学与儒家文化研究。

Email：chidage2013@163.com

为,"恻隐之心"、"羞恶之心"、"辞让之心"、"是非之心"之"四端"是人先天固有,但要将其成为仁义礼智的道德,则必须要"扩而充之",即要在道德实践中才能达到。应该说荀子是先秦儒家明确探讨"知"、"行"关系的第一人。他说:"不闻不若闻之,闻之不若见之,见之不若知之,知之不若行之。学至于行而止矣。行之,明也。明之,为圣人。圣人也者,本仁义,当是非,齐言行。"(《荀子·儒效篇》)汉代扬雄说:"学,行之,上也;言之,次也,教人,又其次也。"(《汉言·学行》)即是说,"行"比"言"、"教"更重要。简言之,先秦与两汉的儒家学者基本沿袭《尚书》与《左传》的知行观。至宋元明清时代,关于知行观点主要有三种:一是程朱学派注重知先于行或知本行至;二是王阳明明确提出知行合一;三是王夫之强调行先于知或知行相资。近代革命先行者孙中山先生则明确提出"行易知难"的观点。但是,无论是"知易行难"还是"行易知难";无论是"知先行后"还是"行先知后";无论"知行相须"还是"知行相资"等,其实都蕴含着"知"与"行"相结合的伦理旨趣。从总体上看,儒家关于知与行的问题,不同儒者尽管有不同的表达或有所侧重,但是都承认"知"必须"行"、"知"与"行"相结合。"知行合一"是明代心学大师王阳明明确提出的,实际上是孔子以来儒家一以贯之的伦理观。

北宋哲学家张载人为,知识有两种,一是"见闻之知",二是"德性之知"。其中,"闻见之知"即相当于感性认识,"德性之知"即相当于理性认识。不过需要特别指出的是,儒家的"知",主要指"德性之知",而不太注重"闻见之知"。儒家的"行"主要指道德实践而不包括社会实践。有学者指出:"传统儒家是把'道'和'德'分开讲的。《论语》说:'志于道,据于德,依于仁,游于艺。'道德实际上有两个层次,一个是道,一个是德。'道'是做人最根本的原则;'德'是把道落实到比较具体的行为上。做人要有所遵循,但是光讲'道'的原则不行,还要落实到'德'的层面。也可以说,道是本,德是用,要通过'德'来落实'道'。"[1]在中国先哲看来,如果不把"道"落实到"德"的层面,不把道德理想与修身律己结合起来,那么所获得的"道"就会走入虚幻的歧途,难以做到学以润德、学以修身,进而难以达到"内圣外王"的理想境界。南宋理学家陆九渊说:"纸上得来终觉浅,绝知此事要躬行"。即是说,要获得"真知",就需"躬行"。哲学家张岱年指出:"在中国古代,道德虽已成为一个名词,但仍包含两层意义,一层意义是行为的准则,一层意义是这准则在实际行为上的体现。一个有道德的人,必须理解行为所应遵循的准则,这是'知'的方面;更必须在生活上遵循这准则而行动,这是'行'的方面;必须具备两个方面,才可称为有道德的人。"[2]道德所以为道德,在于不仅是思想认识,更在于实际行动。道德决不能徒托空言,而必须是见之于实际行动。因此,道德修养方法,既是认识的方法,也是行动的方法,抑或提高生活境界的方法。故道德修养兼赅"知"与"行"两个方面。总之,中国文化语境中的"道德"概念本身就蕴含着"知"与"行"的结合,彰显着鲜明的道德实践理性精神。马克思说,过去的哲学家们只强调认识世界,而问题的关键在于改造世界。"改造世界"即强调实践,实践的观点是马克思主义哲学首要的基本的观点。从一定意义上说,儒家的"行"与马克思主义的实践观也是相契合的。

二、 儒家"知行合一"的伦理道德意义

儒家"知行合一"作为一种伦理文化理念,具有重要的道德教育意义,即它对于激发人们的道德意识、养成人们的道德品质、培育人们的道德精神、指导人们的道德实践都具有鲜明的伦理道德意义。

1. 儒家"知行合一"能够激发人们的道德意识

一般而言,道德意识是由道德认识、道德情感、道德意志及道德信念等构成的,可分为个体道德意识和社会道德意识。就道德意识与道德实践的关系而言,道德意识是道德实践的观念先导,道德实践是道德意识的行为指向。道德意识是潜在的,道德实践是显现的。潜在的道德意识需要显现的道德实践的激发。国学大师钱穆说:"中国人之思维,并不能脱离了其自身之躬行实践而先自完成一套哲学的。故中国哲学,实际则只是一套人生实践之过程。"[3]实践证明,道德意识总是在一定的道德行为所营造的道德情景中被激发出来的。孟子认为,天具有真实无伪的"诚"的善性,人通过后天的行动努力能够把握"天道",能把人先天具有的"诚"的道德潜质开发出来。孟子说:"诚身有道,不明乎善,不成其身矣。诚者,天之道;思诚者,人之道也。"(《孟子·离娄上》)王阳明说:"知之真切笃实处即在行,行之明觉精察出即是知。知行功夫本不可离。"(《传习录》上)因此,道德意识的激发需要道德实践机制的启动。儒家"知行合一",本质上是一种道德实践,体现了鲜明的实践理性精神。因此,通过"知行合一"的方式能够激发人们的道德意识,促使人们自觉地践行道德规范,将道德规范外化为自

己的行动准则。

2. 儒家"知行合一"能够养成人们的道德品质

道德是一种社会现象,道德品质或德性是一种个体现象。道德品质是个综合性的范畴,由道德认识、道德情感、道德意志、道德信念及道德行为五要素构成的。其中,道德认识、道德情感、道德意志、道德信念属于道德意识,道德行为则属于实践环节。一个人的道德品质的形成是道德意识与道德行为互动的结果。其中,道德品质的形成关键在于实践。《易传》云:"履,德之基也。"唐朝孔颖达《周易正义》释曰:"为德之时,必先践履其礼,故履为德之初基也。"道德行为是一种道德实践力。可见,道德品质是人们立足于道德实践基础上的道德意识与道德行为的互动过程中形成的。哲学家张岱年说:"在中国古代,道德虽已成为一个名词,但仍包含两层意义,一层意义是行为的准则,一层意义是这准则在实际行为上的体现。一个有道德的人,必须理解行为所应遵循的准则,这是'知'的方面;更必须在生活上遵循这准则而行动,这是'行'的方面;必须具备两个方面,才可称为有道德的人。"[4]总之,道德品质的养成不仅仅是认识或心理问题,更重要的是践履问题,即实实在在地进行道德选择,做有道德的事情,才能把道德意识转化为具体的道德行为,最终才能养成应有的道德品质。可见,儒家"知行合一"对养成人们的道德品质具有根本的意义。

3. 儒家"知行合一"能够培育人们的道德精神

道德精神,"就是人们敬畏道德、向往道德、享受道德、坚守道德的心理意识,也就是儒家所说的'诚'的精神"。[5]道德精神是时代精神的重要组成部分,不同的时代有着不同的道德精神。就道德精神的具体内涵而言,如内省、慎独、慎言笃行、言而有信及居敬穷理等,都是中国古代的重要道德精神;道德自信、道德自觉、诚信友爱、责任意识、公平正义、民主法治、自由平等、理性爱国及和谐有序等,则是当代中国道德精神的重要内容。道德精神属于意识范畴,只有把道德精神与道德实践结合起来,才能真正培育起人们的道德精神。从伦理道德视角看,道德精神的培育,主要是通过道德教育和道德修养来完成的。而道德教育和道德修养,其目的就在于促使道德主体真正做到"知行合一",或者说"知行合一"是道德教育和道德修养的价值目标。社会道德教育目的在于引导社会大众做到"知行合一",自觉地践行社会道德规范,提高社会整体的道德水平,培育社会的道德精神;道德修养目的在于引导个体做到"知行合一",自觉地践行社会道德规范,提升个体自身的道德境界,培育个体的道德精神。简而言之,儒家"知行合一",就是要求人们自觉地践行社会道德规范,积极参与社会道德实践活动,培育道德自信、道德自觉、诚信友爱、责任意识、公平正义、民主法治、理性爱国及和谐有序等当代中国的道德精神。

4. 儒家"知行合一"能够指导人们的道德实践

儒家"知行合一",既有着丰富而深刻的伦理内涵,也有着指导道德实践的价值功能。"知行合一"说到底是个道德实践问题。中国人重"行",是因为道德关乎"行",关乎"修身"、"立德"的实践。哲学家汤一介指出,儒家之所以重视"知"、"行"关系,提倡"知行合一",强调"行"的重要性,"这是由于儒家的精神是入世的,要'明明德'于天下。要'明明德于天下,就不仅是个理念的问题,必须实践,必须身体力行,必须见于事功"。[6]理学大师朱熹说:"善在那里,自家却去行它,行之久,则与自家为一,为一则得之在我。未能行,善自善,我自我。"(《朱子语类》卷十三)儒家"知行合一"作为一种理念是道德实践的指南。其实,判断一个人道德水平的高下,不在于言,关键在于行,在于是否言行一致。如孔子所说:"始吾于人也,听其言而信其行。今吾于人也,听其言而观其行。"(《论语·公冶长》)王阳明认为,"良知,无不行,而自觉的行,也就是知"。(《传习录》上))王阳明是从道德良知角度揭示了"知"与"行"的合一是道德意识和道德践履的统一,并着重强调道德践履的重要性。"知行合一"的落脚点或归宿就在于道德实践。"儒家之所以重视修养践履,就是因为儒家认识到,只有身体力行,克己践履,才能成为一个有道德的社会成员。"[7]总之,做到知行合一,在社会道德实践中践行社会道德规范,不仅能够提高个体的道德素质,而且能够营造一个文明的社会环境。

三、 儒家 "知行合一" 的现实意义

培育和践行社会主义核心价值观,是当下社会主义道德教育的重要任务。社会主义核心价值观是一种德,既是个人的德,又是大德,即国家的德、社会的德。习近平总

书记说："道不可坐论，德不能空谈。于实处用力，从知行合一上下功夫，核心价值观才能内化为人们的精神追求，外化为人们的自觉行动。"[8]培育和践行社会主义核心价值观必须立足中华优秀传统文化。因此，"创造性转化"和"创新性发展"儒家"知行合一"，对于引导人们学习和践行社会主义核心价值观具有重要的现实意义。积极开展涵养社会主义核心价值观的实践活动，以达到思想上自觉接受"培育"和行为上自觉融入"践行"的双重效果。通过开展各种社会实践活动，引导人们踏踏实实地践行社会主义核心价值观，逐步提高道德认识，培养道德感情，锻炼道德意志，确立道德信念，进行养成良好的行为习惯。只有做到"知行合一"，才能将社会主义核心价值观转化为自身的内在品德和行为习惯。

参考文献：

［1］钱逊."修己"与"安人"[N].光明日报，2014－05－01.

［2］张岱年全集[M]（第3卷）.石家庄：河北人民出版社，1996：520.

［3］钱穆.民族与文化[M].北京：九州出版社，2012：38—39.

［4］张岱年全集[M]（第3卷）.石家庄：河北人民出版社，1996：519—520.

［5］鲁芳，张秋良.培育道德精神：道德教育之本[J].伦理学研究，2008，(3).

［6］汤一介.儒学十论及外五篇[M].北京：北京大学出版社，2009：41.

［7］罗国杰文集[M]（下卷）.石家庄：河北大学出版社，2000：614.

［8］习近平谈治国理政[M].北京：外文出版社，2014：173.

国外教育伦理思想研究

诺丁斯关怀伦理思想的新意

卜玉华

（华东师范大学　基础教育改革与发展研究所）

引子：诺丁斯的关怀伦理学想解决什么问题？

1984 年，加利福尼亚大学出版社出版了诺丁斯撰写的《关心：伦理和道德教育的女性视角》一书。这本书对关怀伦理学的思想框架和基本问题进行了精细的哲学式解释。此后的近 20 年里，诺丁斯又在思想上一脉相承地从多个角度不断地发展和丰富了自己对关怀伦理的认识，至今已陆续出版了近 20 本著作，发表了大量相关的学术论文。这些研究成果引起了西方学术界的广泛关注和讨论，并被学术界视为可与正义伦理学并立另一种新伦理学范式——关怀伦理学。

那么，是什么样的独特贡献，使得人们认为诺丁斯开创了关怀伦理学呢？她在学理上有何突破与贡献呢？

一种观点认为，诺丁斯关怀伦理学的贡献在于其研究视角：女性视角和关系视角。

基金项目：本文是上海市教育科学研究课题："当代中国青少年思想品德与健康人格培育的社会责任研究"（2014 - B - 003）成果之一.

作者简介：卜玉华，安徽宿州人，华东师范大学教育学部教授，博士生导师，基础教育改革与发展研究所研究员，主要从事教育基本理论、教育伦理学和基础教育改革研究。

Email：yhbo@dedu.ecnu.edu.cn

就女性视角而言,在卡罗尔·吉利根之前,女性主义运动已经有了较长的一段历史,诺丁斯不是女性视角的首创者。诺丁斯更看重关系视角,她认为"关系可视作我们本体性存在的基础。"[1]作为人,我们生于关系中,长于关系中,不像地下长出的蘑菇那样毫无牵连。她说:"关怀最重要的意义在于它的关系性。这种关怀关系最基本的表现形式是关怀者和受关怀者间的联系或遭遇……要使两人间的关系构成正确的关怀关系,双方都需要做出积极回应。无论是关怀者还是受关怀者,任何一方出了问题,关怀关系就会遭到破坏。即使双方还存在着某种联系性或遭遇性关系,但它可能已不再是关怀性关系了。"[2]

另一种观点认为,关怀伦理学之所以成为一种新范式,因其将正义伦理学与关怀伦理学区分开来,彰显自身的独特性和必要性。如正义伦理学主张把世界置于自我的关系中,我与他人的关系是分离的;而关怀伦理学主张则把我置于世界之中,我与世界的关系是一种关怀的拓展;正义伦理学主张通过逻辑体系和法律制度来摆脱对个人的关系协调,关怀伦理学则主张通过关系中的交流来协调个人;正义伦理学强调我们对他人拥有权利和规则,关怀伦理学则强调我们对他人拥有的更多是责任和关怀。

的确,在当代正义伦理学主导西方伦理学界的语境下,诺丁斯为代表的关怀伦理学的出场,在伦理学思想界发出了"不同的声音"。但是,这只是在比较意义呈现诺丁斯思想的贡献,是一种外视角下的认识。认识诺丁斯伦理思想的贡献还当从内视角进行审视,即关系视角。就关系视角而言,也不乏其人,我国先人对"人伦关系"的主张,马丁·布贝尔对"我—你关系"的力荐,E.列维纳斯对具有不可还原的差异性的我—它关系的强调,以及现象学对主体间性的倡导等,都是在强调人与人之间的关系性,那么,诺丁斯关怀伦理学之独特贡献是什么呢?人与人之间的关系性质一般分为三类:"我与你"、"我与他"和"我与它",诺丁斯所要回答的是"人与人之间的关怀关系",这种关系是我们在日常交往世界中经常发生的关系,既可以是"我与你"的关系,也可以是"我与他"的关系,但只要你希望给予对方以关怀,这时"关怀者与受关怀者"之间的关系存在着建立的可能性。对于此种关系,一般人认为最好的答案是平等相待,诺丁斯想回答的问题是:"面对他人,仅平等相待就够了吗?我还有其他责任吗?""我为什么还要关怀他人?""怎样判断我是否在关怀他人?"以及"我怎样做才算是关怀?"诺丁斯对这些问题的追问与回答对于我们深度认识教育中的各类关系都极富意义。

一、 与他人相处时，仅平等相待就足够了吗？

在诺丁斯看来，人生活在关系之中，人际关系的性质决定了两类伦理学的存在。一方面，人与人之间存在差异，因差异而产生不平等，但人们又渴望平等，希望彼此以平等的方式相互对待，因此，在追求平等关系的过程中便产生了正义伦理学；另一方面，人与人之间又是相互联系的，每个人都希望被对方所接纳、承认和关爱，而不希望被抛弃、被孤立，于是便产生了关怀伦理学，甚至这一伦理学更具有根本性和首要性。内尔·诺丁斯说："关心和被关心是人类的基本需要。我们需要被他人关心。……没有这种关心，我们就无法生存下去，无法成为一个完整的人。在人生的每一个阶段，我们都还需要被他人关心，随时需要被理解，被接受，被认同。……同样，我们也需要关心他人。"[3]

诺丁斯进一步认为，回到现实，关怀作为人类的基本需要在今日更为强烈，这是由人们的生存状况决定的。她描述了今天的儿童生活："在今天，当你走进任何一个典型的学校教室，你都会发现，孩子们来自千差万别的家庭。有的孩子父母双方全都在工作；有的孩子来自单亲家庭；有的孩子拥有同父异母或同母异父的兄弟姐妹；有的孩子与兄弟姐妹毫无血缘关系；有的孩子与养父母的兄弟姐妹住在一起；有的孩子根本没有父母。"[4]但是，当代伦理学更多地关注了人与人之间的差异性而忽视了关系，重视了正义伦理却忽视了关怀伦理的价值与意义。为此，诺丁斯指出，关怀伦理学的首要问题是我他关系，我他关系是人的一种本体性存在，其问题表述为："面对受关怀者，我拥有什么样的责任？""我他之间，如何建立真正的关怀关系？"

二、 我为什么会关怀他人？

这是有关关怀伦理的动机问题。历史上，对人的道德关怀动机的经典答案是康德的回答。按照康德的观点，这是我的"善良意志"选择的结果，是我的实践理性主动运作的结果。我的善良意志告诉我如何成为一个善的人。我的实践理性保证我是一个自律、自治的人，因为"每个有理性的东西，都自在地作为目的而实存着，他不单纯是这个或那个意志所随意使用的工具"。[5]人是目的，运用自己的实践理性为自己立法，即是说，人的道德行为出于意志自律。

诺丁斯认为,从方法论上看,我们对上述问题的回答不能只局限于主体自身,因为康德的自由意志是冷峻而抽象的,是与真实世界隔绝的,是以规则与逻辑为人立法,远离个体的需求,不可能为道德奠基。所以,她放弃理性,认为人的关怀动机主要是基于情感而非自由意志。

诺丁斯和我国先人都承认情感是基本动力,但对情感强调的侧重点不同。我国看重人的移情之心,即换位思考他人的处境,体验他人的情感,从而产生恻隐之心。如孟子说:"人皆有不忍人之心。"又说:"今人乍见孺子将入于井,皆有怵惕恻隐之心。""恻隐之心,仁之端也。"不忍人之心,即恻隐之心;亦即是爱人之心。人皆有此心,故能推己及人。孟子又说,"老吾老以及人之老,幼吾幼以及人之幼","言举斯心加诸彼而已。古之人所以大过人者,无他焉,善推其所为而已矣"。仁人即是能本其不忍人之心推其自己之所为,使他人亦能如此。仁政也是由这种恻隐之心扩充发展而来。

诺丁斯的理解与我国不同。她对将移情作为关怀动机的看法持批判态度。她认为虽然关怀动机源自情感,但移情(empathy)这个词具有特别的西方色彩(同样也包括东方色彩,诺丁斯似乎不大了解中国伦理思想。)和男性色彩,它指的是关怀者为了更好地理解一个人,将自己的个性投射到他人的个性之上,以为他人的智性与自己一样。实际上,当关怀者将自己的个性投射到受关怀者身上,将自己的感情赋予受关怀者的过程,是一个控制过程,而非关怀过程,我与受关怀者的关系是控制关系,而非关怀关系。她说:"在某种意义上,可能有人认为这种做法很慷慨;这种做法将我们体验到的痛苦、感情或激情毫不走样地赋予对方。确实,西方共同的民间伦理便基于这个事实:己所不欲,勿施于人。但是,在我目前进行的分析中,我将摒弃这一方法。"[6]那么,不以移情作为动机,什么样的情感更为合适呢? 诺丁斯认为,共情或同情(sympathy)更为合适,因为同情注重的是我与受关怀者双方情感流动的双向性,但受关怀者一定是情感共振的起点,具有特殊的首要性。在此,诺丁斯对受关怀者优先性的强调,或许是受列维纳斯(Emmanuel Levinas)受关怀者理论的影响,在概念上类似于列维纳斯的受关怀者优先性[7]。为了清晰表明自己的观点,诺丁斯还援引了西蒙娜·薇依(Simone Weil)曾举的一个例子。这个例子大意是说,在基督教第一则有关圣杯的传说中,圣杯的护卫者是一位受过重伤、3/4身体瘫痪的国王,如果第一位来到圣杯护卫者身边的人,看到护卫者的悲残状况,产生了同情心,主动问候护卫者:"你有什么困难吗?"那么,他/她就会得到这只圣杯。这时关怀者的情感是对护卫者的尊重,是否给予帮助取决于护卫者的态度。但是,如果这个人看到护卫者,不问对方的感受,便说"好可怜的人,我给你一些帮助吧!",那么,这个人所表达的便是移情,护卫者很可能认为这是一种怜悯与不尊重,不接受对方的帮助,关怀关系就未真正建立起来,他/她也就得不到圣杯。[8]与现实生活相联系,我们可以按诺丁斯的思路作进一步的推论。比如,一些父母、教师或长辈,时常会想当然要给晚辈一些关心,但有时非但没有获得来自对方的接受,反而可能遭到拒绝,这时,父母、教师或长辈一定感觉很委屈,想不明白为何自己为对方好,却得不到对方的回报。孰不知,这只是他们在移情,是情感的单向射投,并没有以晚辈的需要作为关怀的起点。

至此,这也许就是诺丁斯关怀伦理学中最为独特而有价值的一个方面,是对我国传统关怀伦理思想的一种超越。但是,在中国语境中,我国先人对移情的理解远比这复杂得多,不能像诺丁斯那样因强调受关怀者的接受状况就否定移情在我他关系中的积极作用。在中国文化语境中,"移情"并非单指我与受关怀者的换位思考,而是此情此境中的换位体情。举一个例子。

> 庄子与惠子游于濠梁之上。庄子曰:"鲦鱼出游从容,是鱼之乐也。"
>
> 惠子曰:"子非鱼,安知鱼之乐?"
>
> 庄子曰:"子非我,安知我不知鱼之乐?"
>
> 惠子曰:"我非子,固不知子矣;子固非鱼也,子之不知鱼之乐,全矣!"
>
> 庄子曰:"请循其本。子曰'汝安知鱼乐'云者,既已知吾知之而问我。我知之濠上也。"(《庄子·秋水》)

"安知"这种用语既表示"你怎知道……",又意为"你从哪儿得知……"。但是,庄子并不只是依靠这种文字上的模棱两可,以诡辩的论点取胜。他要作出一个更有哲学意义的努力:他是想让惠子明白,使认知者独立于认知世界之外的行为是没有意义的。美国汉学家安乐哲(Roger T. Ames)对这段文字的寓意解释是:庄子对于鱼的经验是一种情境,这种情境比任何一种分离的行动者都重要。情境使庄子的世界与鱼的世界连为一体,这样,他声知(按:即知鱼之乐)就是声称处于这种情境[9]。因此,诺丁斯注意到了"我"对受关怀者接受愿望的忽视,却没有注意到情境为我移情的可靠性提供了的大量线索和依据。

三、 我这是在关怀吗?

诺丁斯认为,人与人之间的关系大体上有四种情况,但真正算得上关怀关系的只有一种。

第一类,"我"自私自利,漠视他人。即面向他人,主要考虑"我"的个人权益,"我"背向他人,持漠不关心态度,但从权益角度,"我"有权选择如此行动。这种情况是"自我绝对优先于他人",很类似于诺丁斯所举的美国广为人知的案例。

> 国庆日,有位醉酒的租船者弄翻了船,双手逐渐抓不住船沿而最终溺死。整个过程中,提供租船服务的那些人就坐在湖边,目睹这一切的发生。马萨诸塞州高级法院审判人员一致认为:被告没有义务留意溺水者的呼救声。其他法庭案例认为,如果成人本可以轻而易举地救助显然处境危险的儿童却袖手旁观,是可以免责的。对于"无援助义务"原则的惟一例外涉及对受害者负有优先法律责任者,如父母、指定监护人等。陌生人不负有援救的义务。[10]

对此,任何一种伦理学都会持否定态度。诺丁斯认为这是个人权利的滥用,是对普遍人性的应有的道德义务的否定。换个角度讲,这种自私自利在当前现实生活中大行其道,是正义伦理学主张的权利优先于善的现实表达。

第二类,"我"自以为是,关注他人。即面向他人,"我"固执、严格、甚至残酷地关注受关怀者,并强加"我"的意愿,误将关注当作关怀。这种情况下,"自我优先于他人",极其类似于一些专制的父母对待子女的情况。这样的父母总是告诉孩子,他们太贪玩,总是把别人家孩子的优点放大,让自己的孩子深感自卑。这样的父母总是告诉孩子,自己之所以严厉地惩罚他是因为爱他、为他负责,并经常喋喋不休地告诉孩子自己是他们的利益保障者。事实上,这样的父母总是从自己立场出发,曾未认真地倾听过孩子的声音,孩子很可能也曾未真正体验过父母所给予的"关怀"。

所以,诺丁斯认为这也算不上真正的关怀关系,在这种关系中,受关怀者没有受到尊重,没有机会发出自己的声音,表达自己的主张,久而久之,便可能成为"我"的顺从者。

第三类,面向他人,牺牲自我。即面向他人,"他人优先于自我","我"对他人负有责任,应当关怀他,即使牺牲"我"自己。这时,他人的存在赋予"我"绝对责任与关怀使命,随时随地需要"我"为之作出牺牲。这种我他关系从小处说,表现在父母溺爱孩子,宁愿牺牲自己的生活质量,甘愿服务孩子;表现雷锋式人物心甘情愿地服务他人;从大处说,表现在军人保护国家的天职上;从更大处说,表现在列维纳斯"无限受关怀者"意义上的人类关怀上。

其实在今天官方确立的模范人物形象上,这种我他关系仍然居主导地位,但是,大众的不屑与怀疑本身已经说明它并不符合真实人性。诺丁斯认为,这种我他关系的可贵之处在于认识到了受关怀者的存在,但仍然算不上是关怀关系,其缺陷在于没有分析受关怀者是否需要"我"做出牺牲,把需求(want)当作"需要"(need)来处理了。她举例说,若干年前,阿富汗发生了一场严重的地震,富国向该国运送了大量的食品和衣服。实际上,灾区急需的是建筑材料,并不缺衣少食[11]。这说明,关怀者需要了解他们所回应的个体或群体的状况,再作出决定。同样可以想象,如果雷锋式的人物每日早晨替环卫工人打扫了街道,那么,环卫工人也未必感谢雷锋式的人物,因为环卫工人需要工作并乐于从事这项工作,他们所需要的只是得到更多的人尊重和理解。当然,作为战士在必要时为国家作出牺牲,这就是从国家需要出发,是一种正当的牺牲,军人与国家之间是一种关怀关系。

第四类,面向他人,对他人负责,也对我负责。卡罗尔·吉利根曾在女性自我观和道德观发展的研究中发现,面向他人,我们道德选择的依据是心理逻辑,而非正义伦理学依据的形式逻辑。比如,当我面对他人的需要而做出自我牺牲时,我会想:"善就是自我牺牲。"但如果这时被关怀者没有给予应有回应,我在心理上难免会想"他人这样没有反应,我觉得被利用了,很受伤害"。的确,诺丁斯非常认同这一自我分析。她认为,面向受关怀者,我与他人是平等的,都应当被关怀,应同时考虑自己和他人的需要。如此选择,对他人负责是一种善,对自己负责则是一种诚实和现实。这时的我,虽关注自己的需要有自私的一面,但却是诚实和公平的,这证明我是一个能够更有力地做出自我决断的人,也能够成为一个更为独立的人。

当然,我与受关怀者虽在人格上是平等的,能力上一定有所差异,否则面对受关怀者,我不需要做出关怀,因此,诺丁斯认为关怀关系一定是非对称性的,即便被关怀者最初没有主动表达被关怀的需要,我也要给予主动关怀;只是关怀关系的持续发展,取决于双方共同协作。她举例说,孩子一般不会主动说自己需要学习,但作为成人,我们应给主动给孩子提供学习关怀,在学习过程中,教与学的互动质量则取决于双方的关系。

此外,人们通常理解关怀是一种品质,一种美德。但诺丁斯认为虽然一个人可能是一个关心别人的人,且可能长期默默地奉献关心,而另一个人却坐享其成地接受关心,那么,在这种情况下,关心者确实需要一种美德来支持他的关心行动。但是,诺丁斯认为,仅有这并不够,"有很多人自称'关心'别人,但是接受他们所谓'关心'的人却感受不到关心"。[12]最重要的是关怀者要能够创造一种被他人感知到的关怀关系。

诺丁斯对非对称关怀性关系的强调,使她对关怀性关系的认识与其他认识区别开来,彰显了自身的独特性,却也给予这一思想认识以局限性。比如,1984年,在她的第一本关怀伦理学著作《关怀:伦理和道德教育的女性视角》出版不久,便有人批判她的这一理论只能是领域性的伦理学,关怀伦理学即使是人类道德实践的重要基础,在形成人与受关怀者的亲密关系中发挥着重要作用,但人与人之间的关系中,仍然有许多并不适合运用关怀伦理。比如国家和国际政治、经济、商业以及非人际性的制度中等都不适用关怀伦理学。领域伦理学注重的是在其领域中其自身独特的道德程序和道德优先性,如对教育而言的最佳道德实践方案,但对经济活动未必是最佳的。所以,有人认为,关怀伦理学更适用于具有抚养与照料关系的领域,如家庭、学校、医院等领域。对此,诺丁斯反驳人们狭隘地理解了关怀伦理学,关怀伦理学决非领域伦理学的一种,它是一种伦理立场,具有普遍适用性。她在后来出版的若干本著作,都在尽力表明关怀伦理价值的普遍性。

在我看来,诺丁斯只是关注到关怀关系中的差异性,忽视了差异性与同质性之间的沟通。我国儒家伦理思想运用整合的方式使差异性转化为和谐性:"君子和而不同;小人同而不和。"使得我与受关怀者的关系是合作而不是同意,是和谐而不是一致,是协调而不是符合。在此意义上,的确比诺丁斯高一筹。

四、 我如何才能更好地关怀?

正如诺丁斯认为关怀关系的动机源于我与受关怀者之间的共情,这种共情并不像父母对子女的自然关怀之情那样能自然地产生,相反,它需要我们有意识地建立。但是,关怀关系的创建从哪里开始呢?诺丁斯认为,既然自然伦理是关怀伦理的基础,自然要从家庭开始创建关怀关系,创建关怀关系是教育和家庭的基本使命之一。她说:"我们最可贵的能力是在家庭或与之相似的组织中培养起来的。"[13]如果家庭中该人充分体验到关怀,那么,他很可能发展出一种可以称为关怀伦理的道德取向。

诺丁斯进一步指出,有四种基本的方法有助于发展关怀关系。一是榜样。"榜样在道德教育过程中很重要,对于关心则是关键因素。在我们的理论框架下,我们不去试图教导学生记住一些原则,以及如何应用这些原则去解决问题,就像教数学推理一样,相反,我们将向学生展示在自己的社会关系范围内怎样关心。……我们无需告诫学生去关心,我们只需与学生建立一种关心的关系,从而来演示如何关心。"[14]二是对话。"对话是双方共同追求理解、同情和欣赏的过程","也帮助双方互相探索,最后达成某种意见和决定"。[15]三是实践。"如果我们希望人们过一种符合道德的生活,关心他人,那么我们应该为人们提供机会,使他们练习关心的技巧。更重要的,使他们有机会发展必需的个性态度。"[16]学生的关怀实践还应当走出教室。"所有的学生都应当参与关心的练习"让他们担任管理者、环卫工人、厨师或是年轻小学生的生活小帮手。服务机会应当延伸到社区、在"医院里、卫生之家、动物照料所、公园或生态园区"[17]。社会服务包括所有"伦理理念培育中的三项伟大意义:在成人的示范下,参与关心,并与成人讨论这项工作的困难和价值,在他们自己的工作中证明关怀伦理观是重要的"。[18]第四是确认。马丁·布贝尔将确认描述为对他人行为的优点进行证实和鼓励。受此启发,诺丁斯建议,"我们要向学生表明,他们自身作为伦理和智力主体有力量建立某种伦理,也有力量破坏某伦理……"[19]"我们要力争在每一个遭遇到的人身上发现也许不能被轻易发现的可取之处甚至可赞美的优点,并把他表现出来的可取之处或者优点视为有价值的东西,至少视其为道德上可接受的东西。"[20]

在自然情感是人形成关怀伦理的基础这一点上,诺丁斯和我国传统伦理思想有着共识,但在如何走出自然关怀、推己及人地同样关怀陌生他人的认识上有差异。中国传统伦理思想也强调以家族伦理为基础建立伦理关系。这可通过"伦"字义而知。"伦"建立的原理是"人伦本于天伦而立","人伦"即社会的伦理关系模式是由"天伦"即血缘关系的模式引伸出来的,而"天伦"之所以被冠以"天",是因为它出自人的血缘本能,是天然形成的。人伦关系的特点是先有一个基本的关系模式,即血缘关系模式,然后再把这种关系外"推"出去,"老吾老以及人之老","幼吾幼以及人之幼",形成社会的人伦关系,从而也构成中国伦理的文化特性,赋予中国伦理以特殊的文化韵味,它使中国伦理建立在家族血缘的根基上,具有巨大的根源动力和源头活水。

诺丁斯认为培养人的伦理关怀能力,需要教育和家庭的介入,但我国传统伦理思想则认为自然伦理本身可形成自组织式的推己及人。用孔子的说法,这是因为人能够"能近取譬"[21]。用今天的说法,即人会运用类比法,实现情感的迁移。这一思想集中地体现在中国"恕"的观念上。芬格莱特(H. Fingratte)的说法很有说明力:

> ……"恕"不会让我放弃自己的判断,以至于成为另一个人。"恕"的任务分为两部分。第一步……遇到问题时设想换一个人会怎样。第二步是问我(如芬格莱特)处在他的情形下需要做些什么? 总之,"恕"让我去做别人希望我做的事[22]。

两种关怀伦理思路上的差异,反映了东西方文化上的差异。在西方,以柏拉图为代表的理性逻辑思路下,总是假定存在着一个客观的、普遍有效的关系模式作为目标,有待于人们去追求和实现。教育就是以此目标为导向,逐步引导下一代趋近这个目标。所以,受此思路影响,虽然诺丁斯也强调教育的具体情境,但她强调的是抽象目标对具体情境的优先性,情境的落实只不过是实现目标的一个个具体途径。但是,在中国传统文化思路下,具体个体是优先于抽象整体。孔子没有像柏拉图那样从诉诸一个目标、一套理念模式开始,而是回到自身来调整具体个人的行为和性情。他说:"克己复礼为仁。"[23]"为人由己,而由人乎哉?"[24]所表达的意思就是,成就自己的品质靠的是自己,而非别人。因教育谈的是一个如何依靠他人,这是不可靠的,可靠的是自己,所以他说"君子求诸己;小人求诸人"。[25]当然,不是每个人都可以成为君子的,这时就需要"礼"作为引导和约束了。

显然,孔子对人性和人的自我教育能力的过于乐观与自信,但他更强调具体情境中个人的伦理判断。而诺丁斯的建议虽更有现实意义和实践可行性,但属于目标导向下的伦理决断,其功利主义色彩浓厚。设想一个情境:当我看到一位盲人在过马路,如果我心里想,路上车辆很多,他需要我的帮助才能安全过马路,我帮帮他吧,不管盲人是否愿意接受我的帮助。这时,我的判断依据是此情此境,而非"我不能自私,所以我应该……",也非盲人的求助。这是孔子的思路。但如果"我"想:我不能做一个自私的人,我应当给予盲人以帮助,但盲人也许并不需要我的帮助,我先静观其变,适时做出反应吧! 这便是诺丁斯的思路。

参考文献：

［1］ Noddings，N. *Caring：A Feminine Approach to Ethics and Moral Education*［M］. University of California Press,1984：3.

［2］ Noddings, N. *The Challenge to Care in schools：an alternative approach to education*［M］. New York，Teacher college Press,1992：15.

［3］ 内尔·诺丁斯.学会关心：教育的另一种模式［M］.于天龙,译,北京:教育科学出版社, 2003：1.引言.

［4］ 内尔·诺丁斯.学会关心：教育的另一种模式［M］.于天龙,译.北京:教育科学出版社, 2003：6.引言.

［5］ 康德.道德形而上学原理［M］.苗力田,译.上海:上海人民出版社,2002：46.

［6］ 内尔·诺丁斯.始于家庭:关怀与社会政策［M］.侯晶晶,译.北京:教育科学出版社, 2006：14.

［7］ Emmanuel Levinas. *Ethics as First Philosophy*，*in The Levinas Reader*［C］. ed. Sean Hand,Oxford:Blackwell,1989. 75－87.

［8］ 内尔·诺丁斯.始于家庭:关怀与社会政策［M］.侯晶晶,译,北京:教育科学出版社, 2006：14.

［9］ 安乐哲.自我的圆成:中西互镜下的古典儒学与道家［M］.彭国翔,编译,石家庄:河北人民 出版社,2006：365.

［10］ 内尔·诺丁斯.始于家庭:关怀与社会政策［M］.侯晶晶,译.北京:教育科学出版社, 2006：35.

［11］ 同上.

［12］ Noddings, N. *The Challenge To Care In Schools：An Alternative Approach to Education*［M］, Teachers College Press, Columbia University, New York, 1992：18.

［13］ 内尔·诺丁斯.学会关心:教育的另一种模式［M］.于天龙,译.北京:教育科学出版社, 2003：26.

［14］ 同上,32 页.

［15］ 同上.

［16］ 同上,34 页.

［17］ Noddings, N. *Caring：A Feminine Approach to Ethics and Moral Education*［M］.

Berkeley：University of California Press，1984：187 188.

[18] Noddings，N. *Philosophy of education*[M]. Boulder, CO. Westview Press，1995：19.

[19] Noddings，N. *Caring：A Feminine Approach to Ethics and Moral Education*[M]. Berkeley：University of California Press，1984：193.

[20] 内尔·诺丁斯.学会关心：教育的另一种模式[M].于天龙，译.北京：教育科学出版社，2003：36.

[21] 论语·雍也[A].第30章.

[22] 芬格莱特.沿着论《论语》的"一贯之道"[A].罗思文（H. Rosemont），史华慈（B. Schartz）.美国宗教学院主题学术文集：对古典中国思想的研究[C].1979：385.

[23] 论语·颜渊[A].第1章.

[24] 论语·卫灵公[A].第21章.

[25] 论语·宪问[A].第42章.

美国教师专业道德标准解析

刘长海　范　丽　刘冰雪

（华中科技大学　教育科学研究院）

　　为了帮助美国教育者更好地承担基础教育的复杂责任,为教师在日常情境中做出最好的行动抉择和表现出最富专业精神的高品质行为,2015 年 6 月,美国教师教育与资格指导协会(NASDTEC)发布了《美国教师专业道德标准》(以下简称《标准》),期望这一文件成为全美教师公认的日常行动指南。《标准》由五大部分组成,就教育者对教育专业的责任、教育者胜任专业要求的责任、教育者对学生的责任、教育者对学校共同体的责任以及在科技使用中的责任和伦理问题进行了简洁而详尽的规定。该协会宣称,本《标准》是美国第一份面向全国的教育者专业道德标准,有助于提升教育者的专业地位,指导现在和未来的教育者明确认识并忠实履行其专业道德责任。笔者拟就该标准的研发过程和具体内容进行分析,阐发其对于我国加强教师专业道德建设、促进教师专业化的借鉴意义。

基金项目:全国人文社科规划课题"基于田野调查的中美学校文化比较研究"(12YJC880055)的系列成果

作者简介:刘长海,华中科技大学教育科学研究院副教授,教育学博士,硕士生导师;范丽、刘冰雪,华中科技大学教育科学研究院硕士研究生;主要从事教育伦理学研究。

Email:chliucn@hust.edu.cn

一、《美国教师专业道德标准》的研发背景和过程

首先,研制教师专业道德标准源于美国教师教育与资格指导协会的使命自觉。

NASDTEC 可以看作美国教师预备和资格赋权各专业机构及研究人员的代言人,其核心使命是在有效的、合乎道德的专业教育者的预备和认证方面扮演领导者角色。尽管该标准发布于 2015 年,但 NASDTEC 对于教师专业道德的关注起于 87 年以前。自 1928 年成立以来,NASDTEC 召开年会,探讨教师专业实践中的冲突问题。1960 年代开始,NASDTEC 着手研发面向全国教育者的身份认证标准,该标准于 1987 年开始使用,使各成员单位所颁发的教师资格证实现互认。

1996 年,NASDTEC 创建专业实践研究所(PPI),引导各州教育机构聚焦教育者行为失当问题。基于该研究所的历届年会,PPI 专注于应对教育者失当行为的挑战,提出可能的预防措施。2009 年,PPI 正式提议开发教师专业道德标准,这一工作在 2013 年成为 NASDTEC 的工作重点。协会成立了教师专业道德标准研究项目组,着手制订美国教师专业道德标准[1]。

其二,研制教师专业道德标准是确保并提升教师专业地位的需要。

专业通常被定义为一种需要专门知识和培训以及正式认证过程的职业或者使命。专业需要具备自我调节的能力,为本专业的从业人员做出高标准的专业和道德行为进行担保。在美国,医生、律师、心理咨询师均有其相应的专业道德标准,而教育专业一直没有全国通用的专业道德标准。

教师专业道德缺位,给教师专业化带来了现实的障碍。一方面,就教育专业的现实状况来说,教育专业需要一个普遍采用的专业道德标准。教育实践有其独特的受托责任,在学生上课时间、活动期间以及假期,教师们被托付了学生的安全和福利,并且经常充当父母的角色。教师身处与学生、同事、家长、企业、社区成员的多重关系之中,教师工作中存在大量的"灰色"地带,在这些"灰色"地带里,没有明确的对错、恰当或失当行为的区别或界分。广大教育者在遵守各级法规的同时,迫切需要得到专业道德标准的指引。另一方面,因为缺少公认的教师专业道德标准,教育者的专业行为经常会受到司法系统的干扰。研究表明,美国司法领域 80 年来走过了从最初不受理学校纠纷案件,到片面强调维护学生权益以致达到偏袒的程度,到能够平衡学校权益与学生权益,较为公平地处理相关案件的历程。然而,司法系统的介入,不仅给当事人造成困

扰,也会由于大众传媒和网络的推波助澜而损伤教师的专业声誉[2]。

在该标准出台之前,一些专业协会和一些州也开发了类似的专业道德标准,如美国教师协会(AAE)开发的教师道德标准,美国科学教师协会(NSTA)开发的科学教师道德标准等。然而,由于这些标准既不统一(如有的标准提出倡导性的建议,有的标准列出禁止条款),也不能涵盖所有教育工作者,尽管有时被采用,但并不是全国通用的标准,不能对教师预备、专业培训和教育者的日常决策发挥持续的指导作用。于是,一个统一的美国教师专业道德标准受到了美国社会的普遍期待[3]。

其三,美国教师专业道德标准是精心策划和充分求证的产物。

教师专业道德标准研制委员会由教师、校长、督学、州教育行政部门代表以及课程专家、作家、协会工作人员构成,以尽可能代表各方人士的意见。

具体研制过程借鉴了美国其他专业道德标准和其他国家教师专业道德标准的研制过程,总体上遵循如下步骤:

1. 以质性研究方式进行初始研究,界定分类领域和本专业所涉及的道德决策情境;

2. 基于初始研究,开展大规模量化调查,进一步展开要素分解;

3. 来自相关各方的代表召开委员会会议,提出初步文稿;

4. 将指导原则应用于相关事例分析,验证其实际指导意义;

5. 征求代表人员的意见反馈;

6. 完善初稿;

7. 公开征求各方面人士的反馈意见;

8. 基于公众意见,修改完善文稿,正式发布《标准》[4]。

就具体时间节点来看,该《标准》的征求意见稿于 2015 年 1 月发布,定稿于 2015 年 6 月底发布,定稿与征求意见稿相比,在框架结构和具体表述上有幅度较大的完善和修改。

二、《美国教师专业道德标准》的框架结构和具体要求

NASDTEC 强调,真正的专业人士不能满足于遵守法规,因为法律往往规定的是最低限度的行动界限,而应严于律己,主动遵守较高标准,体现专业精神。教育实践具

有极强的动态生成特征,教师在日常工作中面临着无数抉择,当道德抉择如林中路一般模糊不清时,一个具有指导意义的道德框架可以为教师提供方向。

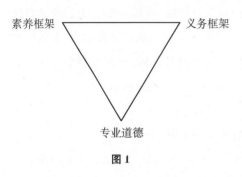

图 1

《标准》的框架可以理解为由素养框架、义务框架、专业道德三者互动所构成的三角形结构(如图1)。素养框架指教育者所持的专业态度、价值观和信念;义务框架是由相关政策、法律所确立的关于失当行为的边界及处分办法;专业道德则是引导专业决策的伦理道德标准[5]。

基于精细分析和广泛求证,《标准》将教师专业道德标准分解为五大领域,依次为:对专业的责任,胜任专业要求的责任,对学生的责任,对学校共同体的责任,科技使用中的责任。《标准》对每个领域进行了细致而简洁的规定[6]。

领域一:对专业的责任

专业的教育者应该意识到,公众对教育专业的信任建立在高水准的专业行为和责任感之上,其标准可能高于法律的要求。这要求本人和其他教育者遵守相同的专业道德标准。本领域的具体要求包括如下三个方面:

A. 专业的教育者履行作为一名合格的专业人士所应承担的责任。

B. 专业的教育者承担重视并努力解决道德问题的义务。

C. 专业的教育者在学校共同体内外维护并提升教育专业的地位。

领域二:胜任专业要求的责任

专业的教育者致力于最高水准的专业化和道德实践,具备胜任专业工作所需要的知识、技能和品质。本领域的具体要求包括如下三个方面:

A. 专业的教育者以高水平的实践标准来要求自己。

B. 专业的教育者负责任地使用数据、材料、调查和测试。

C. 专业的教育者努力使学生在最大程度上获益。

领域三:对学生的责任

专业的教育者的一个基本职责就是以有尊严的方式来对待学生。专业的教育者建立并保持适当的言语、生理、情感和社会界限,以促进学生的健康、安全和幸福。本领域的具体要求包括如下三个方面:

A. 专业的教育者尊重学生的权利和尊严。

B. 专业的教育者关心学生。

C. 专业的教育者在适宜的范围内以发展性适宜的方式与学生互动,获得学生信任,为学生保守相应秘密。

领域四:对学校共同体的责任

专业的教育者与学校共同体成员保持良好的关系和有效互动,同时遵守专业界限。本领域的具体要求包括如下五个方面:

A. 专业的教育者与学生的父母或监护人建立有效和适宜的关系。

B. 专业的教育者与同事建立有效和适宜的关系。

C. 专业的教育者与社区人员或其他相关人员建立有效和适宜的关系。

D. 专业的教育者与企业建立有效和适宜的关系。

E. 专业的教育者理解多重关系可能带来的麻烦。

领域五:负责任并合乎伦理地使用科技

专业的教育者思考通过各种科技手段消费、创建、传播和分享信息可能带来的影响。在使用科技手段沟通时,负责任的教育者遵守时间、地点、角色等的适当界限。本领域的具体要求包括如下四个方面:

A. 专业的教育者负责任的使用科技。

B. 使用科技时,专业的教育者确保学生安全和健康成长。

C. 专业的教育者在科技使用注意保密。

D. 专业的教育工作者促进科技在教育环境中的合理利用。

三、《美国教师专业道德标准》对我国师德建设的启示

《美国教师专业道德标准》努力界定合乎道德的实践或者从专业道德角度来看最佳的专业实践,明确基础教育工作者所应承担的道德责任,其结构清晰,内容全面,表述简明,能够为教育者的日常决策提供生动有力的指引。在全面推动教师专业化的时代背景下,该标准有如下启示,值得我国反思和借鉴。

首先,高举专业道德旗帜,以教师专业道德建设提升教师专业化水平。

推动教师专业化,已经成为包括中国在内的世界各国教师教育发展的重要趋势之

一。专业是以高度专门化的知识技能为基础的、为社会提供高质量服务的职业类型，向来与专业自治、专业精神密不可分。檀传宝教授指出，在教师专业化运动中建立教师专业道德概念具有历史必然性，而且，"从今天世界上先进国家和地区的许多研究成果及已经建立起来的教师道德规范的形式来看，'教师专业道德'的概念已经初步建立。其基本内涵，或者与过去的一般性师德要求相比较最主要的特点是：强调从专业特点出发讨论伦理规范的建立，而不再是一般道德在教育行业里的简单演绎与应用。所建立的伦理标准都有较为充足的专业和理论的依据，充分考虑了教师专业工作和专业发展的特点与实际，全面、具体、规范，要求适中"。[7]

近年来，我国政府和研究者、实践者积极倡导和推动教师专业化，相继推出了面向基础教育阶段教师和校长的系列专业标准。这些标准无一例外地强调以德为先，重视阐发教育者在日常工作中所应遵守的专业道德要求。然而，返观这些文本，我们可以发现，关于专业道德的规定总体上以 2008 年修订颁布的《中小学教师职业道德规范》为蓝本，内容较少，过于笼统，不能充分体现教师职业的专业性，如爱国守法、具有良好职业道德修养、具有团队合作精神等提法放之四海而皆准。这不仅会导致规范本身缺乏指导性，而且不利于引领广大教师加强专业自律、提升专业精神，阻碍教师专业生活质量提高和教师专业发展的整体进程。

其二，教师专业道德要紧密联系教育者工作生活实际，从"圣人道德"转向"常人道德"。

将《美国教师专业道德标准》与我国《中小学教师职业道德规范》加以对比，可以发现，美国的专业道德标准紧扣教育者工作实际，在提出专业道德要求时充分考虑当事人的现实需要和实际践行的可能性。如《标准》倡导教师"保持履行专业职责和提供各项专业服务所需要的良好的精神、生理和情感健康"，但考虑到"人非圣贤"，既可能受到疾病困扰，也可能因为工作和生活事务而导致情绪低落，所以，接下来提出建议，希望当事人"在个人或健康问题可能干扰到教育工作时及时采取适当措施"。类似的人本化表达有很多，如强调教师不得与当前所教的学生建立恋爱关系，但并不一般地禁止教师与曾经教过的学生建立恋爱关系，同时提醒教师认识到这样做可能带来的后果。

客观来说，我国《中小学教师职业道德规范》尽管字数较少，但罗列的道德规范条目远远超过美国的教师专业道德标准，基本上每一个短句均可以看作一个或多个道德条目的概括。客观来说,能够全面达到该规范要求的教师是"神一样的存在",古今中外,难得一见。例如,我国《规范》强调教师要"循循善诱,诲人不倦",可是连被奉为万世师表的孔子面对昼寝的宰予也难免生气,反问"学而不厌,诲人不倦,何有于我哉?"

由此可见,教师专业道德"去圣化"是我国当代教师专业道德建设的一个迫切要求。在提升教师专业地位、倡导教师专业精神的同时,首先要将教师定位于普通人、平凡人,提出切合教师工作和生活实际的道德标准,尤其要考虑到中小学教师工资收入不高、"上有老下有小"等现实局限因素,不要使过高的师德标准成为批评和攻击教师的依据[8]。

其三,细化因子分析,彰显教师专业道德的现实指导意义。

我国的教师职业道德规范概括性极强,在每一个条目上都没有展开,总体来看,是对教师提出了无所不包的角色期待,但很难成为教师面对具体教育情境时的行动指南,在教师面临真实道德情境而必须做出行动决策时缺少参考价值。比如在处理教师与家长的关系方面,《规范》仅出现"尊重家长,自觉抵制有偿家教,不利用职务之便谋取私利"一条,《中学教师专业标准》仅出现"与家长进行有效沟通合作,共同促进中学生发展"一条,行文极其精简,但不能引导教师处理家校关系中的复杂问题,现实指导意义亟待彰显。

美国的《标准》充分考虑教师工作中的复杂可能性,尽可能提供在问题情境中的行动指南。一方面,系统采用因子分析法,在框架结构上将教师的专业责任区分为相互独立的五个领域,进而在每个领域内部区分二级、三级指标,提出细致建议和要求,避免了专业道德各条目的交叉;另一方面,针对实际工作中可能出现的情况,提出兼具概括性和操作性的建议。如针对教师与家长的关系,《标准》提出了如下条目:

专业的教育者与学生的父母或监护人建立有效和适宜的关系,包括:从学生利益出发,与父母或监护人进行及时的、基于尊重的交流;致力于平等、公平、尊重和接纳,同时尊重和适应学校共同体成员间的多样性;重视接受或赠送家长礼物可能产生的影响;对于家长提供的学生个人信息以及提供给家长的学生个人信息,保持适当的机密性,仅在法律允许的范围内使用这些信息;……认识到与家长、实习教师、同事、督学建立一种个人或者专业关系时可能会带来的影响[9]。

笔者认为,这样的细致规定,可以充当教育者的行动指南,能够有力地指导教育者加强专业自律,不断提升专业素养,值得我国借鉴。

参考文献：

［1］［3］［5］NASDTEC. MCEE framing document released［DB/OL］. http://c. ymcdn. com/
sites/www. nasdtec. net/resource/collection/7C8FAAA3 - 65CF - 4B6E - B0B4 - 801DDA
91A35F/MCEE_Framing_Document_RELEASED. docx，2015 - 10 - 10.

［2］Richard Arum. *Judging school discipline*［M］. Harvard University Press，2003：38 - 85.

［4］NASDTEC. Powerpoint MCEE presentation at NPC［DB/OL］. http://c. ymcdn. com/
sites/www. nasdtec. net/resource/collection/7C8FAAA3 - 65CF - 4B6E - B0B4 - 801DDA
91A35F/PPT_for_NPC_June_25_2015. pptx，2015 10 - 10.

［6］［9］NASDTEC. Model code of ethics for educators［J/OL］. http://www. nasdtec. net/?
page＝MCEE_Doc，2015 - 10 - 10.

［7］檀传宝. 论教师职业道德向专业道德的观念转移［J］. 教育研究，2005，(1)：48—51.

［8］余展洪. 从圣人道德转向常人道德［J］. 广东教育学院学报，1999，(5)：10—14.

美国大学荣誉制度与诚信品质的培养

童建军

（中山大学马克思主义学院）

美国大学荣誉制度（honor system）是以学生自治为基本前提，以防治学生学业研修中的说谎、欺骗和剽窃为主要内容，以培养学生诚信美德和培育大学共同体信任感为根本目标的教育和管理制度。本文之所以选择弗吉尼亚大学的荣誉制度作为研究个案，主要是因为在美国施行荣誉制度的大学群体中，弗吉尼亚大学占据了极其重要的地位。从历史上看，荣誉制度虽然萌芽于威廉与玛丽学院，但是，正是弗吉尼亚大学使荣誉制度发扬光大。弗吉尼亚大学荣誉制度的成功经验，为美国其它高校提供了示范，引起其他高校竞相效仿。从现实中看，弗吉尼亚大学荣誉制度在美国当前高校荣誉制度中最为成熟，至今仍在不断为美国高校荣誉制度的完善提供富有启发性的实践智慧。此外，弗吉尼亚大学主动公布了自 2000 年以来关于荣誉制度比较完整的调查数据，这有利于分析荣誉制度的实际运作与道德效果。因此，理性反思以弗吉亚大学为代表的美国大学荣誉制度的有效性，批判性借鉴其得失，对于深化当代中国学术诚信建设，具有重要的价值。

基金项目：2012 年国家社会科学基金重大招标项目"社会转型中的公民道德建设工程"（12&ZD007）

作者简介：童建军，江西鹰潭人，中山大学马克思主义学院副教授，主要从事道德哲学与道德发展研究。

一、 自由与责任：美国大学荣誉制度的伦理精神

个人主义是美国社会中的核心价值。美国加州大学社会学系教授罗伯特·N·贝拉等指出，美国社会尊崇个人尊严，信奉个人的神圣不可侵犯性。"任何可能破坏我们自己思考、自己判断、自己决策并按照自己认定的方式生活的东西，不仅在道德上是错误的，而且是亵渎神明的。"[1]因此，贝拉等人认为，如果美国人抛弃了个人主义，就意味着放弃了他们最深刻的民族特性。史蒂文指出，尽管"个人主义"的用法历来缺乏精确性，但是，强调个人的自主性、独特性、唯一性以及至高无上的价值或者尊严，肯定个人具有自我发展、自我实现和自我完善的权利，是其基本的共识性内涵。[2]个人主义虽然重视个人的自由、自主或者自决，但是，这并不意味着它必然是漫无组织、毫无纪律以及虚化责任。恰恰相反，理性的个人主义者会认识到，既然每个人都是自由的，那么，每个人不仅要尊重他者的平等的自由，而且要为自己的言行举止担负责任。因此，个人主义不仅重视每个人的自由，更强调每个人的责任。正如萨特所言，人注定是自由的，"命定是自由的人，把整个世界的重量担在自己的肩上：作为存在的形式，他对世界也对自己负责"[3]。

自由与责任是美国大学荣誉制度的伦理精神，正如 Joseph Roy Geiger 所言，大学荣誉制度建立的初衷源自对理想的民主和本真的人性的追求，其核心是强调个人的责任。[4]威廉与玛丽学院是最早实行荣誉制度的学校。早在 1817 年，该学院就开始推行无人监督的学生考试模式，并在 1830 年颁行法令规定，如果学生冒犯这种信任，将会被学校开除。它隐含的基本假设是，学生是理性的自主性个体，具有行动的自由；学院尊重学生理性的自决，但是，无论是行善还是为恶，学生必须为自决的行动承担责任。对于该项规定实施的结果，"监事会感到非常满意，没有一个学生自降身份作弊，看来诉诸学生荣誉的做法确实有效"。[5]1834 年，当时的法官纳撒尼尔·贝弗利·塔克尔（Nathaniel Beverley Tucker）在学院进行的一次演讲中说道："自由且宽松的纪律使得威廉与玛丽学院成为（美国高校中的）先进者。教授们不仅重视提高学生们的智识，引导其行为，更注重化育其学者精神和绅士风度。"他指出，荣誉制度"激发了学生强烈而谨慎的荣誉感，激励其不屑于以虚伪的行为来搪塞学校和老师"。[5]

弗吉尼亚大学荣誉制度直接起源于学生自由受到过度约制后的极端反抗。托马斯·杰弗逊卸任美国总统职务后，创建了弗吉尼亚大学。他从欧洲招聘的教授推行严

格的教学纪律和行为规范。师生关系紧张,师生之间暴力冲突时有发生。1840 年 11 月 20 日,教授团主席、法学教授约翰·戴维斯(John Davis)在试图平息学生骚乱中被学生枪击身亡。它使师生清醒地意识到化解彼此对立的重要性和迫切性。1842 年 7 月 4 日,接替约翰·戴维斯职位的法学教授亨利·乔治·塔克尔(Henry St. George Tucker)提出,"在未来所有的考试中,每一位应考者都必须在答案后附上以下文字作为证明:我以我的荣誉证明,我在考试中没有得到任何人的帮助"。嗣后塔克尔又添上"没有给予他人帮助"的条款。弗吉尼亚大学将塔克尔的提案简约为"荣誉证词","我以我的荣誉证明,在这次考试中,决不给予他人或接受他人任何帮助"。塔克尔的本意是在课堂有效约束学生行为。但是,它激发了学生们强烈的道德自尊感,并自觉且主动承担起捍卫"荣誉誓词"的责任,逐渐演化成现今的"荣誉制度"。[6]

弗吉尼亚大学荣誉制度成功的基本经验是通过尊重和信任学生自由自决的权利,激发其内在的道德荣誉感,实现道德自律的教育目标,从而为自身的言行担责,实现自由与责任的统一。正如弗吉尼亚大学校长杰斐逊指出:"我们有理由怀疑,当学生达到一定年龄后,是否还应该凭借其'害怕心理'来纠正他们的行为。其他更值得利用而且更有效的刺激手段更容易影响人类的品格。对于品格的自豪感、值得赞扬的抱负和道德气质是医治那一活跃年龄的不良行为的固有良药;当这些刺激手段反复运用,又经常迎合受助人的需要,其效力就得以强化。对于青年人未来的品格来说,这比'害怕心理'这个低劣的动力,会发挥更有利的影响。用羞辱、体罚和使其受屈辱的办法去对待他们,不是造就正直品格的最好方法。"[7]通过荣誉誓词,每一位学生在入学或者考试时,都同学校许下了责任承诺。这不仅要求学生有责任克制自己不守信誉的行为,而且要求学生违反了信誉准则后离开学校。学生在做出责任承诺时是自由的理性的个体,因此,一旦承诺接受这些责任,就必须承担由之而来的后果。

学生自主运行是弗吉尼亚大学荣誉制度的一个重要特征。这也是迄今为止受广大学生普遍推崇的运作模式。根据弗吉尼亚大学荣誉委员会 2012 年的调查统计数据,60.46%的学生赞同现行的学生自主负责模式;33.53%的学生支持以学生为主、以教职工为辅的模式;4.32%的学生认可以教职工为主、以学生为辅的模式;而只有0.88%的人接受完全由教职工负责的模式。[8]通过数据对比可以发现,尽管围绕如何发挥教职工在荣誉制度中的作用,学生之间存在分歧,但是,关于坚持荣誉制度的学生自治特色方面,学生之间有着高度的共识。荣誉委员会是弗吉尼亚大学荣誉制度管理的最高机构,实行完全的学生自治。27 名委员由各学院学生代表组成,其中艺术和科学学院(College)5 名,其他 11 个学院(School)各 2 名。荣誉委员会选出 5 名委员组成执行委员会,分别担任主席、调查副主席、审判副主席、教育副主席和社区关系副主席,他们负责荣誉委员会的日常事务。

隐含于荣誉制度内在的逻辑结构是,荣誉委员会详尽地阐释荣誉冒犯的认定标准及其避免途径,但是,学生是否遵行荣誉制度的指引,决定权在学生,他们拥有自由意志,具有自主自决的权利;不过,如果学生基于自由意志而选择了冒犯荣誉的言行,那么,就必须为此承担应有的责任。根据荣誉委员会颁布的现行标准,荣誉冒犯特指严重的撒谎、欺骗或者偷盗行为。荣誉冒犯的具体认定,要结合当事人主客观的实际情况,并考虑行为后果的严重性。从客观上来说,当事人必须做出了撒谎、欺骗或者偷盗的行为;从主观上来说,当事人知道或者应该知道该行为是撒谎、欺骗或者偷盗;从后果上来说,行为会侵犯或腐蚀大学共同体的信任,因而不能够被公开容忍。一项行为当且仅当符合这三条标准,才能够被定性为荣誉冒犯。[9] 在大学共同体内,学术造假是一种欺骗,具体形式包括剽窃、多次提交、错误引用、错误数据和网络资源。荣誉制度同时提供了学术规范的指引,引导学生避免学术造假,例如学生在不确定如何正确引用资料时可以咨询助研、助教、教授或格式手册。[10]

自由与责任相统一的伦理精神也体现在荣誉冒犯举报和处置的程序设计中。根据荣誉制度的规定,不仅每位学生自身有坚守诚信标准的义务,而且肩负着督促其他同学同样坚守诚信标准的责任。因此,当学生获知其他同学存在违犯荣誉制度的嫌疑时,荣誉制度鼓励学生及时联系荣誉顾问,以求证其他同学的行为是否真地违犯了荣誉制度。荣誉顾问会详细地向举报者解释判断荣誉冒犯的三条标准,并通过与举报者的交流和沟通,帮助举报者做出其所观测到的行为是否冒犯荣誉制度的判断。但是,即使其他同学的行为符合荣誉冒犯的规定,荣誉顾问不会建议举报者是否举报此项行为。举报者可以选择举报,也可以选择放弃举报。如果他选择了举报,那么,他必须意识到由此所导致的后果是,一旦案件被举报并呈递至分管调查的副主席,该案件就不能被撤销。[11] 举报者就承担着协助荣誉委员会调查和作证的义务。这不仅意味着时间上的付出,有时候可能是情感上的困扰和挣扎。荣誉冒犯嫌疑人可能因为举报者选择举报的行为,而承受着被开除学籍的严重后果。

学生冒犯荣誉的行为被举报后可以主动认错。如果主动认错被接受,那么,学校对他会做出留校观察的处理。他在当前的学期结束后,必须休学两学期。如果学生没有主动认错,或者主动认错不被接受,那么,荣誉委员会将启动全面调查。全面调查之后,如果有足够的证据表明学生有冒犯荣誉的重大嫌疑,那么,将启动控诉程序。在控诉阶段,学生可能承认错误而直接被开除;也可能要求审判,并选择或者被委派荣誉辩护人。如果经过审判,学生的行为不构成荣誉冒犯,那么,案件终止。在审判结果中,只有同时具备如下两条,学生冒犯荣誉的行为才成立:第一,五分之四的陪审员投票认为,学生不仅客观上实施了冒犯荣誉的行为,且主观上知道或者应该知道这种行为构成对荣誉的冒犯,第二,简单多数的陪审员投票认为,该冒犯荣誉的行为后果严重而不能被公开容忍。学生冒犯荣誉的行为成立之后,将面临着被开除的后果。如果学生对审判结果不服,可以选择紧急的和(或)正常的申诉。[12]

二、 明道与正德:美国大学荣誉制度的伦理效能

"道"的本意是指路,后来引申为规范或者法则。它是维系一个群体或者组织成员必要的前提,"盗亦有道"。尽管"道"在制定和形成的过程中,会充满了不同主体间的争议,也会夹杂着不同主体的情感或者价值诉求,但是,一旦以成文或者不成文的形式固定下来,那么,对于群体或者组织成员中的每位个体而言,它就是客观的外在约束或者规范。主体修道或者行道之后,会形成内在品质,这就是"德"。"德"与"得"相通,是主体习道或行道之后的心之所得。但是,不同的主体,修或者行相同的"道","德"的境界存在优劣高下之分。其尤为严重者是"有道无德","道"成为外在于主体的催迫,甚至沦为主体表演或者伪装的外衣。"道德"出现了分裂。一个群体或者组织令人忧心之处不是无"道",而是缺"德"。无"道"则可以立,而缺"德"则会从根本上伤及正"道"。

作为一种规范或者"道",弗吉尼亚大学荣誉制度运行170多年以来,获得了学生比较高的认可。荣誉委员会对荣誉制度开展的持续的跟踪调查显示,在对荣誉制度的总体评价上,2003年,70.3%的学生积极肯定,13.11%的学生消极否定。在此后2008年和2012年的统计中,持肯定性评价的比率分别是79.0%和74.18%,持否定性评价的比率分别是9.1%和11.39%。荣誉制度赢得学生满意的根本原因是它使学生受

益。通过调查数据的统计可以发现,2000 年,81.0%的学生认为受益于荣誉制度,2003 年、2008 年和 2012 年的比率分别是 81.1%、87.9%和 77.4%;2000 年,15.6%的学生认为没有受益于荣誉制度,2003 年、2008 年和 2012 年的比率分别是 15.42%、12.2%和22.43%。关于受益的具体内容,根据 2008 年的统计数据,67.8%的人认为可以在家或者教室外考试;61.8%的人认为可以带背包或者其它物品进入大学书店;45.7%的人认为在大学公共空间留下物品无需看管,不用担心被偷窃;59.5%的人认为可以在无监考的环境中考试;30.4%的人认为可以重新安排考试或者其他到期的事情;30.0%的人认为可以相信同辈学生的诺言;25.0%的人认为找回丢失的物品;18.8%的认为无需身份证就可以担保学生进入大学图书馆。[8]

透过这些表层的和显见的受益,是更为内在的且深刻的对学生诚信美德的培育和对大学共同体信任感的培养,是对学生人生道路的铺垫和指引。弗吉尼亚大学师生对荣誉制度的评价与回忆在某种程度上可以揭示出这种制度隐含的深意。他们认为,荣誉制度使学生成为大学共同体的主人,自觉地为其繁荣负责,学生不是大学的过客,而是其塑造者和成就者;荣誉制度使学生能够受到成人般的待遇,被视作一个值得信赖的成年人,使学生理解了成为一个值得尊重的学生和人的内涵,为学生进入真实世界奠定了重要的基础;在一个缺乏信任感的大学共同体献身于教育事业是痛苦的,成为弗吉尼亚大学的一员,这本身就是一种荣誉;荣誉制度可见的规范是不要欺骗、撒谎和偷盗,但是,在更抽象的意义上,它不只是一套规则,而更是一种生活方式,表达了追求充满信任感的共同体生活的渴望;尽管学生可以做出冒犯荣誉的行为,且可能不会被任何人发现,但是,在他的内心深处,他已经从弗吉尼亚大学共同体中自我驱逐了;荣誉制度表明,弗吉尼亚大学是一个紧密的共同体,它将不同背景、身份和兴趣的人聚集在一起,相互尊重;荣誉制度是弗吉尼亚大学能够为真实的世界准备的最好的制剂。更有已经毕业近三十年的学生反思,他依然几乎会在生活中的每一天忆起弗吉尼亚大学的荣誉法则。每当处在诚实面临抉择的关键时刻,弗吉尼亚大学固化在其脑海中的荣誉价值,总是会帮助他选择正确的道路。[13]在这种充满信任感的大学共同体中,不诚实的学术行为受到公开谴责。2000 年,80.2%的学生赞同"容忍故意的学术欺骗将会伤害值得信赖的共同体",2008 年,支持这一立场的学生比率上升到 85.8%。[8]因此,真诚而非欺骗就成为在弗吉尼亚大学安身立命的重要前提和基本价值。

但是,学生们合乎荣誉制度的行为,是源自对荣誉制度的心悦诚服的认同吗? 换言之,学生们合乎"道"的行为背后,对应着"德"的内在状态吗? 荣誉委员会的追踪调查数据显示,弗吉尼亚大学荣誉制度尽管经过 170 多年的发展和完善,已经成为使学生广泛受益和普遍满意的教育管理制度,积淀成弗吉尼亚大学重要的教育传统和校园文化,但是,它依然面临着理论上和实践中的挑战和困惑,影响着学生们对其有效性与合法性的广泛认同。

荣誉制度是学生自治自律的深刻体现。它将对学生自治自律的信任和尊重放在首位,而将对违背自治自律的惩处退居其次,以之作为校正学生自治自律脱轨的必要手段。因此,学生自治自律的程度就成为理解荣誉制度成效的重要观测指标。数据显示,弗吉尼亚大学未能完全杜绝学生冒犯荣誉的行为,相反,学生行为违背自治自律精神的比率始终维持在令人担忧的高位。2000 年、2003 年、2008 年和 2012 年中,明确目击过本校学生冒犯荣誉行为的比率分别是 27.8%、24.94%、28.5%和 17.23%,明确承认作为本校学生而有过冒犯荣誉行为的比率分别是 6.5%、5.4%、6.0%和 4.73%。[8]这些对他人经历的旁观和对自我往事的回首,影响着学生对荣誉制度阻止撒谎、欺骗和偷盗行为有效性的总体评价。2000 年、2008 年和 2012 年,分别 21.0%、17.2%和 14.89%的学生认为,荣誉制度不能有效阻止冒犯荣誉的行为,分别只有 56.1%、67.2%和 71.67%的学生认可荣誉制度阻止撒谎、欺骗和偷盗行为的有效性。[8]

荣誉制度既是学生自我教育,又是学生互相管理,且互相管理往往成为自我教育的重要压力来源。最严厉的互相管理的形式就是荣誉冒犯举报。但是,数据显示,目击者举报的意愿不是特别强烈,而且具有选择性(表 1)。

表 1 目击者的举报意愿调查

选项	作为一名学生,目击了撒谎、欺骗或者盗窃行为时,是否会举报(%)			
	2000	2003	2008	2012
会	34.7	36.12	44.1	42.27
不会	15.3	11.70	5.3	4.20
因对方而异	27.6	27.89	25.2	19.34
不确定	22.4	24.04	25.4	27.94

(本表统计数据来自弗吉尼亚大学官方网站公布的该校历年关于荣誉制度的调查分析。详细信息请参阅 http://www.virginia.edu/honor/studies-reports/,2014 年 10 月 10 日。)

在影响目击者举报意愿的诸因素中,最重要的三项分别是被举报者受到开除后的内心不安、举报者与被举报者之间的私人关系、举报者不确定被举报者冒犯荣誉的行为是否严重(表2)。

表 2　不举报冒犯荣誉行为的因素

选项(多选)	不举报撒谎、欺骗或者盗窃行为的因素(%)			
	2000	2003	2008	2012
对方可能被开除后的不安	55.6	50.90	62.4	25.25
不相信荣誉系统	5.9	3.86	3.0	1.04
与对方的私人关系	60.3	50.26	58.9	22.49
浪费时间	30.5	24.68	22.2	10.81
不信任单一的处罚(开除)	17.8	15.42	22.6	9.40
不确定对方行为是否严重	60.5	47.43	59.5	27.34

(本表统计数据来自弗吉尼亚大学官方网站公布的该校历年关于荣誉制度的调查分析。详细信息请参阅 http://www.virginia.edu/honor/studies-reports/,2014 年 10 月 10 日。)

在这六种主要因素中,"不信任单一的处罚(开除)"、"不相信荣誉系统"和"不确定对方行为是否严重"可以通过更加详细且周密的荣誉制度宣传,增强举报者对荣誉冒犯行为的认知和判断而得到有效缓解;"浪费时间"可以通过荣誉制度的技术更进而加以克服;"对方可能被开除后的不安"则可通过处罚的多样化而减缓举报者的心理负担,例如现行的举报者主动认错措施(Informed Retraction)。根据 2012 年的统计,如果冒犯荣誉的处罚由单一的开除学籍转向多样化方式,79.09%的人认为会鼓励更多的人举报荣誉冒犯者,荣誉制度增加主动认错的措施后,61.92%的人愿意举报荣誉冒犯者。[8]但是,因为同被举报者存在私人关系而不举报荣誉冒犯行为,很难通过宣传的、技术的或者制度的手段去改变。这不仅是因为来自强社会关系网络文化中的学生认同私人关系的价值,而且更是因为它是人性内在的需要。因为无论社会如何个体化,人只有在亲朋好友等亲密的关系网络中才能找到情感归属和满足情感需要。

制度的生命力在于其公平公正地应用于所有利益相关者,使制度规范的客体产生公平公正感。根据荣誉委员会的四次追踪调查可以发现,弗吉尼亚大学的学生对荣誉制度公平公正的情感认同并不是特别强烈(表3)。

表3　对荣誉制度的情感认同

选项（多选）	荣誉制度会公正地应用到所有学生（%）			
	2000	2003	2008	2012
不赞同	24.60	24.43	17.70	15.53
赞同	41.40	49.10	62.40	49.30

（本表统计数据来自弗吉尼亚大学官方网站公布的该校历年关于荣誉制度的调查分析。详细信息请参阅 http://www.virginia.edu/honor/studies-reports/,2014 年 10 月 10 日。）

弗吉尼亚大学的生源具有世界性,不仅有美国本土的学生,而且有来自其他洲和国的学生,即使是美国本土学生中,也有白人、黑人、华裔、印度裔、墨西哥裔和西班牙裔等族群的差异。根据 2012 年的统计数据,8.54% 的人认为有些族群的学生被举报得更多;6.19% 的人认为有些族群的学生被举报得更少;5.52% 的人认为有些族群的学生更容易被判为有罪;3.58% 的人认为有些族群的学生更容易被判为无罪。[8]有些族群的学生被举报和被判有罪得更多的原因,既可能是因为这些族群事实更多地冒犯了荣誉,也可能是因为这些族群因歧视而更多地受到怀疑以及不公正的待遇。后者直接挑战了荣誉制度的公平公正。

荣誉审判陪审团是弗吉尼亚大学荣誉制度的重要特色。12 名到 14 名学生组成陪审团,听取被举报人和荣誉调查员阐述案情,并决定被举报人是否有罪。2013 年之前,陪审团可以由在全校随机抽选的学生组成,也可以由荣誉委员会委员组成,也可以是随机抽选的学生和荣誉委员会的委员各占一半的方式构成。陪审团组成方式的多元化在某种程度上是对荣誉委员会权力的一种制约,有利于维护被举报学生的正当权利。但是,从 2013 年开始,弗吉尼亚大学取消随机抽选的陪审团成员,改由荣誉委员会的委员出任陪审团成员。这种改革激起了少数族群学生的批评。他们认为,尽管每个学院都可以选举产生出 2~5 名不同名额的荣誉委员会委员,表面上很公平,但实际上并不如此。因为文化、兴趣和观念的差异,以及学校族群的构成,使得来自美国以外的留学生和美国本土少数族群的学生,例如亚裔、非裔和西班牙裔学生,都很少去竞选委员席位,或者即使竞选也鲜有成功。这种基于历史事实的分析所带给少数族群学生的忧虑是,同样的行为,美国本土白人学生受到惩罚的可能性必然低于少数族群学生。因此,这种陪审团成员组成方式的改革必然是不公平的。

三、良法与善治：美国大学荣誉制度的中国反省

以弗吉尼亚大学为代表的美国大学荣誉制度在中华民国时期就在中国教育界流传。1913年秋季，上海圣约翰大学决定在高年级学生中试行美国大学的荣誉制度，在考试中不设监考教师。这不仅得到了该校大三学生的积极响应，并随后在低年级学生中广泛推行，且相继为金陵大学以及广东岭南学院所效仿。[14]但是，这种荣誉考试制度最终没有发展成为中国大学阶段学业考试的常见形式，只是中国教育近代以来西学东渐历史进程中的昙花一现。

学术诚信是社会诚信系统中的重要构成。当代中国学术失信日渐成为国人诟病的社会丑陋。如何加强和改进学术诚信建设，营造一个优良的学风环境，实现科学大发展和教育大繁荣，已经成为广受关注的议题。良法善治可以改善学术诚信，这已经成为一个重要的理论与实践共识。但是，从以弗吉尼亚大学为代表的美国大学荣誉制度的运行实践来看，在坚持以良法善治的基本路径治理学术诚信的过程中，有如下三点需要保持合理的反省。

第一，诚信治理需要任法，但不能唯法。良法可以使人行善，但不必然使人心善。这是一个基本的学术共识。"立善法于天下，则天下治。立善法于一国，则一国治。"（《王安石文集·周公》）亚里士多德在《尼各马可伦理学》中发人深省地提出，道德争论不足以使人们远离邪恶而趋向德性。因为争论只是告诉人们应为正当之事，但不会激发他们行动。只有少数人才会自觉地因争论而趋向德性；多数人不去做坏事是因为惧怕惩罚，多数人服从的是法律而不是逻各斯，接受的是惩罚而不是高尚（高贵）的事物。因此，亚里士多德主张，"假如有人希望通过他的关照使其他人（许多人或少数几个人）变得更好，他就应当努力懂得立法学。因为，法律可以使人变好。"[15]但是，亚里士多德的失误在于，他并没有意识到强制人们做正当之事不会使之德性更好，而只是对道德规范外在的遵从，而道德必在于其内在，是出于正当的理由而做正确的事情。[16]因此，法律可以引导善行，但不必然培育善心。弗吉尼亚大学荣誉制度运行170余年以来，不仅学生们目睹了违犯荣誉准则的行为后可能不会举报，而且学生们在明晰了荣誉准则之后仍可能行违犯之事。诚信作为一种美德，不仅要"外化于行"，也要"内化于心"，而心的化育尤其艰难。

诚信作为道德品质，是"诚"与"信"的合体。通俗地，由于"诚"与"信"均有"实"的

含义,因此它们常常相互解释。但若细究,"诚"与"信"有别。"诚"作为一般概念,具有真心实意、无妄不欺的意思,既不自欺,也不欺人,但其重心在"心"在"意",固有"诚心"、"诚意"之说,指向内心的诚实。"信"的基本含义是遵守诺言、言行相符,是对誓言的遵守和对规则的遵从。因此,虽然"诚"与"信"有着密切的联系,但是,"诚"是人内在的美德,而"信"则是诚的外在表现;"诚"是人的意志之真,而"信"是人的行为之真。人们的行为之真可以来自外在的压力或诱惑,如制度胁迫或者利益收买。但是,人们的意志之真是人内向的自由之域,可以免受外在的压力而保持本真。于是,在制度或者利益之前的行为之真,由于缺乏相应的意志之真,就成为表演,"信"因其无"诚"而沦为伪信。这是一切以法律或者制度的方式推进道德建设时遭遇的理论和实践难题。在道德建设中,法律或者制度可以有所作为,但不能无所不为。

第二,诚信治理需要濡化,但不能催化。它是一个长期、渐进而艰巨的过程。由于荣誉制度关系到学生能否顺利完成学业,因此,弗吉尼亚大学通过多种方式向学生反复阐述荣誉制度的基本宗旨和具体规定。2012 年的统计数据显示,学生首次了解荣誉制度的时间 51.34% 是在申请弗吉尼亚大学之前;20.15% 是在夏季迎新会中;12.97% 是在申请弗吉尼亚大学过程中;12.68% 是在第一个学期中;0.53% 是在第一个学期结束后。迎新会结束之后,30.32% 表示完全理解荣誉制度,61.68% 的人基本理解。66.18% 的人参加了本年度有关荣誉制度或者荣誉委员会正式或者非正式的谈话;谈话的主题主要是对荣誉制度的看法 21.98%,冒犯荣誉行为的认定 18.47%,单一处罚(即冒犯荣誉行为后面临的被开除学籍的唯一处分方式)13.65%,荣誉制度的个人经验分享 7.08%,荣誉委员会中学生代表的选举 4.62%;36.74% 的学生参加过荣誉教育活动(如模拟审判、宿舍谈话、社区代表谈话、学术剽窃谈话)。[8] 为了能与学生团体之间进行有效沟通,荣誉委员会还遴选并训练了一批"荣誉教育者"。他们每天都与学生接触,其职责是帮助学生(特别是新生)理解和接受"荣誉制度"。这种细致的诚信治理措施在弗吉尼亚大学延续了 170 余年,使得来自不同文化背景的学生能够在新的大学共同体内逐渐适应诚信文化与诚信制度。

诚信治理的终极目标是化育人们的"心"或者"意",但是,人们"心"之"正"与"意"之"诚",不能依靠催迫一蹴而就,其成效的考察也难以通过短期客观化行为的分析而完成。试图以"短""平""快"的思维,通过一时的轰轰烈烈的造势,取得改善诚信治理的效果,这不但无助于诚信的养成,反而是对诚信的戕害。指望通过一次诚信教育主题活动,就能够催化出"倡导诚信理念、形成诚信共识、营造诚信之风的教育效果",是不现实的。亚里士多德指出,合乎德性的行为"除了具有某种性质,一个人还必须是出于某种状态的。首先,他必须知道那种行为。其次,他必须是经过选择而那样做,并且是因那行为自身故而选择它的。第三,他必须是出于一种确定了的、稳定的品质而那样选择的"。[15]主体可以是基于知情和选择而选择了合乎诚信的行为,但是,这种选择是不是出于稳定的诚信的品质,而不是源自功利的算计或者沽名钓誉的邪恶,需要长时段的观察。从主体的情感状态而言,亚里士多德提出,德性同快乐和痛苦相关。"仅当一个人节制快乐并且以这样做为快乐,他才是节制的。相反,如果他以这样做为痛苦,他就是放纵的。同样,仅当一个人快乐地,至少是没有痛苦地面对可怕的事物,他才是勇敢的。相反,如果他这样做带着痛苦,他就是怯懦的。"[15]因此,只有主体以诚信为乐,或者至少不以诚信为苦,他才是具备了诚信美德。而只有当诚信内化为主体习惯性的品质时,其诚信的行为才是油然发自内心的意识冲动,才可能以诚信为乐或者不以为苦。显然,这种治理效果不能依赖催化的思维方式,而必须借助濡化的思维路径,在一个漫长的时段,精细耕耘,改变社会失信行为,培育其诚信习惯,涵育其诚信品质,由此收获诚信治理的效果。

第三,诚信治理要重视"经",更要善于"权"。弗吉尼亚大学对于荣誉冒犯的认定采取了主客观相结合的标准。它要求当事人不仅客观上做出了撒谎、欺骗或者偷盗的行为,而且主观上当事人知道或者应该知道该行为是撒谎、欺骗或者偷盗,同时当事人的行为会侵犯或腐蚀大学共同体的信任,因而不能够被公开容忍。因为有了认定荣誉冒犯的标准,所以,荣誉委员会对冒犯荣誉行为的处置就会更加规范;学生们更能预知和预设自身行为的边界,从而拥有了制度框架下的自由。这是制度的优势,它竭尽所能地摒弃模糊而追求清晰。但是,制度是简约的,而现实是复杂的;制度是静止的,而现实是流动的。"在整个宇宙中,甚至没有两个原子的物质是属于同样形式的,这是物理学的伟大法则;法律向这个法则挑战,企图把由无数变化无常德因素构成的人类行为归纳为一个标准。"[17]因此,以简约的静止的制度去规范复杂的流动的现实,所产生的结果未必永远是最令人值得期待的,也未必是最公平公正的。诚信治理固然要对冒犯诚信的行为做出制度或者法律上的规范性陈述或者说明,使之成为处理失信行为的依据,成为相对稳定的条文或者"经",但是,由于诚信不仅关乎主体的"行",更涉及主体的"心",因此,"经"之外有必须辅以"权"。

　　"经"是相对不变的处理原则或者法律标准,"权"是可变的具体处理方法和处置策略。处理原则或者法律标准如果常变易变,那么,这不利于人们养成稳定的诚信品质。原则是抽象的,而事务是具体的。具体问题就必须结合情境具体分析。处理问题的具体方式、具体方法,可以变且必须变。有"经"无"权",看似公正规范,实质是陷入法条主义,使人沦为制度的奴隶。守诺是儒家看重的重要的道德规范。"人而无信,不知其可也。大车无輗,小车无軏,其何以行之哉?"(《论语·为政》)因此,诚信可以被视为儒家的一条"经",人人皆有正"经"的必要。可是,如果所守之诺已经失去了价值,特别是丧失了合理性,那么,为守诺而守诺就成为了一种道德上的迂腐。这时候就需要善于权变,懂得变通。"大人者,言不必信,行不必果,惟义所在。"(《孟子·离娄章句下》)这种"权"被孔子视为处事之极。"可与共学,未可与适道;可与适道,未可与立;可与立,未可与权。"(《论语·子罕》)习"道"(学)、行道(适)和守道(立)虽艰,但尤为难者在于变道(权)或者。诚信治理要基于法理,这是"经";但是,更要体察事理和情理,这是"权"。只有在实践中厘清了"经"与"权"的辩证法,才能使诚信冒犯的处理合于伦理。

参考文献:

[1] 罗伯特·N·贝拉等.心灵的习性——美国人生活中的个人主义和公共责任[M].翟宏彪,等译.北京:生活·读书·新知三联书店,1991:214.

[2] 史蒂文·卢克斯.个人主义[M].阎克文,译.南京:江苏人民出版社,2001:43—69.

[3] 萨特.存在与虚无[M].陈宣良,等译.北京:生活·读书·新知三联书店,1987:612.

[4] Joseph Roy Geiger. *The Honor System in Colleges*[J]. International Journal of Ethics,1922,(4).

[5] *The Honor System in American Colleges*[J]. The William and Mary Quarterly, 1914,(1).

[6] http://www. virginia. edu/honor/intro/honorhistory,2014 年 10 月 10 日.

[7] 梅利尔·D·彼得森. 杰斐逊集(上) [C].刘祚昌,邓红风,译. 北京:生活·读书·新知三联书店,1993:502.

[8] 统计数据.来自弗吉尼亚大学官方网站公布的该校历年关于荣誉制度的调查分析。http://www. virginia. edu/honor/studies-reports/,2014 年 10 月 10 日.

[9] http://www. virginia. edu/honor/wp-content/uploads/2012/09/AbouttheHonorComm-

itteePageTranslation FINAL_000. pdf,2014 年 10 月 10 日.

[10] http://www. virginia. edu/honor/what-is-academic-fraud-2/,2014 年 10 月 10 日.

[11] http://www. virginia. edu/honor/wp-content/uploads/2012/09/ReportaCaseHonorTran slationFINAL_000. pdf,2015 年 11 月 9 日.

[12] http://www. virginia. edu/honor/wp-content/uploads/2015/07/Honor-Case-Flow-Chart. pdf,2015 年 11 月 9 日.

[13] http://www. virginia. edu/honor/benefits-of-honor/,2014 年 10 月 10 日.

[14] 党亭军. 中国近代大学"考试荣誉制"研究[J]. 考试研究,2014,(1).

[15] 亚里士多德. 尼各马可伦理学[M]. 廖申白,译. 北京:商务印书馆,2003:1180,1104,103.

[16] Robert P. George. *The Central Tradition-Its Value and Limits*[A]. In Farrelly, C. , and L. Solum eds. *Virtue Jurisprudence*[C], New York: Palgrave Macmillan, 2008:25.

[17] 威廉·葛德文. 政治正义论[M]. 何慕李,译. 北京:商务印书馆,1980:576.

教育伦理研究综述

近十五年来我国教师伦理研究方法现状与反思
——基于 2001—2015 年 250 篇硕博论文分析

杨 茜

（华东师范大学 教育学部 教育学系）

一、 研究背景与研究过程

1. 研究背景

教育伦理学作为一门从伦理道德的视角对教育活动进行价值分析和行为导向的交叉学科，是在教育学和伦理学之间产生的一门新兴的边缘学科。长期以来，大部分学者认为教师伦理研究是教育伦理学研究的重要领域，甚至将两者等同起来。正如我国学者王正平认为"它是研究教师职业道德的学问，是教师道德理论学说，教师道德规范学说和教师道德实践学说的有机统一"[1]。有的学者认为"教育伦理学是以教育过程中所出现的全部教师道德现象为其研究对象的"[2]。无论是认为教师伦理是教育伦理研究的全部对象，还是将两者区别开来，不可否认的是教师伦理是教育伦理学科的重要研究领域，其研究成果的丰富与发展对促进教育伦理学科的成熟与发展极为重要。

作者简介：杨茜，河南焦作人，华东师范大学教育学部博士研究生，主要从事教育基本理论、教师伦理研究。

在西方,教育伦理学研究起步于 20 世纪五六十年代,我国教育伦理学研究可追溯到民国时期丘景尼,20 世纪 80 年代后才成为一门独立的学科。Kuhn(1962)认为,一门学科"成熟的标志"是其研究范式的形成,在此之前是各种研究方法、理论框架和学派的相互竞争。我国有些学者也认为,教育研究方法是决定教育研究质量的关键因素,它是人们在进行教育研究时所采取的步骤、手段和方法的总称[3]。教师伦理学研究方法范式的成熟是教师伦理学发展成熟的重要标示之一。然而,近十几年来,教师伦理领域的研究方法状况如何?从现有文献来看,还未发现有相关研究。笔者认为,一个领域的硕博论文,是呈现该领域前沿性研究的重要途径,可以从某个侧面来帮助我们认识该领域研究方法状况。为此,本研究主要通过对 2001—2015 年我国教师伦理研究的 250 篇硕博论文的研究方法使用情况进行统计分析,这有助于了解我国教师伦理领域研究方法的使用现状和变化趋势,同时发现其中存在的主要问题,对我国教师伦理学研究向更高层次发展具有更大意义。

2. 研究过程与研究方法

1) 样本来源与选取

本文通过中国知网硕博论文数据库选取研究样本。根据与本文研究主题的相关性,选取了"教师伦理"和"教师道德"两个主题词,以 2001 年 1 月—2015 年 12 月为时间范围进行选取,最终共搜索到硕博论文 250 篇。

在对这 250 篇研究方法统计前,需要对研究范式和研究方法进行界定与划分,在此基础上进行严谨性与科学性的统计分析。

2) 从研究范式到研究方法

最初人类认识和理解世界的方式主要有三种:经验、推理和研究。研究是经验和推理的结合(Mouly, 1978)[4],是解释现象、解决问题的过程,研究方法则是达到这一目的的手段和方式。paradigm(范式)一词源自希腊词 paradeigma,意思是"模范"或"模型",指"特定的研究共同体从事某一类研究活动所必须遵循的公认的'模型',包括共有的世界观、基本理论、方法、仪器和标准等"[5],通常被广泛地用来描述一定历史时期被普遍接受的一种广义的模型、框架、思维方式或是一种理解现实的体系(Cohen, Manion & Morrison, 2003)。社会科学研究范式问题的提出与自然科学研究范式具有直接相关性。19世纪,孔德实证主义理论的提出,旨在确立自然科学研究方法论作为科学研究普遍法则的地位,也引起了社会科学实证化的巨大浪潮。直到20世纪,社会科学研究主要是科学和人文两大范式的争论,即实证主义研究范式①和解释性研究范式两大阵营之间的对立。前者认为科学研究的任务在于确立并解释事物间的因果关系,强调量化观察和分析,并最终用数学模型把研究的意义呈现出来;后者则注重整体和质化的信息及意义诠释。换言之,前者的功能是实证,后者的功能是解释。两种研究范式此消彼长,Gage(1989)曾形象地称之为"范式之战"[6]。由此可见,社会科学研究主要在这两大研究范式下进行,不同的研究范式规定了不同的研究方法。在整个教育研究的发展过程中,以两大研究范式为主要框架,许多研究方法逐渐发展成为教育研究的常规方法。

3)教育研究方法总览

目前教育科学研究所使用的方法,多和社会科学常用的研究方法类似。因此本研究在研究方法的分类上除了参考一般社会科学常用的研究方法外,还根据本研究需要,以教育研究的分类书籍为参考资料。如,袁振国主编的《教育研究方法》(高等教育出版社,2000年7月第一版);李秉德主编的《教育科学研究方法》(人民教育出版社,1986年,第一版);杨小微《教育研究的理论与方法》(北京师范大学出版社,2008年,第一版)等,根据研究方法的特征、相关概念等,对教育研究方法进行分类,首先将教育领域常用的研究方法共分为两大类别,即定性研究和定量研究,如表1所示[7]:

表1 定性研究与定量研究度特征

研究方法	研究内涵或特征	与研究方法有关的术语	与研究方法主要有关的概念
定性研究	定性研究大多是采用参与观察和深度访谈而获得第一手资料,具体的方法主要有参与观察、行动研究、历史研究法、人种志方法。其中参与观察,是定性研究中经常用到的一种方法。	——人种学的 ——现场观察 ——现场调查 ——现象学的 ——软资料 ——生活史 ——符号相互作用 ——个案研究 ——内部透视 ——生态学的 ——纪实的 ——人种方法论的 ——描述性的	——意义 ——了解常识 ——理解 ——过程 ——情景定义 ——日常生活 ——协商顺序 ——实践至上 ——社会结构

续　表

研究方法	研究内涵或特征	与研究方法有关的术语	与研究方法主要有关的概念
定量研究	定量研究主要用观察、实验、调查、统计等方法研究教育现象,对研究的严密性、客观性、价值中立都提出了严格的要求,以求得到客观事实。	——实验的 ——硬资料 ——社会事实 ——外部透视 ——统计学 ——经验主义的	——变量 ——操作 ——信度 ——效度 ——假设 ——统计意义 ——重演

基于以上分析,教育研究方法可进行具体分类,共分为以下 14 种研究方法。其主要内涵及分类标准如下定义,如表 2 所示:

表 2　教育研究方法的分类

研究方法			主要内涵或特征
定性研究	思辨研究方法	文献分析法	通过对文献资料进行理论阐释和比较分析,帮助研究者发现事物的内在联系,找寻社会现象产生的规律性。
		历史研究法	是指系统地收集和评价数据,以描述、解释,并由此解释过去某个时间所发生的行为或事件的研究
		比较研究法	是根据一定的标准,对两个或两个以上有联系的事物进行考察,寻找其异同,探求教育之普遍规律与特殊规律的方法。
	质性研究方法②	访谈法	访谈者有目的性地与受访者共同建构言语性活动从而获得第一手资料的一种研究方法。
		观察法	又称参与性观察,是研究者在自然情境下进行的观察,研究者参与某一情境中进行的观察。
		案例研究法	对研究对象进行深入而具体研究的方法,对其典型特征作全面而深入的考察与分析。
		叙事研究法	通过故事叙述的形式来揭示研究对象的内在世界
		民族志研究法	了解研究对象的思想和行动方式的文化意义
		行动研究法	是一种教师和教育管理人员密切结合本职工作综合运用各种有效研究方法,以直接推动教育工作的改进为目的的教育研究活动。
		扎根理论研究	针对现象系统地收集和分析资料,从资料中发现、发展和检验理论的过程。
定量研究	调查研究法		它是一种描述研究,是通过对原始材料的观察,有目的有计划地搜集研究对象的材料而形成科学认识的一种研究方法[8]。

续 表

研究方法	主要内涵或特征
内容分析法	是一种对传播内容进行客观的、系统和定量地描述的研究方法。
实验法	在控制的情景下,实验者按计划有系统地改变自变量,从而观察因变量所发生的影响。
准实验研究	被试没有被随机分配

这里需要说明的是,内容分析法既可以采用质性研究法分析资料,也可以采用量化分析研究法分析资料,是一种定性与定量结合的研究方法。但是,笔者在分类中发现,教育研究中对内容分析法的运用主要是基于解释主义认识论基础的质性研究,在此归为质性研究方法。

一般来说,硕博论文中对所采用的研究方法作了专门的阐述,但是也有些论文并未明确提出所使用的研究方法,因此本研究是根据以上研究方法的分类标准与概念逐一仔细阅读和判断的。在这 250 篇硕博论文阅读中,首先判断该论文是定性研究还是定量研究,再判断它运用的具体研究方法有哪些。这里需要说明的是,在对研究方法进行判断时,大部分的论文都会使用一种以上的研究方法,所以记使用频率为一次,所以研究方法的总频率大于研究论文的总篇数。

二、 研究结果

1. 研究方法整体使用情况

笔者对每篇论文所使用的具体的研究方法逐年进行了统计,分析后统计出从2001 年到 2015 年具体研究方法在教师伦理研究中使用的数量及其所占百分比整体情况如表 3 所示,具体研究方法使用数量及其所占百分比趋势图,如图 1 所示:

表 3 各研究方法使用数量及其所占百分比(2001—2015 年)

研究方法类型	使用篇数	%
文献分析法	224	89.60
比较研究法	31	12.40

续　表

研究方法类型	使用篇数	%
历史研究法	31	12.40
访谈法	92	36.80
观察法	23	9.20
案例研究法	29	11.6
行动研究法	5	2.00
叙事研究法	4	1.60
民族志研究法	1	0.40
调查研究法	99	39.60
实验法	2	0.80
准实验研究	1	0.40
内容分析法	2	0.80

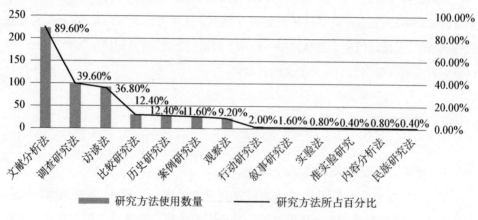

图1　各研究方法使用数量及其所占百分比趋势(2001—2015年)

由此可以看出,近十五年来关于教师伦理的硕博论文中使用最多的研究方法是文献研究法,共有224篇,使用频率高达89.6%,可以看出,一般在硕博论文中绝大多数论文都会对文献进行分析梳理。在这250篇文本中,其中46篇论文仅单独使用"文献研究法"。使用文献研究法、历史研究法或比较研究法的论文有31篇,即思辨研究占比重较大;其次,质性研究中访谈法使用较多,有92篇,占使用总量的36.8%,仅次于文献研究法与调查研究的使用数量。叙事研究、内容分析和民族志研究法使用较少,仅有几篇。扎根理论研究方法在样本中,未见使用,所以没有计入统计中。定量研究方法中,调查研究占较大比重,共占39.6%,实验法2篇,分别是2005年1篇,2008年1篇,内容分析法2篇,2012年和2014年各1篇,准实验研究法1篇。

2. 定性研究与定量研究年度使用情况

笔者从分类标准对每篇论文进行研究方法使用的分析,在对整体使用数量及其所占比分析统计之后,笔者对每篇论文在方法层面上属于定性研究与定量研究的,对其逐年进行统计分析,结构如图2所示:从2001—2015年期间,每年定性研究的比几乎均在80%以上,只有最低在2012年占78.35%比例,定性研究从2001—2003期间达到全部使用。定量研究整体上不超过30%,最高占27.35%。可以看出,整体近十五年,教师伦理研究以定性研究为主,定量研究所占比例在逐渐上升,但上升幅度较小。目前,我国教师伦理研究仍是以定性研究为主。

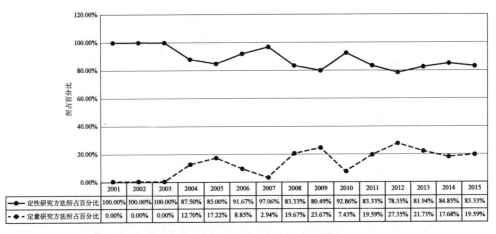

	2001	2002	2003	2004	2005	2006	2007	2008	2009	2010	2011	2012	2013	2014	2015
定性研究方法所占百分比	100.00%	100.00%	100.00%	87.50%	85.00%	91.67%	97.06%	83.33%	80.49%	92.86%	83.33%	78.35%	81.94%	84.85%	83.33%
定量研究方法所占百分比	0.00%	0.00%	0.00%	12.70%	17.22%	8.85%	2.94%	19.67%	23.67%	7.43%	19.59%	27.35%	21.73%	17.68%	19.59%

图2 定性研究与定量研究年度使用百分比变化趋势(2001—2015年)

3. 思辨研究与质性研究方法年度使用情况

我国教师伦理以定性研究为主,定性研究又分为思辨研究与质性研究,那么两者在使用上有哪些趋势?如图2所示,近十五年来,我国教师伦理研究中的思辨研究与质性研究的运用情况呈现如下趋势:从思辨研究使用比例有所下降,质性研究使用比例逐渐上升,再到思辨研究与质性研究逐渐均衡发展。具体来看,思辨研究在2008年以前所占的比重仍是很大,最低为 2008 年 52.50%。随着对质性研究的逐渐重视,2008 年质性研究与思辨研究所占比例几乎对半,2008 年以后质性研究总体上运用趋势有所上升,最高达到比例达到 60%;从 2014—2015 年间,思辨研究与质性研究几乎走向平衡化发展。这一趋势变化表明,近几年教师伦理研究的硕博论文越来越重视实证主义研究范式,注重在现实中收集资料和数据,对事实进行解释与说明。

上述分析显示,近十五年来教师伦理学研究方法仍以思辨为主,质性研究方法在教师伦理研究中越来越受研究者重视。那么质性研究的运用情况如何?具体都使用了哪种质性研究方法?它们之间所占的比例如何?笔者带着这些问题对质性研究方法使用情况进行分析。

4. 质性研究方法使用情况

质性研究主要包括访谈法、案例研究法、观察法、行动研究、叙事研究、民族志研究等[①]。从图 3、图 4 可以看出,访谈法在质性研究中所占比例较大,占质性研究总使用数量的 59.7%。其次,案例研究法和观察法分别占比 18.83% 和 14.94%。研究结果显示,访谈法在教师伦理研究方法中占一半居多。访谈法成为教师伦理研究中较为普遍的研究方法。案例研究法,其中个案研究数量较多。行动研究与叙事研究共占 3.25% 此类研究较少,叙事研究占 2.60%,民族志研究有 1 篇,仅占 0.65%。

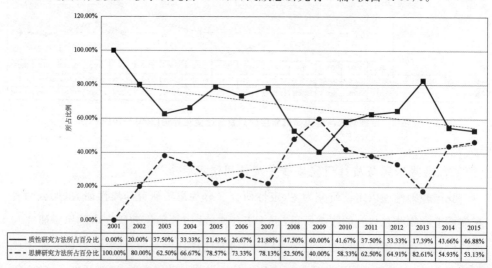

	2001	2002	2003	2004	2005	2006	2007	2008	2009	2010	2011	2012	2013	2014	2015
质性研究方法所占百分比	0.00%	20.00%	37.50%	33.33%	21.43%	26.67%	21.88%	47.50%	60.00%	41.67%	37.50%	33.33%	17.39%	43.66%	46.88%
思辨研究方法所占百分比	100.00%	80.00%	62.50%	66.67%	78.57%	73.33%	78.13%	52.50%	40.00%	58.33%	62.50%	64.91%	82.61%	54.93%	53.13%

图 3 思辨研究与质性研究百分比年度变化趋势(2001—2015 年)

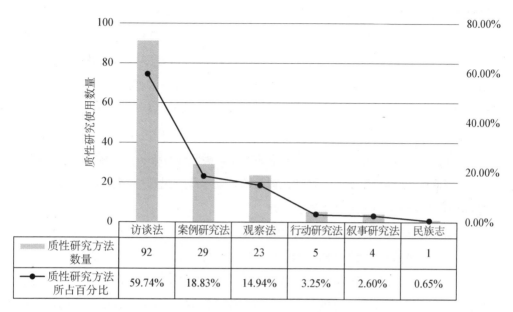

	访谈法	案例研究法	观察法	行动研究法	叙事研究法	民族志
质性研究方法 数量	92	29	23	5	4	1
质性研究方法 所占百分比	59.74%	18.83%	14.94%	3.25%	2.60%	0.65%

图 4 质性研究方法使用数量及其所占比例图

三、 分析与建议

通过上述研究结果的呈现,可以看出近十五年我国教育伦理学研究方法不断趋向完善,教师伦理实证研究范式加强,质性研究越来越受重视。质性研究在 20 世纪 90 年代被系统介绍到我国,它注重对研究现象做实证考察分析,强调的是自然主义的传统,注重对研究结果"真实性"和"可靠性"的探索。它弥补了思辨研究没有基于数据分析的"空谈式"表达的缺陷,为教师伦理学研究开启了新视角。总体来说,教师伦理研究方法取得较大进步,但同时我们可以发现近十五年教师伦理学研究方法使用呈现一些特点与问题,需要我们进一步改善。

1. 研究方法的特点与不足

第一,目前我国教师伦理研究以思辨研究为主,实证研究较少。综观研究样本发现,大量论文中仍以思辨研究为主,思辨研究又以理论思辨居多。在教育科学研究中无论是描述研究、因果性研究,还是回溯性研究、诠释性研究等,都是理性思维的提炼,这不仅可以深入探讨研究对象的特质,更能增强研究对象理论上的逻辑推理性、层层深化研究主题,理清研究中的概念与明确价值取向等,为此,思辨研究在教师伦理研究中十分重要。但是,任何研究方法都有其局限性,思辨研究也不例外。对教师伦理学的研究不能仅建立在经验基础上进行纯粹哲学思辨,这样会降低研究质量。目前,质性研究与定量研究逐渐增长但幅度较少,说明实证研究仍较缺乏,尤其定量研究仍占比重较少。实证研究是基于数据、社会调查,增强了教师伦理中实际问题的解决能力,可操作性提高,恰恰弥补思辨研究中不依靠实证事实分析的缺陷。教师伦理学科具有较强的理论性,又具有很强的实践性。在教师伦理学研究过程中,很难将基础理论与实践应用、规范分析与实证分析截然分开。

第二,质性研究逐渐受重视,但有待使用进一步规范化。近十五年来,教师伦理研究中质性研究方法逐渐受到研究者重视,并呈现较快发展趋势,是研究方法上的进步。我国学者陈向明对质性研究定义为"以研究者本人作为研究工具,在自然情景下,采用多种资料收集方法,对研究对象进入深入的整体性探究,从原始资料中形成结论和理论,通过与研究对象互动,对其行为和意义建构获得解释性理解的一种活动"[9]。质性研究强调强调对研究对象进行大量的调查,并对研究对象做出解释和说明,这给教师伦理提供了适切性的研究方法,增强了研究价值。但是,从文本分析中可以看出,质性研究在运用中存在一些问题。在运用研究过程中存在研究过程不规范、数据分析方法浅显等问题,这降低了研究的信度和效度。另外,还有较多质性研究方法中主要是对一些问卷数据的罗列,缺乏与理论沟通进行深度分析等。为此,我国教师伦理质性研究方法运用仍存在很多问题需要去规范化和深化发展。

第三,传统研究方法使用较多,学科独特性研究方法使用较少。从整体上看,教师伦理研究中传统的问卷调查法与访谈法占半壁江山,许多现代科学研究方法在教师伦理学研究中应用较少。从定性研究角度来讲,诸如民族志、扎根理论、叙事研究、行动研究等还十分少用,即使有也不是很规范。从定量角度看,实验法、调查法等更是稀少。例如,一些学者认为叙事研究应是研究人的最佳方式,因为人类经验最基本的组织、体现方式是故事,人是故事的制造者,也是故事的经历者和意义的解释者,它更能够深度挖掘教师内心的细微之处,是直击教师心灵的最好方法;行动研究是一种以实践的改进作为关注焦点的研究模式。近年来,在欧美教师中流行着"迪金大学行动研究模式"。这个模式重在"观察"和"反思"两个环节[10],它指导教师在实践中客观的自我评价性与对实践合理性改进。一个伦理型教师更需要对学生负责,做一名在教育实践中反思型教师,而行动研究提倡反思精神与行为,正式希望提高教师对事业的尊重与热爱,对学生更加负责,这是教师最重要的伦理品性,它是强化教师实践有效性与发展教师教学能力的伦理责任,因此是教师在教学实践中伦理考察的重要方法。其他研究也更具自身特点,都从不同方面可以运用到对教师伦理的研究中。但是,目前这些研究方法在教育伦理中使用较少。

2. 建议与反思

第一,走向多元化的研究方法取向。叶澜教授认为:"社会科学研究目的不同于自然科学,至少不只是要寻求普遍、共同的规律,甚至只是要认识特殊、价值、作为整体的个别和具体的这一次,认识价值和偶然的作用。"[11]社会科学中的特殊性、偶然性、情境性等因素,决定了研究方法使用的多元化,研究方法需要从不同层面和视角解释、呈现研究对象的特征。从教育伦理学的学科性上看,它作为教育学的一门分支学科,有的学者认为是伦理学下的分支学科,这决定了教师伦理学的研究方法的运用应在更宽广、更深和不同的层面中的不同分支学科间交叉中建构。教育伦理学作为应用伦理学的分支学科,其研究方法科学化,是以研究方法的多样化与综合性为基础的[12]。美国伦理学家雅克·蒂洛从研究方法上对伦理学形态进行划分:其一,运用描述或科学的方法进行研究的描述伦理学;其二,运用哲学方法,包括规范的伦理学和元伦理学两大类;其三,运用综合的方法,主要包括应用伦理学[13]。这是根据研究方法来对伦理学形态进行划分。教师伦理学不属于元伦理学,不是简单用哲学方法进行,也不属于描述伦理学,用科学方法进行,它更隶属于应用伦理学,所以研究方法也应当是多元综合融通的,定性研究与定量研究结合。为此,教师伦理学研究方法的思考与运用如果只是平面地、单向度地研究问题,不能将其深化扩展。因为单一性只给出一个答案的空间,非此即彼的答案常常与平面式地认识事情有关。应该实现多层次、有条件的综合,寻找在教育大系统和表现方式,形成立体综合式认识[14]。多元化交互融通的研究方法取向摒弃了非此即彼的单一式研究方法运用思维,将其研究结果推向更多层次、更广度的空间,对促进教师伦理研究的科学性、学科性、多元化发展具有重要的作用。

第二,注重学科研究方法的独特性。目前,教师伦理学领域研究至今没有独立的、自称体系的研究范式,"借鉴"和"移植"其普遍化的研究方法是目前主要轨迹,如单一性的"问卷调查法"、"访谈法"成为研究方法主流。当然,教育伦理学要获得方法论上的进展,首先要从分辨本学科与其他学科研究对象性质的差异开始,凸显特殊的研究对象所决定的研究方法独特性价值。教师伦理研究不同于其他研究领域,其研究对象的特殊性决定了研究的具体性和与情境性密切相关,教师精神、意识流动和情感变化的特征以及或然性特征,都决定要把再现这种情境或教师精神特征作为教师伦理研究的关键任务。无论是教师规范伦理、教师专业伦理,还是教师德性伦理研究等,其研究对象与教师精神活动及其情境不能分开,它不仅涉及到对教师的整体性认识,也关照具体教师的特殊性,为此,不能仅仅满足于寻找教师伦理的一般化、普遍化的理解。为此,研究对象的特殊性也需要研究方法的特殊性;另一方面,教师伦理学不同与传统伦理学研究方法"自上而下"性,从某种意义上说它属于一门应用学科,其研究方法是"自下而上"和"自上而下"的统一,即不仅满足师德规范的外在要求,也要从人出发通过自我认同与建构,从而达到一定的道德境界。教师对师德规范不能走向自律阶段就满足于"良心发现"而停滞不前,只有实现师德他律和自律统一、交替生成,才能说教师个体的道德达到了真正的成熟和实现教师人格的完善。为此,教师伦理学研究过程中,存在着"自上而下"与"自下而上","从理论到实践"与"从实践到理论"的交互融通的过程。基于以上两点分析,教师伦理学研究可从此找突破口,在此基础上探讨研究方法上的独特性,从而建构学科独特性价值。我们相信,随着教师伦理学研究的深入和发展,会有更多研究方法被发现与使用,最终达到借鉴、移植其他学科研究方法的基础上形成自己独特、先进的方法体系。

第三,加强研究者对研究方法选择、运用的能力。研究者对研究方法选择的能力不仅体现在研究主题与方法的适切性上,更体现在所选取的研究方法是否能更好的解决研究问题和突出研究的独特性价值。这需要研究者有敏锐的研究方法意识,对研究问题具体较高敏感性和判断能力。过去研究者在选择研究方法最主要的不足是简单性思维,造成研究方法使用单一化、平面化等。为此,教师伦理学研究者在把握研究问题后,在研究方法上要克服几个极端:第一,把对伦理学中的哲学思辨法简单移植当作对教师伦理研究领域提高学术性的唯一希望,这是一种极端;第二,满足在日常经验基础上进行简单直接归纳,这是一极端;第三,随波逐流放大研究方法运用的"普遍性"是另一极端。为此,加强研究者研究方法学习极为重要,不仅能够规范研究方法的运用,更要克服简单的、抽象的和静止的认识教师伦理问题的研究方法意识,放弃寻找普遍、划一的研究方法模式,研究者要在研究方法的选择、运用上"复杂性思维"的能力,从单一走向多元整合、从普遍走向独特、从平面思维走向立体融通性思维。为此,加强研究者的研究方法意识与思维能力,是提升教师伦理领域研究质量与学术水平的重要途径。

注释:

① 实证主义研究范式在方法论上也叫定量或量化研究,而解释性研究范式在方法论上叫定性或质化研究。虽然在术语使用上有所不同,但本质还是一致的,在研究范式或方法的讨论和实践中研究者也常常认为两者可以通用。本文亦不刻意区分,故实证主义研究范式在下文中也用作定性研究。

② 有关质性研究的分类,可谓仁者见仁,智者见智。有的学者将其分为:历史研究、民族志研究、个案研究、现象学研究、传记研究、扎根理论研究、行动研究(参见潘慧玲《教育研究的取径》,华东师范大学出版社,2005年,第110—339页。)有的学者认为个案研究和行动研究既可以使用质性方法,也可以使用定量方法,为此认为不为质性研究专属(参见陈向明.《扎根理论在中国教育研究中的运用探索》,北大教育评论,2015年第13期。)。本研究根据选取样本中可见两者都是基于解释性研究范式下的研究方法,在于获得其行为和意义建构的解释性理解,为此,划为属于质性研究范畴。

参考文献:

［1］ 王正平. 教育伦理学[M]. 上海:上海人民出版社,1988:10.

［2］ 施修华. 教育伦理学[M]. 上海:上海科学普及出版社,1989:189.

［3］ 侯怀银. 教育研究方法[M]. 北京:高等教育出版社,2009:3.

［4］ Mouly, G. J. *Educational Research: The Art andScience of Investigation* [M]. Boston: Ally n & Bacon. 1978.

［5］ Kuhn, T. S. *The Structure of Scientific Revolutions* [M]. Chicago: University of Chicago Press. 1962:10.

［6］ Gage, N. L. *The paradigm wars and their aftermath* [M]. Educational Researcher. 1989:18、7.

［7］ 杨小微. 教育研究的理论与方法[M]. 北京:北京师范大学出版社,2008:97.

［8］裴娣娜.教育研究方法导论［M］.合肥:安徽教育出版社,2009:158

［9］陈向明.质的研究方法与社会科学研究［M］.北京:教育科学出版社,2000:12.

［10］McTaggart,R. Kemmis,S, ete. *The action research Planner*［M］. Ed. Victorria:deakin Univ. Press. 1982.

［11］［14］叶澜.教育研究方法论初探［M］.上海:上海教育出版社,2014:302,157.

［12］王本陆.教育崇善论［M］.广州:广东教育出版社,2001:283.

［13］雅克·蒂洛等.伦理学与生活(第9版)［M］.程立显,刘建,译.北京:世界图书出版公司,2008:8—9.

"捧着一颗诚心来,共铸民族新师魂"
——第三届全国教育伦理学术研讨会在南京晓庄学院召开

朱　丹

（上海师范大学跨学科研究中心）

2015 年 10 月 31 日至 11 月 1 日,以"核心价值、教育伦理与师德实践"为主题的第三届全国教育伦理学术研讨会在南京晓庄学院顺利召开。本次会议由中国伦理学会教育伦理专业委员会(简称"中国教育伦理学会")主办,由南京晓庄学院、上海师范大学跨学科研究中心承办。来自上海师范大学、北京师范大学、中山大学、华东师范大学、湖南师范大学、东北大学、东南大学、湖北大学、南京师范大学等全国 16 个省份、70 多所高校、科研院所的教育学和伦理学等相关专业专家学者和基础教育工作第一线代表共计 120 多人出席,收到会议论文 60 多篇。

10 月 31 日上午的会议开幕式由湖南师范大学道德文化研究中心主任王泽应教授主持,南京晓庄学院校党委书记王国聘教授、中国伦理学会秘书长孙春晨研究员和教育部教师工作司领导代表赵建军调研员热情致辞,对中国教育伦理学会以"探索教育伦理本真,服务我国师德建设"为宗旨,卓有成效地开展教育伦理理论和实践问题研究给予高度评价;热忱支持和鼓励广大教育伦理和师德当前要以社会主义核心价值观为指导,弘扬陶行知先生"知行合一"的高尚师德精神,积极探索中国特色的教师道德

作者简介:朱丹,上海师范大学法政学院硕士研究生,上海师范大学跨学科研究中心助理研究员。

理论和实践规范体系。

中国教育伦理学会主任、上海师范大学跨学科研究中心主任王正平教授发表讲话指出,学会成立两年多来,在全国组织起一支专门从事教育伦理和师德研究的高层次理论队伍;积极组织专家在主流媒体和有影响的学术刊物,系统地开展深层次专门理论研究;促进和引导专家学者面向师德实践,以"智囊"和"资库"方式,参与全国和地方教育行政部门师德建设的决策;在教育部教师工作司和各级教育行政部门的支持下,理论工作者与实践工作者携手,创造性地开展"全国师德建设实践与创新基地"建设。今天,我们中国教育伦理学会的广大专家和教育工作者,要用社会主义核心价值观凝魂聚力,更好地构筑中国教育伦理精神、中国教育道德价值、中国师德提升力量。要承继陶行知先生的大爱精神和社会担当,培养"四有"教师,"捧着一颗诚心来,共铸民族新师魂"。

在大会开幕式上,根据中国教育伦理学会《关于合作开展"全国师德建设实践与创新基地"建设的指导意见》,经过全国各地理事、常务理事的推荐,组织专家评审和常务理事会批准,中国伦理学会、教育部教师工作司、中国教育伦理学会等有关领导(代表)向上海市虹口区第三中心小学、首都师范大学附属中学、湖南东安县教育局、福建师范大学、江苏省盐城市亭湖区实验学校、武汉市常青第一中学等首批18家"全国师德建设实践与创新基地"隆重授牌。学会将以理论工作者与实践工作者专长互补的方式,探索新时期师德建设的新路径。

本次会议的主题学术报告阶段由井冈山大学校长曾建平教授主持，东北大学田鹏颖教授的《社会主义核心价值观与当代中国师德建构》讲演、上海师范大学刘次林教授的《以人为本的理念是师德的心灵原动力》讲演、北京师范大学贾新奇教授的《教师伦理人格的类型与其他》讲演、南京晓庄学院吴海燕讲师的《尊师重教：重塑当代教师的职业尊严》讲演、暨南大学杜应娟副教授的《师仪规范与师德建设》讲演，受到与会专家的一致好评。北京师范大学王本陆教授在学术点评中指出，这些学术报告拓展了我国教育伦理和师德研究的观察视野，体现了我国教育伦理学者的时代新责任和新使命；理论研究与基本的教育职业活动紧密联系，抓住了一些主要问题；探讨了教育伦理与师德研究的"社会—个人（自我）—学术共同"的角色认同问题，为进一步深入研究留出了空间。

本次会议的师德实践大会交流阶段，由湖北大学教育学院院长靖国平教授主持，福建师范大学校工会常务副主席林子华教授发表了《教育伦理委员会与高校师德实践创新》、湖南省永州市东安县教育局长唐德光发表了《崇德、树德、彰德与中小学师德建设探索》、上海市虹口区第三中心小学特级校长盛裴发表了《爱的教育与小学教师师德的养成》、江苏省盐城市亭湖区实验学校校长陈玉军发表了《引导教师做有道德的人》等讲演。来自师德建设实践第一线的生动经验受到与会专家的高度肯定，中山大学林滨教授作了十分精彩的点评。

在本次会议的分组和大会总结交流阶段，陈泽环、丁念金、韩跃红、江雪莲、卫荣凡、刘东菊、李玢、糜海波、刘竑波、吕寿伟、周治华等著名教授、青年学者和与会专家，纷纷就如何把社会主义核心价值观融入我国师德规范体系，教育政策、教育管理与师

德建设，师德与立德树人，大中小学师德建设面临的问题、挑战与径路等问题转开了热烈的讨论。

本次会议的闭幕式由南京师范大学吴贻芳研究中心主任钱焕琦教授主持，中国教育伦理学会秘书长何云峰教授介绍了学会下一阶段的工作重点。

会议期间，与会专家集体到南京晓庄学院陶行知纪念馆学习考察。

核心价值观与高校师德实践创新研讨会在福建师范大学召开

李 爽

（上海师范大学　哲学与法政学院）

2016 年 6 月 2 日，由中国伦理学会教育伦理专业委员会和福建师范大学共同举办的"社会主义核心价值观与高校师德实践创新研讨会"在福建师范大学召开。出席研讨会的有福建师范大学王长平校长，教育伦理专业委员会主任、上海师范大学跨学科研究中心主任王正平教授，南京师范大学吴贻芳研究中心主任钱焕琦教授，上海师范大学知识与价值科学研究所所长何云峰教授，江苏第二师范学院副院长张勤教授，昆明理工大学韩跃红教授，南京晓庄学院王延光教授，福建师范大学校工会常务副主席林子华以及福建师范大学人事处、宣传处、教务处和各学院负责人等 20 多人。

会议由王正平教授主持。他指出,去年,中国伦理学会教育伦理专业委员会已在教育部教师工作司的大力支持下正式在全国建立 18 个"全国师德实践与创新基地"。当前,我国的师德长效机制建设需要改变过去那种主要依靠上面的行政力量来推动的状况。实际上道德建设最重要力量是来自教师的自我治理,需要教师的自治组织来推动。福建师范大学之所以成为首批 18 个"全国师德实践与创新基地"之一是因为有自己的特色,学校教师伦理委员会的组织建设有自己的亮点,此次研讨会的目的一方面是要认真学习福建师大师德建设的有益经验,另一方面是让师德建设比较有成果的基地学校之间经验交流,互相学习,互相促进,希望基地学校的经验对全国高校的师德建设起引领作用。

王长平校长指出,师德建设是高校教师队伍的核心和灵魂,也是全面提高高等教育质量、推进高等内涵式发展的关键。作为一所百年师范院校,福建师范大学有重视师德建设的优良传统,早在 1998 年福建师大就已成为全国师德标兵评审活动的组织者,2006 年被中国教科文卫体工会全国委员会授予全国师德建设的先进集体,并于去年成为首批 18 个"全国师德建设实践与创新基地"之一。近年来充分发挥社会主义核心价值观在师德建设方面的引领作用,通过坚持和完善教育培训、考核评价和监督管理制度,逐渐建立起师德建设长效机制,通过"师德之星"、"优秀教师"、"优秀班主任"、"我最喜爱的导师"等各类师德评审活动,积极引导广大教师争做有理想、有信念、有道德、有情操、有扎实学识、有仁爱之心的好老师。该校在福建省高校率先成立教师伦理委员会,积极探索师德建设的新途径,不断推动师德建设从行政思维向价值思维,从行政推动转向教师的自律转化。他希望通过这次研讨会,增进师德建设研究的交流,把高校师德建设提高到更高的水平,共同推动师德建设内涵式发展。

林子华教授指出,师德工作是弘扬与践行社会主义价值观的重要部分,所以师德建设具有全局性,师德建设工作不能离开整个国家倡导的社会主义核心价值观,要促进学校教学科研事业的发展。福建师大的师德建设得益于倡导师德建设的方向保证、教育伦理委员会章程的制度保证、百年师大的文化底蕴保证。师德建设是一个复杂的系统,开展师德建需要充分发挥各个部门的协同作用,共同努力,多和专家交流。他专门介绍了福建师范大学教师伦理委员会的组织建制。福建师大教师伦理委员会是以校工会为组织依托成立的,委员包括多学科专家和机关部处负责人。为加强教师伦理委员会的权威性和影响力,福建师大章程专门写入学校成立教师伦理委员会条目,并赋予教师伦理委员会决策咨询、师德评议、协调工作三大职能。学校专门设立了教师伦理委员会秘书处来运行教师伦理委员会日常工作,由校工会常务副主席兼任秘书处秘书长。福建师大的师德建设主要借助项目来推动,分别是制度创新性建设项目、弘扬性建设项目、调查评价性建设项目、综合性建设项目,以此来弘扬高尚师德、激励高尚师德、评价评定师德、促进探索发展,将发展思路落到实处,加强理论研究和实际调研的相互结合。该校师德建设目前正面临着如何将核心价值观渗透到新型师德观念、如何将高校师德评估与教师的绩效评价相一致、如何对师德评价中可量化的行为制定标准等深层次需要研究探索的问题。

与会专家围绕本次研讨会的主题,结合福建师大和本校的师德建设进展和面临的问题展开了热烈的研讨。与会专家指出,高校师德的长效机制建设要与践行社会主义核心价值观结合起来、与教育教学管理结合起来、与思想教育结合起来、与创建幸福快乐从教生涯的生态环境结合起来;师德建设需要建章立制,从学校管理制度层面形成激励教师自觉讲师德、树师风的良好氛围;师德教育的内容应纳入教师培训体系,师德考核要在一定层面上有是非标准;师德建设需要系统化、精细化,具有实践性和可操作性;高校的师德建设要与维护教师的正当权益相关联,发扬高尚师德的根本目的是完善教师的自我人格,提高从事教学科研的内在积极性,使师德之"德"获得更多的社会认可,以自己的诚实劳动创造人生幸福。

图书在版编目(CIP)数据

教育伦理研究.第三辑/王正平,王国聘主编.—上海:华东师范大学出版社,2016
ISBN 978-7-5675-5703-1

Ⅰ.①教… Ⅱ.①王…②王… Ⅲ.①教育学－伦理学－研究 Ⅳ.①G40-059.1

中国版本图书馆 CIP 数据核字(2016)第 237566 号

教育伦理研究(第三辑)

主　　编　王正平
本辑主编　王国聘
策　　划　王　焰
责任编辑　金　勇
特约审读　余　强
装帧设计　崔　楚

出版发行　华东师范大学出版社
社　　址　上海市中山北路 3663 号　邮编 200062
网　　址　www.ecnupress.com.cn
电　　话　021-60821666　行政传真 021-62572105
客服电话　021-62865537　门市(邮购)电话 021-62869887
地　　址　上海市中山北路 3663 号华东师范大学校内先锋路口
网　　店　http://hdsdcbs.tmall.com

印 刷 者　常熟市文化印刷有限公司
开　　本　787×1092　16 开
印　　张　27.25
字　　数　424 千字
版　　次　2016 年 10 月第一版
印　　次　2016 年 10 月第一次
书　　号　ISBN 978-7-5675-5703-1/G·9829
定　　价　58.00 元

出 版 人　王　焰

(如发现本版图书有印订质量问题,请寄回本社客服中心调换或电话 021-62865537 联系)